지역발전의 지방정치학

〈제주 지방정치와 개발정책〉

지역발전의 지방정치학

Local Politics for Regional Development

제주 지방정치와 개발정책

한석지 지음

인간사랑

[서문]

최근 지방정치에 대한 전 세계적 관심은 경제 재구조화, 지역 활성화, 지역 재건과 같은 지역개발정책과 관련하여 논의되고 있다. 이에 따라 지방정치 연구도 전통적 접근방법이라고 할 수 있는 지역사회 권력구조론으로부터 지방 수준에서 추진되는 정책들을 분석하는 다양한 접근방법으로 전환되고 있다.

오늘날 지방정치 문제의 핵심이 지역을 누가 다스리느냐의 문제와 더불어 지방정치 과정을 거쳐 어떤 정책이 수립되고, 그러한 정책이 나오게 된 이유는 무엇인가를 보다 중요한 학문적 · 실천적 관심사로 인식하고 있는 것이다.

이러한 관심과 이에 대한 연구의 필요성은 최근의 한국 사회에서도 절실한 상황이다. 최근 일련의 대형 국책사업들이 지역주민의 완강한 반대에 부딪쳐 원점에서 재검토되거나, 법률적 판단에 의해 또는 민의 수렴 차원에서 지역 주민투표라는 민주적 절차를 통해 겨우 정당성을 인정받고 시행되는 경우들이 많아지고 있다. 한국에서도 과거처럼 중앙의 지방에 대한 일방적 하달(top-down)방식의 정책 추진은 점차 어려워지고 있다. 이것은 곧 중앙정부가 결정한 정책이 지방의 정치과정에 의해 굴절되는 것이 다반사이며, 동일한 정책이라 하더라도 지방에 따라 상이한 과정과 결과로 나타나고 있음을 보여주고 있는 것이다.

이러한 시각을 연장하면 결국 제도적 지방자치가 정착되어 감에 따라 지방에 대한 대내외적 관심도 과거와는 다른 차원으로 이동하고 있음을 보여주는 것이다. 지방은 과거 중앙의 부속지역이 아니라 중앙과 동일한 하나의 독립된 정치적·제도적 단위가 되어 가고 있음을 의미한다. 따라서 본격 지방화 시대 이후의 '지방'은 자본의 투자 매력도에 따라 흥망성쇠가 결정되는 곳이 되었으며, 지방의 정치과정은 지역개발을 위한 이해관계의 수렴이나 충돌과 깊은 연관성을 갖게 되었다. 이런 과정 속에서 지역주민들도 정치적 단위체로서 지방의 등장과 함께 정치적 참여의 중요성을 직접적으로 인식하고 체험하게 되었다. 지역개발 의제는 지방자치라는 행정적 차원의 제도적 인식만으로, 또는 단체장의 '나를 따르라' 식의 전통적 리더십만으로 풀어나가기 어려운 난제들을 안겨주고 있다. 이것은 곧 수렴, 타협, 조정과 같은 정치학적 문제의식을 가지고 풀어나가야 할 과제들이 산적해 있음을 보여주는 것이며, 바로 여기에 지역개발에 대한 지방정치학적 인식과 해법이 필요하고도 중요해진 것이다.

이처럼 지방자치 시대가 열리면서 지방정치의 민주화에 대한 관심이 높아졌으나, 대부분의 연구는 주로 법률적이고 제도적인 접근에 머물러 실제로 전개되고 있는 지방정치 과정의 역동적 실태를 충분히 밝히지 못하고 있다. 바로 이러한 연구 공백을 메워나가야 하는 것이 누군가의 학문적 과제로 남아 있는 실정이다. 필자는 이러한 학문적 관심과 실천적 체험을 토대로 한국의 지방정치학을 정립해 보고 싶은 과분한 생각을 갖게 되었다. 한국 지방정치의 민주화를 위한 지역발전의 지방정치이론이 마련되기를 바라는 소망 때문이었다. 따라서 이 책은 한국에서 지역개발정책을 둘러싸고 발생한 중앙정부–지방정부–지역시민사회의 갈등과 협력의 정치과정에 대한 분석을 통해 지방정치가 지역개발정책에 어떤 영향을 미치는지를 탐색하고자 했다. 특히 제주도라는 지리적 공간에서 발생한, 그러나 중앙정부의 지시 또는 긴밀한 연계 속에서 제주사회의 핫 이슈로 등장했던 '제주도개발특별법' 제정과 '제주국제자유도시' 추진 사례를 이러한 이론적·실천적 문제의식으로 접근하고자 했다.

이 책에서 지방정치 과정은 지역개발정책 이슈를 둘러싼 다양한 이해관계자들 간의 갈등과 협력의 과정을 의미한다. 즉 자치단체장과 지방의회, 지방정부의 관료, 주민, 기업, 언론, 시민사회단체 등 다양한 지방 내부의 정치행위자들은 물론이고, 지역개발정책을 입안하고 입법화하는 과정에 개입하는 중앙 수준의 정치행위자, 즉 대통령과 중앙정부, 국회, 여·야당, 중앙 시민단체 등 중앙과 지방 수준의 다양한 정치행위자들이 공식적·비공식적으로 상호작용하는 역동적이고 복합적인 과정이다.

따라서 이 책은 제주도라는 특정 지역의 지방정치 과정에 관한 연구서로서, 지방자치 실시 이후 중앙–지방의 관계와 지역사회 내부에서의 지방정치 과정에 대한 이론적 분석을 통해 지방정치와 지역개발정책의 함수관계 속에서 양자의 변화양상을 탐색하고자 했다. 이를 통해 궁극적으로는 '누가' 지방정부의 정책결정 과정에 영향력을 미치며, 또 정책결정 방식은 '어떻게' 변화되고 있고, 그로 인해 지역개발정책의 내용과 추진절차 등은 어떤 변화를 보이고 있는지를 분석함으로써 지방정치의 활성화와 지역사회의 민주화, 그리고 바람직한 지역개발정책에 대한 함의를 제시하고자 했다. 물론 제주지역의 두 가지 정책 사례 연구만으로 한국의 지방정치이론을 정립한다는 것은 시기상조임을 안다. 향후 계속해서 '제주특별자치도'와 '행정구조개편' 등의 정책실험 과정에 대한 후속 연구와 더불어 타지역 사례와의 비교연구가 뒷받침되어야 할 것이다.

이 책의 연구결과는 그 출발에 불과하며, 끊임없는 후속 연구를 기약하는 초보적 단계임을 고백하고 싶다. 시작의 의욕은 좀 더 새롭고 보다 구체적인 접근과 연구작업으로 내 주변의 어려운 현실문제에 다가서고 싶었으나 결과는 부끄럽다. 그나마 이 책이 나오기까지 연구와 출판과정에 많은 분들의 도움이 있었다. 함께 고뇌하고 실천하는 동지들과 사랑하는 제자들, 그리고 인간사랑 출판사에 진심으로 고마움을 전하고 싶다.

늘 미안하고 감사한 가족들에게 이 책을 바치려 한다.

한석지

[CONTENTS]

목차

제1장

서론

1. 지역개발의 지방정치

'지방화' (localization)가 추진되는 기본적인 맥락은 중앙집권적인 사회에서 나타나는 폐해를 시정하기 위한 대안적 전략으로부터 출발한다. 지방화의 패턴은 특정 국가가 처한 조건과 전략목표에 따라 다양하게 나타나지만 대체로 그 공통적인 패턴은 정치적 민주화의 일환으로서, 국가의 새로운 발전전략으로서, 경제적 효율성을 극대화하기 위한 지방정부의 개혁 차원에서 추진된다.[1] 한국에서 추진되는 지방

1) 세계 각국에서 지방화가 추진되는 정치적 맥락과 다양한 패턴에 대해서는 2장에서 상세하게 다룰 것이다.

화의 패턴도 이 범주에서 크게 벗어나지 않는다.

지방화의 '제도적' 수단으로서 지방자치에 대해서는 두 가지의 서로 다른 시각이 병존해 왔다. 하나는 지방자치가 지역주민의 참여공간을 확대하여 정치적 평등과 민주적 다원주의에 기여할 것이라는 낙관적 주장이다. 또 다른 하나는 지방자치가 참여공간은 확대하지만, 오히려 토착 기업가나 지역 유지들의 영향력도 확대시킴으로써 지역사회의 권력을 불평등하게 재배분할 것이라는 비관적 주장이다. 그런데 1990년 지방자치가 부활된 이후 최근까지의 지방자치 성과에 대한 평가는 불행하게도 후자의 비관적 주장에 가까운 것으로 나타나고 있다.[2] 지방자치에 대한 비판 내지는 비관의 중심에 지방정치의 비민주화가 있다.

지방자치가 실효성을 거두기 위해서는 지방정치의 민주화가 전제되어야 한다. 지방정치의 민주화가 전제되지 않은 지방자치는 지역사회의 권력을 특정 계층과 집단에 불평등하게 재배분할 것이기 때문이다. 불평등하게 재배분된 지역사회의 정치적 권력구조는 경제적 · 사회적 권력과 이익의 배분에서도 빈익빈 부익부 현상을 가중시킬 수 있다. 지방자치는 단순히 중앙과 지방 간의 관계로만 환원될 수 있는 문제가 아니다. 이는 지방자치 또는 지방화라는 개혁이 단순히 '제도적' 실천전략을 통해서만 달성될 수 있는 것은 아니라는 것이다. 지방자치와 관련된 기존의 논의들은 지방자치의 제도화를 위해서 중앙-지방 관계의 측면에서 중앙권력의 지방 이양을 주장하는 경우가 대부분이다. 그러나 지방자치는 단순히 제도개혁, 즉 중앙권력의 지방 이

---

2) 이러한 주장의 대표적인 연구로 박종민 · 배병룡 · 유재원 · 최승범 · 최흥석, "한국 지방정치의 특징," 『한국행정학보』, 제33권 제2호(1999 여름) 참조.

양이라는 분권화 전략만으로 정착되고 제도화되는 것이 아니다.

한국 정치의 경험을 통해서 볼 때, 민주적 제도의 도입이 곧 민주적 운영으로 귀결되고 민주적인 성과를 가져오지 않았다는 것은 주지의 사실이다. 민주적 제도의 도입이 민주적 이행(democratic transition)이라면, 민주적 운영은 민주주의의 공고화(democratic consolidation)에 비유될 수 있을 것이다. 따라서 민주적 성과(democratic performance)는 민주적 제도의 도입과 운영이라는 양 측면이 소기의 성과를 거둘 때 비로소 달성될 수 있을 것이다. 특히 민주적 제도의 운영에는 국가나 정치사회와는 구분되는 시민사회의 영향력이 중요한 역할을 한다. 이런 측면에서 지방자치의 민주적 운영을 위해서는 지방정부와 지방정치사회, 그리고 지방시민사회 삼자 간의 견제와 균형 속에서 발전이 이루어져야 할 것이다.

사실, 1990년대 지방자치 실시 이전까지 중앙에 대비되는 지방의 정책적인 독자성과 자율성은 거의 인정되지 않았다. 지방정부는 중앙정부가 임명한 관료에 의해 운영되는 국가의 일선 행정기관에 불과했으며, 지역사회 또한 중앙권력의 통제 및 동원의 기초단위에 지나지 않았다. 이러한 중앙집권적 지방통치구조 하에서 지방의 행정관료들은 업무 효율성을 가장 중요한 가치로 여기는 경향이 있었고, 지방의 정책결정에 대한 지역주민들의 영향력도 미약하기 그지없었다. 따라서 지역사회의 정치적 이슈를 둘러싸고 벌어지는 '지방정치'(local politics)는 부수적이고 보조적이며, 심지어는 불필요하거나 낭비적인 것으로 간주되었다.

그러나 1991년 지방의회의 부활과 1995년 민선자치단체의 출범으로 지방자치의 제도적 틀을 갖추게 되면서 전통적인 중앙과 지방의 관계가 변화되었고, 중앙정부의 지역사회에 대한 통제와 동원력을 일정 수준 분산 · 약화시키는 결과를 가져왔다. 그로 인해 지방정치의 환경은 여러 면에서 변화를 보이기 시작했다. 지방정부의 지방정책에 관한 권한과 영향력의 범위가 확대되었으며, 지방의회가 구성되면서 지역주민들을 주체로 한 새로운 지방정치 환경이 조성되었다. 과거 중앙정부가 수립 · 추진하는 지방정책의 수동적인 객체로 머물렀던 지역주민들도 의식과 행태 면에서 변화를 보이기 시작했다.

결국 지방자치제의 실시라는 제도 변화는 지방정부와 지방정치인은 물론이고 지역주민들 모두를 정치적인 능동적 주체로 탈바꿈시키면서 지방정치의 역동성을 강화시키는 중요한 계기가 되었다. 지방자치의 실시를 계기로 지방정치는 중앙정치의 이해관계를 반영하는 단순한 축소판(microcosm)이 아니라 지역사회의 정치적 또는 정책적 이슈와 지방정치인, 그리고 지역주민과 지역시민단체들의 이해관계나 힘의 관계에 따라 지역마다 상이하고 복잡한 양식으로 전개될 가능성이 높아지게 되었다.[3] 그러나 제도의 변화가 문제 해결의 열쇠인 것은 사실이지만 모든 것을 해결해 줄 수 있는 만능열쇠는 아니다. 민주화 과정에서 민주적 제도의 수립은 그 출발에 불과하다. 민주주의를 사회적 · 문화적으로 성숙시켜 나가고 시민들의 의식과 내면을 지배하는 가치가 될 수 있도록 하는 민주주의의 공고화는 또 다른 차원의 문제이다. '민주화 이후의 민주주의', 즉 민주주의의 공고화가 절실히 요구되는 오늘날 한국 정치의 현실이 이를 뒷받침해 주고 있다.[4]

한국 지방정치에서도 지방자치제가 실시되고는 있지만 여전히 제

3) 정영국, "지방정치과정의 양상과 주민참여 : 유형과 실태," 『동서연구』, 제12권 제1호 (2000), pp. 89-90 참조.
4) 최장집, 『민주화 이후의 민주주의』(서울 : 후마니타스, 2002).

도적으로나 행태적으로 중앙집권적 통치구조가 잔존하고 있고, 자치단체들은 지역의 자주적 발전을 위한 가용자원과 역량이 취약한 관계로 중앙 의존성도 여전히 남아 있다. 특히 이러한 지방의 중앙 의존성 현상의 지속은 지역주민들의 정치적 관심을 중앙으로 쏠리게 하여 지방자치가 이루어지는 일상적인 정치과정에 대한 무관심을 초래했고,[5] 지역주민들로 하여금 지방이 토호세력들에 의해 장악되는 것을 방기하게 만들고 있다.

게다가 신자유주의적 세계화의 영향으로 세계적 수준의 시장경쟁이 보편화되었고, 이러한 경쟁은 국가 간 경쟁뿐만 아니라 지역 간 경쟁으로 확산되고 있다. 오늘날 지방은 국내적으로는 중앙과의 새로운 관계 설정을 통한 자생력 확보와 대외적으로는 무한 시장경쟁 속에서 지역경쟁력 확보[6]라는 '이중적' 과제에 직면해 있다.

한편, 전 세계적으로 1980년대 이후 지방정치에 대한 논의는 정도의 차이는 있지만 지역개발에 초점을 맞춰 경제 재구조화와 지역 활성화 혹은 지역 재건 등과 같은 지역개발정책에 관한 연구가 중요한 논의의 대상이 되고 있다. 이런 측면을 반영하여 서구의 지방정치 연구도 지역사회의 권력구조와 같은 전통적인 접근에서 지방 수준에서 추진되는 정책들을 대상으로 하는 분석으로 이전되기 시작했다.[7] 다시 말해 지역사회를 누가 다스리는가의 문제보다는 지방정치의 산출물로 어떤 정책이 성립되었고 그러한 정책이 나오게 된 이유는 무엇

---

5) 김만흠, "지방정치론과 한국 지방정치의 과제," 『한국정치학회보』, 32집 4호(1998), pp. 175－177.

6) 이성복, "국제화에 대응하는 지방정부의 적응전략," 『한국사회와 행정연구』, 제5집 1권(1995) 참조.

7) Paul Peterson, *City Limits*(Boston : Little & Brown, 1981).

인가에 대한 관심이 더욱 커지고 있다.

이와 관련하여 한국에서도 최근 중앙정부가 결정한 정책이 지방의 정책과정에 의해 굴절되며, 같은 정책이라도 지방자치단체에 따라 다른 양태로 집행되는 등의 다양한 현상들이 나타나고 있다. 왜냐하면, 본격 지방화 시대 이후의 '지방'은 자본의 투자 매력도에 따라 흥망성쇠가 결정되며, 지방의 정치과정 역시 이러한 국내외 환경변화에 영향을 받고 지역사회의 특성이 중앙정부와 지역사회의 관계 및 지방정치 과정에 중요한 영향을 미치고 있기 때문이다.

그런데 여기서 중요하게 지적되어야 할 사실은 국가발전이라는 거시적 수준에서 국가가 지역을 인식하는 데는 차이가 있을 수 있다는 점이다. 특정 지역이 보유한 자원이나 입지조건에 따라 발전의 잠재력이 다를 수 있기 때문에 중앙정부는 지역적 특성과 발전 잠재력에 기초하여 중앙정부 차원의 지역개발정책을 추진할 수 있다는 점이다. 역으로 지방정부도 지역발전을 위한 잠재력을 활용하기 위해 중앙정부의 정책적 지원을 요청할 수 있고, 중앙정부는 그 타당성에 대한 검토를 통해 국책사업의 일환으로 지역개발정책을 추진할 수 있다.

이제 지역개발정책은 중앙의 전유물이 아니다. 그렇다고 지방의 독자 역량만으로도 성공이 담보되기 어렵다. 특히 중앙정부의 전폭적인 정책적 지원과 막대한 재정적 지원을 필요로 하는 국책사업 성격의 지역개발정책은 중앙과 지방의 이해가 상호 결합되기 때문에 더욱 중앙과 지방의 상호 협력과 조정이 필요한 정책 이슈가 되었다.

이 책은 한국에서 지역개발정책을 둘러싸고 발생한 중앙정부-지방정부-지역시민사회의 갈등과 협력의 정치과정을 다루고 있다. 이를 위해 중앙과 지방의 관계라는 구조적 변수와 지역 내부의 정치행위자 변수에 대한 다각적인 검토를 통해 지방정치가 지역개발정책에 어떻게 영향을 미치는지 탐색하고자 한다.

2. 제주 지역개발과 지방정치

일반적으로 지역개발정책(regional development policy)은 산업화와 도시화에 필요한 물적 기반을 마련하고 지역 간 개발격차를 시정하며 지역 내 사회경제적 조건을 개선하기 위한 공공 부문의 다양한 제도적 · 실천적 노력들을 포괄적으로 지칭한다.[8] 지역개발은 주민의 기본적인 일상생활의 수요를 충족시킬 수 있는 삶의 여건 조성을 위해 특정 부문 · 사업 중심의 분산적 개발이 아니라, 종합적이고 전체적인 지역개발의 차원으로 확대함으로써 각종 사업의 연계성을 높여 투자효과의 증대를 도모하는 것이다. 그리고 지역개발은 개발계획의 수립을 통해 지역발전의 비전을 제시하고, 지방자치단체와 지역주민의 지역발전에 대한 공감대 형성과 책임의식의 증대를 도모하는 계획적 개발이다.

지역개발은 또한 지역적 특성과 주민의 수요를 전제로 하여 주민의 적극적인 참여가 이루어져야 하며, 지방자치단체가 주체가 되어 시행한다.[9] 따라서 지역개발정책이란 특정 지역을 대상으로 하여 해

8) 김용웅 · 차미숙, 『지역개발정책의 이론과 실제』(서울 : 국토개발연구원, 1998), p. 21.
9) 최외출, "자치시대 지역개발계획의 문제점과 개선방안," 한국지역발전연구재단 '97 하반기 지정과제 발표논문(1997) ; 최외출, "지역개발 추진 모델 : 지역개발계획을 중심으로," 『한국행정연구』, 제6권 4호(1997) 참조.

당 지역의 자원을 최대한으로 활용하여 개발하고, 생활환경 및 생산 환경을 정비함으로써 지역주민의 소득과 복지를 향상시키며, 나아가 총체적인 지역발전을 도모하고자 하는 종합적이고 계획적인 노력을 의미한다.

이 책에서 지역개발정책은 지방 내부의 개발 여건과 환경뿐만 아니라 중앙정부의 정책적 지원도 중요한 정책적 고려대상으로 포함시킨다. 즉 지역개발정책은 지역적 특성과 잠재력을 활용하고 지역주민의 수요를 반영해야 하기 때문에 지방정부의 역할이 중요하지만, 국책사업의 일환으로 중앙정부 주도적으로 추진되는 경우도 있을 수 있다. 또한 지역개발정책을 지방 내부에 국한하지 않고 중앙정부의 정책적 지원, 예컨대 지역개발을 국가적 차원에서 지원하기 위한 법률 제정까지 포함시킨다.

이러한 지역개발정책은 지역개발 문제의 정책화 과정,[10] 즉 사회문제로서의 지역개발 문제가 이슈로 부각된 후 지방 내부에서의 정치적 갈등과 협력의 과정을 거쳐 비로소 중앙정치 수준에서 입법화된다. 이러한 지역개발정책을 분석하기 위해서는 중앙 수준에서 해당 정책이 입안된 이후 지역사회 내부의 정치세력들의 다양한 대응 양상을 보이게 된다. 즉 정책결정을 둘러싼 지방 수준의 정치적 행위자들의 갈등과 협력의 지방정치 과정이 전개된다.[11]

지역개발정책과 관련된 지방정치 과정은 단지 자치단체장과 지방의회 간의 관계로만 한정시켜 볼 수는 없다. 이 책에서 지방정치는 지

10) 조승현, "지역개발정책의 형성과 지역주민의 역할 : 폐광지역개발지원에 관한 특별법 제정사례를 중심으로," 고려대 대학원 박사학위논문(1999), p. 17.

11) R. Harris, "A Social Movement in Urban Politics : A Reinterpretation of Urban Reform in Canada," *International Journal of Urban and Regional Research*, Vol. 11, No. 3(1987) 참조.

역개발정책 이슈를 둘러싼 다양한 이해관계자들 간의 갈등과 협력의 과정을 의미한다. 즉 자치단체장과 지방의회, 지방정부의 관료들, 주민들, 기업, 언론, 시민사회단체 등 다양한 지방 내부의 정치행위자들은 물론이고, 지역개발정책을 입안하고 입법화하는 과정에 개입하는 중앙 수준의 정치행위자, 즉 대통령과 중앙정부, 국회, 여 · 야당, 중앙시민단체 등 중앙과 지방 수준의 다양한 정치행위자들이 공식적 · 비공식적으로 상호작용하는 복합적인 과정이다.

지방정치가 지역개발정책에 미치는 영향을 분석하기 위해 이 책은 전국적으로 유례없는 지역개발정책 이슈를 가지고 있는 제주도의 '제주도개발특별법' 제정과 '제주국제자유도시' 추진 사례를 분석대상으로 한다. 사실, 제주도는 이 외에도 '세계 평화의 섬' 지정과 '제주특별자치도' 등 다양한 정치적 또는 정책적 시도들의 실험장으로서 중앙정부와 밀접하게 연계된 다양한 정책들을 추진하고 있다. 그런데 여러 정책들 중에서도 '제주도개발특별법'은 제주도라는 특정 지역의 개발을 위해 입법을 추진한 전국 최초의 사례이며, '제주국제자유도시' 추진 역시 국내 최초로 시도되는 국제자유도시 정책이다. 그런데 이 두 정책은 중앙정부의 적극적 지원 하에 추진되었다는 점에서는 공통점을 가지고 있지만 추진절차나 과정은 상당한 차이점을 보여주고 있다.

우선 '제주도개발특별법' 사례의 경우, 1991년 지방의회 구성기의 사례로서 민주화 이후 중앙주도 개발정책의 한계와 문제점에 대한 지역주민의 각성을 바탕으로 주민주체의 정책 입안과 추진을 요구한 사례이다. 그러나 이에 대해 관선 단체장은 민의수렴보다 중앙정부의 하향식 정책추진에 반응함으로써 주민들의 반대에 직면했다. 그럼에도 중앙정부의 추진 의지에 편승하여 '밀어붙이기' 식으로 계획을 입안하여 추진했고, 그로 인해 중앙 · 지방정부와 지역주민들 간의 극심한 대립을 야기했으며, 결과적으로 지역개발정책 추진의 민주성과 효율성을 저하시킨 대표적 사례로 남게 되었다.

한편, '제주국제자유도시' 추진 사례의 경우는 1995년 민선 자치단체장 직선 이후 시기의 사례로서, 민선단체장은 여전히 중앙정부의 하향식 정책추진에 반응하지만 지역주민에 대한 책임성과 대표성 때문에 민의수렴이라는 지방정치 과정을 중요한 변수로 간주했으며, 또한 대부분의 주민들도 주민소외, 소득 역외유출을 우려하지만, 국가적 관심사로서 추진되는 국제자유도시 정책에 공감하고 혜택을 기대하면서 암묵적인 동의 하에 입법되었다. 이 사례는 중앙 · 지방정부와 지역주민 간의 극심한 마찰 없이 정책추진이 이루어진 사례로 평가된다.

이처럼, 한국의 지역개발정책은 중앙–지방 관계의 구조적 특성의 영향을 받기는 하지만 과거처럼 일사불란하게 정책이 결정되고 집행되는 것은 아니다. 중앙정부와 지방정부, 그리고 지역시민사회 간의 정치적 다이내믹스(dynamics)에 의해서 정책추진의 성공과 실패가 결정된다고 할 수 있다.

그렇다면 한 지역에서 유사한 성격의 정책을 둘러싸고 상이한 정책추진 과정으로 귀결된 이유는 무엇인가? 이에 대한 분석을 위해 이 책은 중앙과 지방의 관계, 자치단체장의 리더십, 중앙정부와 지방정부의 역할 등과 같은 공식적인 권력행위자와 지역사회의 시장(市場) 세력과 언론, 지역주민, 그리고 지역시민사회를 조직화하는 지역시민단체 및 이익집단 등의 정치적 행위양상과 이들 간의 권력관계를 주된 분석대상으로 삼고 있다.

요컨대, 이 책은 제주도라는 특정 지역의 지역개발정책에 관한 연구서로서, 지방자치 실시 이후 중앙과 지방의 관계와 지역사회 내부에서의 지방정치 과정에 대한 분석을 통해 지방정치와 지방정책의 함수관계 속에서 양자의 변화양상을 탐색하고자 한다. 이를 통해 궁극적으로는 '누가' 지방정부의 정책결정 과정에 영향력을 미치고, 또 정책결정 방식은 '어떻게' 변화되고 있으며, 그로 인해 지역개발정책의 내용과 추진절차 등은 어떤 변화를 보이고 있는지를 분석하고, 지방정치의 활성화와 지역사회의 민주화, 그리고 바람직한 지역개발정책에 대한 함의를 제시할 것이다.

3. 연구의 범위와 방법

1) 연구범위와 사례의 성격

이 책은 1990년대 이후 제주도의 지역개발정책이 수립 · 추진되는 과정을 대상으로 한다. 물론 사례연구라는 것이 연구성과의 일반화라는 측면에서는 한계를 가지고 있기는 하다. 그러나 향후 특정 연구분야의 이론화나 일반화를 위한 구체적이고 풍부한 실증적 자료들을 제공할 수 있다는 점에서는 나름대로 강점을 가지고 있다. 뿐만 아니라 본 연구의 주제인 지방정치의 경우, 지역별로 처해 있는 정치적 환경과 구조가 지역사회의 특성만큼이나 다양하기 때문에 지방정치 연구가 질적으로 심화되기 위해서는 구체적인 사례연구의 양적인 축적에서 출발해야 한다. 즉 연구성과의 양적인 축적이 한국 지방정치 연구의 일반화에 기여할 수 있고, 그럼으로써 한국 지방정치이론 구축을 통한 지방정치 연구의 질적 심화로 확산될 수 있을 것이다.

이 책은 시기적으로 1990년대 이후가 한국에 지방자치가 도입되던 시기라는 점에서 과거 중앙집권적 정부구조 하에서 추진되던 지역개발정책과는 일정한 차이를 보일 것이라는 가정에서 출발한다. 특히 본 연구의 분석사례는 시기적으로 1991년 지방의회 구성기에 추진되었던 '제주도개발특별법' 제정 사례와 1995년 민선 자치단체장 직선 이후에 추진되었던 '제주국제자유도시' 추진 사례이다.

이 두 사례는 시기를 달리하면서 추진된 제주 지역개발정책의 사례이지만 양자 모두 지역개발 추진을 위한 특별법으로 귀결되었다는 점에서 공통점을 가지고 있다.[12] 따라서 본 연구는 '제주도개발특별법' 제정과 이의 '제주국제자유도시특별법'으로의 변경을 둘러싸고 제주 지역사회에서 벌어진 갈등 또는 협력의 지방정치 과정에 대한 분석을 통해 지역개발정책 추진과정의 특성을 파악하고자 한다.

이들 사례가 선정된 이유는 일차적으로는 필자의 자료 접근의 용이성이라는 점도 있지만 지방정부의 정책결정 과정의 특성과 변화의 모습을 여실히 드러내고 있는 사례라고 판단했기 때문이다.

이 연구는 1991년 12월 18일 국회를 통과한 '제주도개발특별법' 제정과 제주도를 국제적인 관광 · 휴양도시, 첨단 지식산업도시 등의 복합적인 기능을 갖춘 국제자유도시로 육성 · 발전시키기 위해 2002년 1월 26일 '제주도개발특별법'이 '제주국제자유도시특별법'으로

---

12) 대체로 특정 정책의 추진주체가 결정하는 정책은 실제적으로는 법률, 계획 및 단위사업, 지시, 명령 등의 형태로 나타나기 때문에 특정 법률이 제정 혹은 개정되는 것을 정책결정으로 본다.

변경되어 공포되기까지의 과정 전반을 대상으로 하여 제주도 지방정치의 특성과 변화양상을 살펴보고자 한다. 즉 제1기 지방의회 구성기인 1990년대 초반의 지역 이슈로 '제주도개발특별법' 제정 사례, 자치단체장 민선 시대로 접어든 1995년 이후 지역 이슈로 '국제자유도시특별법' 제정 사례를 설정하고, 이 이슈를 둘러싼 지역 행위자들의 행위와 그 상호관계를 살펴보고자 하였다. 이를 통해 제주도에서 개발과 성장을 중심으로 한 지역 성장정치의 형성과 변화 및 제주도개발정책 결정과정의 특성과 변화를 총체적으로 살펴볼 수 있다고 보기 때문이다.

제주도 개발정책을 사례로 선정하고 제주도의 지방정치 과정을 1990년대 초반의 '제주도개발특별법' 추진과 1995년 이후의 '제주국제자유도시' 추진의 두 시기로 구분하여 분석하게 된 이유를 좀 더 구체적으로 제시하면 다음과 같다.

먼저, 1990년대 초반은 지방자치가 도입되기는 했지만 지방의회만 구성된 불완전한 지방자치 시기이다. 그런데 그동안 권위주의 정권에 대해 순종적이었던 지역사회에서 중앙정부 주도의 지역개발특별법 제정에 대한 반대운동이 전개되었다는 점은 중앙과 지역사회 관계의 재조정의 의미뿐만 아니라, 지역사회 내부에서 국가와 시장(市場)에 대항하는 시민사회의 역량이 증폭될 수 있는 제도적 기반이 형성되고 있음을 보여주는 것이다. 당시까지 지방정부의 조직, 인사 및 재정의 권한은 엄격한 중앙통제 하에 놓여 있었기 때문에 지방은 중앙과의 동등한 협력자가 아니라 대리인에 불과했고, 지방자치단체장으로서 도지사나 시장은 1995년 민선 지방자치단체장 선거 이전까지 임명직이었으므로 지방 정치행위자로서의 자율적 역할은 극히 미미하였다. 그러나 1995년 민선 자치단체장 시대가 시작되면서 중앙과 지방 관계의 재조정이 이루어지기 시작하고, 특정 지역 이슈를 둘러싼 정책결정 형태는 기존과는 다른 양상이 나타났을 것으로 보기 때문이다.

둘째, 두 시기의 사례는 개발특별법 제정 방식과 이를 둘러싼 지역적 대응에서 확연히 구별되는 사례라는 점에서 지방정책 결정과정의 특성과 변화를 살펴볼 수 있다. 두 이슈 모두 지방자치제 도입 이후 제정 움직임이 본격화되었지만, '제주도개발특별법' 계획에서는 대통령과 중앙정부 등 소수 엘리트나 행정청에 의한 주입식 동원형태로 주체가 대통령과 중앙정부인 위로부터의 제정방식이었던 반면, '국제자유도시특별법' 계획에서는 개발특별법 입안의 주체가 지방자치단체인 점에서 아래로부터 이슈 제기 방식의 주도권 변화가 있었다는 차이점이 있다. 그 당시 지방의회가 출범한 이후 지방의회의 지방정부에 대한 견제적 기능이 있었다고 할지라도 중앙과 지방 간에 수직적 통제구조가 잔존하고 있는 상황에서 중앙의 힘이 강력할 수밖에 없었지만, 1995년 이후 민선 자치단체장 하에서는 지방자치단체 중심으로 한 지역 내부 행위자들 간의 이해 조정과정이 있을 수 있다는 점에서 이에 대한 심층적인 고찰이 필요하다고 보기 때문이다.

셋째, 두 시기 개발특별법 제정과 변경과정에서 지방자치단체의 역할에서 차이가 있다. 즉 '제주도개발특별법' 제정을 둘러싼 도민의 대응은 거센 반대운동으로 표출되었던 데 반해, '국제자유도시특별법' 추진을 둘러싸고는 반대운동은 있었지만 도민들이 찬성 분위기 속에서 그 힘은 미미하였다. 후자의 사례에서 반대운동의 한계에는 운동관리자로서 지방자치단체의 역할도 작용하였다. 1990년대 초반 '제주도개발특별법' 갈등 경험을 가진 민선 자치단체장으로 하여금 도민 의견수렴 절차의 중요성을 인식하게 하였고, 이에 기반해 도민의견 반영이라는 절차를 거치게 하였다. 따라서 두 시기 특별법 제정과 변경을 둘러싼 정책결정 과정의 변화를 좀 더 심도 있게 살펴보아야 한다.

넷째, '제주도개발특별법'과 '제주국제자유도시' 추진 모두 제주개발이라는 같은 선상에 있지만, 전자의 경우는 도민 대다수의 반대에 직면했고 후자의 경우는 도민 상당수가 찬성함으로써 정황이 비슷함에도 불구하고 대조적인 양상으로 나타났다. '제주도개발특별법'은 구체화된 정책이 아니라 종합개발계획이라는 정책을 추진하기 위한 법적 장치이다. 따라서 법적 장치인 특별법을 반대함으로써 종합개발계획이란 정책까지도 반대하게 된 것이다. 반면, '제주국제자유도시' 추진은 그 정책에 대해서 다수 주민들이 찬성하기 때문에 국제자유도시 추진의 법적 장치인 특별법 제정을 반대하지 않은 결과이다.

한국의 지방자치제도는 권한 및 재원의 결여로 지방정부의 자율성과 독자적인 정책형성 능력이 상대적으로 매우 제한되어 있기 때문에 제주도라는 단일 지방정부만을 연구대상으로 하는 것은 지방정치의 전체적 모습을 파악하는 데 한계가 있다. 특히 각 지방의 지리적 · 역사적 · 사회적 · 경제적 조건이 다르기 때문에 특정 지역의 사례연구를 통해 한국 지방정치의 일반적 특징을 확인하려는 시도는 방법론적으로 한계가 있다. 그러나 이제 성장하기 시작한 한국의 지방정치를 설명하고 전망하는 데 유용한 단서를 제공할 수 있을 것이다.

2) 연구방법과 책의 구성

이 책은 한국의 지방정치를 제1기 지방의회 선거를 전후한 시기

(1990-1994)와 1995년 민선 자치단체장 시대로부터 2004년 현재까지로 구분하여 두 시기 지역개발정책 결정과정의 특성과 변화를 분석한다. 이때 사례지역의 각 체계 내 변수들의 개별 속성보다 변수들 사이의 결합관계에 따라 특정 행위주체의 전략이나 그 실행방식이 상이한 형태로 나타날 수 있다는 점에 더 주목한다. 좀 더 구체적으로 이 책에서는 제주도개발특별법 제정 과정 분석에서 단순하게 두 개 이상의 사례와 관련된 자료들에 기초하여 유사성과 차별성을 확인하는 것에서 나아가, 특정 유사성에 기초하여 단위들을 한데 묶어 단위들이 갖는 특성들 사이의 관계를 분석함으로써 사례의 특성을 밝혀내는 기술적 방법을 사용하고자 한다.

사례에 대한 구체적인 분석에는 문헌연구와 필자가 현장에 참여하여 얻은 체험을 살리는 관찰방법을 통해 다양하게 수집한 자료를 활용하였다. 문헌연구를 통해 두 시기의 개발특별법 제정 과정을 알 수 있는 운동조직이 산출한 자료와 운동대상이나 행정당국에서 만든 팜플렛이나 보고서 자료, 그리고 2차 문헌자료를 수집하였다. 특히, 제주도의 경우 필자가 개발특별법 제정 반대운동을 주도한 시민단체의 공동 대표를 맡았던 관계로 필자는 물론이고 당시 필자와 함께 활동했던 참여자들이 소장하고 있는 행정기관이나 운동단체들의 내부 자료를 적극적으로 활용하였다.

이 책의 구성은 다음과 같다. 우선 제2장에서 이 책의 이론적 배경으로서 국가 재구조화 차원에서 진행되는 지방화의 일반적 맥락을 살펴보고, 한국의 지방자치 도입의 성격을 비교역사적 맥락 속에서 규명한다. 그리고 지역개발정책을 분석하기 위한 이론적 자원으로 지방정치이론에 대한 기존 연구들을 고찰하고, 지방정치이론의 한국적 적실성 차원에서 기존 이론들을 비판적으로 검토한다. 이러한 논의를 토대로 연구를 위한 분석 틀을 구성한다. 분석의 틀은 우선 행위자 중심적 변수들을 선정하고, 이를 토대로 지역개발정책의 추진 과정을 분석하기 위한 분석모형을 설정한다.

제3장에서는 이 책에서 연구하고자 하는 지방정치의 지역적 맥락을 살펴본다. 역사적으로 제주 지역사회의 특성과 지역개발의 연계를 통해 그간 중앙정치에 의해 변방으로 치부되어 왔던 역사적 맥락, 제주도가 중앙정부의 정책 도구로 이용되어 온 정책적 또는 정치적 맥락을 살펴본다. 이런 과정에서 어떻게 제주도가 지역의식을 가진 곳으로 성장해 왔는지, 그럼으로써 현재는 어떤 지역적 특성을 갖고 있는지 등을 포괄적으로 고찰한다.

제4장에서는 1990년대 초반 '제주도개발특별법' 제정 이슈가 등장한 제주도의 지역개발정책 형성을 둘러싼 중앙정부와 지역사회의 갈등을 분석함으로써 제주도의 지방정치의 양상과 특성을 분석한다. 구체적으로 개발특별법 갈등 형성의 배경과 갈등요인, 개발특별법 제정 반대운동의 형성과 전개과정을 고찰한 뒤, 개발특별법 갈등을 둘러싼 지방정치의 양상을 지역 내 행위자들의 행위와 상호관계를 중심으로 살펴본다.

제5장에서는 1995년 민선 자치단체장 이후 지방정치 변화를 살펴본다. '국제자유도시 개발계획' 추진을 둘러싼 반대운동의 형성과 전개과정 및 국제자유도시 추진을 둘러싼 정책결정 과정의 특성을 살펴봄으로써 1990년대 전반기와 비교할 때 지방정책 결정과정에서 어떠한 변화가 있는가를 살펴본다. 이를 위해 지방정부의 제주도 개발전략의 비전과 도민 의견수렴 과정에서의 특성, 성장연합과 지방정부 간, 그리고 국제자유도시 추진반대 운동연합체와 도민과의 관계에 주목한다.

제6장에서는 분석모형을 토대로 분석된 두 정책사례를 비교분석하고 그 함의를 도출한다. 즉 두 정책사례를 통해서 정책과정 및 갈등과 협력을 행위자 요인과 갈등요인으로 구분하여 분석하고, 지방정치가 지역개발정책에 어떤 영향을 미치는지를 중앙-지방 관계의 측면과 지방정부-시장-지역시민사회 관계의 측면에서 분석한다.

제7장 결론에서는 이러한 비교분석에 근거하여 지방정치이론적 함의, 즉 제주도의 권력구조에 대한 함의와 지방정책과 지방정치에 대한 함의 등을 도출한다. 그리고 지금까지의 분석결과를 비교분석의 시각에서 종합적으로 정리한 뒤, 지방정치의 문제점과 발전방향에 대한 정책적 시사점을 도출하기 위해 지방정치 민주화 시각에서 지방정치의 발전과제를 제시한다. 마지막으로 이 책에서 수행한 연구의 의의와 한계, 그리고 향후 연구방향을 제시한다.

제2장

이론적 논의 : 지방화의 맥락과 지방정치

1. 국가 재구조화와 지방화

19세기 초반 서구에서 지방자치의 틀이 정착된 이후 '지방화'(localization)가 세계적인 화두로 등장하기 시작한 것은 1980년대 들어서이다. 이후 세계 각국은 지방화를 통해 중앙집권화된 국가를 지방 중심의 국가로 전환하는 '국가 재구조화'(state restructuring)를 추진하기 시작했다. 1980년대는 유례없이 호황을 누리던 세계 자본주의가 구조적 불황으로 빠져들기 시작한 시기이다. 세계 자본주의 경제는 새로운 구조적 전환이라는 절박한 요구에 직면했고, 그 결과로 나타난 것이 선진 자본주의 국가들에서 거의 동시적으로 진행된 '재구조화'였으며, 이러한 경향의 이념적 근거가 된 것은 '신자유주의'(neo-liberalism)

였다.[1]

신자유주의는 전후 세계 자본주의를 이끌어 온 복지국가, 케인즈주의, 포드주의가 초래한 경제사회적 위기 타파를 위한 대안적 이데올로기라고 할 수 있다. 1970년대에 이르러 서구 자본주의가 새로운 축적 위기를 맞게 되면서 케인즈주의의 유용성에 대한 거센 비판에 직면하게 되었다. 즉 수요를 조절하고 완전고용을 유지하기 위해 국가의 개입이 절대적으로 필요하다고 주장해 온 케인즈주의는 고실업, 인플레이션, 경기침체 등으로 인해 불신을 받게 되었고, 이같은 경제위기의 상황 속에서 복지의 제공 역시 국가에 부담이 되었다. 이처럼 국가의 경제관리 및 복지관리 능력에 대한 신뢰가 무너지고 경제침체가 계속되자 '정부의 실패'를 극복하는 방안으로 시장의 역동성을 회복해야 한다는 신자유주의가 제창된 것이다.

신자유주의는 국가의 개입과 규제로부터 자유로운 자유시장만이 자원의 효율적인 배분에 적합하다고 주장하는 경제이념(economic ideas)이다. 이는 자유시장경제에 가해지고 있는 대부분의 정치적·사회적 제약을 폐기하고 사회적 관계 전체를 시장경제적 관계와 자본의 경쟁논리에 따라야 한다고 주장한다. 또한 대외개방을 통해 세계적 차원에서 자유시장 경제체제를 확립하는 것이 개별 국가적 차원이나 세계적 차원에서 경제적 효율성을 높이고 복지를 증대시키는 길이라고 주장한다.[2]

---

1) 1980년대 한국의 경제정책 기조로서 신자유주의가 도입되는 과정에 대해서는 한석지, "1980년대 한국의 경제정책 변화와 정책선택의 정치," 『동아시아 연구논총』, 제11집 (2000) 참조.

2) 신자유주의에 대한 상세한 논의는 다음을 참조할 것. 장하준, "제도주의적 정치경제학의 정립을 향하여," 한국사회경제학회, 『사회경제평론』 13호, 『신자유주의와 국가의 재도

신자유주의의 이념적 기초를 바탕으로 추진된 국가 재구조화는 국가 내의 상하 정부 상호 간의 분권에 관한 '수직적 재구조화' (vertical restructuring)와 시장 · 시민사회 사이의 권력분점을 통한 상호 역량 강화를 꾀하는 '수평적 재구조화' (horizontal restructuring)를 포함하여 논의될 수 있다.[3] 즉 수직적 재구조화는 중앙정부와 지방정부 간의 권한 및 재정의 재분배를 통한 재구조화로서, 이른바 정부 간 관계론(intergovernmental relation : IGR)의 측면에서 변화하는 지방분권의 성격을 규명하는 작업이다. 수평적 재구조화는 지방 수준의 정부기구와 시장 간의 역할 및 기능 분담의 변화를 통한 재구조화 과정으로서, 지방정부의 민영화(privatization) 과정을 통해 지방 수준의 정부기구의 성격이 어떻게 변화하고 있는지를 분석하는 작업이다. 요컨대, 지방화의 측면에서 국가 재구조화는 '분권화' 와 '시장화' 의 경향성을 의미하는 것이다.

세계적인 수준에서 국가별로 '지방화' 가 추진되는 배경은 다양하다. 그러나 그 기본적인 맥락이 '집권화' (centralization) 또는 '집중화' (concentration)로 인해 나타나는 폐해를 시정하기 위한 분권화 · 분산화 전략이라는 점에서 대체로 일치하는 경향을 보인다.[4] 즉 지방화는 중앙집권적인 사회에서 나타나는 폐해, 예컨대 '정치적 비민주성' 이

전』(서울 : 풀빛, 1999) ; 김세균, "신자유주의와 정치구조의 변화," 김성구 · 김세균 외 지음, 『자본의 세계화와 신자유주의』(서울 : 문화과학사, 1998) ; 정진영, "신자유주의의 확산과 국제경제질서의 미래," 국제정치경제연구회 편저, 『20세기로부터의 유산 : 세계경제와 국제정치』(서울 : 사회평론, 2000).

3) Edward Goetz, "The New Localism from a Cross-National Perspective," in Susan Clarke and Edward Goetz(eds.), *The New Localism : Comparative Urban Politics in a Global Era* (Newbury Park : Sage, 1993), pp. 199-220.

4) 이성복, 『도시행정론 : 한국의 도시를 중심으로』, 제4판(서울 : 법문사, 2004), pp. 263-264 ; 심익섭, "지방분권의 방향과 과제," 『지방행정』, 52집(2003).

나 '경제적 비효율성' 등을 시정하기 위한 대안적 전략에서 출발한다고 할 수 있다.

그런데 여기서 주목해야 할 점은 이러한 국가의 재구조화, 즉 지방화 측면에서의 국가의 성격 변화가 세계적으로 동일한 목표를 가지고 동일한 양상으로 진행되는 것이 아니라는 점이다. 각국이 지방화를 추진하는 맥락과 배경은 다양하다. 즉 국가별로 처해 있는 역사적 · 정치적 조건과 전략목표 등의 상대적인 차이를 기준으로 볼 때, 국가마다 지방화를 추진하는 '특수성'이 존재한다. 그러나 최근 들어서는 현대 사회의 구조적 변화, 예컨대 세계적 수준의 자본주의의 재구조화로 인한 세계화와 생산 패러다임의 변화 등에 조응하기 위해 지방화를 추구하기도 한다. 이것은 지방화를 추구하는 세계 대부분의 국가에서 나타나는 '보편적 현상'이라고 할 수 있다.

우선 현대 사회의 구조적 패러다임 변화에 대한 대응이라는 '보편적 현상'으로서의 지방화 전략을 보면 첫째는, 세계화 전략의 일환이다.[5] 시장경쟁 논리의 확대 · 심화에 따른 세계화는 상호 의존 속에서 세계가 통합되어 가는 과정이다. 따라서 세계화 현상은 개별 국가들의 기존 정부체계에 대한 근본적인 변화를 요구하고 있고, 이러한 변화의 이면에 바로 지방화가 자리하고 있는 것이다. 때문에 이제 지방은 더 이상 중앙정부의 행정을 담당하는 '말단'이 아니라 국제교류의 '최일선'에 서 있는 것이 된다.[6] 따라서 중앙정부뿐만 아니라 지방정

---

5) 이종수, "분권화의 패턴 : 지방자치 논의의 배경과 맥락에 대한 국가 간 비교분석," 『한국정치학회보』, 32집 2호(1998 여름), pp. 181-183.

6) 유럽의 경우 19세기 초반 지방자치의 틀이 정착된 이후 지방정부는 주로 복지 서비스의 생산과 전달기능을 담당하는 주체로 간주되어 왔다. Peter Saunders, "Rethinking Local Politics," Martin Boddy & Colin Fudge(ed.), *Local Socialism*(London : Macmillan, 1984),

부도 경제정책과 개발정책의 주체로서 상대국의 카운터 파트너들과 보다 긴밀한 관계를 발전시킬 필요성이 요청되었던 것이다.

둘째는, 생산 패러다임의 변화에 조응하기 위한 대응전략의 일환이다.[7] 선진 자본주의 국가들은 대량생산 · 대량소비 체제인 포디즘(Fordism)을 바탕으로 1960년대 황금기를 구가했다. 그러나 소품종 다량생산을 특징으로 하는 포디즘은 1970년대 중반부터 생산체계의 과잉과 시장 변화에 대한 반응성 약화 등으로 인해 위기에 처하고, 다품종 소량생산 체제를 지향하는 유연적 생산방식으로 통칭되는 포스트포디즘(post-Fordism)이 등장하게 되었다. 포스트포디즘 시대를 특징짓는 징후들은 향후 정치체제에 있어서도 분절화, 분극화, 분권화의 현상을 요청하는 원심력으로 나타났다. 따라서 이런 사회 · 정치체제가 요청하는 내생적 · 분산적 발전전략에 더욱 적합한 정부단위로서 지방정부가 부상하게 된 것이다.[8]

다음으로 국가별로 해당 국가가 처해 있는 역사적 조건과 정치경제적 상황에 따라 다양하게 나타나는 지방화의 '특수성'을 보면 첫째는, 정치적 민주화를 추구하기 위한 차원에서 지방화를 추구한다.[9] 이것은 지방화의 본질적 속성이라고 할 수 있는 정치권력의 분산이 갖

---

p. 57. 이를 반영하여 네오 맑시스트들은 중앙정치가 주로 계급 간 관계에 기초한 '생산'의 문제를 다루는 데 반해, 지방자치는 개인을 단위로 하는 집합적 '소비'의 문제에 주력한다는 견해를 견지했었다. 그러나 오늘날 이러한 이분법적 도식은 낡은 유물이 되어버렸고, 오늘날에는 지방정부가 단순한 '소비'의 전달자가 아니라 '생산'의 문제에도 간여하는 지역적 중추가 되었다. James Lorimer, *The Real World of City Politics*(Toronto : James Ewis and Samuel, 1970).

7) 이종수, 앞의 글, pp. 183-184.

8) 성경륭, "지방주도적 발전과 분권화 개혁의 추구 : 민선 자치단체장의 역할에 관한 소고," 『한국정치학회보』, 29집 4호(1995), p. 358.

9) 이종수, 앞의 글, pp. 174-178.

는 정치적 가치에 주목하고 정치적 민주화를 추진하려는 국가들에서 나타난다. 이런 측면에서 지방화는 사회에 대해 과도하게 개입하는 국가주의(statism)를 억제하고 정치 · 사회적 민주화를 증진시키기 위한 대안의 하나로서 주장되었다. 이런 나라들은 국가주도적 성장전략에 의해 일정 수준의 경제성장을 달성했음에도 불구하고 정치적으로는 민주주의의 공고화를 이룩하지 못하고, 경제적으로는 불균형 발전전략, 성장거점 전략이 기약했던 집적현상 이후의 확산효과가 실현되지 않아 이에 대한 처방으로 지방자치에 주목하고 있다. 이의 대표적 사례는 이른바 '성공의 위기'를 겪고 있는 한국과 대만이다.[10]

둘째는, 발전전략과의 연계 차원에서 지방화를 추구한다.[11] 이 유형은 1950년대 이후 발전전략의 이론적 토대를 이루어 왔던 '근대화론'의 반성에서 나온 대안적 전략으로 논의되고 있다. 경제성장을 통한 근대화의 기치는 암묵적으로 강력한 중앙집권을 상정하면서 국가통합 및 경제성장을 목표로 했으나 그 결과는 군부독재와 경기침체였다. 따라서 이러한 실패를 시정하기 위한 치유수단의 하나로서 또한 중앙과 지방의 현격한 개발격차를 시정하기 위한 방법의 하나로서 지방화가 추진되었다. 이의 대표적 사례는 이른바 '실패의 위기'를 겪고 있는 남미국가들이다.[12]

셋째는, 경제적 효율성을 극대화하기 위한 지방정부의 개혁 차원에서 지방화를 추구한다.[13] 이러한 유형의 국가들은 대부분 제2차 세계

---

10) 김장권, "동아시아의 국가와 지방정부 : 지방정부의 위상 변화에 대한 서설적 연구," 『한국정치학회보』, 28집 2호(1994), p. 586.

11) 강명구, "지방화와 정보화 : 재구조화(再構造化)의 정치적 의미," 『한국정치학회보』, 29집 1호(1995), p. 81.

12) 위의 글, p. 90.

대전 후 확대일로를 걸어왔던 복지국가의 재정이 한계에 직면하면서 시장부문에의 의존을 증대시키려는 국가들로 영국, 미국, 프랑스, 독일, 덴마크 등이 포함된다. 이러한 유형의 국가들에서는 정치적 요인보다 경제적 요인에 주목하면서 정부운영의 효율성과 대응성을 강조하고, 공공부문 축소를 통해 국가의 과부하 상태를 시정하려고 한다. 따라서 분권화와 지방자치를 본질적으로 훼손하지 않으면서 공공부문의 생산성 제고를 위해 경쟁과 시장의 원리를 지방정부에 도입하려는 노력을 기울이고 있는 것이다.

종합적으로 보면 지방화의 패턴은 그 국가가 처한 조건과 발전전략의 목표에 따라 다르게 나타나고 있다. 서구 선진국은 세계적 경쟁의 가속화와 그에 따른 국내적 자원배분의 위축을 시장 메커니즘을 강화하는 기조 위에서 지방정부의 효율성 개선으로 해결하고자 하는데 반해, 제3세계 국가들은 국가 수준의 발전문제와 정치적 민주화를 지방자치제도의 도입으로 해결하려고 한다.[14] 물론 이들 국가들에는 현대 사회의 패러다임 변화로 야기되는 구조적 변화도 공통적으로 작용하면서 지방화가 추진되고 있다. 그런데 현실적으로 볼 때, 특정 국가의 지방화는 전적으로 하나의 특정한 유형의 패턴만 따른다고 보기는 어렵다. 그 이유는 지방화 추진이 국가에 따라서 유형별로 강조점을 달리하지만, 그렇다고 다른 유형에 대해서 배타적이지는 않을 것이기 때문이다.

이와 같은 지방화 패턴의 유형화는 하나의 '이념형'(ideal type)으로 보아야 할 것이다. 왜냐하면 제3세계 국가들의 경우 국가 수준의 발

13) 이종수, 앞의 글, pp. 178-181.
14) 위의 글, p. 184.

전과 정치적 민주화, 지방정부의 경제적 효율성이라는 테마들이 어떤 단선적인 과정적 개념이라고 보기는 어렵고, 서구 선진국의 경우도 지방정부의 경제적 효율성 제고가 지방화 추구의 주된 전략적 요인이라고는 하지만 그렇다고 해서 발전의 문제나 정치적 민주화의 문제가 완전무결하게 해결되었다고는 볼 수 없기 때문이다.

한국의 지방화는 1980년대 후반 이후의 민주화 과정의 산물이다. 이것은 초기 한국의 지방화가 정치적 민주화를 추구하기 위한 차원에서 추진된 것을 의미한다. 그러나 지방자치제가 본격적으로 도입된 이후, 즉 민선 단체장 시대인 1995년 이후부터 한국의 지방화는 중앙정부 중심의 국가 발전과정에서 파생된 지역 불균형과 같은 문제점들을 극복하기 위한 전략과 관련하여 제기되었다. 이른바 국가주도적 발전전략이 가져다 준 '성공의 위기'를 극복하기 위한 전략으로 지방화가 대두된 것이다. 이것은 발전전략과의 연계 차원에서 지방화를 추구하는 것을 의미한다. 또한 최근 들어서는 세계화와 생산 패러다임 변화의 맥락에서 '지방경영' 측면의 지방화 논의가 주류를 이루고 있다. 뿐만 아니라 논의의 초기 단계이기는 하지만 점차 지방정부의 경제적 효율성을 추구하기 위한 차원에서 통치능력(governability) 확보를 위한 전략으로 강력하게 추진되고 있다.

한국의 경우도 이와 같은 국가 재구조화 차원의 지방화가 본격 지방자치제도의 실시로 궤도에 오르기 시작하면서 새로운 이론적 연구들이 필요하게 되었다. 지방자치제 하의 지방에서는 과거 중앙집권적 통치구조 하의 지방과는 다른 권력구조가 형성된다. 그리고 이에 따라 지역사회의 정책적 이슈를 둘러싸고 이해관계도 더욱 다양하고 첨예해지게 된다. 그리고 민선 단체장이 이끄는 지방정부 역시 지역주민들의 요구에 보다 민감하게 반응하게 된다.

역사적으로 중앙집권적 전통을 유지해 오던 한국 정치에서 이러한 새로운 환경은 적어도 두 가지 측면에서 중요한 의미를 갖는다. 하나는 지방화로 인한 중앙정부와 지방정부 간 관계의 변화이며, 다른 하나는 지방정치의 형성으로 지역사회의 정치적 역동성 강화이다. 정부 간 관계의 변화와 지방정치의 형성과 발전의 문제는 지방화의 진전에 따라 더욱 중요한 이슈로 대두될 것이다. 정부 간 관계의 문제는 지역발전과 관련하여 중앙정부의 일방적인 하향식 정책추진 체계에 변화를 가져올 것이며, 따라서 중앙정부와 지방정부의 위상은 물론 정책 추진 상에서의 역할 변화를 동반할 것이다. 또한 지역사회의 발전과 지역주민들의 이해관계에 지대한 영향을 미치는 지역개발정책을 둘러싸고 지방정치는 첨예한 대립과 갈등의 형태로 나타날 가능성이 높다. 따라서 국가 재구조화에 따른 지방화는 곧 중앙정부와 지방정부 간 관계의 변화에 따른 지역개발을 둘러싼 지방정치의 역동성이 크게 강화될 것이다.

2. 정부 간 관계와 지방정부의 변화

1) 정부 간 관계론

국가 재구조화가 지방화의 맥락에서 추진된다는 것은 중앙정부와 지방정부 간의 권력(또는 적어도 권한) 관계의 변화를 가져오게 된다는 것을 의미한다. 정부 간 관계(intergovernmental relations : IGR)는 중앙정부와 지방정부 간, 그리고 지방정부 간의 관계를 일컫는 것으로 국가체제의 역사성에 따라 다른 시각에서 정의된다. 중앙정부와 지방정부의 관계는 각국의 정치발전 과정과 법 · 제도에 따라 변화를 거듭하면서 정립되어 왔기 때문에 단선적인 발전과정이나 관계를 설정하기는 어렵다.

연방체제 국가에서는 시대 변화 및 국민적 요구의 변화에 따라 복지, 생활, 환경 등의 새로운 시대적 과제에 대응하기 위해 연방-주-지방 간 상호 협력관계가 요구되는 과정에서 출현했다. 그러나 단일체제 국가에서는 정부 간 상호 협력관계의 측면보다는 중앙집권화로 인한 상하 권력 배분의 측면에서 논의된다. 한국이나 일본 같은 국가들은 역사적으로 중앙집권적 전통의 뿌리가 깊었기 때문에 지방자치단체를 지방정부로서 인정하지 않았거나 또는 중앙정부와 대등한 관계로 인식하지 않았기 때문에 정부 간 관계에 대한 관심도 비교적 최근에 나타나기 시작했다.

〈표 2-1〉은 국가체제의 형태에 따라 정부 간 관계의 개념을 정리한 것이다. 연방체제 국가를 대상으로 연구한 학자들은 정부 간 관계를 상호작용, 교환, 합의 등을 키워드로 하는 반면, 단일체제 국가를 대상으로 연구한 학자들은 권능, 권한, 기능 이전 등을 키워드로 하여 개념을 정의하고 있다. 그동안 한국에서 정부 간 관계에 대한 논의들은 중앙집권적 경향에서 벗어나기 위한 지방의 자율성이나 자치성에 치중한 논의로서 중앙-지방 간의 권한 배분 측면에서 벗어나지 못했다. 주로 분권화에 이론적 기초를 두는 지방정부로의 권한 이양, 권한 배분 등을 중심으로 중앙-지방 간의 관계가 논의되어 왔다. 그러나 최근 지방자치단체를 중앙정부와 대응한 입장의 지방정부로 간주하고 그들 간의 명확한 기능 배분과 역할 정립에 대한 논의들이 등장하

〈표 2-1〉 정부 간 관계의 개념

국가체제	학자	개념 정의
연방체제	앤더슨 (Anderson 1960)[1]	연방체계 속의 모든 형태 · 수준의 정부단위 간에 발생하는 활동 혹은 '상호작용' 과 행위의 총체
	라이트 (Wright 1978)[2]	일국의 다양한 정부단위들 간 관계의 '교환과 결합'
	로즈 (Rhodes 1983)[3]	다양한 정책공동체를 바탕으로 하는 '정책망' 관계
	라이트 (Wright 1988)[4]	연방체제내 모든 형태와 수준의 정부들 간에 일어나는 일체의 중요한 활동과 상호작용을 연구하는 분야. 이때 행위자로 각급 공급자와 시민들도 포함되며 연구대상이 되는 활동들은 정치 · 행정체제의 모든 곳에서 발생되는 과거, 현재 및 미래의 활동
단일체제	무라마쯔(1991)[5]	종래 일본의 정부 간 관계에서 '법적 권한' 과 행정적 절차의 측면뿐 아니라 중앙과 지방 간의 '정치적 측면' 도 충분히 고려되어야 되는 활동
	김천영(2000)[6]	다양한 정부단위 간의 기능을 중심으로 작용하는 법적 · 제도적 · 정치적 · 행정적 · 재정적 제 관계의 설정방법

1_ William Anderson, *Intergovernmental Relations in Review*(Minneapolis : University of Minnesota Press, 1960).

2_ D. S. Wright, *Understanding Intergovernmental Relations*(North Scituate, Mass. : Duxbury Press, 1978).

3_ R. A. W. Rhodes, *Control and Power in Central-Local Government Relations*(Aldershot : Grower, 1983).

4_ D. S. Wright, *Understanding Intergovernmental Relations*, 3rd ed.(California. Pacific Grove : Brooks/Cole Publishing Company, 1988).

5_ 무라마쯔(村松岐夫) 저, 최외출 · 이성환 역, 『중앙과 지방관계론 : 일본의 지방자치이론과 실제를 중심으로』(서울 : 대영문화사, 1991).

6_ 김천영, "뉴패러다임으로서의 정부 간 관계(IGR) : 접근논리와 처방적 모형구상," 2000년 한국행정학회 동계학술대회 발표논문집(2000).

면서 협력적인 관계로의 전환을 모색하고 있다.

이러한 경향을 반영하듯이 일반적으로 중앙-지방정부 간 관계는 중앙 대 지방이라는 이분법적인 분류보다는 상호 중첩적 또는 상호 의존적인 관계를 강조하는 경향을 보이고 있다.[15] 특히 라이트(D. S. Wright)는 정부 간 관계모형을 협력적 분리형, 중첩적 권위형, 내포적 권위형으로 분류하고 정부 간 관계의 변화 추이를 설명하는 유용한 준거 틀을 제공하고 있다.[16] 첫째, 내포적 권위형은 과거 중앙집권적 · 권위주의적 정치체제 하에서 지방정부가 중앙정부에 일방적으로 의존적이면서 위계적인 관계로 전통적인 수직적 · 통제적 관계를 특징으로 한다. 둘째, 협력적 분리형은 지방정부가 중앙정부와 독립적이면서도 자율성을 지닌 관계로서 과도기적인 정부 간 관계를 의미한다. 셋째, 중첩적 권위형은 중앙정부와 지방정부, 그리고 지방정부 상호 간에 의존적이면서 협상관계가 형성되어 있는 정부 간 관계를 의미한다.

피터슨(P. Peterson)에 따르면, 중앙정부와 지방정부는 기본적으로 서로 다른 목적을 지니고 있다. 지방정부는 지역 내의 경제적 기반을 보호하기 위해 경제적 효율성의 성취를 추구하는 반면, 중앙정부는 경제적 효율성과 더불어 형평성을 추구한다. 이는 근본적으로 중앙정부와 지방정부의 경쟁력 제고의 목적은 다르지만 상호 협력관계로의 전환을 내포하고 있다. 중앙정부 중심의 경쟁력 강화와 지방정부의 경쟁력 강화 노력은 총체적인 시너지 효과를 위해 서로 경쟁관계

15) 김용웅 외, 『지방화 시대 국토개발 분야에서 중앙과 지방의 역할분담에 관한 연구』, 국토개발연구원(1995), pp. 31-32.

16) D. S. Wright, *Understanding Intergovernmental Relations*(North Scituate, Mass. : Duxbury Press, 1978).

보다는 조화로운 협력관계로 나아가는 것이 일반적인 논의이며, 이를 위한 협력관계를 만드는 과정으로 정부 간 관계가 변화하고 있다.[17]

2) 지방정부의 역할과 기능의 변화

1970년대 후반부터 국가의 역할에 대한 관심이 대두되면서 중앙과 지방정부 간 관계와 지방정부의 역할에 대한 이론적 논의가 등장했다. 중앙과 지방 간의 기능적 분화가 뚜렷한 영국에서 지방정부의 역할은 소비부문에서 주목을 받았다.[18] 이에 대한 연구는 영국을 비롯한 유럽의 학자들이 대표적인데, 국가의 복지 공급, 노동력 재생산의 문제를 중심으로 국가와 지방 간 관계를 파악하고 있는 카스텔(M. Castell),[19] 로시킨(J. Lojkine)[20] 등의 논의에서 출발한다.

카스텔은 지역 혹은 도시가 노동력의 재생산을 위한 장소로 기능하며, 특히 후기 자본주의 도시는 생산 또는 교환보다는 '집합적 소비' (collective consumption)[21]의 중심지로서 기능한다고 주장한다. 집합적 소비는 노동력의 재생산을 위해 필수적이지만 개별 자본가들은 이윤

17) Paul Peterson, *City Limits*(Boston : Little & Brown, 1981), p. 68.

18) A. Harding, "Urban Regimes and Growth Machines : Toward a Cross-National Research Agenda," *Urban Affairs Quarterly*, Vol. 29, No. 3(1994), p. 365.

19) M. Castells, "Theoretical Tools for the Study of Urban Politics," in *The Urban Question* (London : Anord, 1977), pp. 243-245 ; Castells, 1983.

20) J. Lojkin, "Contribution ot a Marxist Theory of Capitalist Urbanization," C. Pickvance(ed.), *Urban Sociology : Critical Essays*(London : Tavistock, 1976).

21) 카스텔은 집합적 소비 개념에 대해 명확히 정의하고 있지는 않지만 주택이나 의료, 공공시설, 오락시설 등과 같이 노동력을 재생산하는 소비영역을 의미하는 것으로 사용했다. M. Castells, *op. cit.*, pp. 125-126.

이 발생하지 않는 집합적 소비에 투자하지 않으려 하기 때문에 지역 갈등이 표출되고, 이때 국가가 집합적 소비에 관여함으로써 집합적 소비를 둘러싼 갈등을 해결하려 한다는 것이다. 그러나 국가가 집합적 소비에 대한 공급 및 수요의 역할을 하기 위해서는 막대한 재정을 필요로 하기 때문에 국가는 재정위기에 직면하게 된다. 따라서 재정확보를 위해 조세부담을 늘릴 수밖에 없고, 그렇게 되면 도시의 제 집단들의 저항에 직면하게 된다는 것이다.

집합적 소비에 관한 카스텔의 논의는 로시킨에 의해 더욱 진전되는데, 로시킨은 자본이 수익성이 없는 집합적 소비수단에 대해 자연스럽게 투자하도록 하는 것은 사실상 불가능하기 때문에 국가의 경제적 개입을 필요로 한다는 점을 강조한다.[22] 그러나 로시킨도 카스텔과 같이 국가개입의 한계를 지적하는데, 국가기구의 도시영역에 대한 경제적 · 법적 개입은 계급투쟁을 진정시키는 것이 아니라 그 적용영역을 확대시킬 뿐이라는 것이다.[23]

카스텔과 로시킨은 지역이 자본주의 발전기제와 밀접하게 연관되어 있음을 강조하고 지방정치는 노동력 재생산 및 자본축적을 가속화시키기 위해, 그리고 과잉축적으로 인한 자본축적 위기의 해소를 위해 형성된다고 본다. 특히, 지방정치에서 국가정책에 영향을 미치는 요인으로 사회운동을 중요하게 고려한다. 그러나 카스텔과 로시킨이 관심을 두는 것은 기본적으로 도시를 국민국가 내에 있는 재생산 단위로 전제하고서 구조적으로 결정지어진 지방정치, 1960년대와 1970년대의 지역 복지 서비스에 대한 국가개입의 불가피성과 국가의 복

22) J. Lojkin, "Contribution or a Marxist Theory of Capitalist Urbanization," pp. 34–35.
23) *Ibid.*, pp. 40–41.

지공급 형태와 의미에 관한 것이었다.

그렇다면 국가와 지방 또는 도시 간 관계는 구조적으로 결정된 것인가? 특히 지역개발이나 지역의 사회경제적 환경 변화 속에서 국가와 지방 또는 도시 간 관계가 어떻게 재편되는가? 이에 대해서는 1970년대 후반 이후 지방정부 자체가 독립적인 분석단위로 등장해 지방정부의 역할과 자율성 문제를 다룬 논의들에서 본격적으로 다루어진다. 특히, 지방정부의 역할과 기능을 자본주의적 사회관계 속에서 새롭게 정의한 콕번(C. Cockburn)의 지방국가론(local state)을 주목할 만하다.

지방국가에 대해서는 크게 두 가지 설명방식이 있다. 지방국가를 국가장치로 보는 견해와 시장경쟁자로 보는 견해가 그것이다. 지방국가를 국가장치로 보는 견해[24]에서는 지방국가의 운명은 국가체계와 밀접하게 관련되어 있고 지방국가 체계는 사회적 평화를 유지하는 데 기능적이라고 주장한다. 또한 국가가 지방국가의 역할을 지시하기 때문에 지방국가의 자율성은 거의 혹은 전혀 존재하지 않고, 지방국가는 국가의 정책과 프로그램의 실행자에 불과하다고 본다.

이러한 관점에 있는 콕번은 지방정부는 중앙정부와 구분되는 독특한 활동양식을 갖는 것이 아니라 항상 중앙정부에 예속되어 있는 국가의 기초단위[25]이며, 자본주의 국가의 '부분'으로서 '지방국가'라고 주장한다. 이와 함께 콕번은 지방국가는 가족과 지방제도에 관한 세세한 관리를 통해 자본주의 국가의 사회적 · 경제적 재생산 등 소비부문에서 중요한 역할을 한다고 본다. 결국, 국가와 국가기구들은 자본의 이해에 봉사하도록 기능하며, 지방국가는 그러한 국가의 역할

24) C. Cockburn, *The Local State*(London : Pluto, 1977).
25) *Ibid.*, p. 46.

을 보완하는 국가기구의 하나라는 것이다.[26]

콕번의 소비부문에서의 지방국가의 역할과 관련해 보다 진전된 논의는 손더스(P. Saunders)의 이원국가론[27]에서 찾아볼 수 있다. 손더스는 중앙국가는 자본의 이해관계에 따른 도구주의 시각에서 분석하고, 지방국가는 소비무분에 대한 다원주의 시각에서 접근하는 것이 현실세계를 이해하는 데 보다 적합한 이론적 도구가 될 수 있다고 본다. 그러나 1980년대 후반에 이르면 지방정부의 역할이 소비부문에만 국한되는 것이 아니라 생산영역에서 중요해지면서 소비부문에서의 지방정부의 역할에 대한 이론적 접근은 더 이상 유용하지 않게 된다.

지방국가를 국가기구로 보는 도구주의적 견해에 대한 비판적 논의는 던컨과 굿윈(S. S. Duncan & M. Goodwin)[28]에 의해 이루어지는데, 이들은 상대적 자율성을 가진 지방국가의 역할을 강조한다. 즉 중앙이익에 대항하여 지방이익을 추구하는 지방국가의 자율성 정도에 대한 것이다. 이들은 각 지방은 고유한 사회적 관계가 있으며, 이를 중앙에 대변하고 또 중앙의 지방에 대한 요구를 해석하여 전달하는 것이 지방국가의 이중적 역할이라는 포괄적인 주장을 한다. 던컨과 굿윈의 지방국가론은 지방의 사회적 관계와 불균등 발전에 대한 지방국가의 경제적 활동을 분석함으로써 생산영역에서 지방국가의 개입을 이론적으로 정립하였다는 데 의의가 있고, 지방의 사회적 관계가 어떻게

---

26) *Ibid.*, p. 47.

27) P. Saunders, *Social Theory and the Urban Question*(London : Hutchinson, 1981).

28) 던컨과 굿윈은 지방국가 개념을 적극적으로 사용하기 위해서는 지방국가를 사회적 관계의 한 과정으로 보아야 하고, 중앙과 지방 간 관계의 변화에 관한 과정지향적이고 역사적인 분석이 필요하다는 것을 강조한다. S. S. Duncan and M. Goodwin, *The Local State and Uneven Development : Behind the Local Government Crisis*(Cambridge : Polity Press, 1988), pp. 37-43.

형성되어 있는가에 따라 지방의 자율적 영역이 존재할 수 있는 가능성을 열어주고 있다.

다음으로, 지방국가를 시장경쟁자로 보는 견해[29]에서는 지방국가를 상이한 질의 공적 재화와 서비스라는 '생산물'을 제공하는 개별 기업으로 본다. 즉 지방국가가 중앙 프로그램의 실행자라기보다는 학교, 공원, 하부구조와 같은 공공재의 생산자, 시장경쟁자라는 것이다. 따라서 발전을 추구하기 위해, 지방세의 기초를 확장시키기 위해, 그리고 지방 인구를 증가시키기 위해 지방국가는 '경쟁적'이어야 하고, 만약 그렇지 못하면 지방국가는 시장실패의 위험에 빠지게 된다는 것이다.

그러나 지방국가에 대한 이상의 두 가지 견해는 상호 보완적 논리로 볼 필요가 있다. 우선 지방국가를 국가기구로 보는 견해는 도시 혹은 지방국가의 운명이 국가와 관련되어 있다는 사실을, 그리고 시장경쟁자로 보는 견해는 도시들이 상호 경쟁한다는 점을 각각 강조하고 있다는 점이 지적될 수 있다. 그러나 두 견해 모두 지방국가의 변화와 차별성에 관한 설명이 부족하고 지방국가들 간의 차이를 설명하기 위한 분석적 기초가 미약하다는 비판을 가할 수 있다.[30]

더욱이 도시 혹은 지방국가는 보다 높은 수준의 국가체계의 대리기구로 볼 수 있는 동시에 독립적이고 경쟁적인 행위자라고도 볼 수 있다. 이와 같이 볼 수 있는 이유는 독특한 경제적 · 사회적 이해집단들로 구성되어 있는 각각의 도시들에서 도시정치가 표출되는 형태가

---

29) Paul Peterson, *City Limits*(Boston : Little & Brown, 1981) ; C. Tiebout, "The Pure Theory of Local Expenditure," *Journal of Political Economy*, Vol. 64(October).

30) J. L. Greer, "The Political Economy of the Local States," *Politics and Society*, Vol. 15, No. 4(1986).

다양할 뿐만 아니라, 특정 도시 내에서도 역사적 시기에 따라 강조되는 지방국가의 역할이 달라지기 때문이다. 그리고 지방국가의 권력은 도시 외부의 정치적 또는 사회적 요인들로 인해 축소되지 않고 지방국가는 국가정책에 저항할 수 있고 목표도 독립적으로 정할 수 있는 상당 정도의 자율성과 독자성을 지니고 있다는 것이 강조될 필요가 있다. 그리어(J. L. Greer)에 의하면, 지방국가의 자율성 정도는 고유의 권력구조, 지방행정의 역량, 사회적 · 정치적 응집성의 정도, 보다 상위의 국가체계와의 관계에 따라 달라진다.[31] 이러한 지방국가 수준에서의 정치와 정책형성 과정은 대체로 지역정당의 이해, 관료정치, 그리고 이해집단들(private interests) 간의 관계와 밀접하게 관련된다.[32]

이러한 이론적 시각은 이 책의 연구와 관련하여 두 가지 함의를 제시해 주고 있다. 한국이 지방자치의 본격 실시로 지방화가 추진되고 있지만 여전히 중앙정부의 지방정부에 대한 영향력은 막강하다. 지방정부의 취약한 재정력과 내생적 발전의 한계로 인해 지방정부의 독자적인 정책추진이 제약을 받고 있다. 특히 국가 차원의 국책사업이 지방에서 추진될 경우, 지방정부는 중앙정부의 대리기구 역할을 할 가능성도 배제할 수 없다. 국책사업 차원에서 추진되는 정책이 지역주민의 삶에 커다란 영향을 미칠 뿐만 아니라 지방의 선출직 공직자들의 재선(reelection)에도 큰 영향을 미칠 수 있기 때문이다.

그러나 다른 한편으로 볼 때, 이러한 중앙정부의 지방정부에 대한 구조적 영향력으로 인해 한국의 지방정부들이 처한 정책선택의 조건 중에서 중앙-지방 관계가 대체로 유사하다는 점을 고려한다면, 지방

---

31) *Ibid.*, p. 526.
32) *Ibid.*, pp. 526-532.

정책의 결정요인은 결국 지역사회의 특성, 즉 지역 내부의 사회경제적 조건과 권력구조의 성격, 그리고 특정 쟁점을 둘러싸고 전개되는 지역의 행위자들 간 상호작용과 정치에 달려 있다. 따라서 오늘날 지방정책과 지방정치의 역학관계는 정부 간 관계에 대한 고려와 함께 지방정치 과정의 역동성을 함께 고려해야 할 것이다. 즉 1987년 이후 사회정치적 환경의 변화에 대한 고려, 지역사회의 권력구조와 지방행정의 역량과 관행, 그리고 지역의 쟁점을 둘러싼 지역 시민사회의 대응 등 광범위한 지방정치 과정에 주목해야 할 것이다.

3. 지역사회 권력구조론 : 엘리트 이론과 다원주의 이론

초기의 지방정치에 관한 이론적 논의는 1950년대 이후 '공동체 권력구조' (community power structure)에 관한 두 가지 대칭적 패러다임, 즉 다원주의 이론과 엘리트 이론에서 출발한다. 이들 두 이론적 진영은 '누가 지배하는가?' (Who governs?)에 대한 공통된 관심사에 대해 양립될 수 없는 주장들을 펼치면서 이론적 논쟁을 지속해 왔다.

엘리트 이론은 지역사회의 권력이 소수의 엘리트에 집중되어 있고, 이들이 주요한 정책영역에서 지방정부의 정책결정에 지배적인 영향력을 행사한다고 주장한다.[33] 사실상의 정책결정 권한을 갖고 있는

33) Floyd Hunter, *Community Power Structure : A Survey of Decision Makers*(Chapel Hill : University of North Carolina Press, 1953) ; William M. Domhoff, *Who Really Rules? New*

엘리트들은 경제적 부를 축적하고 높은 사회적 지위를 소유한 지역 경제인들로서 이른바 '경제 엘리트'이다. 예컨대, 애틀랜타의 지방정치를 실증적으로 분석한 헌터(F. Hunter)는 지역사회의 명망가들이 도시의 정책결정 과정을 배후에서 지배하고 있으며, 그 중 기업의 이익이 지배적인 역할을 하고 있음을 밝혔다. 그에 의하면 이들 경제 엘리트들은 계서화된(stratified) 권력구조의 정상에서 공동이익을 위해 응집하며, 정부는 어디까지나 제2차적 기관으로서 정책집행을 위한 도구에 불과하다는 것이다.

이와 같이 지역사회에서 지배적 계층으로서 경제 엘리트들은 공식적인 정책결정 체계 내에서 직접적으로 정책을 결정하거나 영향력을 행사하기보다는 공식적인 지방정치 과정 또는 정책결정 과정 밖에서 비공식적 채널을 통해 지역의 주요 정책 이슈들을 자신들의 이익 추구에 유리하도록 정책결정자들에게 영향력을 행사한다. 이에 반해 지역주민들이 선출한 공직자들은 정책결정 과정에서 중요한 역할을 담당하지 못하고 경제 엘리트의 결정사항을 집행하는 종속적 존재로 그 위상이 격하된다. 즉 경제 엘리트가 사실상의 정책형성 또는 결정 기능을 수행하고 공직자들은 경제 엘리트가 결정한 정책을 공식화하고 집행하는 부수적인 기능만을 수행하는 것이다.

엘리트 이론과 달리 다원주의 이론은 권력의 분산을 강조한다는 점에서 다를 뿐 엘리트의 존재를 부정하는 것은 아니며, 단지 엘리트가 정책영역마다 다르다는 '다원적 엘리트'(plural elites)의 존재를 주장한다.[34] 즉 하나의 권력 엘리트가 모든 정책영역에서 영향력을 행사

Haven and Community Power Reexamined(New Burnswick, N.J. : Transaction Books, 1978).

하는 것이 아니라 정책영역마다 상이한 엘리트가 영향력을 행사하며, 따라서 한 정책영역에서 영향력 있는 개인이나 집단이 다른 영역에서도 영향력이 있는 것은 아니라는 것이다.

다원주의는 1950년대 후반과 1960년대 다알(R. Dahl)과 폴스비(N. Polsby), 울핑거(R. Wolfinger) 등의 학자들의 노력에 의해 태동했다. 예컨대, 뉴헤이븐 시의 지방정치를 의사결정법(decisional method)을 이용하여 분석한 다알에 의하면, 사회가 수많은 소규모 이익집단들로 구성되어 있으며, 시민들은 여러 개의 이익집단에 동시에 가입해서 자신에게 영향을 미치는 정책에 영향력을 행사한다고 주장했다.[35] 다원주의 이론이 엘리트 이론과 근본적인 견해차를 보이는 부분은 선출직 공직자의 역할과 영향력에 대해서이다. 다원주의 이론은 선출직 공직자들이 지역의 정책결정 과정에서 종속적인 존재가 아니라 독립적인 존재로서 영향력을 행사하며, 특히 지역 유권자의 이해에 민감하게 반응한다고 주장한다. 이와 같은 다원주의 이론은 정치과정의 개방성과 공정성을 전제로 하면서 지방정부의 정책은 이러한 정치과정에서 갈등하는 개인과 집단들 간의 상호작용을 통해 형성된다고 본다.

이와 같이 초기 지방정치이론에 관한 논쟁이 지속되면서 새로운 주장들이 제기되었고, 실증적 분석에 입각한 새로운 이론적 논쟁들도 등장했다. 즉 정부가 경쟁하는 집단들의 요구를 효과적으로 조정하지 못하고 집단의 요구에 반사적으로 대응하게 되면서 나타나는 다원주의 이론의 문제점을 비판하는 초다원주의 이론(hyper-pluralism)이 제

---

34) Robert A. Dahl, *Who Governs?*(New Haven, Conn. : Yale University Press, 1961) ; Nelson W. Polsby, *Community Power and Political Theory*(New Haven, Conn. : Yale University Press, 1980).

35) Robert A. Dahl, *op. cit.*

기되었다.[36] 예이츠(D. Yates)는 뉴욕 시와 뉴헤이븐 시에 대한 경험적 연구를 통해 다원주의가 극단적으로 흘러 조직화된 집단들이 수적으로 증가하고 세력 또한 강해지고 비타협적이 되는 동시에, 선출직 공직자들은 관료들에 대한 통제력을 상실하게 되면서 정책결정이 통치불능(ungovernable)의 상태로 빠져들게 된다고 주장했다. 그 결과 집단들에 대한 정부의 조정력 상실로 정책이 정체되거나 방향성 및 일관성을 잃게 됨으로써 '가두투쟁 다원주의'(streetfighting pluralism)라고 부를 정도로 극단적 형태의 파편화된(fragmented) 다원주의가 존재하고 있다고 주장하였다.

또한 다원주의 이론의 기본 가정이라고 할 수 있는 정치과정의 개방성과 공정성에 대한 믿음에 반론을 제기하는 신다원주의 이론(neo-pluralism)도 제기되었다.[37] 초기 다원주의 이론과 달리 정치과정은 모든 집단이나 개인들에게 동일하게 개방되어 있지도 않을 뿐만 아니라 정부도 모든 집단을 동등하게 대우하지 않는다고 주장한다. 대표적으로 기업은 그들이 사회경제적 맥락에서 차지하는 특별한 지위로 인해 정부로부터 특권을 받는다. 기업은 지방정부가 필요로 하는 자원, 정보, 전문성을 갖고 있어 일반 시민이나 다른 집단과 달리 특권적 지위(privileged position) 혹은 구조적 권력(systemic power)을 소유한다.[38]

이러한 주장은 자본주의 국가의 본원적 속성, 즉 자본축적 기능으

---

36) Douglas Yates, *The Ungovernable City : The Politics of Urban Problems and Policymaking* (Cambridge : MIT Press, 1977).

37) Charles E. Lindblom, *Politics and Markets*(New York : Basic Books, 1977) ; Robert A. Dahl, *A Preface to Economic Democracy*(Berkeley : University of California Press, 1985).

38) Clarence N. Stone, "Systemic Power in Community Decision Making," *American Political Science Review*, Vol. 74(December 1980), pp. 978–990.

로부터 연유된다. 자본주의 체제에서 기업의 투자, 생산, 고용에 대한 결정은 경제에, 그리고 궁극적으로 정치사회적 안정에 결정적인 영향을 미칠 수 있으며, 정책수행을 위한 세입의 확보가 필요한 정부나 재선(reelection)을 위해 경제성장과 고용창출이 필요한 정치인들은 기업의 요구를 존중하지 않을 수 없게 된다. 자본주의 사회경제체제 속에서 기업가들은 정부와의 협의과정에서 직접적인 압력을 행사하지 않더라도 자신들의 요구가 받아들여지지 않을 경우 경제에 좋지 않은 결과가 따르리라는 암시적인 위협 혹은 설득의 전략만으로도 의도하는 결과를 얻어낼 수 있다는 것이다.

다원주의 이론에 대한 또 다른 비판은 편견의 동원(mobilization of bias)을 통해 무의사결정(non-decision-making)을 유도하는 지배 엘리트의 존재를 지적함으로써 권력분산을 주장하는 신엘리트 이론이 있다.[39] 다원주의 이론의 분석대상은 주로 공식 안건으로 상정된 지역 이슈들의 결정과정들, 즉 가시적인 권력행사 과정이기 때문에 권력이 은밀하게 행사되어 결정되는 이슈의 결정과정은 포착하지 못하는 문제점을 드러낼 수 있다. 지역의 실질적 권력자는 자신에게 치명적인 타격을 줄 가능성이 있는 이슈는 공식 안건으로 상정되지 못하도록 사전에 차단하거나 조작함으로써 무의사결정의 상태로 남게 된다는 것이다. 따라서 공식 안건에만 초점을 맞출 경우 지역의 권력구조에 대한 왜곡된 해석이 나올 수 있기 때문에, 지역의 권력을 장악한 엘리트의 존재를 규명하기 위해서는 분석의 대상과 초점을 무의사결정을 통해

---

39) Peter Bachrach & Morton S. Baratz, *Power and Poverty*(New York : Oxford University Press, 1970) ; Peter Bachrach & Morton S. Baratz, "Two Face of Power," *American Political Science Review*, Vol. 57(1962), pp. 947-952.

은밀하게 행사되는 권력의 이면으로 전환해야 한다고 주장한다.

다원주의 이론과 엘리트 이론 모두 기본적으로 지방정부를 부수적으로 간주하는데, 이는 특히 엘리트 이론에서 강하게 나타나고 있다. 엘리트 이론은 공식 정부가 경제 엘리트에 종속된다고 주장한다. 한편, 초기 다원론은 시장(市長)의 중심적 역할에 주목하기도 하지만, 대체로 사회의 다양한 집단과 세력의 다원성과 경쟁성을 강조하여 연구 초점을 사회에 둔다. 이처럼 엘리트 이론과 다원주의 이론은 모두 지방정부를 지역사회의 반영물, 즉 부수현상(epiphenomena)으로 간주하여 공식적인 지방정부의 자율성을 간과한다. 지방정부를 경제 엘리트의 대변자로 보는 엘리트 이론이나 혹은 조직화된 집단이익의 경합장으로 보는 다원주의 이론 모두 지방정부를 독립변수보다는 종속변수로 취급하여 결국 지역사회의 구조와 과정에 초점을 둔 것이다.[40]

이러한 논쟁에서 신다원주의 이론은 집단 간 지방정부 접근성의 불평등을 인식하고 초기 다원주의 이론을 수정하지만, 이 역시 지방정부를 지역사회의 반영물로 보고 후자에 초점을 두며, 초다원론도 과도한 집단 간의 경쟁이 무정부적 상황을 초래한다고 주장하여 지역사회에 대한 초점을 유지한다. 신엘리트 이론은 편견의 동원을 통한 무의사결정을 강조하여 다원주의 이론을 공격하지만, 이 역시 지방정부보다는 지역사회에 초점을 두어 지방정부의 독자적인 영향력을 간과하고 있다.

40) 박종민 · 배병룡 · 유재원 · 최승범 · 최흥석, "한국 지방정치의 특징," 『한국행정학보』, 제33권 제2호(1999년 여름), p. 126.

4. 지방정책과 지방정치이론

1980년대 이후 지방정치 연구의 관심은 '누가'(who) 통치하는가의 문제보다는 '어떻게'(how) 통치되고 있는가의 문제에 관심을 갖기 시작했다.[41] 이러한 연구경향은 지방정치에 관한 연구가 지역사회의 권력구조 자체에 대한 분석보다는 지방정책에 대한 분석으로 이전되면서 나타난 결과라고 할 수 있다.[42] 다시 말하면, 지역사회를 누가 다스리느냐의 문제보다는 지방정치의 산출물로 무슨 정책이 수립되었고 그러한 정책이 나오게 된 이유는 무엇인가에 대한 관심이 더욱 커졌다는 것이다.

1) 도시한계론

피터슨(P. Peterson)의 '도시한계론'(city limits)은 비(非)지방적인 외생변수가 지방정치와 지방정책에 미치는 영향력과 제약을 체계적으로 분석한 대표적인 연구이다.[43] 이 이론에 따르면, 지방정부는 경제성장 또는 경제번영에 최대의 관심(unitary interest)을 두고 있다. 지역경제가 성장하면 세원확대, 고용증대, 정부 서비스 향상 등의 다른 가

41) 강명구, "지방자치와 도시정치 : 행위자 중심적 해석을 위한 시론적 연구," 『한국정치학회보』, 31집 3호(1997 가을), p. 113.

42) Paul Peterson, *City Limits*(Boston : Little & Brown, 1981).

43) *Ibid.*

치들도 부수되므로 경제성장은 각 지방정부의 지상목표이자 공익이 된다. 그런데 문제는 지방정부가 이러한 경제성장을 극대화하는 데 많은 경제구조적 제약을 받는다는 데 있다. 따라서 이 이론은 지방정부의 자율성의 한계에 주목한다.

지방정부에게 무엇보다 큰 경제적 제약은 중앙정부와는 달리 관세장벽을 설정하거나 여권발급 등을 통해 생산적 자원의 흐름을 통제할 수 없다는 것이다. 그리고 그 결과로 지방정부는 지역경제의 성장 없이는 재정기반의 약화, 정부 서비스의 저하, 실업률 증가 등에 직면하게 된다. 따라서 지방정부는 자유롭게 이동하는 생산적 자원을 유치하기 위해 상호 경쟁하게 되고, 이를 위해 도움이 되는 개발정책의 추구에는 적극적인 반면, 생산적 자원의 유치를 위협하는 재분배정책은 회피하게 된다는 것이다. 결국, 생산자본의 이동성이 지방정부의 자율성을 제약하고 지방정부의 정책방향을 결정하기 때문에 정치는 무관한 변수가 되고, 오직 경제가 지방정부의 정책선택에 절대적인 영향을 미친다는 것이다.

피터슨은 지방정부의 정책을 지역경제에 미치는 영향을 기준으로 하여 세 가지로 구분하고 있다. 우선 '개발정책' (developmental policies)은 생산적 자원의 유지 또는 지역 내 유입을 촉진하기 위해 제공되는 제반 인센티브로 지역경제에 긍정적인 효과를 미친다. 이에 반해 '재분배정책' (redistributive policies)은 생산적 노동과 자본의 세금부담을 증대시켜 저소득 주민의 복리를 증진시키는 정책으로, 재분배정책의 강화는 생산적 자원의 퇴출을 유도하는 반면 빈민의 유입을 촉진시켜 지역경제에 부정적 효과를 미친다. 마지막으로 '할당정책' (allocational policies)은 쓰레기 수거, 소방, 경찰 보호처럼 지역주민들의 생활에 필요한 기본적인 서비스를 제공하는 노력으로, 지역경제에 미치는 효과

가 개발정책과 재분배정책과는 달리 중립적이다.[44]

도시한계론의 핵심은 노동과 자본이 자유롭게 이동하는 경제구조적 제약 하에서 지방정부는 정책 자율성을 자유로이 구현하지 못하며 정책선택의 제약을 받는다는 것이다. 그리하여 부여된 정책선택의 자율성에도 불구하고 지방정부는 개발정책 지향적이고 재분배정책 기피적으로 경도될 수밖에 없다는 것이다. 하지만 도시한계론은 지방정부의 이러한 경제성장 지상주의가 모든 정책영역에 동일하게 적용되는 것은 아니라고 주장한다. 엄격한 경제논리가 적용되어 정책 자율성을 발휘하지 못하는 개발정책이나 재분배정책 영역과는 달리, 할당정책 영역에서는 지방정부가 상당한 정책 재량과 자율성을 향유하여 내부의 정치논리에 따라 자유롭게 그 수준을 결정할 수 있다고 주장한다. 그렇게 하더라도 지방경제에 대한 할당정책의 중립적 속성으로 인해 경제성장이라는 지방정부의 지고의 가치를 훼손시키지 않기 때문이다. 그리하여 지방정부에 의해 추구되는 할당정책의 수준은 지방정치인의 재선 욕구나 지역 내의 집단 간 역학관계, 정치적 전통이나 행정규범 같은 지방정치적 변수에 의해 결정된다고 한다.

2) 성장기구론

로간과 몰로치(J. Logan & H. Molotch)의 '성장기구론'(growth machine theory)은 무엇이 지방정부의 지역개발정책에 영향을 미치는가 뿐만

---

44) *Ibid.*

아니라 보다 광범위한 정치경제학적 입장에서 지방정치를 분석하는 이론이다. 지역개발 문제에 초점을 둔 성장기구론은 지주를 중심으로 구성된 성장연합을 도시성장을 주도하는 세력으로 본다. 이 이론은 지역 권력구조의 정점에 있는 개인들이 토지이용이나 공공예산에 대한 영향력을 기초로 하여 도시정치에 영향을 미치는 의사결정 과정을 좌우한다고 주장한다.[45] 그리고 성장기구를 형성하는 개인들은 토지에 대한 이해관계를 토대로 광범위하면서도 강력한 연합체, 즉 '성장연합' (growth coalition)을 형성하며, 여기서 가장 중요한 권력자원은 시장상품으로서의 토지이다.[46]

로간과 몰로치가 말하는 '성장연합' 은 대체로 세 계층의 구성원으로 나누어진다. '제1의 계층' 은 지역의 기업가, 즉 투자, 개발, 부동산업 등에 종사하는 인사들로서 행정을 비롯한 각종 기관이나 제도는 이들 계층으로 분류되는 지역적인 기업 엘리트에 의해서 성장을 지향하기 위해 동원된다. '제2의 계층' 은 정치가, 지역의 각종 언론인, 공익법인 등으로 구성되며, 지역의 기업가보다는 직접적인 이해관계가 없는 계층이지만 성장기구로부터 확실한 이익을 얻을 수 있다고 인식한다. 그리고 '제3의 계층' 은 보조적인 역할을 담당하는 계층으로서 대학, 미술관, 극장, 프로 스포츠팀, 조직노동자와 개업의, 공인회계사 등 자영전문업자 등이 포함된다.

---

45) Harvey Molotch, "The City as Growth Machine," *American Journal of Sociology*, Vol. 82, No. 2(1976), p. 309. 지역개발에 영향력을 미치는 권력자가 반드시 지역 내 거주자일 필요는 없다는 점에서 논의의 지평을 확장해 주고 있다. Alan Harding, "Elite Theory and Growth Machine," in David Judge, Gerry Stocker, and Harold Wolman(eds.), *Theories of Urban Politics*(London : Sage, 1975), pp. 43–44.

46) John R. Logan and Harvey Molotch, *Urban Fortunes : the Political Economy of Place*(University of California Press, 1987), pp. 62–85.

성장연합의 구성원들은 때로는 도시발전에 관한 이슈를 둘러싸고 대립하기도 하지만, 지역의 성장이라는 과제에 대해서는 일치할 수 있는 인사, 조직, 제도를 구성한다. 그리고 지역사회의 성장연합은 지역의 발전이나 성장의 결과로서 나타나는 이익분배 과정에 직 · 간접적으로 참여할 수 있는 기회를 갖고 있거나, 그러한 기대심리를 다른 어떤 계층보다도 강하게 표출한다.

성장기구론이 함의하는 바는 기업의 논리와 지역사회의 이해관계가 결합함으로써 '성장'이 가능하며, 이것이 구체적인 현상으로 나타나는 것이 '성장연합'이라는 점이다. 그리고 성장연합의 혜택은 연합 구성원인 특정 계층에만 집중되기 때문에 대부분의 주민들은 불이익을 받을 수밖에 없게 된다.[47] 따라서 성장기구나 성장연합이 파생시키는 성장의 부정적인 측면, 성장의 위기로 도시인구의 증가에 수반되는 다양한 사회문제의 발생, 도시로의 인구 유출에 의해 생겨나는 과밀지역의 인구 불균형과 그에 기초한 다양한 자원의 불균형적 배치 등이 나타난다.

이러한 문제에 대처하기 위해 성장기구는 "경제성장은 모두에게 유리하다" 또는 "성장은 취업기회의 증대를 가져온다"는 '개발 이데올로기'를 유포함으로써 이에 대한 비판을 무마한다. 더 나아가 이 이데올로기는 현실적으로 성장의 혜택을 거의 받지 못하는 일반 주민의 성장기구에 대한 지지를 이끌어내는 주요한 수단이 된다. 또한 지방의 정치적 의제는 도시문제를 포괄적으로 다루는 청사진과 같은 합리적 · 체계적 계획보다는 도시의 공공성을 소홀히 다루는 부동산

47) Harvey Molotch, *op. cit.*, pp. 318-327.

주도의 장소 지향적 개발을 중심으로 형성된다. 그럼에도 불구하고 그것이 사회로부터 정당화되는 것은 개발과 산업의 유치에 따르는 성장의 승수효과 혹은 확산효과를 통해 성장이 사회적으로 재분배되어 공공의 이익이 된다는 이데올로기에 기반한다.[48]

그러나 성장기구에 의한 성장의 위기에 직면하여 성장기구의 해체를 목적으로 대항세력을 이루고 지역주민운동을 주도하는 '반성장연합' (antigrowth coalition)이 태동한다.[49] 반성장연합의 주요 구성원은 청년활동가(평화운동이나 민권운동 출신자 포함), 중간계급의 전문가, 노동자 등이며, 지역에 따라서는 자치단체의 직원과 환경전문가 등이 중요한 역할을 담당하기도 한다. 이들은 성장연합 정치에 의해 침해당하는 지역사회의 자원, 환경문제 등과 같은 '사용가치'에 대한 보존을 강조하며, 지역주민의 전체적인 이해관계와 관련되는 지역개발사업 등에 대해 지역운동이나 시민운동을 통해 조직적으로 참여한다. 이들은 지역사회 전체의 장기적인 이해관계와 진정한 참여민주주의를 지향한다.

3) 레짐 이론

엘킨(S. Elkin)과 스톤(C. Stone) 등이 중심이 되어 주장한 '레짐 이론' (regime theory)은 정책을 정치와 경제 또는 국가와 시장의 상호작용의

48) 정병순, "기업가적 정부와 미시적 공간개발의 정치 : 가능성과 한계를 모색하며," 한국공간환경연구회 편, 『세계화 시대 일상공간과 생활정치』(서울 : 대윤, 1995), p. 314.

49) Harvey Molotch, *op. cit.*, pp. 326–329.

산물로 파악한다.[50] 지방의 선출 공직자들은 선거를 통해 대중에 의해 선출되기 때문에 정부는 대중 통제(popular control)를 받는 반면, 시장(market)은 투자의 결정권을 가지고 있는 기업에 의해 주도된다. 도시 레짐(urban regime)은 이처럼 기능이 분리된 정부와 시장을 연결하는 비공식적인 제도로, 그 성격은 정부와 시장이 어떤 방식으로 결합되어 있느냐에 따라 다르게 규정되며, 그에 따라 상이한 정책이 생산된다.

스톤에 따르면, 지방의 조직과 행위자들은 매우 복잡한 관계망(web of relationship)에 얽혀 있다. 다양하고 복잡한 상호 의존성과 분절과 합의의 부족이 현대 도시의 특징이다. 이런 종류의 사회는 광범한 활동 영역에서 그 스스로 직접적이고 집약적인 통제력을 행사할 수 없다. 이처럼 "파편화되고 형해화된 초다원주의적(hyper pluralistic) 도시 정치 양상이 장기적으로 어떻게 특정 도시의 일관성 있는 공공정책 수행을 가능하게 하는가?"가 레짐 이론가들의 궁극적 관심사였다. 따라서 효과적인 정부가 되기 위해서 정부는 자신의 능력을 다양한 비정부행위자들과 결합해야 한다는 것이다. 즉 사회적 갈등에 부응하여 정부와 비정부의 행위자들은 행동을 촉진하고 권한을 부여받은 레짐을 형성하도록 장려된다.[51]

요컨대, 정부가 시장과 연합하여 레짐을 형성하는 이유는 복잡성과

---

50) Stephen L. Elkin, *City and Regime in the American Republic*(Chicago : University of Chicago Press, 1987) ; Clarence N. Stone, "Summing Up : Urban Regines, Development Policy and Political Arrangements," in Clarence N. Stone and Heywood T. Sanders(eds.), *The Politics of Urban Development*(Lawrence, K.S. : University of Kansas, 1987) ; Clarence N. Stone, *Regime Politics : Governing Atlanta 1946－1988*(Lawrence, K.S. : University of Kansas, 1989).

51) Clarence N. Stone, "Power and Social Complexity," in Robert J. Waste(ed.), *Community Power : Directions for Future Research*(Beverly Hills, C.A. : Sage, 1986).

권위의 분절성을 특징으로 하는 현대 사회에서 정부의 핵심 기능을 자력으로 수행하기에는 정부의 권한과 자원이 미약하기 때문이다. 사회집단들 역시 단독으로 주어진 목적을 효과적으로 성취할 역량을 갖고 있지 못한 것은 마찬가지이다. 따라서 정부는 권한과 자원의 부족을 보완하기 위해 사적 행위자와 연대하여 레짐을 형성하고, 그 레짐은 지역에서 정책결정 또는 정책 리더십 기능을 수행하게 된다.

스톤에 의하면, 도시 레짐의 형태는 현상유지 레짐(maintenance regime), 개발 레짐(development regime), 진보 레짐(middleclass pro-gressive regime), 저소득층 기회확장 레짐(lower class opportunity expansion regime)의 네 가지로 분류된다. 이 네 가지 레짐은 연속선상에 있지만 앞에서 뒤로 갈수록 유지하기가 어렵고 비용이 많이 든다고 주장하였다.[52] 이런 레짐은 비공식적이지만 실체를 가진 일종의 통치연합(governing coalition)을 의미한다. 정부가 공식적 제도만으로는 통치하기에 충분한 자원과 권위를 확보하기 어렵기 때문에 필요한 자원을 가진 민간부문과의 비공식적인 연합이 통치능력(capacity to govern)을 향상시킬 수 있다는 것이다. 즉 지방은 다원론자들의 주장처럼 자발적 결사체인 이익집단이 견제와 균형을 통하여 사안에 따라 서로 다른 이합집산을 통해 정책을 결정하는 것이 아니라, 지방정부라는 제도적 기제를 매개체로 하여 비록 비공식적이지만 일정한 세력집단, 즉 레짐이 그 중추적 역할을 담당한다는 것이다.

레짐은 공식적인 계층제의 기반 위에서 운영되지 않는다. 다원주의자들의 견해처럼 도시정치는 완전경쟁적인 협상의 특성에 의해 지

---

52) Clarence N. Stone, *op. cit.*(1989), p. 4.

배되지도 않는다. 레짐 이론가들은 조정된 사회생활의 유형으로서 네트워크에 주목한다. 네트워크 내의 협조는 계층제나 협상이 아니라 연대, 충성, 신뢰, 지원에 기반을 둔 관계의 형성을 통해 형성되고 유지된다. 레짐 내 관계의 특성은 다알(R. Dahl)이 뉴헤이븐 연구에서 발견하였던 시장 중심의 연합과도 성격이 다르다. 레짐의 파트너들은 즉각적인 이익보다 장기적인 관계를 형성하기 위해 노력한다. 이처럼 레짐 이론은 정부 및 비정부의 행위자들이 어렵고 비정형적인 목적을 달성하기 위해 보다 안정적이고 긴밀한 관계를 형성하는 노력에 초점을 맞춘다. 따라서 지방정치는 이런 레짐을 형성 · 유지할 통치능력을 획득하는 것이다. 스톤의 표현처럼 "지배와 복종이 중요한 것이 아니라 행동하고 목적을 성취하는 것이 중요한 것이다. 권력투쟁은 통제와 저항이 아니라 행동할 능력을 획득하고 촉발시키는 것, 다시 말해 무엇에 대한 권력(power over)이 아니라 무엇을 할 능력(power to)을 얻는 것이다.[53]

엘리트 이론과 달리 레짐 이론은 복잡한 세계에서 어떤 집단도 완전한 통제력을 행사할 수 없다고 주장한다. 어떤 집단의 득표율이나 선호의 강도에 기초하여 도시정부가 반응할 것이라는 다원주의론에도 동의하지 않는다. 도시정부는 오직 정책목표 달성에 필수적인 자원을 지닌 보유자와 협조적 관계를 형성 · 유지하기 위해 움직인다는 것이 레짐 이론의 요체이다.

53) *Ibid.*, p. 229 ; Gerry Stoker, "Regime Theory and Urban Politics," in David Judge, Gerry Stocker, and Harold Wolman (eds.), *Theories of Urban Politics* (London : Sage, 1995), p. 59.

5. 지방정치이론들에 대한 비판적 검토

앞에서 살펴본 여러 지방정치이론들은 지방정치와 지역개발정책의 상호 침투적 영향을 분석하는 데 초점을 두고 있는 이 책에 중요하고 다양한 이론적 함의를 제공해 주고 있다. 그러나 이 책의 이론적 분석 시각의 설정과 관련해서는 지역사회의 권력구조 연구에 초점을 둔 1950년대 이후의 초기 지방정치이론보다는 지방정치와 지방정책의 상호관계 연구에 초점을 맞춘 1980년대 이후의 지방정치이론으로부터 이론적 함의를 도출할 필요성이 크다.

그 이유는 두 가지로 설명할 수 있다. 하나는 지방정치의 독자성과 중요성이 커지고 지방의 정책결정에 영향을 미치는 변수들이 다양해지면서 지역사회를 누가 다스리느냐의 문제보다는 지방정치의 산출물로 무슨 정책이 수립되었고 그러한 정책이 나오게 된 이유가 무엇인가를 분석하는 연구가 더 중요해졌기 때문이다.

다른 하나는 1990년대의 지방정치이론들은 지방정부의 정책결정에 영향을 미치는 변수를 지방 내부로 국한하지 않고 다양한 외생변수의 영향력을 고려하기 시작했다는 측면도 중요한 이론적 고려사항이다. 초기 지방정치이론들은 지방정부에 비현실적으로 높은 정책 자율성을 부여하여 지역인사들은 외부적 제약이 없는 상태에서 지방정부의 정책을 자유롭게 결정할 수 있다는 가정에서 출발했다.

그러나 지방화가 세계화와 결합되어 분권화 · 시장화의 경향이 강화되면서 해당 지역 이외의 변수들이 지방정부의 정책결정에 미치는 영향력이 상대적으로 증가하게 되었다. 그에 따라 세계 자본주의 경제 변화에 따른 영향, 해당 지역 외부의 투자자, 그리고 중앙정부 등의 외생변수가 지방정부의 정책결정구조와 과정, 결과 등에 미치는 영향력이나 제약을 고려해야 할 필요성이 높아지게 된 것이다.[54]

한편, 현대 지방정치를 분석하는 이론적 경향은 세계 자본주의의 경제적 재구조화의 영향을 강조하는 '구조주의 이론' (structuralist theory)과 일국적이고 지방적인 정치과정의 중요성을 강조하는 '지방정치과정론' (local politics process theory)으로 대별된다.

먼저, 구조주의 이론은 자본주의 경제력의 세계적 파급효과를 강조하면서 일국적이고 지방적인 정치 · 경제 · 사회 · 문화적 특성을 세계 자본주의의 지역 재구조화의 흐름에 있어 중요한 매개변수로 인식하지 않는다. 이들의 중심적인 주장은 세계 자본주의 체제 내에 존재하는 다양한 지리적 · 문화적 공간의 상이한 역사 · 정치 · 지역성에도 불구하고 전 세계적으로 지방은 유사한 형태로 변화한다는 것이다.[55]

이러한 주장은 오늘날 세계 자본주의의 역동성을 상징하는 이른바 '세계화' (globalization)가 국민국가의 여과과정을 거치지 않고 지방과 직접 연계를 맺을 수 있다는 논리이다. 이는 곧 국제정치체제 내에서 국민국가가 소멸된다는 것을 의미하는 것은 아니라 할지라도, 전통적 의미에서의 국민국가는 새로운 세계 자본주의의 질적인 변화로 인해 매우 축소된 역할만 수행할 수 있을 것이라고 본다. 이런 주장에 따라 국가의 지방에 대한 역할 축소를 가정한다면, 세계 자본주의 체제의

54) Alan Harding, *op. cit.*, p. 41.

55) Norman Fainstein and Susan Fainstein, "Participation in New York and London: Community and Market under Capitalism," in Robert Fisher and Joseph Kling(eds.), *Mobilizing the Community : Local Politics in the Global City*(Newbury Park : Sage, 1993), pp. 52–70.

변화에 따른 지방화의 양상은 국가 또는 지방의 특수성에 따라 다양한 형태로 변화하기보다는 세계 자본주의 체제의 구조적인 영향의 결과로 동일한 형태로 수렴되어 나타나게 될 것이다.

그러나 이러한 논의에 대해 전통적 국가의 역할이 아직도, 그리고 앞으로도 중요하며, 또한 경제적 논리뿐만 아니라 지방정치적 논리도 매우 중요하다는 반론이 제기된다.[56] 물론 세계 자본주의 체제의 구조적인 영향을 전적으로 부인하는 것은 아니다. 세계적 수준의 자본주의 재구조화가 각국에 심대한 영향을 미치지만 그러한 변화의 방향은 국내적인 지방정치적 요소로부터 많은 영향을 받아 나타난다. 즉 국가의 재구조화라는 과정을 거쳐서 세계적 수준의 자본주의 성격변화가 수용되며, 이러한 국가의 재구조화 과정이 지방화라는 한 형태로 표출된 것이다.[57]

이와 같이 지방정치과정론자들은 지방의 정치경제적 문제들을 이해하기 위해서는 글로벌한 정치경제적 구조의 기반이 아니라 일국 및 지방의 정치적인 맥락이 더 중요하다고 강조한다.[58] 특히 지역문제를

---

56) 국제화 시대에 '낮은 정치' (low politics)의 중요성은 결코 과소평가될 수 없으며, 실제로 매우 중요한 매개변수로서의 역할을 한다고 주장한다. Susan Clarke, "The New Localism : Local Politics in a Global Era," in Susan Clarke and Edward Goetz(ed.), *The New Localism : Comparative Urban Politics in a Global Era*(Newbury Park : Sage, 1993). pp. 1–22.

57) 강명구, "지방화와 정보화 : 재구조화의 정치적 의미," 『한국정치학회보』, 29집 1호(1995), p. 78. 예컨대 1980년대에 서구에서 세계 자본주의의 재구조화가 체제내화하는 과정은 역사적 배경과 정치적 전통에 따라 세 가지의 이념형적 형태로 구분된다. 영국의 경우는 '신중앙집권'의 양상으로, 미국의 경우는 '지방분권의 강화'라는 측면으로, 그리고 프랑스의 경우는 '이완된 중앙집권적 지방분권'의 형태로 나타났다는 것이다. Chris Pickvance and Edmond Preteceile, *State Restructuring and Local Power : A Comparative Perspective*(London : Pinter Publication, 1991).

58) John R. Logan and Todd Swanstron(eds.), *Beyond the City Limits : Urban Policy and*

둘러싼 지방정치의 역동성은 국가, 중앙정부와 지방정부, 그리고 지방 내에서의 다양하고 복잡한 정치적 구조와 관계를 통해서 형성되고 매개되어 나타난다고 주장한다. 아무리 세계화된 경제의 영향력이 피할 수 없는 현실이라고 하더라도 지방정치과정론의 시각과 유리된 분석은 일국 및 지방의 정치적 맥락을 '블랙박스' (black box)로 남겨놓는 제한된 분석이 될 수밖에 없을 것이다.

그렇다고 해서 구조주의적 시각이 갖고 있는 이점을 굳이 무시할 필요는 없을 것이다. 오늘날 개별 국가는 물론이고 지방 역시 경제의 세계화로 인해 거시적인 세계 자본주의 체제의 구조적 영향으로부터 자유로울 수 없다는 점에서 거시적인 구조적 시각의 필요성이 충분히 인정되기 때문이다. 단지 분석에서 유의하고 지양해야 할 것은 구조주의 특유의 결정론과 단순화의 오류이다.

지방정치이론은 지방정책을 결정하는 요인이 무엇인지를 둘러싸고 크게 두 갈래로 양분된다. 하나는 경제가 정책을 결정한다는 경제적 결정주의(economic determinism) 입장이다. 이 시각은 맑스주의 이론가인 카스텔(M. Castell)[59]과 다원론자인 피터슨(P. Peterson)[60]에 의해 대변되고 있다. 양자 간의 기본적 입장의 차이에도 불구하고 이들의 공통된 논지는 지방정책에 시장경제가 압도적인 영향력을 행사하고 있어 지방정책의 형성과정에 정치논리가 스며들 여지가 거의 없으며, 지방정책은 시장경제의 산물이라는 것이다. 경제의 세계화에 순응하여

Economic Restructuring in Comparative Perspective(Philadelphia : Temple University Press, 1990).

59) M. Castells, "Theoretical tools for the study of urban politics," in *The Urban Question*(London : Anord, 1977).

60) P. Peterson, *City Limits*(Chicago : University of Chicago Press, 1981).

많은 지방국가의 구조와 정책이 자본과 투자를 유치하는 방향으로 재편되면서 경제적 결정주의는 세력을 더하고 있다.

이러한 경제적 결정주의에 레짐 이론은 중대한 도전을 제기한다. 레짐 이론가들은 시장경제가 정책을 결정하는 데 매우 중요한 요소이기는 하나 결정적이라고 말할 정도로 강력한 것은 아니며, "지방정치가 여전히 중요하다"고 주장한다.[61] 시장경제는 항상 지방국가의 정치 · 사회적 관계 속에 배태되어(embedded) 있기 때문에 지방정치에 의해 그 영향력이 굴절되고 수정된다는 것이다. 그리하여 동일한 시장경제의 맥락 하에 위치한 지방정부에서도 상이한 정책이 선택될 수 있다는 것이다. 레짐 이론은 지방정치를 시장경제와 지방정책의 중간에 위치해 시장경제의 영향력을 수정하고 변화시키는 매개변수로 이해한다. 이상의 논의들을 통해서 볼 때, 현대 지방정치의 역동성이 나타나는 맥락은 〈그림 2-1〉과 같이 체계화시킬 수 있다.

그런데 서구 지방정치이론의 함의를 도출하고 이를 분석의 틀로 활용하는 데 가장 중요한 문제는 서구, 특히 미국적 상황과 한국적 상황의 편차로 인한 이론적 적실성의 문제이다. 예컨대, 미국은 지방정부의 자치권이 한국은 물론이고 유럽에 비해서도 매우 강력할 뿐만 아니라, 지역시민사회도 역사적으로 오랫동안 발전해 온 곳이다. 또한 국가마다 국가와 시장의 관계도 역사적으로 국가가 주도하는 형태로 발전해 왔는지 아니면 시장주도적으로 발전해 왔는지의 편차가 존재한다. 그러나 이러한 지방정치와 관련된 상황과 조건의 특수성을 인정하더라도, 그 속에서 이론적 유용성과 함의를 도출하기 위해서는

---

61) Stephen L. Elkin, *City and Regime in the American Republic*(Chicago : University of Chicago Press, 1987).

〈그림 2-1〉 현대 지방정치의 역동성의 배경과 역학

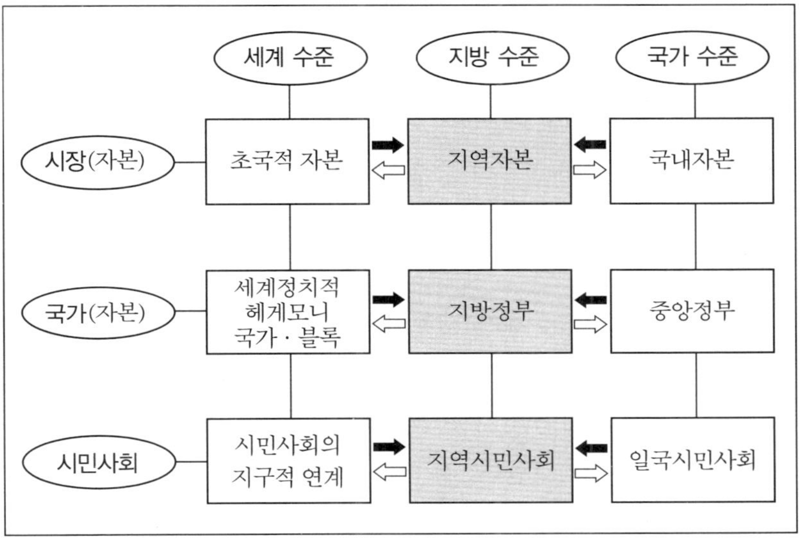

지방정치 과정에서의 권력관계를 분석하기 위한 기본적인 변수를 찾아내야 할 것이다.[62]

이런 측면에서 영국적 상황의 분석을 위해 레짐 이론을 비판적으로 수용하는 하딩(A. Harding)에 의하면, 지방의 경제적 성장이 세계적 추세라는 점은 인정하지만 이를 추진하는 구체적인 양상은 국가마다 역사적으로 규정되어 온 중앙-지방 관계의 유형 및 국가-시장 관계로부터 추출된다고 한다.[63] 그리고 이러한 관점을 수용하면서 도시 레짐(urban regime) 대신에 도시 거버넌스(urban governance)라는 개념을 도

62) 강명구, 앞의 글(1997), p. 116.

63) Alan Harding, "Urban Regimes and Growth Machines : Toward a Cross-National Research Agenda," *Urban Affairs Quarterly,* Vol. 29, No. 3(1994), p. 371.

입한다. 즉 도시 레짐이라는 개념은 중앙정부로부터 상당히 독립적인 권한을 가진 미국의 경우를 사례로 도출된 개념이기 때문에 이 개념을 중앙-지방 관계의 역사성이 다른 국가들에 적용하기 위해서는 중앙-지방 관계까지 포함하여 지방정치를 분석하는 도시 거버넌스의 개념으로 바뀌어야 한다는 주장이다. 이에 따르면 도시 거버넌스는 중앙-지방정부 간 관계와 국가-시장 관계의 함수관계로 표현될 수 있다.

그러나 여기서도 문제가 된다. 도시 거버넌스의 개념은 적어도 영국처럼 중앙집권적 전통이 강하기는 하지만 시민사회가 성숙된 자유주의적 관점에서 도출된 개념이기 때문에 여전히 한국적 적실성에는 의문이 남는다. 강명구는 "도시 레짐의 개념은 약간의 차별성은 있겠지만 모두 오랜 역사적 경험 속에서 성숙된 시민사회를 주어진 것으로 가정하여 도출된 개념이고, 따라서 국가-시장 관계 속에서 시민사회의 개념이 녹아들어 있다고 보아야 한다"고 주장한다.[64]

결국, 이와 같은 논의는 서구 지방정치이론의 수용을 위해서는 국가 차원의 중앙집권과 지방분권의 역사성을 토대로 이론적 적실성을 고려할 필요가 있다는 점을 지적하는 것이다. 미국의 도시정치를 토대로 형성된 레짐 이론을 영국적 상황 하에서 도시정치를 분석할 때는 영국적 특수성의 맥락 속에서 중앙-지방정부 간 관계를 추가 변수로 고려해야 할 필요성을 지적했듯이, 마찬가지로 이러한 미국과 영국의 역사적 경험과는 다른 한국적 상황을 고려할 때도 국가와 시민사회에 대한 관계를 고려해야 할 필요성은 충분하다.

64) 강명구, 앞의 글(1997), p. 117.

실제로 한국에서 시민사회의 성장은 1987년 민주화 이후 시작되었고, 지역시민사회는 그보다 더 뒤늦은 1991년 지방의회의 구성 이후나 또는 1995년 민선 자치단체장 선출 이후에나 형성되었다고 본다면, 국가와 시민사회에 대한 관계는 다른 국가와 달리 중요한 분석 변수로 고려해야 할 것이다. 실제로 개발도상국을 비롯한 비서구지역의 국가들에 대한 지방정치 연구에서는 국가와 시민사회가 오히려 국가와 시장의 관계보다 더 중요성을 인정받고 있는 상황이다.[65]

이상의 논의들을 비판적으로 검토하여 종합할 때, 서구 지방정치이론의 한국적 적실성을 높이기 위해서는 중앙-지방정부 간 관계, 국가-시장 관계, 국가-시민사회 관계 등의 세 가지 관계 변수들을 고려하여 지방정치 행위자들을 도출하고, 그들 간의 관계구조와 이해관계에 따른 갈등과 협력양상 등을 분석함으로써 한국의 지방정책이 어떻게 수립되고 결정되는지를 파악할 수 있는 새로운 분석의 틀과 모형이 필요하다.

65) P. McCarney(ed.), *Cities and Governance*(University of Tronto Press, 1996), p. 4 ; 위의 글, p. 117 재인용.

6. 한국의 지방정치 분석을 위한 모형

1) 분석의 틀

1990년대의 지방정치 연구는 크게 세 가지 경향을 보이고 있다.[66] 첫째는, 제도적 · 정태적 접근으로서 주로 지역문제에 대해 법적 · 제도적 · 기술적 접근을 시도하며, 지방자치법과 지방정부 기구를 중심으로 지방정치를 분석한다.[67] 둘째는, 정부의 정책이 주민들의 이해관계에 반할 경우 집단행동이 발생하게 되는데, 이와 같은 지방의 갈등사례에 대한 연구를 중심으로 지방정치를 분석한다.[68] 셋째는, 지방정치의 행위자적 · 과정적 측면에 초점을 맞추는 것으로 1990년대 후반 이후에 수행된 연구들이 이에 속하며, 누가, 무엇을 어떻게 하여 지방적 갈등이 생겨나고 해결되며 또는 재생산되는가를 구체적 행위자 및 정책분야를 통해 살펴보고 있다.[69]

이 책은 이러한 세 가지 지방정치 분석경향 중에서 한국 지역사회

---

66) 강명구, 앞의 글(1997), pp. 110–112.

67) 김원, 『도시행정론』(서울 : 박영사, 1993); 박동서 · 김광웅 · 정정길 · 이달곤, 『지방정치와 행정』(서울 : 장원출판사, 1994).

68) 한국공간환경연구회, 『서울연구 : 유연적 산업화와 새로운 도시, 사회, 정치』(서울 : 한울아카데미, 1995) ; 조명래, "후기 주변부 포디즘과 지역 재구조화," 학술단체협의회 편, 『세계자본주의와 한국사회』(서울 : 한울, 1991).

69) 박재욱, "대기업 주도형 도시정치의 특성," 연세대 박사학위논문(1996) ; 박종민 · 배병룡 · 유재원 · 최승범 · 최흥석, "한국 지방정치의 특징" ; 박종민, "집단이론, 후견주의 및 도시의 리더십," 『한국행정학보』, 제34권 제3호(2000 가을) ; 박종민 편, 『한국의 지방정치와 도시권력구조』(서울 : 나남출판, 2000).

의 지역개발정책을 둘러싼 지방정치 과정을 행위자적 측면에서 분석할 것이다. 이와 같은 행위자 분석을 위해서는 분석의 핵심변수들이 되는 행위자들을 어떻게 구분하고 규정할 것인가가 중요한 문제가 된다. 이에 대해서는 앞에서 미국 또는 영국의 지방정치이론에 대한 비판적 수용 차원에서 한국적 적실성이 보다 높은 분석모형을 도출할 필요가 있다고 지적한 바 있다.

한국에서는 지방자치의 본격 실시로 지방화가 추진되고 있지만 여전히 중앙의 지방에 대한 영향력은 막강하다. 지방정부의 취약한 재정력과 내생적 발전의 한계로 인해 지방정부의 독자적인 정책 추진이 제약을 받고 있기 때문이다. 아울러 제도적으로 중앙의 지방으로의 권한 이양이 미진한 것도 중요한 제약조건이 되고 있다. 이러한 지방의 구조적 한계 때문에 국가 차원의 국책사업이 지방을 대상으로 추진될 경우 지방정부는 중앙정부의 대리기구 역할을 할 가능성도 배제할 수 없다. 따라서 한국적 상황에서 지방정치 분석은 중앙정치의 외적 규정력을 고려하지 않을 수 없기 때문에 중앙정치와 중앙-지방관계의 영향은 중요한 분석대상이 되어야 한다.

그러나 지역개발정책은 직접적으로 해당 지역주민의 삶에 지대한 영향을 미치게 된다는 점에서 지역주민들의 중요한 관심사로 등장한다. 더욱이 그러한 정책추진 과정과 결과는 지방의 선출직 공직자들의 재선(reelection)에도 큰 영향을 미칠 수 있기 때문에 지역사회의 핵심적인 정치적 이슈로 등장하게 된다. 따라서 지역적 수준에서는 정부와 시장, 시민사회의 삼각구도 속에서 상호 간의 영향력을 주고받기 때문에 국가-시장-시민사회의 관계를 분석대상에 포함시켜야 한다.[70]

이 책은 지방정치의 변화에 따른 지역개발정책 변화를 분석하는 연구로서 세 수준, 즉 중앙 수준(central level), 중앙-지방 관계 수준(centrallocal relations level), 그리고 지역 수준(local level)에서 나타나는 지역개발정책에 대한 영향과 정치 · 경제적 환경변화의 영향을 고려하여 분석 틀을 구성하고자 한다.

첫째, 중앙정치의 영향을 분석대상으로 한다. 국가 차원에서 추진되는 지역개발정책은 국가 차원의 재정적 · 행정적 지원을 근간으로 한다. 필요한 경우 효과적인 지역개발을 위한 입법화를 병행하기도 한다. 이런 지역개발정책의 경우 정책형성 및 결정에 대통령, 정부부처, 국회, 정당 등 주요한 중앙 수준의 정치행위자들이 관여하게 된다. 정책의 성격과 대상은 지역적이지만 정책 추진에 대한 여러 측면의 지원은 국가가 한다. 따라서 중앙정치는 지역개발정책 추진의 독립변수로서 또는 매개변수로서 결정적인 영향을 미친다. 전통적인 중앙집권적 통치구조의 영향력과 취약한 지방재정과 정책 추진력을 고려할 때, 중앙정치 변수는 지역개발정책의 입안과정이나 입법화과정에서 중추적인 역할을 담당한다. 그러나 지방화의 추세에 따른 지역주체 개발이라는 관점에서 이들이 어떤 역할, 예컨대 '주도적' 역할 또는 '촉진적' 역할을 해야 하는지에 대한 논란이 발생하고, 심각한 경우 지역개발정책 추진의 성패를 결정하는 독립변수가 되는 경우도 있다.

제주 지역개발 추진과 직접적인 관련을 갖는 중앙정부 차원의 행위자로는 건설 · 교통 및 문화관광 부처, 그리고 재정지원을 해주는 부처들이고, 여기에 대통령의 지원이 추진동력이 될 경우는 청와대도

70) 강명구는 한국 지방정치의 분석모형을 다음과 같이 구성한다. Local Gover-nance=f (Inter-Governmental Relation & State-Market-Civil Society Relation). 강명구, 앞의 글(1997), p. 118.

주요 행위자로 등장한다. 또 중앙정치 차원의 행위자로는 자신들의 정치적 이해관계가 직접적으로 관련되어 있는 지역구 국회의원들이 있으며, 국책사업 차원에서 정책이 추진되는 경우는 여당이, 그리고 입법과정에서의 갈등과 협력이 나타나는 경우는 야당도 주요 행위자로 등장하게 된다. 이렇게 볼 때, 지역개발정책은 특정 지역을 대상으로 하는 개발정책임에도 불구하고 실제 이것이 정책화되는 과정에는 국가 차원의 다른 정책들과 마찬가지로 다양한 중앙 수준의 행위자들의 개입이 나타나게 된다.

둘째, 중앙-지방 간 관계의 영향을 분석대상으로 한다. 이는 제도적 측면과 정치적 측면으로 구분하여 정책에 미치는 영향을 분석해야 한다. 제도적 측면은 이른바 정부 간 관계(intergovernmental relations)를 의미한다. 피터슨(P. Peterson)에 따르면, 중앙정부와 지방정부는 기본적으로 서로 다른 목적을 지니고 있다. 지방정부는 지역 내의 경제적 기반을 보호하기 위해 경제적 효율성의 성취를 추구하는 반면, 중앙정부는 경제적 효율성과 더불어 형평성을 추구한다. 이는 근본적으로 중앙정부와 지방정부의 경쟁력 제고의 목적은 다르지만 상호 협력관계로의 전환을 내포하고 있다. 중앙정부 중심의 경쟁력 강화와 지방정부의 경쟁력 강화 노력은 총체적인 시너지 효과를 위해 서로 경쟁관계보다는 조화로운 협력관계로 나아가는 것이 일반적인 논의이며, 이를 위한 협력관계를 만드는 과정으로 정부 간 관계가 변화하고 있다.[71]

한국의 정부 간 관계도 지방자치의 실시로 중앙정부에 일방적으로

71) Paul Peterson, *op. cit.*

종속된 '종속적 관계'(dependent relation)에서 상호 간의 역할을 탄력적으로 조정하는 '상호 의존적 관계'(interdependent relation)로 변화되는 과정에 있다. 〈표 2-2〉는 이념형(ideal types)으로서의 중앙-지방 관계에서 본 통치유형으로, 한국의 중앙-지방 관계는 '중앙집권형'에서 '제한적 자치형'을 거쳐 '지방자치형'으로 점진적인 단계를 거치면서 변화될 것이다.[72]

〈표 2-2〉 중앙-지방 관계에서 본 통치유형

중앙정부권력/지방공직자	임명	선출
강함	중앙집권형(제1유형)	제한된 자치형(제3유형)
약함	분권행정형(제2유형)	지방자치형(제4유형)

* 자료 : 임도빈, "정부 간 관계 : 의사결정체제의 변화", 안청시 외, 앞의 책, p. 134.

정치적 측면의 중앙-지방 관계는 국회의원과 지방정치인 간의 관계를 의미한다. 권력적 측면에서 지방정치를 바라볼 때 나타나는 정치적 대결구도는 국회의원과 지방정치인 간의 대결구도이다. 국회의원들은 지방정치인과 지역구라는 정치적 공간(political space)을 경쟁적으로 공유한다. 지방정치인, 국회의원 양 집단 모두 공히 동일한 정치적 표밭(constituency)을 근거로 정치무대에 등장한다. 지방정치인과 국회의원은 공천권의 문제로 권력적 후원-수혜 관계(patron-clientle)를 유지할 수 있으나[73] 지방정치인의 탈정당화와 독자적 정치기반 구축

72) 임도빈, "정부 간 관계 : 의사결정체제의 변화," 안청시 외, 『한국 지방자치와 민주주의』(서울 : 나남출판, 2002), p. 134.
73) 이성복, 앞의 책, p. 268.

은 후원-수혜 관계를 경쟁관계로 치환시킬 가능성을 높인다.[74] 따라서 이러한 중앙 수준과 지방 수준에서의 정치적 행위자들 간의 정치적 이해관계와 그에 따른 행위양상에 대해서도 고려되어야 지방정치에 대한 심층적인 분석이 될 수 있다.

셋째, 지방 수준의 정치적 영향을 분석대상으로 한다. 앞에서 살펴본 바와 같이 지방자치의 역사가 오래되어 자유주의적 의미의 지방자치가 성행한 미국의 경우는 지방정부와 시장 간의 관계가, 그리고 중앙집권적 전통이 강한 영국 같은 경우는 지방정부와 시장 간의 관계와 함께 중앙정부와 지방정부 간 관계가, 그리고 한국처럼 오랜 중앙집권적 전통을 가지면서 민주화의 일환으로 지방화가 추진된 국가에서는 중앙정부-지방정부 관계, 지방정부-시장 관계와 함께 지방정부와 지역시민사회의 관계를 기본 구도로 하여 힘의 관계가 형성되고 정책사안을 둘러싸고 갈등과 협력, 제휴와 타협 등이 이루어지면서 정책이 수립·결정·추진된다. 따라서 한국에서 지역개발정책을 둘러싼 갈등과 대립구도의 기본적인 틀은 지방정부-시장-지역시민사회 간의 상호관계 속에서 이루어지게 된다.

우선, 지방정부와 시장관계의 측면에서 지방경제의 육성과 성장에 있어 주도적인 역할을 하는 지방정부는 경영 마인드를 강조하는 '작고 효율적인 지방정부', 즉 '기업가적 지방정부'로서의 역할이 강조된다. 이 경우 지역사회에서 기득권을 향유하고 있는 지역적 지배세력의 사회관계망(social relational network)인 이른바 토호세력들과 중앙의 거대자본의 영향력이 지방정부의 정책 자율성을 제약할 가능성이

74) 강명구, "한국의 지방정치와 민주주의 : 현황과 대안적 모색," 2001년도 한국정치학회 춘계학술회의 논문집(2001).

있다. 토호세력들은 해당 지역사회에서 기득권을 향유하고 있는 경제적 이해당사자들로서 지방정부의 경제정책을 자신들의 이해관계에 복속시키기 위해 막강한 힘을 발휘한다. 또한 각 지역의 경제성장이 거대기업의 투자유치에 성패가 달려 있다고 믿기 때문에 거대자본이 지방정부의 자율적인 경제정책 운용을 제약하는 요인이 될 수도 있다. 따라서 이러한 지방정부와 시장의 관계, 그리고 시장세력들의 지방정책에 대한 영향을 분석해야 한다.

다음으로, 지방정부와 지역시민사회 관계의 측면에서 우려되는 것은 중앙 수준과 마찬가지로 강력한 국가와 약한 시민사회가 지방 수준에서도 재현될 가능성이 있다. 이러한 현상은 지방자치가 전면적으로 실시된 이후에도 큰 변화를 발견하기 힘들다.[75] 지역개발정책은 지역주민의 삶에 직접적인 영향을 미칠 수 있기 때문에 지역주민이 가장 중요한 이해당사자라고 할 수 있다. 따라서 지방의회의 상대적 취약성을 감안할 때 지역주민의 집합적 여론을 수렴하는 지역시민단체의 역할이 중요해지고 있다. 지역주민들이 정책에 대해 어떤 입장을 취하는지에 따라 그들의 힘을 조직화하는 지역시민단체의 지방정책에 대한 영향력을 분석해야 한다.

지역개발정책 추진과정은 지방화의 수준이 높아질수록 중앙 수준의 변수보다는 지방 수준의 변수가 더 중요한 영향을 미치게 된다. 중

75) 강명구, "수원 시민사회와 사회조직," 아주대학교 사회과학연구소 경기지역연구실, 『수원지역의 현황과 과제』(서울 : 오름, 1996) ; 유팔무 외, "지방자치와 지역발전 비교연구 : 춘천시, 청주시, 제주시의 비교," 한림대학교 사회조사연구소 편, 『한국 사회학 평론 3』(서울 : 한울, 1996) ; 강희경, "지역사회 권력자의 연줄망 구조와 특성," 성경륭 외 저, 『지방자치와 지역발전』(서울 : 민음사, 1997) ; 박종민, "선거정치와 지방통치 : 성남시의 사례," 박종민 편, 앞의 책.

앙에서 결정된 정책도 지방 수준의 지방정치 과정을 통해 다른 방향으로 굴절되는 경우도 종종 나타나게 된다. 그리고 지방경영 패러다임에 기초한 지방정부 주도의 지역개발정책이 추진되는 경우, 중앙 수준의 변수들의 역할은 입법화 및 재정적 지원에 그치고 정책 목표와 내용, 추진절차 등이 지역 수준의 변수들에 의해 결정되는 경우도 많아지게 된다. 따라서 지역 수준의 다양한 변수들에 대한 고려는 지방화 추세의 심화와 더불어 지역주체에 의한 정책 추진과 관련하여 그 영향력을 점점 더해가고 있기 때문이다.

제주 지역개발 추진과 직접적인 관련을 갖는 지방 차원의 행위자로는 지방정부를 대표하는 자치단체장과 지방의회, 지역경제를 이끌어 가는 상공인과 관광사업자 및 개발업자, 그리고 지역주민들과 이들의 이해와 관심을 대표하는 지역시민단체를 들 수 있다. 이들 간의 이해관계 성격과 구조, 그리고 정치적 역할에 따라 지역개발정책의 추진과정과 정책목표 및 방향 등이 중요한 영향을 받게 된다. 예컨대, 이들 간에 정책에 대한 이해관계의 차이로 인해 갈등이 불거질 경우, 이는 지역적 수준의 갈등에 그치지 않고 전국적 이슈로 확대될 수 있고 반면, 최소한 명시적이든 암묵적이든 동의에 의해 이들 간에 이해관계가 수렴되는 형태로 나타날 경우 비교적 협력적인 정책 추진의 형태로 나타날 수 있다.

2) 변수와 분석모형

지방정치는 중앙 수준의 국가 재구조화와 지역 수준의 지방 재구조화와 같은 정치 · 경제적 환경변화에 영향을 받으며 지역사회의 정치적 이해관계의 구조와 성격에 따라 그 양태가 달라진다. 특히 지방의 정책 이슈가 국가적 정책 이슈와 연계되는 경우, 지방정치에 영향을 미치는 행위자는 지역 수준에 국한되지 않고 중앙 수준의 다양한 행위자들이 개입하게 된다. 따라서 지방 차원의 정치행위도 역동적인 다양한 양상으로 나타나게 된다.

제주도의 경우 지역개발정책은 중앙정치의 높은 관심을 갖게 하는 정책 이슈이다. 지방자치 실시를 전후하여 제주도에서는 국가적 정책 이슈인 '제주도개발특별법'과 '제주국제자유도시'가 지역개발정책으로 추진되었다. 이 책은 이들 두 정책이 지방정치의 변화 속에서 상이한 추진양태를 보였기 때문에 지방정치의 변화에 따른 지역개발정책 변화를 분석하기 위한 사례로 선정했다. 따라서 이 책은 지방정치 분석을 위한 변수를 두 정책의 전개과정을 중심으로 선정했다.

첫째, 지역개발정책의 환경요인으로서 정치·경제적 환경이다. 우선 지방 수준에서 볼 때, 지방정치의 변화는 크게 지방자치제도의 변화와 지방정치 과정의 변화로 구분할 수 있다. 한국에서는 1991년 지방의회 구성으로 지방자치제도가 도입되었고, 1995년 민선 단체장 선출로 자치의 제도적 조건을 갖추게 되었다. 이러한 제도적 변화는 다양한 지방정치행위자들을 만들어냈고, 이들의 활동자원과 영역의 확대, 그리고 이들의 정책 자율성 또는 정책참여 수준을 증진시키는 환경을 조성해 주었다. 또한 지방자치 패러다임의 변화도 중요한 환경요인으로 작용했다. 지방자치 도입 초기 지방정치의 핵심 이슈는 국가적 정책 이슈로 추진되는 지역개발정책에 대한 지방정부의 자율성 여부와 지역주민의 정책참여였다. 지방의회만 구성된 불완전한 지방자치제도 하에서 지역개발정책은 중앙집권적 개발 패러다임 하에 추진되었기 때문이다. 그러나 1990년대 중반 이후 세계화의 영향과 IMF 경제위기, 지역경제 발전의 중요성이 강조되면서 지방경영 패러다임으로의 전환이 시작되었다. 그에 따라 지방정부들은 지역개발을 지방정책의 핵심정책으로 추진하기 시작했다.

그리고 중앙 수준에서 볼 때 국가 차원의 지역개발정책 추진은 정부 · 여당에 의해 추진안이 마련되고 이에 대한 야당의 비판과 반대라는 대립구도 속에서 이루어진다. 국책사업의 형태로 막대한 행정적 · 재정적 지원이 이루어지는 지역개발정책은 여 · 야당의 정치적 이해득실에 중요한 영향을 미칠 수 있기 때문에 격렬한 갈등양상으로 나타나지만, 때로는 협력양상으로 나타날 수도 있다. 이런 측면에서 중앙 수준에서의 여 · 야당 간의 역학관계가 지역개발정책의 정치적 환경요인으로 작용한다. 또한 세계경제 환경의 변화나 국가 차원의 경제정책 역시 지역개발정책의 환경요인으로 작용한다. 1990년대 이후 신자유주의적 세계화의 개별 국가에 대한 압력은 점점 더 거세지고 있으며, 그에 따른 국가의 경제정책이나 발전전략도 다양화되고 있다. 이에 따라 지역개발정책은 국가 차원에서 중앙정부가 주도적으로 추진하는 형태에서 지방정부가 자발적으로 추진하고 중앙정부가 이를 지원하는 형태 또는 지방정부 독자적으로 추진하는 형태로 전환하고 있다.

따라서 지역개발정책의 정치 · 경제적 환경요인을 분석하기 위한 변수로 지방 수준에서는 지방자치제도의 도입 수준과 지방자치 패러다임의 차이를, 그리고 중앙 수준에서는 여 · 야당 간의 역학관계와 지역개발 방식의 차이를 추출했다.

둘째, 지역개발정책의 추진을 위한 정책과정이다. 정책의제의 형성, 정책분석, 정책대안의 형성, 정책결정의 과정에 대통령과 중앙정부의 관료집단, 국회와 정당, 언론, 시민단체 등의 역할과 행태를 중앙 차원에서 분석한다. 그리고 중앙 차원에서 정책이 진행되는 과정에서 지방 수준 행위자들의 참여와 역할도 분석한다. 지방 수준에서의 정책참여는 지방자치단체의 장, 지방의회 의원, 지방공무원, 지방언론, 시민단체, 전문가, 시민 등 구성인자들의 역할을 중심으로 분석한다.

이 책의 정책 사례인 '제주도개발특별법'과 '제주국제자유도시'의 정책과정은 중앙과 지방 수준의 주요 행위자들의 역할과 행태에서 그 차이를 보다 분명하게 도출할 수 있다. 따라서 이 책에서 주요 행위자로 분석할 대상은 다음과 같다. 중앙 수준에서는 대통령과 중앙정부, 야당을 주된 분석대상으로 한다. 지역개발정책은 대통령의 관심 표명과 정책추진 의지에 크게 영향을 받는데, 이 책의 두 정책 사례와 관련하여 대통령이 직접 정책추진을 지시한 경우와 지방자치단체장이 대통령에게 정책을 건의하고 이를 대통령이 승인하여 추진된 경우로 구분된다. 그에 따라 중앙정부의 정책 지원방식이 차이를 보인다. 즉 중앙정부의 일방적 주도에 의하느냐, 아니면 지방정부가 주도하고 중앙정부는 지원해 주는 역할을 하느냐의 차이를 보인다. 또한 정부 · 여당이 추진하려는 정책은 이에 대한 야당의 입장과 역할에 따라 정책을 둘러싼 갈등의 수준이 다르게 나타날 수 있다. 즉 정책 자체에 대해 어떤 정도의 비판과 반대를 하느냐에 따라 지역여론의 향배도 크게 영향을 받고 그에 따른 정책갈등의 정도 또한 영향을 받는다.

한편, 지방 수준에서 지방자치단체장, 지역주민, 지역시민단체, 지역언론을 주된 분석대상으로 한다. 자치단체장이 지역개발정책 추진을 위해 어떤 리더십 스타일을 보이느냐는 지역사회의 여론수렴과 중앙과의 협상을 위해 중요한 변수가 된다. 예컨대, 중앙정부의 지시만을 추종하는 중개인형 리더십인가, 아니면 지역의 여론을 수렴하며 지역의 발전을 위해 노력하는 기업가적 리더십을 보였는가에 따라 다른 결과를 가져온다. 지역개발정책의 목표, 추진주체, 방식 등에 대한 지역주민의 인식과 행태도 정책갈등의 수준을 결정하는 중요한 변수이다. 그리고 지역시민단체는 지역주민들의 정책에 대한 반대의 강약에 영향을 미치는 중요한 변수이다. 즉 각종 지역시민단체 및 자생적 지역조직들이 범지역적인 반대운동을 펼치느냐, 아니면 분산되거나 파편화된 형태로 반대운동을 펼치느냐에 따라 정책갈등의 수준이 다르게 나타난다. 지역개발정책(안)에 대한 지역언론의 입장과 역할도 지역시민단체의 역할과 더불어 지역사회의 여론에 영향을 미치는 중요한 변수가 된다.

셋째, '제주도개발특별법'과 '제주국제자유도시'의 정책과정에서 발생하는 갈등을 주요 분석대상으로 한다. 정책과정에서 발생한 갈등의 주체와 이슈, 갈등발생의 요인 등을 분석하고 이러한 갈등이 해결되는 방법 등에 대해 분석한다. 정책갈등에 대해서는 중앙과 지방정치 간, 중앙정치의 구성인자와 지방정치의 구성인자, 중앙정치의 구성인자 간, 지방정치의 구성인자 간을 기술하면서 특히 지방자치제도의 도입을 전후한 '제주도개발특별법'과 '제주국제자유도시' 정책과정의 차이를 비교분석한다.

넷째, '제주도개발특별법'과 '제주국제자유도시'의 정책집행 과정에서 지역의 역할과 행태 등을 분석한다. 두 정책이 전개되는 과정에서 지방정치의 역할, 성격, 행태 등을 실증적인 자료를 중심으로 비교분석하여 기술한다. 지역개발정책의 집행과정에서 나타나는 지방정치 구성인자들의 행위를 분석하여 엘리트 이론, 제도주의 이론 등이 한국의 지방정치에서 전개되는 과정, 발생된 성격, 분석적 특징 등을 기술한다.

이상의 논의를 토대로 지역개발정책에 영향을 미치는 지방정치의 분석변수는 〈표 2-3〉과 같이 정리된다. 그리고 〈그림 2-2〉는 지역개발정책에 영향을 미치는 지방정치의 분석변수들의 정치적 영향력의 흐름을 도식화한 분석모형이다. 이 책은 이러한 분석모형을 토대로 '제주도개발특별법' 제정 사례와 '제주국제자유도시' 추진 사례의 정책과정을 분석한다.

〈표 2-3〉 지역개발정책에 대한 지방정치의 영향변수

분석 변수	하위 변수	분석 초점
중앙정치 행위자 요인	대통령	• 대통령의 관심 표명과 정책추진 의지 – 대통령의 추진 지시 대 단체장의 건의와 승인
	중앙정부	• 중앙정부의 추진방식 – 중앙정부의 일방적 주도 대 중앙정부의 지원
	여 · 야당	• 여 · 야당의 입장과 역할 – 정책에 대한 문제제기와 여론수렴
지방정치 행위자 요인	지방정부 (단체장)	• 자치단체장의 리더십 – 중개인형 리더십 대 기업가적 리더십
	지역주민	• 지역개발정책에 대한 지역주민의 인식과 행태 – 정책추진 반대 대 암묵적 동의
	지역 시민단체	• 지역시민단체의 조직화 수준과 주민참여 수준 – 시민단체 및 자생적 지역조직들의 연합조직화 – 지역주민들의 참여와 지지 수준
	지역언론	• 정책(안)에 대한 지역언론의 입장과 역할 – 정보제공과 지역여론 확산
갈등과 협력요인	중앙 내부	• 정책 관련 정부 부처, 여 · 야당
	중앙과 지방	• 대통령과 도지사, 정부 지원부처와 지방정부
	지방 내부	• 지방정부와 지역주민 및 지역시민단체, 지역시민단체 간, 지역주민 간

정책 환경 요인	중앙 수준	• 여 · 야당 간의 역학관계 • 지역개발 방식의 차이(중앙 주도, 지방 주도)
	지방 수준	• 지방자치제도의 도입 수준 • 지방자치 패러다임의 차이

〈그림 2-2〉 지방정치와 지역개발정책 분석모형

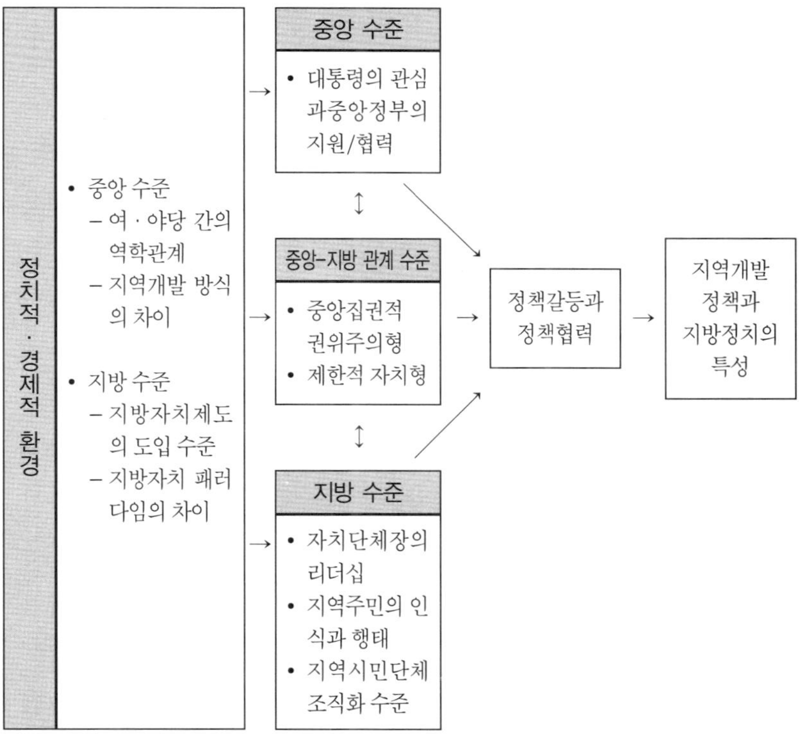

제3장

제주 지역사회와 지역개발 : 특성과 변화

1. 제주 지역사회의 특성

1) 지역사회의 형성

인간의 사회생활을 가능하게 하는 기본 조건 중 하나가 지리적 환경이다. 이것은 인간과 사회가 물질적 조건인 지리적 환경의 영향을 받지 않을 수 없기 때문에 환경이 제약조건으로 작용한다는 것을 의미한다. 제주도는 한반도의 남서해상에 위치한 화산도(火山島)로서 총면적은 2000년 현재 1,846.28km²로 남한 면적의 1.84%이며, 부속 도서로는 8개의 유인도(우도, 비양도, 상추자도, 하추자도, 가파도, 마라도, 추포도, 횡간도)와 55개의 무인도가 있다.[1] 육지와는 다른 독특한 지리적 환경은 제주 지역사회의 성격을 일찍부터 규정지어 왔는데, 이것이 도서성과 토지의 척박성이다.

역사적으로 볼 때 제주 지역사회의 기본 특징은 도서성으로 파악할 수 있다. 왜냐하면 육지부와의 관계에서 볼 때 제주도는 지리적 환경, 특히 고립성 때문에 매우 특수한 정치 · 경제 · 사회 · 문화 구조를 형성해 왔기 때문이다.[2]

제주도는 일찍이 탐라라는 국가를 형성해 자치를 했는데, 삼국시대에도 신라나 백제에 입조하여 교린지국(交隣之國) 또는 복속관계를 맺었지만 독립국가로서 지위는 계속 보장받아 왔다. 937년 고려 태조 때 그 속국이 되어 명목적인 독립국가의 지위는 상실하였지만 실질적으로는 자율적인 정치 · 경제 구조를 유지하였다. 그러다가 1105년 중앙에서 지방관을 파견한 이후부터는 고려의 직접 통치를 받게 되었는데, 이때부터 제주도는 한반도의 통치권에 완전히 편입되어 자치권을 상실하였으며, 도서성의 서역은 점차 감소하고 한국 사회의 한 특수지역으로서의 성격이 증가해 왔다.[3]

전통적으로 제주인들은 농업과 어업을 주 생계업으로 하였고 목축을 부수적인 활동으로, 그리고 농한기에 해산물을 채취하는 복합적 생계활동을 해왔다. 농업과 어업을 주업으로 하는 제주도는 공동체적 성격이 강했다. 이는 지리적 특성상 농경지가 넓지 못하고 토양이 척박하여 농사가 그리 용이한 것이 아니었기 때문이기도 하지만, 대토지 소유자가 거의 없고 대부분이 자작농이었으며 어업에서도 선주와

---

1) 제주도, 『제주자유도시종합계획』(2000), p. 6. 제주도는 2개의 무역항(제주항, 서귀포항)과 5개의 연안항(성산포항, 화순항, 한림항, 애월항, 추자항)이 있다.

2) 이상철, "제주도 개발정책과 도민 태도의 변화," 『제주도연구』, 제12집(1995), p. 275.

3) 위의 글, p. 276.

선원관계가 공동출자에 의한 공동소유 형태를 취하고 있는 것에서 연유한다. 따라서 양반계급에 의한 착취보다는 각종 세금을 통한 국가의 착취가 존재했다. 조선시대에는 중앙집권적 통치체제가 강화되어 제주도에서도 육지부의 다른 지방과 동일한 정책이 실시되었다. 행정구역이 재정비되고 경제, 사회, 문화 면에서도 많은 변화가 있었지만 지리적 위치 때문에 여전히 정치적으로는 변방으로 소외되었으며, 경제적으로는 자급자족적 체제를 유지하였고 사회문화적 특수성도 강하게 존속되었다. 그러나 제주도는 1948년 4 · 3을 경험하면서 외부인에 의한 피해의식이 커지게 된다. 따라서 육지(반도)에 대해 배타적 의식과 제주도민이 아니라면 일단 의심하는 습관이 팽배하게 된다.[4]

한편, 제주도의 문화적 특성으로는 삼무정신, 강인과 검소, 자립심, 고난극복 의지, 독립심 등 기질상의 특성과 가족 생활방식의 차이, 공동체적 성격이 강한 측면, 언어특성, 전래 민요나 설화, 무속 등과 같은 것이 주로 언급되어 왔다.[5] 이러한 요소들 중 주목할 만한 것은 제주민들의 공동체적 생활양식을 들 수 있다. 이러한 특성은 저급한 생산력과 자급자족을 해야만 하는 불리한 경제적 조건, 위험과 고난에 대해 공동으로 대응해야 할 필요 등의 생활조건에서 유래한 것이다.

농업과 어업을 중심으로 한 공동체적 생활양식은 1960년대 경제개발과 함께 급격하게 변화하기 시작했다. 기존의 외부사회와는 독립적인 자급자족적 식량생산 위주의 경제체계는 급격히 와해되고 도내 지역 간 또는 육지와의 교류가 급격히 증가하고 그러한 통합된 경제체

4) 황경수, "제주도개발특별법 제정과정에서 집단요구 표출활동에 관한 연구," 서울대환경대학원 석사학위논문(1993), pp. 7－8.

5) 신행철 외, 『제주사회론 2』(서울 : 한울, 1998)에 실린 논문들 참조.

제 하에서 기능을 수행하게 되었다.

제주도의 농업은 1960년대 이후 관광업과 결합한 상업적 농업과 기후조건을 이용한 아열대 작물이나 특용작물을 재배하여 다른 지역에 비해 높은 소득을 보이게 된다. 그러나 지역 내 농업의 비중은 점차 감소하기 시작하기 시작하는데, 이것은 1972년 국토종합개발계획에서 제주도가 관광과 상업으로 특화된 개발로 지정되고 1973년 제주도 관광종합개발계획, 1985년 특정지역 종합개발계획 등의 계획이 수립된 것과 관련이 있다. 즉 1970년대 국제 수준의 관광단지로 제주도를 개발하고자 하는 계획 의도에서 국가 수준에서 외화획득의 필요에 의한 제주개발의 성격을 볼 수 있고, 이는 관광개발을 통해 독점자본에게 새로운 이윤추구를 위한 돌파구로 제공하는 것이기도 했다. 국가는 도로, 항만, 공항, 용수 등 관광산업의 하부구조 시설을 제공하고, 또 관광지 개발기법에서도 거점개발방식을 택하여 대자본의 효율적인 이윤획득 기반을 제공하였다.

이와 같이 제주 개발에서 개발이 외지자본에 의해 진행되었다는 점은 제주도 개발의 가장 큰 문제로 지적되어 왔다. 외지자본에 의한 개발은 개발이익, 토지투기, 환경파괴의 문제를 주민들이 보다 심각하게 느끼도록 했는데, 개발이익은 지역주민을 위해 투자되지 못했고, 토지투기를 통해 외지인의 토지소유와 자산이득을 증가시켰으며, 외지자본에 의해 파괴된 환경피해는 지역주민에게 돌아갔다. 이로 인해 외형상의 급격한 성장에도 불구하고 지역주민들의 위화감과 개발에 대한 반감과 소외의식은 심화되어 갔다. 이러한 외지자본에 대한 이해는 지역개발에 대한 각종 주민운동의 확산과 1990년 제주도개발특별법 제정과 관련한 제주도민의 강력한 반대로 표출되게 된다.

2) 산업구조와 인구구성의 변화

본격적인 제주도 개발은 한국의 경제개발계획과 발맞추어 1960년대부터 시작되었다. 계획의 주요 내용은 크게 관광개발, 국제자유지역, 산업개발 세 가지로 이루어져 왔다.[6] 개발에 따른 제주도의 사회경제적 변화는 매우 컸는데, 산업기반 및 경제여건의 변화를 보면 우선, 사회간접자본의 기반시설이 급속히 확충되었으며, 이로 인해 개발의 장애요소들이 어느 정도 극복되었다는 점을 들 수 있다(〈표 3-1〉 참조).

〈표 3-1〉 제주도의 사회기반시설 수준의 변화

주요 지표	단위	1960	1973	1982	1990	2000	전국평균 (2000)
도로연장	인구 천 명당, km	3.1	5.2	4.6	4.3	4.78	1.89
도로포장률	%	–	16.4	34.5	63.6	82	74.7
상수도보급률	%	12.2	88.1	98.6	99.9	99.9	86.1
전화보급률	인구당, %	0.2	2.30	16.7	27.4	40.7	52.2

* 자료 : 제주도. 1982.『제주도지』.
국토개발연구원,「제1차 국토개발계획의 평가분석」.
통계청 홈페이지 및 제주도,『제주통계연보』(2001)를 재구성.

6) 이상철, 앞의 글, pp. 282–289 참조.

다른 한편, 자급적 농업은 상업적 농업으로 변하고 관광산업이 크게 성장했는데, 한국의 일반적인 산업구조와는 달리 제주도는 1차, 3차 산업이 지배적이다. 2차 산업이 불비한 것은 현재 제주 산업구조의 가장 큰 취약점이기도 하다. 이러한 산업구조의 특징은 제주도 주민구성의 특성에 반영된다. 제주도의 주민구성을 제주도의 경제활동인구, 산업별 취업인구를 중심으로 살펴보기로 한다.

〈표 3-2〉 제주도의 경제활동 인구 및 취업인구

(단위 : 천 명, %)

구분	1990		1995		2000		연평균증가율(%)	
	전국	제주도	전국	제주도	전국	제주도	전국	제주도
총인구	43,411 (100.0)	515 (100.0)	45,093 (100.0)	519 (100.0)	47,274 (100.0)	542 (100.0)	1.17	0.51
경제활동 인구	18,487 (42.60)	240 (46.2)	19,803 (44.2)	250 (49.9)	21,950 (46.4)	276 (50.9)	1.73	1.41
취업인구	18,085 (97.8)	239 (99.2)	19,253 (97.2)	248 (99.2)	21,061 (95.9)	269 (97.5)	1.54	1.19

* 자료 : 통계청 각년도 자료 ; 제주도,『제주통계연보』, 각년도를 재구성.

제주도의 경제활동 인구(15-64세)는 2000년 12월 현재 27만 6천 명으로 도내 인구의 50.9%이며, 전국 경제활동 인구 비율인 46.4%를 상회하고 있다(〈표 3-2〉 참조). 제주도는 1990년부터 2000년까지 경제활동 인구는 1.41%의 연평균 증가율을 보이고 있으며, 이는 동기간 총인구의 연평균 증가율 0.51%의 2.8배에 해당하는 수치로 파악되고 있다. 2000년 12월 현재 제주도 내 취업인구는 26만 9천 명이며, 취업률은 97.5%로 전국 취업률 95.9%를 약간 상회하고 있는데, 동기간 동안 취업인구 증가율이 1.19%로 전국 증가율인 1.54%보다 약간 낮게 나타나고 있다.

한편, 한국 전체와 제주도를 산업별 취업인구의 현황을 살펴보면 〈표 3-3〉과 같은데, 취업인구는 전국의 1.3%인 26만 9천 명이며, 이 가운데 농림어업 부문이 7만 3천 명으로 도내 취업인구의 27.1%, 광공업부문은 1만 명으로 3.7%, 사회간접자본 및 서비스업 부문은 18만 6천 명으로 69.2%를 나타내고 있음을 보여주고 있다. 전국 대비 농림어업 부문은 2.4배 이상 높은 반면, 광공업 부문은 1/5 수준에 불과한 것으로 집계되어 제주도의 대부분은 농업과 어업에 종사하고, 광업과 공업분야는 한국 전체로 볼 때 미미한 것으로 나타났다.

〈표 3-3〉 제주도의 산업별 취업인구 현황

(단위 : 천 명, %)

구분	1990		1995		2000		연평균 증가율(%)	
	전국	제주도	전국	제주도	전국	제주도	전국	제주도
취업인구	18,085 (100.0)	239 (100.0)	19,253 (100.0)	248 (100.0)	21,061 (100.0)	269 (100.0)	1.54	1.19
농림어업	3,237 (17.9)	99 (41.4)	2,534 (12.4)	77 (31.0)	2,288 (10.86)	73 (27.1)	−3.41	−3.0
광공업	4,990 (27.6)	10 (4.2)	4,824 (23.6)	13 (5.2)	4,262 (20.24)	10 (3.7)	−1.56	0
사회간접자본 및 서비스업	9,858 (54.5)	130 (54.4)	13,074 (64.0)	158 (63.7)	14,511 (68.9)	186 (69.2)	3.94	3.64

* 자료 : 통계청, 『산업총조사보고서』, 각년도 자료 ; 제주도, 『제주통계연보』, 각년도를 재구성.

한편, 2000년 현재 제주지역의 총생산 현황을 보면 4조 7,880억 원으로 전국 지역내총생산 503조 4,520억 원의 약 1.0%로 매우 작은 경제규모를 나타내고 있고, 1990년부터 2000년까지의 연평균 증가율은 10.4로 전국 수준보다 낮다.

〈표 3-4〉 제주도의 지역내총생산 현황

(단위 : 십억 원)

구분		1990	1995	2000	연평균증가율(%)
지역내 총생산	전국	177,114 (100.0)	357,722 (100.0)	503,452 (100.0)	11.0
	제주도	1,788 (1.0)	3,742 (1.0)	4,788 (1.0)	10.4

* 주 : 2000년 지역내총생산 자료는 잠정수치임.
* 자료 : 통계청, 『한국통계연감』, 각년도 및 제주도, 『제주통계연보』, 각 년도.

인구는 일차적으로 특정 지역에 살고 있는 사람의 수를 의미하지만 현실적으로 사회생활을 영위하고 있는 구체적인 인간집단을 표현하는 것이기 때문에 여러 가지로 속성을 달리하는 질적 내용을 포함하고 있으며, 그 사회의 자연적 · 문화적 · 사회적 · 경제적 조건들을 반영하는 사회적 산물이다. 따라서 인구분석은 한 사회의 사회구조를 밝히는 데 있어서 가장 기본적이면서 필수불가결한 수단이 된다.

제주도의 인구구성을 살펴보면 2000년 현재 제주도의 인구는 약 54만 2천 명이고, 대부분이 제주시에 집중되어 있다. 제주도의 인구는 1990년 약 51만 5천 명에서 2000년 약 54만 2천 명으로 증가하였지만 전국 평균 인구증가율의 약 59.3% 정도로 인구증가율은 그다지 높지 않다. 1990년대 이후 제주도 총인구의 변화 추이를 보면 〈표 3-5〉와

〈표 3-5〉 제주도의 총인구 변화 추이

<table>
<tr><th rowspan="2">구분</th><th colspan="3">총인구(단위 : 천 명)</th><th colspan="3">인구밀도</th><th rowspan="2">연평균
인구증가율(%)</th></tr>
<tr><th>1990</th><th>1995</th><th>2000</th><th>1990</th><th>1995</th><th>2000</th></tr>
<tr><td>전국(A)</td><td>43,411</td><td>45,093</td><td>47,274</td><td>431</td><td>454</td><td>475</td><td>0.86</td></tr>
<tr><td>제주도(B)</td><td>515</td><td>519</td><td>542</td><td>279</td><td>281</td><td>294</td><td>0.51</td></tr>
<tr><td>제주시
서귀포시
북제주군
남제주군</td><td>233
88
109
85</td><td>255
85
98
80</td><td>279
85
100
78</td><td>915
336
154
141</td><td>1,002
336
139
127</td><td>1,091
336
139
127</td><td>1.81
−0.35
−0.86
−0.86</td></tr>
<tr><td>B/A(%)</td><td>1.19</td><td>1.15</td><td>1.15</td><td>64.73</td><td>61.89</td><td>61.89</td><td>59.3</td></tr>
</table>

* 주 : 1) 각 시군별 인구는 소수점 두 자리에서 반올림함. 2) 외국인 제외.
* 자료 : 2000년 통계청 홈페이지 및 제주도, 『제주통계연보』(2001)를 재구성.

같다.

제주도의 남녀 인구구성비 및 연령별 인구를 살펴보면 전국 평균에 비해 지역 여성인구의 비율이 약 1% 내외로 조금 높게 나타나고 있고, 14세 미만의 유년층과 30세 미만의 젊은층이 상대적으로 감소 추세를 보이고 있는 반면, 지역의 고령인구는 증가 추세에 있어 제주도 역시 전국적인 고령화 추세와 동일한 경향을 보인다(〈표 3-6〉 참조).

제주도는 연평균 인구증가율은 0.51%로 전국 연평균 증가율 1.17%보다 낮으며, 인구밀도는 1km²당 294명으로 전국 인구밀도 477명보다 훨씬 적은 반면, 1인당 총생산은 892만 6천 원으로 전국 평균보다 172만 원이 적다(〈표 3-7〉 참조).

〈표 3-6〉 제주도의 연령별 인구변화 추이

(단위 : %)

구분	1990		1995		2000	
	전국	제주도	전국	제주도	전국	제주도
계	100.0	100.0	100.0	100.0	100.0	100.0
성별구성비 (남/여)	50.3/49.7	49.4/50.6	50.6/49.4	49.4/50.6	50.4/49.6	49.6/50.4
0-14세	25	25.5	23.3	21.2	21.7	22
15-29세	30	32.8	28	27.8	25.3	25.2
30-49세	27	25.2	30.7	28.2	32.9	31.4
50-64세	11	10.8	12.2	12.6	13	13.2
65세 이상	7	5.7	5.8	6.2	7.1	8.2

* 자료 : 2000년 통계청 홈페이지 및 제주도, 『제주통계연보』(2001)를 재구성.

〈표 3-7〉 전국 대비 제주도의 고용과 소득

구분		단위	1990			2000		
			전국 (A)	제주도 (B)	B/A	전국 (A)	제주도 (B)	B/A
고용	1차산업 종사자	천 명	3,292	99	0.03	2,288	73	0.03
	2차산업 종사자		4,298	9	0.002	4,262	10	0.002
	3차산업 종사자		10,446	128	0.01	14,511	186	0.013
소득	1인당 총생산	천 원/명	4,007	3,337	0.83	10,649	8,926	9.84

* 주 : 2000년 1인당 총생산 자료는 잠정수치임.
* 자료 : 통계청 홈페이지 및 제주도, 『제주통계연보』(2001) 자료 재구성.

2. 지역개발정책의 변화 : 성격과 전개과정

한국 지역개발정책의 변화과정을 지역경제 구조적 측면에서 보면 산업부문 간 불균형은 심화되어 왔고, 전체적 국토 공간체계 속에서 파악해 보아도 특정 지역의 개발이 유보되는 동시에 지역 간 불균형은 심화되어 왔다. 또한 지방의 입장에서 볼 때 지역적 특수성 및 다양성, 지역 간 형평성, 생활의 질적 측면 등은 심각하게 고려되지 않았다.[7] 좀 더 구체적으로 지역개발정책의 변화를 보면 다음과 같다.

1960년대 이후 중앙정부 주도의 경제계획과 국토계획의 차원에서 추진하여 온 지역정책 기조의 변화를 보면 1960년대에는 제1, 2차 경제개발계획의 시기로 산업구조의 근대화와 자립경제기반 구축과 확립을 위한 수출주도형 공업화 전략이 우선함에 따라 지역정책과 지역개발의 목표나 정책과제가 체계적으로 제시되지 못하였다.

이후 1970년대에는 제3차 경제개발계획과 더불어 국토종합개발과 지역개발의 균형을 달성하기 위한 제1차 국토종합개발계획의 수립과 시행으로 구체적이고 계획적인 지역정책과 개발모형이 제시된 시기이다. 이 시기에는 경제계획의 목표인 중화학공업 육성을 통한 공업구조의 고도화 달성과 산업구조 개편 및 국제경쟁력 향상을 위해 지역개발에 있어서 성장거점 개발방식이 채택되었으며, 권역개발의 개념이 최초로 도입되었다.

---

7) 임정덕 · 최병호, 『지방화 시대의 지역산업정책』(서울 : 비봉출판사, 1996), p. 58.

1980년대에는 제4 · 5차 경제개발계획의 시기로 기술혁신과 산업능률 향상에 기반을 두고 비교우위 산업육성에 의해서 중화학공업구조에서 지식 및 정보집약 산업으로의 구조 전환을 시도하였고, 제2차 국토종합개발계획에서는 국토의 다핵구조 형성이 요구되고, 이를 위해 지방중심 도시를 거점으로 하는 광역개발에 주안점을 두었다. 따라서 1980년대는 거점개발 방식에 광역개발이 추가된 형태의 지역개발이 추진된 것이다.

1990년대에는 제7차 경제개발계획의 목표를 산업의 경쟁력 강화와 국제화 및 자율화의 추진에 주안점을 두었고, 사회간접자본의 확충과 수송체계의 효율화를 달성하기 위해서 제3차 국토종합개발계획에서는 지방분산형 국토구조, 수도권 억제와 지역균형 개발의 지방의 육성, 제조업 및 물적 위주 공업단지 조성의 신산업지대의 형성에 초점을 두었다. 그리고 국토계획을 뒷받침하기 위해 국토이용관리법(1972), 공업배치법(1977), 수도권 정비계획법(1982) 등의 국토개발과 관련된 제법령도 제정 및 정비하였다. 또 하위개념인 실천계획으로 도시계획의 수립과 시행에 의해 지역정책과 지역개발이 추진되어 왔다. 그러나 이같은 지역정책의 추진에도 불구하고 여전히 수도권과 지방, 지역 간 및 지역 내에 경제력 격차가 상존하고 있고, 이에 따른 과밀 및 과소지역의 발생은 국토이용의 비효율과 경쟁력 약화를 초래하고 있다.[8]

이와 같이 지방자치 실시를 전후로 하여 볼 때 한국의 경제발전정책은 중앙정부 중심적이었고, 기준 면에서는 효율성을 우선적으로 고

8) 김용철, "한국 지역개발정책의 변천과정과 지역경제성장에 관한 연구 : 대전 · 충남지역이 사례를 중심으로," 청주대 경제학과 석사논문(2002), pp. 175-176.

려하였다. 또한 전략적 측면에서는 특정 부문 및 특정 지역을 대상으로 한 불균형방식을 채택해 왔으며, 목표 면에서는 양적 성장이 중심이 되었다.[9] 이 과정에서 지역사회는 외부로부터 부여되는 정책의 대상지였고, 지역주민들은 정책의 대상자이며 동원대상에 머물렀다. 이러한 상황에서 지방정부에 의한 독자적인 경제발전은 매우 제한적이었으며, 지방정부는 중앙정부에 의해 결정되고 집행되는 정책들을 수용하기만 했을 뿐 자체적인 지역경제 발전을 유도해 나갈 권한과 재원이 거의 없었다. 더욱이 중앙정부 주도적 지역정책이 지역적 특수성과 다양성을 충분히 감안하여 시행된다는 것을 기대할 수 없었다.

이처럼 지방자치제가 실시되기 이전까지 지방을 대상으로 한 기존의 정책들은 기본적으로 그 계획과정과 집행절차에서 중앙집권적이고 하향적 특성을 유지해 왔다. 이러한 환경 속에서 지방정부가 주체가 된 자주적 · 독립적 지역발전을 기대하기 어려웠다.[10] 그러나 세계화와 지방화에 따른 정치의 지방화 확산에 따라 지역의 중요성이 상대적으로 증대하고 경제발전에서 지역이 적극적인 참여자로 등장할 가능성이 커지게 된다. 이는 1990년대 들어 지역개발이나 국가의 정책 도입으로 인한 변화나 이를 둘러싼 지역과 국가의 문제가 점차 늘어나는 것에서도 확인할 수 있다. 즉 1990년대 들어 환경운동, 주민운동, 소비자운동 등 일상적 차원과 개인이 근거한 지역과 생활을 기반으로 한 운동의 형태가 눈에 띄게 증가하게 된다. 결국, 한국의 경우 지방자치제의 실시는 지역이 동원할 수 있는 중요한 자원의 획득을 의미하는 것으로 볼 수 있다. 지역적 특수성은 주민의견의 결집체인 지방

---

9) 임정덕 · 최병호, 『지방화 시대의 지역산업정책』, p. 58.
10) 위의 책, p. 102.

정부가 자신의 책임과 권한 하에 직접 계획하고 집행할 때 가장 적실히 고려될 수 있기 때문이다.

따라서 정부의 지역개발정책 형성에 대해서는 보다 구조적 측면에서 파악해야 하고, 정치구조와 관련시켜 통일적으로 고찰해야 한다. 이와 관련해 하지미칼리스(C. Hajimichalis)의 논의가 주목할 만하다.[11] 그는 국가와 자본의 사회공간적 관계를 지역화(regionalization)와 지역주의(regionalism) 간의 관계로 파악한다. 즉 특정 지역에서 효율적인 자본축적을 겨냥하여 공간적 분업구조를 변화시키려는 외부, 즉 국가, 지방정부, 자본 등의 힘에 의해 위로부터 계획된 과정을 의미하는 지역화와 그러한 지역화에 대해 이해가 상충되는 특정 집단이나 그들 연합의 반발을 의미하는 지역주의는 자본이 지역에 진입하여 기존의 지역구조를 재편함으로써 지역사회에 충격을 주는 상황[12]에 있었던 1990년대 초반 개발특별법 제정을 둘러싼 갈등을 다루는 이 논문과 관련해 적실한 지적이다.

다음에서는 이 논문의 연구대상 지역인 제주도의 1960년대 이후 지역개발정책의 전반적 특성을 살펴보기로 한다.

제주도 지역개발의 기조는 1963년 국토건설종합계획법이 제정된 이후 이에 근거해 1964년에 제주도건설종합계획이 수립되면서 마련되어 제주개발의 방향을 관광과 1차 산업의 병행발전으로 제시하였지만 시행되지 못하였다. 그후 1966년 상대적 낙후지역인 제주의 경

---

11) C. Hajimichalis, "A Social Movemnet in Urban Politics : a Reinterpretation of Urban Reform in Canada," *International Journal of Urban and Regional Research*, Vol. 11, No. 3(1987).

12) 정근식, "주민운동의 구조와 역학에 관한 연구," 서울대학교 사회학과 박사학위논문(1991), p. 33 ; C. Hajimichalis, "A Social Movemnet in Urban Politics : a Reinterpretation of Urban Reform in Canada."

제 · 사회적 성장을 뒷받침해 줄 국토개발사업의 우선순위 반영과 지역 내 부존자원의 개발에 의한 지역격차 시정에 두어진 '특정지역계획'이 작성되었고, 이것이 이후 제주개발의 지침이 되었다.[13]

1970년대의 제주 지역개발[14]의 기본 방향은 관광개발의 거점화로 모든 산업을 관광주도형으로 육성 · 발전시켜 지역주민의 소득증대와 국민경제에 기여하는 데 두어졌는데, 이것은 1973년 청와대 관광기획단에 의해 수립된 제주도관광종합개발계획(1973–1982)에서 구체화되었다.

이후 1981년 제2차 국토종합개발계획(1982–1991)이 수립되는데, 제2차 국토종합개발계획은 수도권의 성장억제와 지역경제권의 육성을 통한 지역불균형을 시정하고 지방의 자생적인 경제기반을 구축하기 위한 전략으로 지방의 성장거점 도시를 집중적으로 육성하는 분산적 집중개발 및 성장거점 개발전략을 채택하고, 지역균형개발정책의 실현을 위해 지방 및 농공단지 조성, 낙후지역을 중심으로 한 특정지역개발, 그리고 지역의 개발 잠재력 확대를 위한 사회간접시설의 확충과 지역개발, 관광단지 조성 등 지역개발사업을 추진하게 된다. 이러한 제2차 국토종합개발계획의 지침에 따라 1980년대의 제주 지역개발이 추진되는데, 이 계획에 기반하여 제주지역은 1985년에 제2차 특정 지역 제주도종합개발계획(1985–1991)을 수립하였고, 개발기조를

13) 부만근, 『제주도 개발특별법의 제정과정 연구 : 제주도민의 제정 반대운동을 중심으로』(제주 : 온누리, 1995), pp. 77–78.

14) 한편, 1972년에는 이러한 특정지역계획의 보조적 성격을 지닌 제주도종합개발 10개년계획(1972–1981)이 수립되었는데, 이 계획에서 개발의 기본방향을 관광자원의 적극적인 개발에 두어 제주를 국제적 관광지로 조성하려는 취지를 확고히 하였지만 막대한 투자재원 확보문제로 시행되지 못하였다.

부존자원을 능동적으로 활용하여 도민소득 증대와 지역성장을 촉진하는 방향에 두었다. 그런데 이 계획은 국가계획인 '특정지역건설종합계획'과 지방계획인 '제주도건설종합계획'의 성격을 포함하는 것으로, 그 중 특정지역건설종합계획은 특정 지역으로 지정된 제주도의 입지조건 및 각종 자원을 최대한 활용하여 개발계획을 수립함으로써 관광진흥 중심의 국가적 목표를 수용하고 있고, 제주도건설종합계획은 제2차 국토종합개발계획과의 긴밀한 연계를 통해 국가계획의 지방적 실현을 도모하고 제주도의 지역적 특화개발의 방향을 제시하였다. 이처럼 국가계획인 특정지역건설종합계획과 지방계획인 제주도종합개발계획이 중복되면서 이를 통합할 필요성이 제기되었고, 이 과정에서 '제주도개발특별법' 제정이 제안되게 된다.[15]

제주도 개발을 지역개발 수단동원의 측면에서 보면 중앙정부가 자원의 동원, 투자대상의 결정, 투자 및 사업의 관리를 주로 해왔고, 제주지역의 자원과 기술이 영세하다는 미명 하에 외지인에게 금융과 세제상의 혜택 등 세제적 지원을 독점·확대하여 외생적 개발만이 가능토록 해왔다. 그 결과 거대한 자본과 경영능력, 그리고 국가의 권력과 특혜로 무장된 외부세력에 의해 거의 모든 개발가치와 기회가 독점되고 지역개발의 주체가 되어야 할 제주주민은 지역개발의 객체로 전락하게 된다. 그러나 1980년대 민주화와 그에 따른 참여의식의 전국적 확대, 그리고 지방화의 요구 속에서 종래의 중앙집권적이고 획일적·하향적 계획체계와 방식에 따른 종래의 지역개발은 그 구조적 변화를 필요로 하게 된다. 이러한 배경 속에서 정부 주도의 '제주도개발특별

15) 위의 책, pp. 79-81.

법' 제정이 제안되었고, 이에 대한 제주도민의 지역적 대응이 있게 된다.

3. 지역개발과 지역시민사회의 성장

1) 지역개발과 지역주민의식

대부분의 지역들과 마찬가지로 제주도의 경우도 지역개발, 지역불균등 발전, 공간적 분화가 전개되어 왔는데, 지역개발과 중요한 정책 결정 및 집행이 지역주민을 배제한 채 국가 또는 중앙권력과 이의 지시를 받는 지방행정기구에 의해 하향식으로 이루어져 왔다. 따라서 개발방식은 외생적 지역개발 형태를 취해왔는데, 그것은 제주도 개발이 지역 자체에서가 아니라 국가가 주도한 한국의 산업화와 자본축적, 그리고 지역개발과 공간적 분화의 궤도 위에서 전개되어 왔기 때문이다. 앞에서 언급한 바와 같이 제주도 개발정책은 관광개발을 위한 기반을 조성하고, 국제관광지화를 추진하다가 국민관광지로 방향을 전환하고 특별법을 제정하여 개발전략을 전환하는 단계, 그리고 국제자유도시 추진단계 등으로 구분된다. 그러면 개발정책이 제주도민에게 미친 영향은 무엇인가? 1990년대 지역개발 과정에서 지방자치 시대의 주체인 지역주민의 의식은 어떠했는가?

이러한 질문과 관련해 우선 지역개발이 제주도민에게 미친 긍정적 영향으로 경제성장, 사회간접자본의 확충, 산업생산성과 주민소득의 증대, 문화생활 및 생활편의의 증가 등을 들고, 부정적 영향으로 자립적 지역경제구조의 와해로 인한 육지부에의 종속과 개발이익의 유출, 거점개발 방식에 의한 지역 간 불균등 발전, 육지부 대자본의 제주토지 잠식과 주민들의 생활근거지 상실, 환경문제 대두 등의 경제적 문제, 개발계획의 입안과 시행 및 결과적 혜택에서 제주도민의 소외와 상대적 박탈감의 증대, 주민 간 경제적 분화와 갈등의 확대, 전통문화 중 건전한 요소들의 상실과 상업적 소비문화의 증대 등을 사회문화적 측면의 문제로 들 수 있다.[16] 그러면 구체적으로 개발에 대한 제주도민의 태도는 어떻게 변화했는가? 주로 1990년대 초 제주도개발특별법 제정 이후 도민의식과 1990년대 후반 국제자유도시 추진과 관련한 도민의식으로 구분해 살펴보기로 한다.[17]

먼저, 1990년대 초반까지 이루어진 개발에 대한 도민들의 의식이다. 개발성과에 대해서는 만족보다 불만이 더 많은데, 가장 큰 이유는 주민의사가 무시되었다는 것이다. 당시까지의 종합개발계획에 대해서도 도민들의 의견이 반영되고 있지 않다는 견해가 지배적이다. 제주도의 개발을 주도해 온 관광개발의 필요성은 인정하지만 그 방법에는 깊은 회의를 보였고, 그동안의 개발에 대해 잘못되었다는 의견이 잘되었다는 의견보다 훨씬 많았는데, 주된 이유는 외지인에 의한 토지 · 경제적 잠식과 자연경관 파괴이다. 즉 기존 개발이 지방정부나

16) 이상철, 앞의 글, pp. 303-306.

17) 1990년대 초반 개발에 대한 도민의식에 대해서는 한국개발연구원, 『제주도종합개발계획의 재검토』(1989) ; 제주도, 『제주도 종합개발계획』(1994), 제민일보, 1994년 6월 2일자, 그리고 이들 조사를 종합적으로 검토한 한삼인, "제주도 개발에 대한 도민의식," 『사회발전연구』, 11집, 제주대학교 지역사회발전연구소(1995) ; 이상철, "제주도 개발정책과 도민태도의 변화," 신행철 외, 『제주사회론 2』(서울 : 한울, 1998) 등의 글을 참조하여 살펴본다.

주민의 자주성이 결여된 하향식 개발이었다는 점에서 개발에 대해 부정적으로 평가하였다.[18]

다음으로 개발방향과 과제에 대한 도민의식이다. 당시까지의 개발이 사회간접자본 조성과 관광개발에는 성과가 있었지만 제조업이나 농축수산 개발에 대해서는 부정적 견해가 압도적이었다. 따라서 이후 개발에서 중점을 두어야 할 과제로 주민소득의 증대, 자연환경 보전, 개발이익의 지역환원 등으로 나타났다.[19] 그리고 도민들이 선호하는 도민참여 및 개발방식을 보면 개발주체는 도민이 되어야 한다는 견해가 압도적이고, 그 다음이 정부이며, 외지자본가는 극소수였다. 따라서 투자자금이 부족하더라도 외지자본보다는 주민과 지자체의 합작투자로 해결하는 것을 선호하였다.[20] 성공적인 개발을 위해 필요한 요소로 주민의사의 효율적인 수렴과 반영, 주민들의 확고한 개발의지, 정부의 정책적인 지원이 각각 39%에서 25%까지의 지지를 얻어 외지자본의 적극적 유치의 1.5% 응답률보다 월등히 높았다. 즉 제주도민들은 당시 개발의 주체는 주민이고, 주체로서 참여할 의사도 확고하며, 투자재원은 지자체와 합작하여 마련하는 것을 선호하였다.

이와 같이 도민들이 개발을 비판적으로 보는 태도는 1987년 이후 정치적 환경의 변화 속에서 강화되었고 이러한 의견이 주민운동으로 표출될 수 있는 조건을 제공하였는데,[21] 1989년 한국개발연구원 조사[22]에 의하면, 자신의 권익이 침해당하는 경우 집단행동으로 의사표시를

18) 이상철, 앞의 글, p. 119.
19) 위의 글, p. 119.
20) 제민일보, 1994년 6월 2일자.
21) 이상철, 앞의 글, p. 121.
22) 한국개발연구원, 『제주도종합개발계획의 재검토』, pp. 167-168.

하겠다는 응답이 51.8%나 되었고, 법적 · 행정적 절차에 따르겠다는 의견이 37.4%, 순종하겠다는 의견이 10.8%였다. 이러한 도민들의 태도는 1987년 전후의 정치적 환경의 영향이 있었는데, 이러한 도민들의 집합행동 선호 경향은 이후 제주도에서 주민운동이 분출하게 된 중요한 요인이 되었다. 그리고 도민들이 개발을 비판적으로 보는 성격을 보면, 1987년 이전까지만 해도 개발에 주체로서 참여시켜 달라는 입장이 강하고 개발 자체를 부정하는 편은 약했다. 또한 참여도 적극적으로 요구하기보다 수동적인 입장에서 참여요구를 수용해 줬으면 좋겠다는 식이었다.[23] 그러나 1987년 이후부터 개발에 주체로서의 참여를 적극적으로 요구할 뿐만 아니라 개발 자체에 대해서 보전논리를 상대적으로 더욱 강하게 갖게 되었다. 이러한 측면은 1990년대 초반 제주도민의 제주도개발특별법 제정 반대운동이 전도적 차원에서 전개될 수 있었던 제주도민의 의식구조를 이해할 수 있게 한다.

다음은 1990년대 후반 제주국제자유도시 추진계획 수립 이후 제주도민의 의식 검토이다. 먼저, 제주도 지역개발 과정에서 지역주민 의견수렴에 대해서는 54.7%가 '불충분', 41.4%가 '보통', 3.9%가 '충분'으로 나타나 지역개발 과정에서 지역주민의 의견수렴이 불충분하다는 의견이 높게 나왔다. 이러한 수치는 제주도종합개발계획(1994) 때의 제주도민을 대상으로 한 의견조사와 비교해 볼 때 제주지역의 지역개발 과정에서 지역주민의 의견수렴이 불충분하다는 의견이 57.2%에서 54.7%로 감소한 것으로 나타났으나 충분하다는 의견도 14.8%에서 3.9%로 감소하였다는 것을 알 수 있다.[24] 이는 제주지역의 개발

23) 이상철, 앞의 글, p. 121.
24) 제주국제자유도시추진기획단, 『제주국제자유도시 기본계획』(2001), p. 59.

에 지역주민의 의견이 충분히 반영되지 못한 가운데 이루어지고 있음을 알 수 있다.

다음으로, 2003년 5월에 수행된 한 조사[25]에 의하면, 제주국제자유도시개발계획 수립과 집행에서 이해관계자들의 협의에 관해 응답한 제주도민은 전반적으로 제주도 국제자유도시개발계획이 다양한 이해관계자들 사이의 종합적인 의견수렴을 거쳐 수립되고 추진된다는 데 부정적인 견해를 보였다. 제주국제자유도시개발계획의 수립과 집행에서 이해관계자들의 협의에 관해서는 이해관계자들 사이의 협의가 충분치 않다는 답변이 42.61%로 가장 많았고, 매우 충분하다는 답변이 0.85%로 최저였는데, 충분치 않다거나 전혀 협의가 없다는 답변이 절반을 넘어 제주도민들의 반응은 부정적인 것으로 나타난다.

이에 반해 공무원들은 제주국제자유도시개발계획의 수립과 집행에서 이해관계자들의 협의에 대해 '보통이다' 라는 응답이 44.71%로 가장 많았고 '전혀 협의하지 않았다' 는 응답과 '매우 충분한 협의가 이루어지고 있다' 는 응답이 3.24%로 가장 낮았는데, 이는 제주도 공무원들은 도민들과의 정책협의가 일반적인 수준이라는 인식을 갖고 있는 것으로 볼 수 있다.[26] 이는 제주국제자유도시개발계획 수립과 집행에서 도민과 공무원 간에 인식의 괴리가 있음을 보여준다. 또한 국제자유도시 추진의 실용성 부문에서도 부정적 견해를 취하였다. 세부적으로 볼 때 제주도민은 현재 제주도청의 예산으로는 제주도 국제자유도시개발계획을 추진하는 데 매우 부정적인 견해를 보였고, 제

---

25) 김두홍, "지역개발정책집행의 효율성에 관한 연구," 건국대학교 행정학과 박사논문 (2003).

26) 위의 글, pp. 153-154.

주도청에서 도민들에게 국제자유도시개발계획에 대한 정보를 제공하지 않고 있어 제주도민들의 국제자유도시에 대한 인식이 매우 낮다고 나타난다.

정치적인 수용성에 대해서는 도지사의 국제자유도시개발계획에 대한 의지는 긍정적으로 평가한 반면, 제주도의 국회의원들과 중앙정부의 국제자유도시개발계획에 대한 의지는 낮게 평가했다.[27] 이해관계자들 사이의 협의가 충분치 않다는 답변이 42.61%로 가장 많았고, 매우 충분하다는 답변이 0.85%로 최저였다. 충분치 않다거나 전혀 협의가 없다는 답변이 절반을 넘어 조사주민들의 반응은 부정적 경향을 보이는 것으로 분석된다. 또한 제주국제자유도시개발계획의 정책과정의 투명성에 대해서는 도민의 47.86%가 국제자유도시개발계획의 주요 사안들에 대해서는 매우 드물게 알려준다고 응답했고, 매우 자주 알리고 있다는 응답이 0.28%로 가장 낮았는데, 이는 제주도민들이 개발계획의 주요 사안에 대한 정보 접근이 용이하지 않음을 보여준다. 이에 반해 공무원들은 '보통이다' 라는 응답이 41.28%로 제일 많았고 '매우 자주 알리고 있다' 는 응답이 2.35%로 가장 낮은 것으로 응답했는데, 이를 통해 공무원들의 경우 개발계획의 주요 사안에 대해 비교적 안정된 수준의 정보접근이 이루어지고 있음을 알 수 있다.[28]

다음으로 제주도 개발과정에서 사회 · 문화 · 경제적 혜택 여부에 대한 질문에는 51.5%가 '없음', 29.6%가 '보통', 18.9%가 '있음' 으로 나타나 그 혜택이 없다는 의견이 높게 나타나고 있다.[29] 이는 지역주

27) 위의 글, pp. 151-152.
28) 위의 글, pp. 159-160.
29) 제주국제자유도시추진기획단, 『제주국제자유도시 기본계획』(2001), p. 61.

민의 의견이 적절히 수렴되지 못한 채 개발계획이 수립되고 집행되고 있어 지역주민 스스로 정책결정 과정에 대해 문제 제기할 수 있음을 의미한다. 지역주민 스스로 개발의 당위성은 인정하지만 개발방법에 대해서는 많은 문제를 제기할 수 있다.

이상의 국제자유도시개발계획의 수립과 집행에 대한 도민조사를 통해 알 수 있듯이 도민들은 이전의 지역개발정책에 대해 상대적 박탈감과 함께 피해의식을 갖고 있고, 제주국제자유도시에 대해서도 미덥지 못하다는 반응이 지배적이다.

2) 지역운동의 성장

제주도에서 주민운동은 1980년대 말부터 본격화되었다. 제주도 개발정책과 전략의 변화 조짐도 1989년 한국개발연구원의 연구에서 엿보이기 시작하였다. 이러한 배경에는 개발과 성장의 결과로 인해 사회규모가 증대하고 중앙정부가 이를 관리하기에는 한계가 있고, 이로 인해 1988년 5월 1일 지방자치법 개정안이 국회를 통과하고 그 효력이 발생해 지방자치제가 예견되는 상황이었다는 점, 개발과 성장 결과 계급분화가 커지고 시민사회가 성장하여 대체로 중앙정부의 권위주의적 정부체계에 의해 소외되고 그에 순응해 온 주민이나 각계각층의 민주적 요구와 자기 주장이 증가했다는 점이 작용하였다. 특히, 1980년대 들어 대규모 개발사업의 증가와 생활환경의 악화상황에서 주민들은 불만을 표출하기 시작하였는데, 이는 1980년대 민중들의 권리의식이 고양된 것에서 기인한다.

제주도의 경우 1987년 이전에는 개발과정에서 토지를 상실하게 된 지역의 미미한 대응이 산발적으로 나타났을 뿐으로, 본격적인 지역운동은 1988년 탑동매립반대운동에서부터 시작하였다. 탑동매립반대운동은 독점 대자본이 중앙정부와 결탁하여 부당하게 개발면허를 획득한 것이 원인이었다. 이 운동은 제주도 전체의 관심을 야기하고 일정한 성과도 거두면서 제주도에서 주민운동을 본격적으로 전개하는 계기가 되었는데, 그동안 개발에 수동적인 태도를 취했던 도민들은 이에 큰 자극을 받아 의식의 일대 전환을 겪게 된다.

탑동매립반대운동에 이어 송악산 군사기지 설치 반대운동이 전개되는데, 이 운동은 일본군 주둔지와 한국군 제1훈련소가 있었던 송악산 일대가 해상관광을 중심으로 한 관광단지로 조성할 계획이 있는 상황에서 중앙정부가 이곳을 군사보호지역으로 지정고시하여 대규모 비행장과 군사기지를 설치하려고 한 계획이다. 이 계획에 대해 주민들이 대대적인 반대운동을 전개하였는데, 그 결과 1989년 3월 송악산 군사기지 설치는 완전 취소되기에 이른다.

이 외에 여러 유형의 주민운동이 다양하게 발생하기 시작하였는데, 대표적인 경우는 공유수면 매립과 관광지 조성 외에도 골프장 개발 등으로 토지를 상실하게 되거나 하수종말처리장, 쓰레기매립장, 화약고 등 혐오 · 위험시설이 들어서게 되었을 때 전개되었던 운동들이다. 특히, 골프장 건설 반대운동은 노태우 대통령의 골프 대중화정책의 여파로 발생한 것으로, 이 정책에 따라 1988년 이후 전국적으로 골프장은 폭증했다. 국가와 자본이 개발에서 이해관계를 같이하고 지역주민은 이에 대립하는 구도가 되면서 골프장 건설 반대운동은 자연스럽게 발생하였다. 운동이 전개되면서 주민들은 사업을 허가해 준 지방정부와 충돌하게 되고, 국가가 자본과 이해관계를 같이하고 있다는 것도 인식하게 되었을 뿐만 아니라 개발에 따른 단기적 이익을 선호하는 일부 주민들과도 갈등을 겪게 되었다.

제주도에서 1980년대 말부터 분출한 지역운동, 특히 주민운동은 유형의 측면에서 무엇을 적극적으로 건설하자는 것보다 외부에서 무엇을 하려는 것에 대한 방어의 의미를 가진 저항 또는 대응이 주된 것이었다. 운동의 쟁점은 개발정책이나 토지 등 재산권과 관련된 것이 많았고, 운동의 주체는 쟁점과 직접 관련된 해당 지역의 해녀, 농민, 주민들이었다. 그러나 주민운동이 본격적으로 전개된 초기에는 주민 자체의 운동경험이 없는 상황에서 학생과 지식인 중심의 재야단체가 일정한 기여를 하였는데, 때로는 이들이 주도한 경우도 있었다. 운동의 대응집단은 국가와 자본, 즉 중앙 및 지방정부와 육지부 독점 대자본 중심의 개발사업체였다.

요컨대 국가가 주도하고 독점 대자본이 파트너가 된 개발의 한계에 따른 주민의식의 변화와 반대운동은 상호작용하여 주민의 태도를 새롭게 형성하였다. 1987년 이후 새로 형성된 주민의 태도는 과거와 같은 개발전략의 한계를 더욱 명확하게 드러내 주었다.[30] 다시 말해, 제주도에서 1980년대 말 이후 지역주민운동이 본격적으로 전개되기 시작한 배경은 개발에 대한 부정적 측면이 발생해서라고 볼 수 있는데, 국가 주도의 하향적 개발, 외지자본과 중앙정부가 주체가 된 외생적 개발 때문이다. 거점성장, 즉 단지조성에 의한 불균형 발전과 내생적 발전가능성이 형성되지 않은 것도 여기에서 연유한다.

이러한 개발정책의 전개와 결과로서 주민참여가 배제되고 개발이익의 향유가 제한되거나 역외 유출되고 때로는 개발에 의해 피해를

30) 이상철, 앞의 글, pp. 131-132.

보면서 피해의식이 생겼던 것이다. 이것은 도민들이 바람직하게 생각하는, 주민이 주체가 되고 환경 친화적이면서 제주의 특성을 살리고, 신중히 작은 규모의 사업부터 시행하며 농업도 중시하고 개발이익도 도민에게 환원되는 개발모형과는 차이가 큰데, 이러한 괴리 때문에 개발에 대한 주민의 태도도 변화하게 된 것으로 이해할 수 있다.[31] 특히, 1990년대 초반의 제주도개발특별법과 제2차 종합개발계획을 둘러싼 논쟁과 반대운동은 국가가 주도하는 하향식 지역발전 전략의 한계를 단적으로 보여주었다.

31) 위의 글, pp. 132-133.

제4장

'제주도개발특별법' 제정과 지방정치

1. 정치 · 경제적 환경

1) 중앙정치의 파행과 불완전한 지방자치의 출범

한국의 지방자치는 1987년 6월 항쟁의 결과로 여당 대통령 후보가 6 · 29선언을 통한 공약 이후 1987년 헌법 개정과 1988년 지방자치법 개정으로 부활의 근거가 마련되었다. 민주주의로의 이행과정에서 탄생한 제6공화국 정부는 우선 헌법 개정과정에서 제5공화국 헌법 부칙 10조를 삭제함으로써 지방자치의 헌법적 제약을 완전히 제거했다. 그리고 1988년 3월 여 · 야 간의 미합의에도 불구하고 민정당은 지방자치법 개정안[1]을 국회에 제출하여 단독 통과시키고 개정 지방자치법

(법률 제4004호)을 1988년 4월 6일에 제정 · 공포했다.

그러나 정부 · 여당은 지방자치 실시를 위한 법률이 마련되었음에도 불구하고 지방자치 실시에 대해 소극적인 태도로 일관했다.[2] 정부 · 여당이 현행법의 법정기일 내에 기초단위의 지방의회를 구성하지 않을 조짐을 보이자 1988년 4 · 26총선으로 구성된 여소야대 국회에서 다수의석을 점한 야 3당(민주 · 평민 · 공화)은 기존의 지방자치법을 대폭 개정하는 법안을 국회에 상정하여 1989년 3월 9일 통과시켰다. 그러나 개정 법률안은 노태우 대통령의 거부권 행사로 부결되었다.

이와 같이 지방자치법 개정을 둘러싼 여 · 야 간 정치적 공방은 국민들의 비판 여론에 직면했다. 이런 상황에서 정부는 여 · 야의 대립을 타개하고 정국의 초점을 다른 데로 옮기기 위해 여 · 야 영수회담에서 야당이 요구한 지방자치단체장 직선제와 지방선거 일정을 수용하는 지방자치법 개정안의 타협안[3]을 제시했고, 여 · 야 합의에 의해 1989년 12월 30일 법률 제4262호로 제정 · 공포되었다.

지방자치제의 실시 시기는 민정, 민주, 공화 3당의 합당으로 완전히 반전되어 권력집단 내부의 이해관계와 야당의 전략이 맞물려 계속 표류하게 되었다. 3당 합당 후 1990년 4월 실시된 대구와 진천 · 음성의 보궐선거에서 여당의 패배는 지방선거를 실시할 경우 호남과 대도

---

1) 이 개정안은 1989년 4월 30일 이내에 기초(구 · 시 · 군) 지방의회를 구성하고 그로부터 2년 이내에 광역(시 · 도) 지방의회를 구성하겠다는 것이었다.

2) 당시 여당이었던 민정당은 법정 기일인 1989년 4월 30일이 다가오도록 지방의회 구성에 필요한 사전 준비작업을 하지 않았으며, 지방의원 선거에 필요한 지방의회 의원선거법을 제정하지도 않았다.

3) 이 타협안은 1990년 6월 30일까지 지방의회를 구성하고 익년 6월 30일까지 지방자치단체장에 대한 선거 실시를 내용으로 하는 것이었다.

시 지역에서 패배할지도 모른다는 불안감으로 작용하여 지방자치는 계속 지연되었다. 지방자치제의 지연과 함께 거대 여당의 26개 법안 날치기 처리로 인해 국회가 파행되었고, 야당은 강력한 투쟁을 선언했다.

야당의 강력한 투쟁에 직면하여 결국 10월 17일 노태우 대통령과 김영삼 민자당 대표가 회동하여 광역 지방의회 선거, 1993년 차기 대통령 선거 이전인 1991년 상반기 중에 정당참여 하에 광역자치단체장 선거를 실시하기로 합의했다.[4] 그러나 합의된 지방자치 일정은 기초의회 선거, 광역의회 선거, 그리고 지방자치단체장 선거가 분리되어 실시되는 파행적 형태였다. 이에 따라 1991년 3월 기초의회 선거와 6월 광역의회 선거가 실시되었고, 여기에서 여당이 압승을 거두었다. 이러한 거대 여당의 압승은 야당의 분열에도 그 원인이 있었다. 두 차례의 지방선거에서 야당의 패배는 분열된 야권을 자극했고, 1992년 총선거를 대비해서 야권통합의 필요성을 절감하게 만들었다. 이러한 필요성에 따라 1987년 대통령 선거 이후 야당에 진입한 운동권 세력들이 통합의 견인차 역할을 함으로써 범야권통합이 이루어졌다.

당시의 야권통합은 여당에게 커다란 위협이 되었다. 당시 여당은 야권통합을 민주당이 평민당에 일방적으로 흡수·통합된 것으로 평가절하하면서도 1992년 14대 총선 및 기초·광역단체장 선거, 그리고 대통령 선거에 이르는 1992년의 선거일정에서 패배가능성에 대한 불안감을 느끼지 않을 수 없었다. 이러한 여당의 불안감은 또 다시 지

---

4) 1990년 12월 31일 법률 제4310호로 공포된 지방자치법 제9차 개정에 의해 지방의회의원 선거는 1991년 6월 30일 이내에, 지방자치단체장의 선거는 1992년 6월 30일 이내에 실시한다고 규정하게 되었다.

방자치법 제2조에 1992년 6월 30일까지로 규정된 지방자치단체장 선거 일정의 연기라는 실정법 위반사태로 나타났다.

당시 여당은 경제난과 사회적 혼란 가능성을 내세워 정치적 위기를 회피하고자 했는데, 그 과정에서 여당이 가장 크게 고려한 것은 1992년 연말의 대통령 선거에 미치는 부정적 효과였다. 여당은 지방자치단체장 선거 시한이 임박해지자 1995년으로 연기하는 안을 제출해 놓고 지방자치법 위반 사실을 이에 반대하는 야당에 떠넘기려는 태도를 보였다. 당시 야당은 가장 늦더라도 1992년 연말까지는 지방자치단체장 선거를 실시해야 한다는 주장을 했다.

민자당이 지방선거의 연기를 주장하면서 제시한 공식적 명분은 예정대로 지방자치단체장 선거를 강행할 경우 경제적 충격이 지나치게 클 것이라는 점이었다. 또한 대통령 선거와 동시에 지방선거를 치를 경우 정치과열 현상으로 지방자치제의 본질이 훼손된다는 논리를 내세웠다. 결국 정치권은 1993년 말에 실시하기로 한 지방자치단체장 선거를 1995년에 실시하기로 합의했다. 지방정부의 구성 없이 지방의회만이 존재하는 과도기로부터 지방정부까지 구성하는 좀 더 완전한 지방자치제로의 이행은 1995년 6 · 27 지방선거를 통해 이루어졌다.

2) 중앙집권적 지역개발의 유산

정부가 급속한 경제성장을 위해 지역개발을 선택한 지난 1970년대의 거점개발방식은 국가의 총량적인 발전에는 기여했으나 지역의 특성이나 주민들의 요구와는 거리가 멀었다. 중앙이 지역개발계획과 관련 사업의 추진을 주도적으로 관리하고 계획하면서 통제하는 하향적인 형태가 되었으며, 지역개발계획의 입안과 사업 추진과정에서 지역의 이해나 주민의 참여는 배제되었다. 이 점은 다른 한편으로 정부 정책으로 인해 나타난 지역 간 불균등 발전과 지역의 성쇠는 정부의 요구와 이와 보조를 맞추어 이윤을 추구하는 자본의 이해가 맞물려 주도되기 때문에 중앙정부와 지역 간 관계에서 지역의 내적 자율성의 범위가 확대되거나 지방정치가 활성화되게 되면 정부에 대한 지역사회의 정치적 요구에 의해 수정될 수 있는 여지를 가진다는 것을 의미한다.

이것은 1980년대 민주화 과정과 지방자치제 도입으로 그동안 사회의 중요한 결정에서 배제되었던 지역사회가 스스로의 지역을 가꾸어나갈 수 있는 기회를 맞이하게 되었음을 말해준다. 그리고 이는 과거의 관료적 · 하향적 방식 대신 지방행정에 대한 주민참여와 협의 방식이 필요하게 되었음을 의미한다.[5]

이러한 정치사회적 환경의 변화 속에서 중앙정부와 지방정부 간 관계에서 지역의 내적 자율성의 범위가 확대되고 지방정치가 활성화될 여지가 커졌다. 이는 그동안 중앙정부 차원에서 계획을 수립하여 지방으로 내려보내는 하향식 지역개발에서 지역주민의 지역개발 욕구를 반영하는 상향식 개발방식으로 전환할 수 있게 되었고, 중앙정부의 정책이 지역사회의 요구에 의해 수정될 가능성이 커졌다는 것을 말

5) 1980년대 각종 지역사회문제를 둘러싸고 각종 지역사회운동이 출현했지만 지역주민들의 생활영역을 수호하기 위한 지역주민들의 자발적인 집단행동들은 지역정치로 수렴되지 못하는 경우가 많았고, 지역사회의 문제제기는 대부분 중앙정부에 대항하는 형태로 나타났으며, 지역주민들의 정치적 행위는 중앙권력에 의해 선별적으로 받아들여지기도 하고 또 배제되기도 했다. 이는 지역주민들이 진정한 자신의 생활에 대한 의사결정을 할 수 없었다는 것을 의미한다. 이호, "인간주의에 기반한 도시정치," 『공간과 사회 7』(서울 : 한울, 1996) 참조.

한다.

중앙정치의 파행으로 인한 과도기적 형태이기는 하지만 한국에서 지방자치 출범은 지역주민의 참여를 기반으로 한 지역발전에 대한 기대감을 크게 높였다. 그러나 이러한 기대에도 불구하고 중앙정치의 파행으로 인한 불완전한 지방자치의 출범은 실제 지방자치 운영에도 그대로 나타났다. 즉 제도상으로는 지방자치의 도입이라고 할 수 있지만 실제 운영에서는 과거의 중앙집권적 관행을 그대로 유지하는 형태였다.

자치단체장의 권한과 역할의 중요성에 비추어 볼 때 지방의회만 구성되고 여전히 임명직 자치단체장이 지방을 운영한다는 것은 높아진 지역주민의 기대에 부응할 수 없는 것이었다. 막강한 중앙정부의 권한을 대행하는 자치단체장과 지방자치 도입 초기에 구성된 지방의회 간의 권력관계는 견제와 균형의 원리를 실현하기 어려운 구조로 나타났다. 따라서 실제 지방자치의 운영은 기존의 중앙집권적 형태와 크게 달라질 수 없는 한계를 보일 수밖에 없었다.

이런 지방자치제도의 구조적 한계는 중앙정부가 추진하는 각종 지역개발사업에도 그대로 투영되었다. 제도상으로는 지방의회가 지역주민의 이해를 수렴하여 지역발전을 추진할 수 있는 정책을 입안하고 추진해야 하지만, 중앙과 지방 간 관계가 전통적인 중앙집권적 구조의 틀에서 벗어나지 못했기 때문에 중앙정부의 의지가 일방적으로 관철되는 형태로 지역개발사업이 추진되었다. 이러한 구조적 조건은 중앙정부의 중앙집권적 형태의 지역개발정책 추진의 절차와 관행이 역사적 유산으로 작용하는 것이었으며, 특히 불완전한 지방자치의 도입으로 인해 그러한 절차와 관행이 지속될 수밖에 없었다.

지방자치제가 실시되면서 지역발전을 둘러싼 중앙정부와 지역주민 간의 갈등이 지역사회 내부의 갈등으로 전환되기 시작했다.[6] 물론 여전히 업무상의 한계, 재정 · 조직의 자율성이 제한되어 있다는 문제를 지적할 수 있겠지만 성장정치가 지역 내에서 형성되어도 어디까지나 중앙정부의 종속적인 틀 내에 머물렀던 지방자치제 실시 이전과는 다른 양상을 보이는데, 지역발전 의제의 형성과 내용이 지역 내 행위자들의 상호작용에 의해 보다 큰 영향을 받게 되었다.[7] 이것은 지방자치제 실시 이후 지방정치의 특성은 환경 그 자체에 의해 결정된다기보다는 지역 내의 정치과정, 즉 행위당사자들의 상호관계에 의해 형성될 수 있는 가능성이 높아졌음을 의미하는 것이다.

이에 대해 좀 더 구체적으로 살펴보면, 한국의 지방정치 과정은 오랫동안의 중앙집권화된 지방행정체제의 존속으로 인해 상대적으로 자율성을 상실하였으며, 지방정부나 지방의회를 통한 정책수립 및 집행권을 향유할 수 없었다. 그러나 지방자치 실시 이후 지금껏 중앙정부의 역할이었던 것들이 지방단위로 분산 · 위임되는 추세가 현저해졌으며, 지방정부가 지역의 성장과 발전을 촉진해야 할 과제를 짊어지게 되면서 지방정부는 기업가로서 탈바꿈하기 시작하였고[8] 자본을 유치하려는 지역 간 경쟁이 심화되고 있다.

---

6) 이것을 지방자치제 실시 이후 한국 사회에서 중앙의 지방에 대한 통제가 사라지고 있는 것으로 볼 것이 아니라, 아직은 지방에 대한 중앙의 통제가 간접적이면서도 더 정교해지는 것으로 보아야 할 것이다. 이은진, "성장연합이냐 후견인 정치인가? 개별화된 개발이익과 지역정치," 『사회연구』, 제13집(2000), p. 73.

7) 위의 글 ; 이성호, "공업적 저발전지역에서의 지역체제의 형성과 전환 : 전북의 산업, 계급구조를 중심으로," 동국대 박사학위논문(1998).

8) 기업가적 지방정부의 등장과 관련하여 주목할 만한 연구로 그리어(J. L. Greer)의 연구가 있다. 그리어는 지방정부의 역할 변화, 이를 가능케 한 지방정부의 상대적 자율성의 증가는 공간, 시간, 역사적 시기에 따라 다르다는 것을 강조한다. John L. Greer, "The Political Economy of the Local State," *Politics and Society*, Vol. 15, No. 4(1987), pp. 513–538.

이러한 배경 하에서 그간 지방자치단체들이 도입한 지역경제정책은 전시성 · 선심성 사업 남발로 지방재정만 악화시켰다는 비난의 목소리가 높아지면서 1980년대 미국, 영국 등에서 풍미했던 장소 마케팅(place marketing), 경영행정, 민영화 등과 같은 신지역정책이 강력하게 도입되어야 한다는 주장이 제기되었다. 중앙정부도 지방의 자율적 책임 및 효율과 경쟁을 강조하는 정책으로 지역정책을 전환하고 있다.[9] 이러한 정책에서 강조되는 것은 보다 많은 자율권을 지방에 양여하되 시장논리를 도입하여 지역 간 차별적 경쟁을 강화하고 책임과 자율에 의해 지역성장을 도모한다는 것이다.[10] 이같은 측면은 한국 사회에서 개발주의적 지역경영, 지역의 성장정치가 일반화되게 되었고 지방자치단체로 하여금 방만한 재정운영과 무리한 투자사업으로 치닫게 하는 요인으로 작용했다.

3) 제주 지역개발의 역사적 경험

산업화가 본격적으로 추진되기 시작한 1960년대 이후 중앙정부에 의해서 추진된 제주도 개발계획은 '관광개발', '산업개발', '국제자유지역'이라는 세 가지의 큰 틀 속에서 추진되었으며,[11] 그 과정에서 수

9) 1999년부터 실시된 테크노파크 정책, 부산 신발산업, 대구 섬유산업 등 구조불황산업의 재구조화를 위한 시책, 그리고 2001년도부터 시도되는 지방의 잠재력 강화를 위한 지역별 전략산업 중심의 지역혁신체제 구축정책 등이 이러한 기조에 서 있는 것들이다.

10) 박경, "지방자치 이후 신지역정책의 도입실태와 대안적 전략," 한국산업사회학회, 『경제와 사회』, 2002년 봄호, p. 11.

11) 제주노동상담소 "일하는 사람들," 『제주경제와 지역노동실태』(서울 : 새길, 1992), p. 49 ; 이상철, "제주도 개발정책과 도민 태도의 변화," 『제주도연구』, 제12집(1995), p. 282.

많은 계획이 수립되어 집행되거나 유보되었다.

중앙정부가 제주도의 지역개발을 계획적이고 체계적으로 추진하기 시작한 것은 1963년에 '국토건설종합계획법'이 제정되어 지역개발을 추진할 수 있는 법적 근거가 마련되면서부터였다. 이 법에 따라 건설부는 1964년에 '제주도건설종합계획'을 수립하였는데, 개발의 기본 방향을 관광과 1차 산업을 병행 발전시키고 사회간접자본을 확충하는 데 두었다. 그러나 이 계획은 정부투자의 과중한 부담 등 여러 가지 제약 때문에 실제로 시행되지 못해 지면계획으로 끝나고 말았지만 향후 중앙정부의 제주개발의 방향을 제시했다는 데 그 의의가 있었다.

1966년에는 역시 '국토건설종합계획법'에 의하여 제주도 전역이 특정 지역으로 지정 고시됨으로써 특정지역계획이 작성되었다. 이 계획은 기본 방향을 국가적 차원에서 상대적 낙후지역인 제주도의 경제 · 사회적 성장을 뒷받침해 줄 국토개발 사업의 우선순위 반영과 지역 내 부존자원 개발에 의한 지역격차의 시정에 두었으며, 1967-1996년까지 30년 동안의 개발 및 정비목표를 관광지 조성, 농업개발, 수산개발, 수자원개발, 교통시설 개선 등 5개 분야에 중점을 두었다.

1970년대에 들어와서는 1971년 제1차 국토종합개발계획(1972-1981년)이 확정되면서 제주도를 관광을 주 기능으로 하는 전국 8중권의 하나로 구획하였다. 이는 자연 및 사회 · 경제적 입지조건과 경제활동의 결절성을 고려하여 관광기능을 제주지역의 중심기능으로 제시하였던 것이다.[12] 그리고 관광개발이 제주도 개발을 주도하고 관광

12) 김태보, "제주도 종합개발계획의 발전적 보완 및 추진방안," 『사회발전연구』, 제5집(제주대 사회발전연구소, 1989), p. 234.

산업이 타산업의 발전을 선도할 수 있도록 관광주도형 개발구상을 본격화하는 계획이었다.

제주 관광개발이 본격화된 것은 1973년 청와대 관광기획단에 의해 '제주관광종합개발계획' (1973-1981)이 수립되면서부터이다.[13] 이 계획은 제주를 관광거점으로 국제 수준의 관광지로 조성하는 데 목표를 두고, 기본 방향은 거점개발방식을 통하여 파급효과를 제고하고 관광자원을 조화롭게 개발하며, 모든 산업을 관광주도형으로 유도 · 발전시킴으로써 도민소득 증대와 국민경제의 발전에 기여하는 데 두었다.[14] 이를 위해 교통, 통신, 용수 등 관광기반 시설을 재정비하고 중문을 국제위락관광지구로 개발하며 감귤, 축산, 토산품 등의 관광 관련 산업 육성 등의 구체적인 계획이 수립 · 추진되었다.[15]

이 계획은 오늘날과 같은 세부적이고 가시적인 목표를 추구하기보다는 피상적인 계획으로, 큰 성과보다는 최초로 제주도를 국제적 관광지로 개발한다는 중앙정부의 의지를 표명하고 관광시설 투자를 국제적 수준을 제고하여 계획을 수립하였다는 점에서 1970년대 제주개발의 기본계획으로서 관광기반 시설을 대폭 확충할 수 있는 계기가 되었으며, 제주 관광개발을 본격화하는 신호탄이었다. 이와 같이 1970년대의 제주 지역개발정책은 국제관광지를 조성한다는 관광개발에 편향되어 전개되었다.

제주 관광개발은 1980년대 초 정권이 바뀌면서 급류를 타기 시작했다. 이는 전두환 정부의 경제정책이 신자유주의를 정책이념으로 하

---

13) 1973년 제주도를 국제적 관광지로 개발한다는 최초의 목표 아래 '관광기획단' 주도로 제주도관광종합개발계획이 수립되었다.

14) 제주도, "제1차 특정지역 제주도종합개발계획 : 계획의 기조 및 요약" (1985), p. 5.

15) 이상철, 앞의 글, pp. 84-85.

는 경제안정화와 경제자유화가 정책기조로 전환했기 때문이다.[16] 이에 따라 제주의 국제관광지화를 위해 1983년 국제자유지역 조성, 관광개발, 지역개발의 세 가지 핵심 축으로 구성된 종합적인 제주개발계획이 수립되었다.[17]

그러나 이 계획은 한국 경제사정의 악화, 제주사회 자체의 여건 미비 · 불비 등으로 인해 1984년 경제장관회의에서 개발 유보 결정이 나면서 국제관광지화에서 국민관광지화로 개발계획이 축소 조정되었다. 이러한 제주개발계획의 축소 조정은 1985년 건설부 주관의 '특정지역제주도종합개발계획' (1985-1991)과 건설부 계획과의 연계 하에 제주도 주관의 (제1차) '제주도종합개발계획' (1985-1991)을 확정지으면서[18] 제주 개발정책은 국민관광지화를 기치로 제주도 전역에 대한 관광개발에 역점을 두고 본격적으로 추진되기 시작했다. 1990년까지의 제주도 지역개발정책 추진 현황을 살펴보면 〈표 4-1〉과 같다.

이와 같이 1990년대 이전의 제주 개발정책은 중앙정부의 주도 하에 거시적 목표를 설정하고, 이를 달성하기 위한 기반조성을 위해 교통 · 통신시설의 확충과 관광자원 개발 등 관광 인프라 구축에 집중되었다.

---

16) 한석지, "1980년대 한국의 경제정책 변화와 정책선택의 정치," 『동아시아 연구논총』, 제11집(2000), pp. 93-109 참조.

17) 구체적인 내용에 대해서는 이상철, "제주사회변동론 서설 : 개발정책과 산업구조의 변화를 중심으로," 신행철 외, 『제주사회론』(서울 : 한울아카데미, 1995), p. 287 참조.

18) 제주노동상담소 "일하는 사람들," 앞의 책, p. 50.

〈표 4-1〉 제주도 지역개발정책 추진 현황

연도	계획 명칭	계획수립 기관	계획의 목표 및 주요 내용
1964	제주도 건설 종합계획	건설부	• 관광과 1차 산업의 병행발전 • 사회간접자본의 확충
1966	제주도 특정 지역계획	건설부	• 부존자원 개발을 통한 지역격차 시정 • 산업, 관광, 수자원, 교통, 관광개발을 위한 기초조사 실시
1972	제주도종합개발 10개년계획	건설부	• 관광자원의 적극 개발 • 사회간접시설 확충 및 토지 이용의 계획화
1973	제주관광종합 개발계획	청와대 관광기획단	• 국제수준의 관광지 조성 • 외래관광객 유치로 외화수입 증대
1985	제2차 특정지역 제주도 종합개발계획	건설부	• 관광수요 대처로 지역경제기반 강화와 외화수입 증대 • 지역생산기반 확충과 산업구조의 고도화를 통한 소득원의 다변화
1990	제1차 특정지역 제주도 종합개발계획 보완계획	건설부	• 3개 관광단지 및 27개 관광지구 개발 • 1차 특정지역 제주도종합개발계획의 지표 조정 • 관광지구 시설 보완 • 관광지구 조정

* 자료 : 한국개발연구원, 『제주도 종합개발계획의 재검토』(1989), pp. 53-57 ; 제주도, 『제주도 종합개발계획』(1994), p. 3을 토대로 작성.

2. 제주도개발특별법의 정책과정

1) 정책의제의 형성

'제주도개발특별법'은 노태우 대통령이 제주도를 세계적인 관광지로 조성하기 위해서 제주도 종합개발계획의 효율적 추진을 뒷받침할 수 있는 특별법을 제정하라는 지시에 의해 추진되었다.[19] 1988년 제주도를 연두 순시한 노태우 대통령은 제주도지사로부터 제주도 종합개발계획이 특정지역계획과 도 종합계획으로 이원화되어 사업추진이 비효율적으로 이루어지고 있다는 보고를 받고 이를 타개하는 방안을 강구하도록 정부 관계자들에게 지시했다. 이에 따라 한국개발연구원(KDI)이 이에 관한 연구를 시작하여 「제주도 종합개발계획의 재검토」(1989)라는 연구보고서를 제출했다.

이 보고서에서는 당시 추진 중이던 제1차 특정지역 제주도종합개발계획의 문제점을 분석한 후 2차 계획 수립을 위한 기본 방향을 제시하는 한편, 제주도 개발에 있어서 '특정지역 종합개발 촉진에 관한 특별조치법'의 적용을 배제하고 특정지역계획과 도 종합계획을 통합한 제주도 종합개발계획을 수립하고 이를 효율적으로 추진하기 위해

19) 제주도 지역에만 적용되는 특별법의 제정 움직임은 1978년 7월에도 있었다. 당시 박정희 대통령의 지시에 따라 집권당인 민주공화당과 유신정우회가 공동으로 제주도 종합개발촉진에 관한 특별조치법 시안을 작성하여 의원입법을 추진하는 과정에서 타지역 출신 국회의원들이 제주도에 대한 지나친 특혜라고 반발함에 따라 무산되고 그 대신에 특정지역 종합개발촉진에 관한 특별조치법이 제정되었다.

서는 특별법을 제정할 필요가 있다고 제안했다. 이 보고서는 특히 제주도 종합개발계획의 추진에 있어서 제도상의 문제점, 즉 두 계획(특정지역계획과 도 종합계획)이 표면상으로는 모순되거나 상충되는 바가 없으나 실제 개발 추진과정에서 중앙정부의 투자일정에 지방정부가 따라가지 못한다든가, 지방정부의 개발사업 우선순위와 중앙정부의 그것이 서로 조정되지 못하여 개발과정에서 전반적인 효율성을 저해하는 사례가 적지 않게 발생하게 되었다고 지적했다. 따라서 제주도와 같이 경제적 · 사회적 · 생태적 측면에서 구조적인 변화를 기하는 장기적이고 종합적인 개발과정에서는 '특별법'을 제정하여 특정지역계획과 도종합계획을 통합한 일원적인 개발계획을 수립하여 추진하는 것이 보다 효율적이라는 것이다.[20]

한국개발연구원의 이같은 보고서가 정부에 제출되자 1989년 11월에 정부 관련 부처들이 용역결과에 대한 타당성을 협의했고, 그 과정에서 제주도지사는 이 보고서가 제안한 대로 제주도 지역에만 효력을 갖는 특별법을 제정해 줄 것을 건의하게 된다. 이러한 절차를 거쳐 1990년 3월 5일, 국무총리 행정조정실장의 관련 보고서와 제주도지사의 건의사항을 접한 노 대통령은 "관광개발에는 관련 법규가 다원화되어 있어서 사업승인이나 관련부처 간 협의에 많은 시간이 소요되고 있으니 제주도지사가 모든 권한과 책임을 가지고 개발을 기할 수 있는 특별법을 제정하라"고 지시했다. 이와 함께 제주도 개발의 기본방향은 무한한 관광자원을 효율적으로 개발하여 국제적 관광지를 조성하는 데 두어야 한다고 지시했다.

---

20) 한국개발연구원, 『제주도 종합개발계획 재검토』(1989), p. 44.

이에 따라 국무총리 행정조정실은 3월 8일 대통령의 지시사항과 「제주도 종합개발의 기본 방향」이라는 문건을 관련 부처와 제주도에 송부했다. 이 문서는 제1차 특정지역 제주도 종합개발계획에 대한 평가, 향후 제주도 개발의 방향, 제주도 개발계획의 추진전략, 추진일정 등을 주된 내용으로 하고 있다. 이 문건은 제1차 특정지역 제주도 종합개발계획의 방향 및 개발계획 추진전략을 담고 있는데, 향후 제주도 개발의 기본 방향을 보면 첫째, KDI의 용역결과를 수용하여 관광산업 중심의 하와이형 개발로 아시아 · 태평양 시대에 국제적 관광지로 조성하는 데 기본 방향을 두도록 하였는데, 이러한 기본 방향은 그 후에 작성된 제주도 개발특별조치법 제주도 시안 및 건설부 시안에 그대로 수용되었다. 둘째, 제주도의 관광산업 육성을 위해서는 관광유인 기능의 확대, 국제적 회의산업의 육성, 관광여건의 확충 · 정비를 기하는 등 성장잠재력의 개발을 극대화하도록 하였다.[21]

그리고 4월 10일에는 국무총리 행정조정실장 주재로 제주도종합개발추진위원회[22]를 열어 건설부와 제주도가 주관이 되어 특별법 시안을 만들고 관련 부처의 의견을 취합하여 법안을 확정한 후에 임시국회에 상정하기로 했다. 그리고 제2차 특정지역 제주도종합개발계획을 수립하기 위한 용역 주관처를 건설부에서 제주도로 이관하기로 결정했다. 제주도지사는 이 회의에서도 특별법의 조속한 제정을 건의했다.

한편, 같은 해인 1990년 4월 23일에는 순시 차 제주도에 온 노 대통

---

21) 국무총리 행정조정실, 『제주도 종합개발의 기본 방향』(1990. 3. 5), pp. 9-19.

22) 제주도종합개발추진위원회는 1990년 3월 31일 대통령의 지시에 따라 국무총리 행정조정실장을 위원장으로 하고 부위원장은 제주도지사가 되며, 위원은 경제기획원, 내무부, 건설부 등 관계부처 공무원과 지역 개발전문가들로 구성되었다.

령이 "제주도민이 주체가 되고 제주도지사가 개발의 모든 것을 주관할 수 있도록 특별법을 제정하라"고 정부 관계자에게 재차 지시하였다. 대통령의 이런 지시는 제주도민들로 하여금 특별법에 대해 큰 관심을 갖도록 만들었다. 1960년대 이후 제주도 개발이 도민 참여가 배제된 채 외지의 대자본 중심으로 이루어져 왔던 데 대한 불만과 소외감을 갖고 있던 도민들에게 특별법 제정이야말로 제주도민이 주체가 되고 도민을 위한 개발이 이루어지는 계기가 될 것으로 기대하게 만들었다.

2) 지방에서의 갈등

제주도개발특별법은 제주도민의 지대한 관심사였다. 대통령이 직접 나서서 특별법 제정을 지시·독려했고, 특별법의 내용도 제주도민이 개발의 주체가 되고 제주도지사가 주도적으로 개발정책을 추진하도록 지시했다는 점에서 과거 어느 때보다 제주 개발에 거는 기대가 컸을 것이다. 그러나 이러한 기대는 특별법 시안을 작성하는 과정에서부터 어긋나기 시작했다. 도민 주체와 도지사 주도라는 특별법 제정의 기본 방향이 시작부터 무시되었기 때문이다.

제주도와 건설부가 각각 특별법 시안을 작성하고 공청회를 거쳐 통일 시안을 만든 후에 법안을 확정하여 의원입법으로 정기국회에 상정한다는 정부의 방침이 이미 1990년 5월 하순에 확정되었는데도 시안의 작성과정이나 내용은 전혀 알려지지 않았다. 그리고 정부·여당이 7월 25일 당정회의를 열고 인·허가절차의 간소화, 주민의견 수렴, 개발이익의 환원, 자원의 효율적 보전, 정부지원의 확대 등 특별법안에 포함될 내용을 협의했다는 사실이 지역 언론을 통해 밝혀졌음에도[23] 특별법 내용은 공개되지 않았다.[24]

이러한 비공개적인 법안 작성과정이 도민들의 비판을 받기 시작한 것은 이에 대한 제주지역 언론들의 비판적 보도로부터 촉발되기 시작했고, 아울러 특별법 시안의 작성과정 공개를 요구하며 도민여론의 수렴을 촉구했다. 도내에서도 제주도정자문위원회가 제주도 측에 시안의 입안과정과 내용을 밝힐 것을 요구했으나 제주도는 시안이 확정되지 않았다는 이유로 공개를 거부했다.[25] 중앙과 지방 모두에서 특별법 시안 작성과정은 내밀하게 진행되었고, 이에 대해 지역 언론과 도민들의 비판의 목소리가 높아지기 시작했다.

이런 가운데 8월 27일 제주도개발특별조치법의 제주도 시안이 제민일보 기자의 취재과정에서 입수되어 공개되었다. 당시 공개된 제주도 시안에 따르면, 법의 제정목적이 제주도를 세계적 관광지로 조성하기 위한 제주도지사의 개발 권한 강화를 그 특징으로 하고 있다. 이를 위해 도민주체는 실종되었고 오히려 개발을 위해 도민의 기본적인 권리마저 포기해야 할 정도로 개발촉진적 성격이 강했다.[26]

23) 제민일보, 1990년 7월 26일자. 노 대통령의 지시에 따라 1990년 7월 25일에 제주 출신 민자당 국회의원, 제주도지사, 민자당정책위원장, 건설부 소속 국회의원, 내무건설 교통부장관이 참석한 당정협의회에서 9월 정기국회 때 상정하기로 하고 비공식 · 비공개적으로 5개의 법안이 만들어지기 시작했다.

24) 1990년 8월 8일에 제주도종합개발추진위원회가 개최되어 특별법 제정에 대한 협의가 이루어졌는데도 당시는 그 사실조차 공개되지 않았다.

25) 그러나 제주도 당국은 이미 5월 말에 7장 43조 부칙으로 된 초안을 작성했지만 3개월이 되도록 공개하지 않고 있었다. 한국일보, 1991년 10월 31일자.

26) 예컨대, 개발에 필요한 기초조사 작업을 거부한 주민은 언제든지 처벌할 수 있고, 개발지구로 지정된 지역에 대해서는 국토이용관리법상 용도지역의 행위제한을 받지 않아도 되었으며, 사업시행자가 실시계획의 승인, 협의를 받은 때에는 각종 면허, 인가, 해제, 협의, 승인을 받은 것으로 간주되고 사업시행자에 대해서는 금융지원과 조세를 감면할 수

최초의 제주도 시안 공개 이후 지역 언론과 지식인들의 강력한 비판이 잇따르기 시작하면서 제주도는 시안의 일부 내용을 수정 · 보완하여 1990년 9월 3일 제주도안을 작성했는데, 이 역시 초안과 큰 차이가 없었고, 이는 9월 4일 제주대학교 사회발전연구소가 주최한 토론회에서 거센 비판에 직면했다. 또 9월 5일 제주 출신 여당 국회의원들의 주최로 열린 공청회에서도 비판은 수그러들지 않았고, 9월 11일 국토개발연구원 주최로 열린 공청회에서도 마찬가지였다. 제주도 시안에 대한 도민들의 공통된 인식은 특별조치법이 지역주민을 소외시키는 과잉개발을 초래하고 정경유착의 우려가 있기 때문에 철회하거나 제정을 유보해야 한다는 것이었다. 도민들의 비판과 반발이 계속되는 가운데 10월 6일에는 제주민족민주운동연합 등 4개 재야단체가 특별조치법 저지를 위한 결의대회를 갖고 제정 반대투쟁을 선언했고, 이어서 많은 단체들이 특별조치법 제정을 철회하거나 유보할 것을 요구하는 성명을 발표하기 시작했다.

이러한 상황에 직면하게 되자 제주 출신 여당 국회의원들은 이러한 상태로는 특별조치법 추진이 어렵다고 판단하여 새로운 활로를 모색하기 시작했다. 1990년 11월 23일 이들은 기존의 시안을 모두 백지화하고 민간인 중심의 특별조치법시안기초협의회를 구성하여 시안을 작성하고 공청회 개최와 여론조사 등의 공정한 절차를 거쳐 의원입법으로 처리한다는 방침을 정했다. 그리고 이들은 도내 주요 기관 및 단체에 협의회 위원의 추천을 의뢰했고, 1991년 2월 9일 학계, 법조계, 관계, 언론계, 산업계, 종교계, 문화계 등의 기관과 단체에서 추

있었으며, 필요한 토지와 건물을 수용 또는 사용할 수 있는 권한을 주었다.

천한 민간인 28인을 위원으로 하는 '제주도개발특별조치법시안기초협의회'를 구성했다.[27]

지역 언론들과 특별조치법을 반대하는 14개 단체들은 기초협의회가 법적 권한과 대표성이 없으며 단지 의원입법을 정당화하기 위한 도구에 불과하기 때문에 그 구성에 대해 도민들의 합의과정을 거쳐야 한다고 비판했다. 그러나 기초협의회가 작성한 시안(8장 52조 부칙)이 공개됨에 따라 특별법에 대한 논쟁은 법 제정의 필요성 여부 및 기초협의회의 대표성에 대한 문제보다는 기초협의회 시안의 내용에 맞추어지게 되었다.

기초협의회의 시안은 작성과정에서 도민들의 의견이 많이 반영된 것은 사실이지만 법안의 핵심적인 내용에서는 종전의 제주도 시안이나 건설부 시안과 근본적으로 다르지 않았기 때문에 이에 대한 비판은 여전했다.[28] 기초협의회는 도민들의 의견을 수렴하고 수정·보완하여 6월 13일 기초협의회 시안을 작성했고, 6월 26일 공개 토론회가

---

27) 특별조치법 초안작성협의회는 강보성, 고세진, 이기빈, 김두윤 등 4명의 의원들의 위촉형식으로 구성되었다. 협회위원으로는 학계 : 신행철, 서경림(제주대 교수), 법조계 : 김승석(변호사), 행정자문위원장 : 양치종(제주도), 현상흡(제주시), 변성근(서귀포시), 이영선(북제주군), 김승률(남제주군), 언론계 : 김동주(KBS), 김순두(MBC), 농수축산업 : 장덕현(농업), 고태성(농업), 이의웅(축산업), 종교계 : 이신웅(기독교), 진아(불교), 환경문화 : 신상범(예총), 여성계 : 오순자(여성단체협의회장), 관광업계 : 김인규(관광협회) 등이다.

28) 예컨대, 인·허가 절차 간소화 조항, 용도지역의 행위제한 배제조항, 부칙규정인 특별법과 종합개발계획의 연계조항, 민간사업자까지 토지수용 권한을 부여하는 조항 등이 존치되고 있었다. 뿐만 아니라 사업 시행자가 필요로 하는 토지를 우선 매입할 수 있게 하는 선매권 조항과 사업 시행자가 조성한 토지를 매도할 때에 관련 조세를 면제하도록 하는 조항도 개발사업에서 이미 이익을 얻은 대자본에게 이중적인 혜택을 준다는 점에서 강력한 반발이 제기되었으며, 지하수 보호에 대한 규정이 없는 것도 문제점으로 지적되었다.

개최되었으며, 그 결과 거의 대부분의 의견 개진자들이 특별법 제정을 유보하거나 시안내용을 대폭 수정해야 한다고 주장했다.

그런데 이러한 특별법 시안의 내용을 둘러싼 공방은 새로운 국면으로 접어들게 되었다. 문제의 발단은 기초협의회 시안에 대한 공개토론회를 주최한 제주도가 특별법을 반대하는 교수 및 농어민단체 대표들을 초청대상에서 제외시킨다는 방침을 세워 물의를 일으켰으며, 토론회 직후인 6월 28일 서울에서 열린 제주도 개발특별법 관련 대책회의에 참석한 홍영기 제주도지사가 특별법 제정 추진상황을 보고하면서 사실과는 전혀 다르게 보고함으로써 여론을 극도로 악화시켰다.[29] 이 일이 빌미가 되어 홍영기 지사가 전격 경질되었고, 그 후임에 제주출신의 우근민 총무처 소청심사위원장을 기용하는 등 정부는 특별법에 대한 도민 여론 순화에 전력을 기울였다.

특별법 시안의 작성과정과 내용에 대한 제주도의 졸속처리는 점차 제주도민들의 비판과 반대의 목소리를 높이게 만들었고, 6월부터 제주도 내 재야단체들이 중심이 되어 특별법 반대를 위한 집단행동의 움직임이 시작되었다. 6월 8일 최초로 특별법 저지를 위한 대책위원회의 주도로 특별법 반대시위가 발생했다. 그리고 9월 들어 중앙정부가 국회에서의 특별법 강행처리를 밝히면서 본격적인 특별법 반대운동이 체계적으로 조직화되기 시작했다.

1991년 9월 7일 그동안 특별법 제정에 반대하여 왔던 30여 개 단체들로 구성된 연합조직[30]인 '제주도개발특별법제정반대범도민회' (범

29) 이 보고에서 ① 6월 26일 공개토론회에 참석한 1천여 명 중에서 재야 및 운동권 학생 150여 명 정도가 조직적으로 반대하고 나머지는 특별법 제정에 긍정적이었고, 의견개진자도 46명 중에서 15명을 제외한 나머지 31명은 찬성하였으며, ② 행정기관을 통해 접수한 269건의 도민의견 중에서 입법반대는 2건에 불과하며, 반상회를 통해 접수한 의견

도민회)가 결성되었고, 특별법 제정을 저지하기 위한 홍보, 교육 및 반대투쟁을 활동목표로 설정했다. 연합조직인 만큼 범도민회는 공동대표자회의, 자문위원회, 정책위원회, 집행위원회, 특별위원회 및 지역별 대책위원회를 두었으며, 결성 당시의 공동대표는 학계, 종교계, 언론계, 농민단체, 민주당 제주도지부, 학생단체의 대표를 포함한 17인이었다. 범도민회는 지역별 조직 확대와 함께 도민들을 대상으로 특별법 제정의 부당성에 대한 집중적인 선전과 교육에 착수하였다. 이때부터는 특별법 반대시위도 과격해지는 양상을 보이기 시작했고, 특별법 제정을 지시한 노태우 대통령의 퇴진을 요구하는 대학생 시위도 발생하기 시작했다.

한편, 제주도의회에서도 갈등이 표면화되기 시작했다. 제66회 제주도의회 임시회에서 민자당 의원들과 무소속 의원들 간에 첨예한 대립이 나타나 무소속동우회 의원들이 제안한 특별법 제정에 관한 도의회 공식 견해 표명에 관한 안건, 특별법 관련 특별위원회 구성에 관한 안건 및 특별법 제정에 관한 도민투표 실시에 관한 안건이 민자당 의원들의 반대로 모두 부결되었다.

4,450건 중에서도 특별법제정의 유보를 주장하는 것은 217건에 불과하다고 했다. 제민일보, 1990년 6월 29일자.

30) 제주도개발특별법 제정반대범도민회 구성에 참여한 단체는 다음과 같다. 제주도 농민회(대정농민회, 안덕농민회, 한경농민회, 조천농민회, 성산농민회), 제주민족민주운동협의회(제주문화운동협의회, 여민회, 한국기독교장로회제주도회, 서귀포나라사랑청년회), 전국교직원노동조합제주지부, 제주문화예술운동연합준비위원회, 제주지역총학생회협의(제주대학총학생회, 제주교육대학총학생회, 제주간호보건대총학생회), 서귀포 · 남원한겨레가족모임, 대정나라사랑청년회준비위원회, 북촌리신성골프장 설치반대대책위원회, 함덕 청년문화패 한모살, 함덕학우회, 안덕민주화청년회, 안덕연합청년회, 대정기독교장로회 청년회, 모슬포천주교 청년회, 대정향우회, 고산천주교청년회, 한라골프장 결사반대 금악리 대책위원회, 한림잠수회, 수원리대책위원회, 옹포리대책위원회 등이다.

다른 한편, 특별법 제주도 시안에 대한 지배적인 반대 분위기[31] 속에서도 이를 지지하는 집단도 나타나기 시작했다. 8월 8일 제주 출신 여당 국회의원들의 공동 주최로 도민공청회가 열렸는데, 45명의 공술인 중에서 21명이 특별법 제정에 반대하고 20명이 수정 · 보완을 요구하였으며, 4명은 기초협의회안대로 제정할 것을 주장함으로써 이 공청회가 특별법 제정을 둘러싸고 지지집단과 반대집단 간의 갈등을 표출시키는 계기가 되었다. 그리고 제주시 개발제한구역에 거주하는 주민들은 특별법 제정에 찬성하며 법의 내용에 개발제한구역을 해제하는 규정을 포함시켜 달라는 탄원서를 정부에 제출함으로써 특별법 제정을 둘러싼 지역주민간 갈등도 현저해지게 되었다.

또한 11월 들어 특별법 제정 지지집단들의 주장도 더 거세지기 시작했다. 제주 상공회의소 회장을 비롯한 제주도 내 16개 경제 관련 단체장들은 특별법이 조속히 제정되어야 한다는 성명을 발표하였으며,[32] 제주시 개발제한구역 해제 대책위원회에서 회장단 및 14개 동 책임자들이 기자회견을 갖고 특별법을 조속히 제정하되 법의 내용에 개발제한구역 해제 규정이 포함되어야 하며, 그것이 관철되지 않을 때에는 통 · 반장직을 사퇴하고 참정권을 포기하겠다고 주장했다.

---

31) 1990년 8월 25일, 제주도의회 이영길 의원(무소속)이 여론조사기관인 백인 이벤트에 의뢰하여 실시한 여론조사 결과를 발표하였는데, 응답자의 94%가 현재의 기초협의회안에 대해 반대하고 있거나 내용을 대폭 수정해야 한다는 생각을 가지고 있는 것으로 밝혀졌다. 제민일보, 1991년 8월 25일자 ; 한라일보, 1991년 8월 24일자 ; 제주신문, 1991년 8월 25일자.

32) 공동성명을 발표한 16개 소속단체는 제주상공회의소, 제주도관광협회, 제주경영자협회, 중소기업협동조합중앙회 제주지회, 대한전문건설협회 제주지회, 제주도전세버스운송사업조합, 한국전기공사협회 제주지부, 제주도공예협동조합, 대한요식업중앙회 제주도지회, 제주항만운송협회, 제주판매업사업협동조합, 제주도자동차정비사업조합, 제주도시멘트가공협동조합, 제주도화물자동차운송사업조합, 시멘트성실조합 제주지부 등이다.

이러한 가운데 11월 7일 서귀포시 나라사랑청년회 회원인 양용찬 씨가 특별법 반대 유서를 남기고 분신자살하는 사건이 발생했다. 이에 따라 지방언론은 물론이고 모든 중앙 일간지가 제주도민들의 특별법 제정 반대운동을 집중 보도함으로써 전국의 관심을 제주도로 집중시켰다.[33]

3) 중앙에서의 갈등

특별법 시안 작성과정에서의 갈등의 핵심은 '도민 주체'가 무시되었던 데서 출발했다. 이는 기본적으로 중앙의 정부와 여당이 공개적이고 민주적인 절차와 과정을 무시한 데서 비롯된 것이라고 할 수 있다. 이 법안이 중앙정부가 입안하는 법안이라는 점에서 법안 작성과정에서의 비밀주의와 법안내용에서의 문제점들이 반대여론을 촉발한 요인이었기 때문이다.

이러한 문제점은 노태우 대통령이 특별법 제정을 지시한 초부터 엿보이기 시작했다. 노 대통령이 특별법 제정을 지시한 지 3-4개월이 지났는데도 추진과정은 제주도민들에게 전혀 알려지지 않았다. 이미 1990년 5월 하순에 제주도와 건설부가 각각 특별법 시안을 작성하고 공청회를 거쳐 통일 시안을 만든 후에 법안을 확정하여 의원입법으로

33) 동아일보는 9일과 11일, 한국일보와 세계일보는 9일, 조선일보는 11일과 20일, 중앙일보는 10일자에 기사와 사설을 통해 정부는 제주도민들이 반대하는 특별법제정을 유보해야 하며, 현지주민의 여론을 충분히 수렴하고 환경보전 등에 대한 타당성을 면밀하게 조사한 다음에 추진해도 늦지 않다고 주장하였다. 한편, 주간지인 『시사저널』, 월간지인 『말』, 『샘이 깊은 물』 등에서도 특별법 제정에 대한 문제점을 다루고 있다.

정기국회에 상정한다는 정부의 방침이 확정되었는데도 제주도민들에게 시안의 작성과정이나 내용은 전혀 알려지지 않았다.

제주도 내에서 특별법 시안을 둘러싼 갈등이 심화되고 있었음에도 제주 출신 민자당 국회의원 이외에는 그러한 갈등을 조정하기 위한 정부와 여당의 노력은 거의 없었다. 그리고 정부가 작성한 시안 역시 갈등의 핵심 사안들을 그대로 받아들이고 있었다. 정부의 특별법 시안은 1991년 10월 2일 공개되었는데, 이 안은 기초협의회 시안을 토대로 작성되었고, 개발계획 수립과 개발사업 추진에 정부통제가 강화된 대신 주민보호를 위해 기초협의회 시안에 규정되었던 계획의 폐지 · 실효에 따른 피해 구제, 사업계획에 대한 이의 신청, 보상금 지급, 종합계획 수립시의 의견제출 조항 등이 모두 삭제됨으로써 주민들의 반발을 사게 되었다. 그리고 10월 6일 민자당 시안도 완성되었는데, 이 역시 정부 시안을 거의 그대로 수용한 것이었다.

특별법 갈등이 전국적인 정치적 이슈로 확산된 것은 각 시안이 완성될 즈음인 10월 중순경부터이다. 천주교 제주교구 사제단이 외지인 토지소유 현황을 공개할 것을 촉구하는 한편 전국의 교구가 연대하여 특별법 반대운동을 전개하겠다고 천명하였으며, 특별법 제정 반대 제2차 범도민 궐기대회가 개최되었다. 특히 이 대회에서는 앞으로의 반대운동은 서울지역 대책위원회, 제주도 내 노동조합 및 종교단체 등과 연대하여 전개할 것을 선언하는 한편, 국회가 특별법 관련 조사단을 구성하여 특별법 시안을 보다 철저하게 검토할 것을 주장했다.

제주도개발특별법이 중앙에서 정치적 이슈로 크게 부각된 것은 한겨레신문, 동아일보 등 중앙 언론의 집중보도와 함께 당시 야당이었던 민주당이 중앙당 차원에서 반대운동 지원단체로 등장하면서부터였다. 민주당은 10월 28일에는 특별법 문제 현지조사단을 구성하여 현지 실정을 조사한 후 특별법 제정을 유보시키기 위해 노력하겠으며, 그 방안의 하나로 국회 차원의 공청회를 열도록 하겠다고 밝혔다.

민주당이 중앙당 차원에서 특별법 제정을 반대하는 지원집단으로서의 역할을 하게 된 것은 범도민회가 전국적인 재야단체들과 연대하여 조직적 · 체계적 반대운동을 본격화한 10월 초부터였다. 11월 들어 김대중 민주당 대표는 민선 도지사가 선출될 때까지 특별법 제정을 유보해야 한다고 밝힌 데 이어, 민주당은 특별법 제정유보를 당론으로 확정하고 민자당의 정기국회 처리에 강력히 대응하겠다는 성명을 발표했다. 범도민회도 대표들이 상경하여 민자당의 특별법 강행을 항의한 후 민주당 당사에서 농성을 시작하였으며, 특별법 제정 반대 서울지역 궐기대회가 민주당 최고위원, 전국민족민주운동연합 공동의장 등 전국 규모 단체들의 대표들과 시민들이 참가하여 열렸다.

민주당 의원들이 국회에서 정부를 상대로 특별법 추진 강행의 부당성을 추궁하는 가운데 도민들도 특별법에 완강하게 저항하여 대학생과 일부 시민들의 반대시위가 계속되었고, 천주교 제주교구 사제단은 청와대에 특별법 제정 중단을 촉구하는 공개서한을 발송하였으며, 범도민회 대표 6인은 법제정 철회를 요구하는 단식농성에 들어갔고, 민주당 제주도지부도 특별법 대책위원회를 구성하여 조직적인 반대활동에 나서게 되었다. 부산에서도 제주 출신 시민과 학생들이 법제정을 반대하는 궐기대회를 개최하였다. 또 도내의 읍 · 면에서도 반대시위가 확산되고 경제정의실천시민연합, 제주지역 언론노조협의회 등이 반대성명을 발표했으며, 범도민회 주최로 제3차 특별법 제정 반대 도민궐기대회가 개최되었다. 이러한 반대 분위기에도 불구하고 민자당은 11월 20일 당무회의를 열어 9장 50조 부칙으로 구성된 제주도개발특별법안을 확정했다. 대통령의 의지가 크게 작용한 결과다.

4) 법안의 국회 변칙통과

1991년 11월 21일 민자당이 제주 출신 국회의원 3인을 포함한 22인의 발의로 특별법안을 국회에 접수시키게 되자 범도민회를 비롯한 반대집단들은 이 법안의 국회통과를 저지하는 데 총력을 기울였다. 범도민회와 서울지역 공동대책위원회가 특별법안 철회를 주장하는 성명을 발표한 데 이어, 제주도 내 대학교수 77인이 특별법 제정을 유보할 것을 촉구하는 성명서를 발표했다. 또 민주당 의원들은 국회에서 특별법에 대한 제주도민들의 확실한 의사를 파악하기 위해 도민투표를 실시하라고 주장했다. 서울에서도 특별법 저지 궐기대회가 개최되었으며, 서울에 거주하는 제주 출신 238인이 '특별법 제정과 관련한 재경 제주도민의 입장'이라는 성명을 발표하고 입법 유보를 주장했다.

그러나 민자당은 민주당에 통보도 하지 않고 단독으로 11월 26일 국회 건설위원회를 소집하여 특별법안을 기습 상정하고 제안 설명, 전문위원의 검토 보고 등 모든 절차를 유인물로 대체하고 2분 만에 전격적으로 통과시켰다. 이에 대해 민주당은 당무회의와 의원총회를 열어 회의 사실을 통보하지도 않고 일정에도 없었던 의안을 변칙 처리한 것은 원인무효라고 주장하고 국회에서 농성에 돌입하였으며, 법사위원회와 본회의 통과를 적극 저지하겠다고 천명했다.

한편, 격분한 반대운동 진영은 총력전을 펼쳐 동시다발적인 시위와 항의를 하게 되고 과격한 방식도 나타났다. 서울에서는 상경투쟁단의 국회 내 농성과 국회 앞 시위 및 기자회견으로, 제주지역에서는 연일 거리에서의 시위와 민자당사의 공격이 이루어졌다. 천주교 정의 구현사제단과 전민련, 전국 농민회총연맹 등 전국의 10개 재야단체들은 특별법 제정의 전면 백지화, 정부의 공개사과, 제주 출신 국회의원들의 즉각 사퇴를 요구하는 성명서를 발표하였으며, 제주도의회도 특별법의 변칙처리에 따르는 긴장시국의 해소방안, 도민갈등의 치유방안 등을 제주도 당국에 집중 추궁했다.

11월 30일에는 범도민회가 주최한 특별법안 변칙처리 규탄대회가 열림에 따라 특별법 반대시위는 도내 각 지역으로 계속 확산되었다. 이어서 제주도의회에서는 무소속동우회가 제안한 '제주도개발특별법 제정 유보 대국회건의안'이 본회의에 긴급 상정되었으나 민자당 의원들의 반대로 부결되었다. 이에 따라 무소속동우회 의원들은 특별법 제정 유보를 촉구하는 성명을 발표했다.

김대중 민주당 대표는 범도민회 대표들에게 특별법안에 대해서 여당과는 일체 타협함이 없이 국회 법사위원회와 본회의 통과를 강력히 저지하겠다고 밝혔으며, 국회에서는 여 · 야당이 총무회담과 정책위원회 의장회담을 계속 개최하여 특별법안의 처리문제를 협의했으나 연내 처리를 주장하는 민자당과 내년 초로 미루자는 민주당의 주장이 팽팽하게 맞서서 이견 절충에 실패했다.

이에 따라 특별법안을 국회 폐회일인 12월 18일에 단독 처리한다는 방침 아래 국회의장이 직권으로 본회의에 상정했다. 민자당은 여론에 밀려 이슈법안 재론의 방침을 제시하면서 12월 중순으로 특별법 강행을 지연하지만 반대진영은 서울과 제주에서 항의를 멈추지 않았다. 범도민회 상경투쟁단과 서울지역 공동대책위원회가 국회의사당 앞 규탄시위 및 명동성당에서 농성을 계속하는 가운데 특별법안은 여 · 야의 대치 끝에 12월 18일 밤 11시 47분에 민자당 단독으로 국회 본회의를 통과하게 되었다. 제주도개발특별법이 날치기 통과된 이후 1992년 3월 24일 치러진 제14대 총선은 특별법에 대한 심판의 장이 되었다. 범도민회가 주도한 낙선운동의 결과는 제주의 민자당 의원 전원 낙선으로 귀결되었다.[34]

이후 특별법 논쟁의 양상은 시행령과 도 조례라는 하위 법령체계에 대한 형식적인 접근이나 법정계획의 내용으로 이동하는 모습들을 보였고, 더욱 전문적이고 복잡한 용어들이 난무하게 되면서 도민들은 다시 소외되기 시작한다. 계획수립 용역과정에서의 비밀주의가 다시 고개를 들고 주민의견 수렴과정은 형식적이었으며, 계획의 지표설정과 분야별 내용의 상충, 관광산업에의 편향성, 폐기된 제2차 제주도 종합개발계획의 핵심인 개별 허가방식의 재등장 등을 놓고 이제는 제주대학교 용역단 교수들과의 논쟁으로 파급되어 또 다른 의미의 갈등이 나타나게 되었다.

김영삼 정부의 출범으로 개량적 접근 분위기가 나타났다. 1993년 3월 제주도 종합개발계획의 중간 보고서를 놓고 공청회가 열렸다. 범도민회는 공청회 개최의 절차적 하자와 비민주성을 질타하면서도 공청회 지정 토론자로 참석하여 도민주체의 개발과 주민참여의 원칙, 보전우선의 원칙, 형평의 원칙을 내걸고 개발방식과 관광개발우선주의에 대한 경고, 각종 평가서 작성자 책임문제, 토지소유 실태 공개요구 등을 통하여 특별법의 허구성까지 공박하면서 논제의 체계를 다시 잡아 나가려 노력했다. 또 범도민회는 1993년 4월 30일 우보악지구 토지소유 실태조사 발표 기자회견을 필두로 하여 1993년 11월 23일까지 총 10차례의 개발예정지구의 토지소유 현황을 실증적으로 밝

34) 14대 총선에서 제주지역은 집권여당인 민자당 현역의원 고세진, 이기빈, 강보성 모두가 탈락하고 무소속 후보인 현경대, 양정규, 변정일이 당선되었다.

혔다. 범도민회의 소유실태 조사과정에서 외지인의 대규모 토지투기와 중앙집권적 개발 통제체제와 결탁한 이권에 의해 개발예정지구의 토지가 많은 부분 외지인의 소유로 밝혀졌다.[35]

30개항의 시행령과 99개건의 도 조례가 제정 · 공포되면서 특별법과 하위 법령체계는 완비되었다. 1994년 3월 21일 제92회 도의회에서 28개 부대의견을 첨부한 채 도의회의 동의를 끝으로 종합개발계획지원위원회의 심의와 국무회의 심의라는 중앙무대로 옮아갔다. 1994년 4월 20일 지원위원회는 국고보조에 따른 경제기획원의 조정의견을 제외한 채 원안을 확정했다.

1994년 5월 개발계획이 확정되자 민선 신구범 도지사[36]는 법 개정을 시도했다. 1994년 12월 특별법이 개정되고, 1995년에는 시행령 개정, 시행조례 개정 등으로 개정이 줄을 이었다. 개정된 항목들은 대부분 개발사업을 보다 쉽게 시도할 수 있게 하는 친자본적인 것이거나 도지사의 권한을 강화하는 것이었다. 1999년에는 도지사가 특별법에 기초한 종합개발계획이 계획대로 시행되지 못하고 있다는 이유로 특별법을 개정하려고 했다.[37] 신구범 도지사가 특별법 개정을 추진한 의도는 제주도가 골프장에 대한 민자유치를 제외하고는 실적이 저조하고 외자유치도 전무했기 때문이다. 그래서 도 당국은 특별법과 종합

---

35) 1990년 경제기획원 공무원 교육 자료에서도 민유지 4억 3천8백40만 평의 21.7%인 9천5백13만 평이 서울지역 주민 소유, 도내 아열대 과수원(바나나, 파인애플, 키위 등) 총 2천6백41만 2백 평 중 11만 6천 평이 외지인 소유로 나타났다.

36) 제26대(1989. 12-1991. 7) 홍영기 도지사 경질 후 우근민 도지사가 제27, 28대(1991. 8-1993. 12) 도지사를 역임했고, 지방자치 부활 이후 제29대(1993. 12-1995. 3) 신구범 도지사가 최초의 민선 도지사로 선출되었다.

37) 김석준 · 이상철, "제주도 사회운동의 전개와 성격," 『지역운동의 계보학』, 지역사회학회 춘계학술대회 발표자료(2000), pp. 4-5.

개발계획으로는 외자유치가 어렵고, IMF 위기를 극복하고 제주도가 동북아의 거점도시로 발전하는 데 한계가 있다고 보았다. 그 대안으로 특별법에 따른 종합개발계획을 2년 앞당겨 1999년까지 마무리하고, 종합발전지원법안에 따라 2000년부터 2010년까지 새로운 종합개발계획을 세우려고 했다. 계획의 핵심은 카지노, 경견, 마작, 투전기와 빠찡고 등 각종 게임 또는 도박산업을 외자유치를 통해 육성하자는 것이었다.[38] 2000년 1월 28일에는 제주도 종합개발계획의 근거 법률인 '제주도개발특별법'이 개정되어 유효기간이 2011년까지 연장되었다.

3. 제주도개발특별법 갈등 분석

1) 갈등의 주체

최근 지방자치제의 실시로 지역주민들의 지역사회에 대한 관심이 증대되는 것과 맥을 같이하여 지역시민단체의 활동이 활발해지고 있다. 이는 종래에 주로 지역주민운동으로 불려왔던 단체로 지역주민들이 일상생활에서 부딪히는 지역사회의 구체적인 모순을 시정하기 위한 목적에서 계급 · 계층별 공통성보다는 지역적 공통성과 생활하

38) 제주일보, 2003년 11월 4일.

는 주민으로서의 특성을 기반으로 전개되었다.[39] 이러한 지역주민운동 역시 지역사회 내의 공공이익을 추구하기 위한 일종의 공익집단 활동으로 볼 수 있으며, 1990년대 들어 지방자치제의 실시로 지역시민사회의 중요성이 부각되면서 더욱 활성화되었다.

제주개발특별법이 제정되는 갈등과정에도 수많은 제주도민과 그들을 조직화한 수많은 단체들이 자신들의 의사를 표현하고 또 때로는 적극적인 행동주의(activism)로 자신들의 의지를 관철시키기 위해 노력했다. 입법과정에 자신들의 주의 · 주장을 관철시키기 위해 참여한 단체들은 이익의 성격에 따라 공공이익과 특수이익으로 구분할 수 있다.[40] 그리고 이들 입법과정에 참여했던 집단들은 공적인 일반이익 차원에서 또는 사적인 경제적 이익 차원에서 각각 찬성과 반대를 주장했다. 이러한 집단들은 대체로 특별법에 대한 기대와 그들이 추구하는 이익의 성격에 따라 구분할 수 있다. 그리고 이를 좀 더 세분화하면 개발에 대한 의식 차원에서 수혜를 기대하는 집단과 피해를 예상하는 집단, 그리고 이익의 성격에 따라 일반이익과 특수이익으로 구분할 수 있으며, 이는 다음 〈그림 4-1〉과 같이 도식화할 수 있다.[41]

〈그림 4-1〉에서 개발에 대한 의식에 따라 수혜를 기대하는 집단은 특별법 찬성을, 피해를 예상하는 집단은 반대를 했다. 그러나 이익의 성격에 따라 찬성과 반대의 논리와 주장, 그리고 참여집단의 성격도

39) 이효선, 『현대 한국의 시민운동』(서울 : 집문당, 1997), p. 199.

40) Peter H. Schuck, "Public Interest and the Policy Process," *Public Administration Review*, Vol. 37, No. 2 (March/April 1977), p. 133.

41) 황경수, "제주도개발특별법 제정과정에서 집단요구 표출활동에 관한 연구," 서울대환경대학원 석사학위논문(1993), pp. 33-45 참조 작성.

〈그림 4-1〉 제주도개발특별법 정책과정 참여집단의 유형화

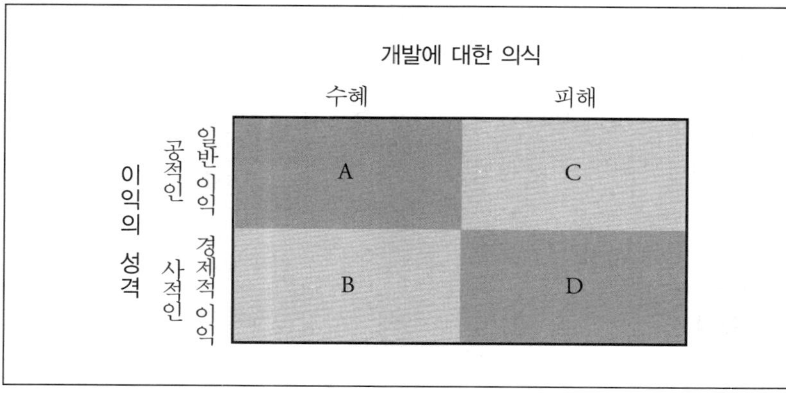

다양하게 나타났다.

(1) 특별법 제정 찬성집단

특별법을 찬성하는 사람과 집단들은 기존의 개발철학을 토대로 특별법을 추진 · 입안하고 지시한 대통령과 정부기관 및 민자당과 이를 지지하는 재벌 및 제주 출신의 민자당 의원, 제주도의 행정기관, 기업체 및 지식인 등이 주요한 구성원을 이룬다.

첫째, 제주 개발의 구상은 언제나 당대의 대통령으로부터 시작되었다. 대통령은 제주를 세계적인 관광지로의 육성을 표방하면서 정부에 구체적인 정책입안을 지시하며, 1990년에 이르러 정부기관, 민자당, 제주 출신 국회의원, 제주도 당국에 특별법의 추진을 밝힌다. 1991년 후반 특별법에 대한 도민의 저항이 거세 민자당과 지역 국회의원이 흔들리자 직접 대통령과 청와대가 나서 이 법의 강행을 지시하고 독려함으로써 실질적인 정치적 주체임을 입증한다.

둘째, 제주 개발의 입법적 주체로서 민자당과 제주지역 출신 국회의원을 들 수 있다. 민자당이 입법주체이기 때문에 특별법의 발의와 국회에서의 통과를 수행한다. 지역 출신 국회의원의 경우 건설부안이 현대판 '토지수용령'이라는 비판에 직면하자 특별법 기초소위원회를 구성하여 발의자로 나선다. 발의된 특별법이 도민의 거센 저항에 밀리자 도민여론을 존중하여 유보할 듯한 태도를 의도적으로 보이면서도 힘의 논리로 특별법을 날치기 통과시킨 입법주체이다.

셋째, 제주 개발의 경제적 주체로서 자본의 도입과 토지의 독과점을 이끄는 재벌을 포함한 대기업과 국영기업체인 공사들이다. 그들은 지금까지 개발에서의 주체적 역할을 수행할 뿐만 아니라 정부와 유착관계를 이루면서 토지를 대규모 독점하고 재벌주도의 정책방향을 이끌어 나간다. 그들의 자본력은 토지공개념의 정책을 후퇴시킬 정도로 막강한 힘을 행사했기 때문에 제주 개발정책의 추진에서도 절대적인 영향력을 갖는 것으로 인식된다.

넷째, 관 주도의 중앙연구기관을 들 수 있다. 그것은 제주 개발의 연구주체로서 개발정책의 논리와 내용을 입안하고 나아가 법안추진의 정당성을 홍보한다. 제1차 종합계획에서는 국토개발연구원이 완벽하게 주도하였는데, 도민의 반발이 커지자 제2차 종합개발계획과 특별법의 경우 지역의 일부 지식인을 참여시켜 부분적으로 보완하면서 왜곡된 지역참여의 논리로 사용한다. '특별법기초소위원회'를 구성하여 지역의 일부 지식인들을 특별법의 보조적 주체로 부각시킴으로써 도민이 직접 법안을 제안했다는 논리의 근거를 여기에서 마련한다. 그들이 제시한 정책목표는 1차 종합계획 때는 국민관광단지로의 방향설정이었다면 2차 계획의 목표는 하와이나 홍콩과 같은 국제자유지역으로의 방향전환이다.

다섯째, 행정적 주체로서 정치적 · 경제적 · 연구적 주체의 요구를 행정적으로 홍보하고 여론을 조작하는 종합 역할을 수행하는 정부 부처와 제주도 등의 지역행정기관을 들 수 있다. 건설부의 경우 최초의 특별법을 제시함으로써 행정적 주체임을 명백히 하였고, 제주도의 경우 의원입법이기 때문에 엄격한 의미에서 주체일 수 없지만 엄청난 찬성 홍보, 여론조작, 관제공청회 주도를 해냄으로써 가장 헌신적인 찬성자로 나선다.

여섯째, 지역건설, 관광업체 등을 경영하는 지역 기업가들도 제주도 당국과 비슷한 맥락에서 광고 등을 통해 찬성을 유도하는 세력을 구성한다. 이들은 제도상의 뒷받침, 법의 제정을 통해 더 쉽고 더 많은 이익을 창출하려 노력하는데, 이 이익은 시장세력에게 독점될 우려가 높은 이익이다. 특별법 제정과정에서 시장세력들은 대부분 관광업과 관련되고 건설업과 관련된 업종들이며, 특별법의 조속한 제정을 주장하기도 했다.

이들 집단들을 〈그림 4-1〉을 근거로 다시 이익의 성격에 따라 세분화하면 다음과 같다. 'A' (수혜-공적인 일반이익) 유형의 집단은 특별법 제정에 대해서 찬성하는 집단으로, 과거에 제주지역 개발에 의해 수혜를 받았거나 앞으로의 개발에 대해 수혜를 받게 될 것이라고 기대하여 찬성하는 집단이다. 이러한 집단에는 특별법 제정주체로 특별법을 만드는 것 자체에 대해서 찬성을 하는 집단으로 중앙정부와 지방정부, 국회, 특별법 기초협의회와 정치적으로 대통령, 정부여당과 연결되어 있으면서 중앙정부나 정부여당의 정책에 찬성하는 집단으로 도의회의 민자당 소속 의원들과 소위 "관변단체"라고 칭해지는 농협, 수협 등이 여기에 해당된다. 정치적 이유나 제정주체와는 관계없이 집단의 성격상 찬성을 하거나, 집단의 성격과는 무관하게 특별법의 내용에 대해 찬성하는 집단으로 제주도 내 신문사로 H신문사가 포함된다.

'B' (수혜-사적인 경제적 이익) 유형의 집단은 특별법에 대해서 전체적으로는 찬성하나, 특별법의 원래 목적에 찬성하는 것이 아니라 해당집단들의 특수이익을 위하여 제정되기를 원하기 때문에 찬성하는 집단이다. 생활환경 개선을 표방하면서 개발제한구역을 해제해 주기를 요구하는 제주시 도시개발제한구역(그린벨트)해제대책추진위원회연합회와 제주도 내에 주소를 둔 업체들이 개발에 참여할 수 있도록 하는 내용을 전제로 한 특별법이 제정되는 것을 찬성하는 집단으로 제주도 상공회의소를 중심으로 한 경제 관련 단체들이 이에 해당된다.

(2) 특별법 제정 반대집단

우선, 특별법 제정을 반대하는 사람과 집단은 대부분 특별법으로 직접적인 이해관계를 갖는 제주도민, 특히 인구의 54%를 차지하는 제1차 산업에 종사하는 농민과 어민들이다. 이들은 농어민단체를 결성하여 정부의 정책에 항의하는 세력화를 모색해 나가며 범도민회의 주요한 구성원으로 등장한다.

둘째는, 정부의 정책을 비판하고 반대하는 운동을 전개하면서 개발의 역작용을 제기하는 재야단체와 학생들이다. 이들은 개발 때문에 억울함을 당한 주민들, 개발의 부작용을 우려하는 지식인들이 억울함을 호소하는 정치적 주체로 등장하면서 문제해결의 주체로서 제주도민이 성숙하는 사회적 주체로의 성숙을 모색한다.

셋째는, 지역문제에 관심을 갖고 정당하고 평화적인 문제해결을 통해 지역의 발전을 희구하는 종교집단과 지식인 집단이다. 천주교 제주교구 사제단의 신부들은 도민 공감대를 형성하여 민주적인 절차를 거쳐 특별법 문제를 해결해 나갈 것을 요구하며 범도민회와의 연대를 통해 시민참여의 범위를 넓힌다. 대부분의 대학 교수들은 범도민회와 직접적으로 연대를 하지는 않았지만 특별법 문제와 정책의 정당한 진단과 합당한 해결책을 요구함으로써 범도민회의 대안을 지지했다.

넷째는, 야당(민주당)이다. 야당은 개발특별법 논쟁에 뒤늦게 가담하였으나 특별대책위원회를 구성하여 현지의 의견을 충실히 수행하고 전국적인 정치 이슈로 확대시켜 나감으로써 특별법의 전국 여론화에 기여한다. 그들은 범도민회와 연대하면서 국회 내에서 특별법의 의혹을 제기하고 '보전특별법'을 법률적 대안으로, 도민투표를 절차적 대안으로, 민선지사 이후의 시행을 집행상의 대안으로 제시한다. 그들이 민자당의 날치기 통과를 저지하려 노력했으나 소수의 수적 열세로 저지에 실패한 만큼 특별법 문제에 대해 정치적 해결의 부담을 갖는다.

다섯째는 도의회로서, 개발특별법 문제에 가장 큰 역할을 할 것으로 기대됐으나 가장 소극적인 역할밖에 하지 못함으로써 범도민회와 도민들로부터 지속적인 비판을 받아 존재가치에 도전을 받는다. 그럼에도 불구하고 도의회가 특별법에 필요한 도 조례의 제정, 그리고 특별법의 구체적 집행 및 시행을 하는 도 · 시 · 군의 행정에 대한 감시와 견제를 해내야 한다는 차원에서 막중한 책임과 의무가 있다. 그만큼 도의회가 도민의 기대와 의견을 수렴하는 역할을 해낼 수 있는가 하는 시험대에 오르는 만큼 특별법 문제의 현실적 해결의 부담을 갖는다.

마지막으로, 지역 언론의 역할이다. 제주도개발특별법에 대한 지역 언론의 높은 관심은 제주도민들이 특별법 제정을 반대하게 만드는 영향으로 작용하였다. 특별법 제정과정에서 도내 지방 신문들은 제주도 시안이 공개되기 이전부터 특별법 문제를 크게 취급하였으며, 새로운 안이 공개될 때마다 이를 비판하는 한편, 경우에 따라서는 대안까지 제시함으로써 특별법 반대에 대한 여론을 조성하는 데 결정적인 역할을 하였다. 특별법에 대한 지방 신문들의 비판은 도민들의 공감대를 형성시키고 여러 단체에서 반대성명과 제정유보 주장이 나오도록 추동함으로써 실질적으로 특별법 반대운동을 주도하였다. 또 지방 신문들은 특별법 반대운동이 소강상태이던 1991년 2월부터는 제주 출신 국회의원들의 자문기구로 설치된 특별법시안기초협의회가 도민 대표성과 법적 권한이 없기 때문에 여기에 시안작성을 맡겨서는 안 된다고 집중적으로 비판함으로써 침체되어 가던 반대운동을 다시 제고시키는 계기를 조성하였다.[42]

뿐만 아니라 1991년 11월 7일 특별법 제정에 반해하여 발생한 양용찬 씨의 분신자살 사건을 전후해서는 지방 신문은 물론 모든 중앙일간지까지 특별법 제정의 문제점을 연일 보도함으로써 특별법을 전국차원의 정치적 이슈로 부각시켰고, 이에 따라 도민들의 특별법에 대한 반대도 더욱 확산되었다.

앞의 〈그림 4-1〉에 의거할 때, 특별법 제정을 반대한 집단은 'C' (피해-공적인 일반이익) 유형의 집단과 'D' (피해-사적인 경제적 이익) 유형의 집단이다. 먼저, 'C' (피해-공적인 일반이익) 유형의 집단은 개발에

42) 제주일보, 1991년 2월 12일자 ; 제민일보, 1991년 2월 13일자.

대해 피해의식을 가지고 있으며 일반이익을 주장하는 집단으로서 정치적인 성격을 취하면서 반대하는 집단이다. 이 유형에는 범도민회를 중심으로 활동했던 제주도 내의 재야단체들과 범도민회에서 공동대표의 역할을 했던 교수들,[43] 그리고 제주지역 총학생협의회가 여기에 포함된다. 그외에도 제주도의 정치적 · 사회적 환경에 의해 피해의식을 가지고 있는 집단들이 있는데, 특별법 제정과정도 정치적으로 지배 · 종속의 관계에 의해서 만들어지고 있으며, 특별법이 제정되면 그 결과로서도 정치적 · 사회적으로 중앙과 지배 · 종속관계가 될 것으로 파악하여 반대하는 제주도 사회문제협의회가 있다. 그리고 집단의 성격 때문에 반대한 것이 아니라 특별법의 제정목적과 발표된 조문내용들을 분석해 본 결과 전문가로서 반대를 하거나, 집단에서 논의 후 반대요구를 표출했던 집단으로 제주지방자치연구회[44]와 제주대학교 사회발전연구소 교수 중 몇 교수,[45] 도의회 무소속 의원, M신문사와 J신문사가 있다.

43) 결성당시 공동대표로는 고창훈(교수), 한석지(교수), 남승택(신부), 모갑경(목사), 송철부, 양동윤(한겨레신문 한림지국장), 우영진, 이야성(대정읍농민회 회장), 이재후(신성골프장건설반대대책위원장-농업), 조성룡(사업), 하운택, 한성수, 홍인택(민주당), 강영지(언론), 김태석(민주당), 고상호(대책회의위원장), 위성곤(제총협상임의장) 등이다.

44) 제주도지방자치연구회는 제주대 교수들과 전 · 현직 공무원들로 구성된 단체로서 1990년 11월 25일에는 성명서를 발표하였다. "특법조치법에 대해 장시간에 걸쳐 논의한 바 있다. 제주도안, 건설부안, 보좌관안이 나왔지만 토지이용 규제를 풀고, 인허가의 절차를 간소화하여 개발사업 시행자에게 특혜와 지원을 주는 형태의 특법조치법은 어떠한 형태로든 반대한다"고 한 것을 보면 특별법을 전문적으로 분석해 본 후 반대한 집단 중의 하나이다.

45) 제주대학교 사회발전연구소는 비법정연구소이지만 대부분 사회과학을 전공하는 교수들로 구성되어 있다. 이들 교수들은 권한이 지나치게 도지사에게 집중되어 있는 문제, 도지사를 통제할 도의회 등의 구성되어 있지 않거나 미비하다는 것, 도민소외가 우려된다는 것 등을 주장하면서 특법조치법 제정반대를 주장했다.

'D' (피해-사적인 경제적 이익) 유형의 집단은 해당집단의 특수이익에 근거를 두고 특별법 제정에 반대하는 집단이다. 예를 들어 특별법 초안이 만들어지자마자 특별법이 제정되면 농어민들은 생활터전을 잃게 되고 제주도의 1차 산업은 사라지게 되며 관광업 등이 지배하게 되어 결국 외지인에게 제주도가 넘어갈 것이라며, 농업문제를 제기하며 반대한 집단으로 제주도 농민단체협의회[46]와 제주도 농민회가 있다.

2) 갈등의 이슈

특별법 찬성집단과 반대집단 간의 갈등은 포괄적이고 다양한 이슈를 둘러싸고 벌어졌으며, 결과적으로 법안의 강행과 반대라는 명백한 대립을 표출했다. 그러나 갈등의 이슈는 대체로 법안작성 과정상의 문제와 법안 내용상의 문제로 구분할 수 있다. 특별법 제정이라는 정책의제의 형성 이후 도민주체의 개발을 핵심 이슈로 하여 여러 시안이 만들어지고 이에 대한 비판과 반대, 그리고 토론과 수정 등이 이루어졌고, 또 법안의 국회통과라는 정책결정에 이르기까지의 절차상의 민주성 문제가 끊임없이 제기되었다. 이를 좀 더 세분화하여 구분하면, 정책내용상에서는 정책목표와 정책가치가, 정책과정상에서는 정

---

46) 1991년 11월 12일에 제주도농민단체협의회와 더불어 성명서를 발표했던 농민단체들은 제주도 농민단체 협의회, 사단법인 전국농업기술자협회 제주도지부, 사단법인 한국과수협회 제주도지부, 사단법인 한국유기농업환경연구회 제주도지부, 사단법인 대한양계협회 제주도지부, 사단법인 한국농민후계자 제주도연합회장, 제주도감귤문제협의회, 제주도 키위 후르츠 협회, 제주도 파인애플협회 등이다.

책결정 주체와 정책결정 과정의 정당성이 갈등의 핵심 이슈였다고 할 수 있다.[47]

우선, 특별법 제정의 정책목표의 문제와 관련된 이슈이다. 정책목표를 둘러싼 갈등은 '무엇을 위한 결정인가'의 문제라고 할 수 있다. 과거 제주 개발에 대한 역사적 경험에서 제주도민들이 공통적으로 인식하고 있는 것은 지역개발정책의 목표는 지역주민의 가치와 지역 실정에 부합되는 것이라야 한다는 것이다. 1960년대부터 중앙정부에 의해 일관되게 추진되어 온 제주 개발의 형태는 관광주도형 개발이었다. 그로 인해 산업구조의 불균형과 함께 농촌의 피폐화를 촉진시켰고 토지투기, 개발이익의 역외 유출 등의 심각한 문제를 야기했다. 또 사회 · 문화적으로도 퇴폐 · 향락문화의 범람, 지역공동체의 붕괴 등이 나타나기 시작했고, 무분별한 개발로 인해 자연환경도 크게 파괴되어 제주도의 관광지로서의 매력을 오히려 훼손시키게 되었다. 이에 따라 제주도민들은 관광개발 위주의 정책에서 탈피하여 개발의 속도를 다소 늦추는 한이 있더라도 산업 간의 균형발전과 주민복지를 내용으로 하는 새로운 유형으로의 정책전환을 기대했다.

그러나 특별법 제정과정은 도민주체의 틀 아래에서 이루어질 것이라는 대통령의 언명과 모든 부문이 균형적으로 발전되는 종합개발을 지향하는 법안이 작성될 것이라는 도민들의 기대와는 다르게 추진되었다. 이러한 특별법은 국가적 차원의 총량적인 경제성장에는 기여할 수 있을지 몰라도 도민들의 사회적 가치와 지역실정과는 크게 괴

47) 고창훈 · 한석지, "제주개발법의 쟁점과 정책과제," 『공간과 사회 2』(1992) ; 한석지, "제주 개발갈등의 정치적 의미와 정책과제 : 제주도개발특별법 제정과정의 갈등과 논쟁을 중심으로," 『제주대 논문집(인문 · 사회)』, 39집(1994) 참조.

리되는 것이다. 따라서 도민들은 중앙정부의 시각에서 효율적인 관광개발 촉진의 수단으로 이용하려는 데 대해 제정반대를 했고, 이러한 도민들의 집합적 의지의 표출이 범도민회라는 전무후무한 지역운동 내지는 지역시민운동으로 나타났던 것이다.

둘째, 특별법 제정의 정책가치 문제와 관련된 이슈이다. 정책가치에 대한 반대는 '누구를 위한 결정인가'의 문제로, 지역주민을 정책 수혜대상에서 제외시켜서는 안 된다는 것이 반대운동 진영의 주장이었다. 즉 특별법이 제주공동체의 가치와 상치될 뿐더러 아름다운 자연환경을 파괴할 것이라는 우려로 나타났다.

제주공동체의 가치를 무너뜨린다는 인식은 개발속도가 너무 빠르고 개발의 내용이 환락 위주의 내용이기 때문에 제주의 미풍양속, 제주적인 전통가치와 문화양식, 나아가 윤리의식의 파괴로 인한 도덕적 혼란을 가중시킨다는 논리가 형성되면서 이에 대한 도민 공감대를 형성할 수 있었다. 아울러 가속적인 개발이 가져올 환경파괴에 대한 우려의 목소리는 한라 골프장 같이 중산간의 아름다운 자연을 훼손시키는 현실과 지하수의 무분별한 사용에 대한 위험으로 확산되면서 체계적인 진단과 장기적인 전망을 가진 '보존법'의 제정 요구로 확대되었다. 이러한 여론이 전국적인 여론의 힘을 얻어나가자 정부는 '특별법'이야말로 기존의 무분별한 개발방식을 지향하는 것이라는 역논리로 맞서는 한편, 지하수 관리의 연구와 부분적 대책을 마련한다. 그럼에도 불구하고 가치의 혼란과 환경파괴에 대한 불안과 여론은 현실정책의 미흡 때문에 특별법에 대한 반대여론을 넓혀 확산시켜 갔다.[48]

셋째, 특별법 제정의 정책결정 주체의 문제와 관련된 이슈이다. 정책결정 주체의 문제는 '누구에 의한 결정인가'에 관한 이슈로서, 정책의 집행으로 직접 영향을 받게 될 주민들의 참여가 배제된 가운데 이루어지는 정책결정 방식에 대한 시민적 반발이었다. 정부와 민자당은 실질적인 주체이면서도 형식적으로는 도민주체의, 도민을 위한 법이라고 주장했다. 그 근거로 도민이 구성한 '특별법안기초소위원회'가 법을 초안했고, 여러 차례의 공청회를 통하여 도민여론을 충분히 수렴하였다고 주장했다. 그러나 실제로는 '특별법안기초소위원회' 구성이 민자당 지역 국회의원의 일방적인 지명에 의한 것이었고, 그 운영 또한 비민주적이어서 기초위원 다수가 기초소위원회의 해체를 주장하며 탈퇴하기도 했다. 아울러 공청회는 찬성을 조작하는 파행적인 설명회였고, 공청회의 90% 이상이 반대했고 민자당 자체의 여론조사에서도 반대여론이 70% 이상임이 나타남으로써 도민주체의 법이라는 정부의 논리는 정당성을 잃을 수밖에 없었다.

이렇듯 법안주체의 갈등은 정부와 도민 모두 지역정책의 실질적 주체가 도민이어야 한다는 데 합의하면서도 정부는 중앙의 통제하에 지역문제의 결정권을 묶어둠으로써 '선언적인 도민주체 속에 중앙주체'의 의도를 드러냈다. 그래서 법안주체의 갈등은 정부의 '형식적 주체'와 도민의 '실질적 주체'의 현실적 대결로 나타났던 것이다.[49]

넷째, 특별법 제정의 정책결정 과정의 정당성 문제와 관련된 이슈이다. 정책결정 과정의 문제는 '어떤 절차에 의한 결정인가'에 관한 이슈로서, 정책결정이 비공개적으로 이루어지는 데 대한 반발이었다. 이 문제는 특히 법안에 대한 시민적 합의 도출의 문제로 집약된다. 정부와 여당은 법을 반대하는 사람들은 급진적인 재야세력과 비판적인

48) 한석지, 앞의 글, pp. 505-506.
49) 위의 글, pp. 506-507.

극소수 교수일 뿐이고 대다수의 '건전한' 시민과 대학 교수들은 이 법을 찬성한다는 주장을 했지만 범도민회 측은 이를 반박한다.

합의창출의 대결은 정부의 여론조사, 관제홍보를 총동원한 정부 주도의 '다수의 찬성논리' 창출과 '건전한' 시민을 대표하는 집단들의 반대지지 선언을 통한 시민 주도의 '절대다수 반대논리'가 긴박하게 대결했다. 그 대결은 치열한 공방을 엮어내면서 시민의 반대논리가 자연스럽게 이어져 연결되었다. 도의회 17명 의원 중 11명의 반대의견 표시, 천주교 제주교구 사제단의 범도민회와 연대투쟁 선언, 제주지역 문인 33명의 특별법 반대성명, 교수 77인의 특별법 제정보류 성명 등은 범도민회측이 시민적 합의도출에 성공하였음을 보여준다.[50]

3) 갈등처리 방식

지방자치 시대에 지역개발정책이 지역주민의 이해와 부합되지 않을 때 그 정책의 성공적 추진은 어렵다. 최근 들어 지역개발정책을 둘러싼 정부와 주민 간 마찰이 빈번하게 발생하고 있다. 그리고 이런 경우 흔히 지역이기주의 또는 님비(NIMBY)현상이라는 부정적 평가를 하는 경우가 많다. 그러나 국가정책이라고 하더라도 해당 지역주민들의 이해에 반하는 정책 또한 정당성을 갖기 어려울 것이다. 물론 국가 차원의 총량적 경제성장에는 이러한 지역개발정책이 기여할 수 있을지 몰라도 지역주민들의 사회적 가치와 지역실정과 큰 괴리를 보

50) 위의 글, p. 507.

일 때 정책결과의 성공 또한 보장할 수 없는 것이기 때문에 지역사회의 이해와 지역주민들의 정책참여, 그리고 정책결정 과정의 투명성 등은 성공적인 지역개발정책 추진의 가장 기초적인 요소가 된다고 할 수 있다.

제주도개발특별법 제정은 법안 작성과정이나 법안 통과방법 등 거의 모든 면에서 권위주의적인 중앙집권적 방식으로 추진되었다. 물론 지역주민들의 의견수렴을 위해 공청회나 토론회 등이 개최되었고, 법안작성 과정에 지역주민의 대표들로 구성된 기초소위원회가 참여하기는 했다. 그러나 이러한 절차들은 대부분 지역주민의 여론수렴을 위해서라기보다는 지역주민의 반발과 저항을 무마하기 위한 형식적인 절차이며 과정에 불과했다. 결과적으로 볼 때, 제주도개발특별법은 여론수렴을 통한 갈등 이슈의 해결로 종결된 것이 아니라 여당의 날치기로 통과되었기 때문이다. 결국 이러한 갈등처리 방식상의 문제 때문에 법안내용과 법안작성상의 절차 등에서는 지역주민의 이해보다는 중앙정부의 이해를, 그리고 민주적인 절차에 의해서보다는 권위주의적인 절차에 의해 이루어졌던 것이다.

우선, 정책목표의 측면에서 특별법은 제주도의 관광개발을 더욱 촉진시키기 위한 수단적 측면에서 추진되었을 뿐만 아니라, 궁극적으로 이는 지역개발을 명목으로 국가적 차원의 총량적인 경제성장을 증대하기 위한 개발전략의 일환이었던 것이다. 이에 반해 사회적 가치와 지역실정을 고려하여 모든 부문이 균형적으로 발전되는 종합개발로 나아가야 한다는 도민의 염원은 거의 무시되었다.

둘째, 정책 가치의 측면에서 특별법은 도민주체의 도민을 위한 것이라기보다는 효율적인 개발을 위한 수단이었고, 그 수혜대상은 주로 외지 대자본이었다. 제주도개발특별법 제주도 시안은 제주도의 국제적 관광지 조성을 뒷받침한다는 입법목적을 효율적으로 달성하기 위하여 대자본에게 개발절차 간소화, 금융지원, 조세면제 조치 등 여러 가지 특혜를 부여하고 있다. 그러나 일반 도민의 개발사업 참여에 대한 지원규정은 전혀 없기 때문에 이들의 사업참여가 사실상 불가능하게 될 뿐만 아니라, 대리개발 또는 토지수용 등으로 재산상의 피해를 입을 우려까지 생기게 되었다. 또 도민의 54%에 이르는 농 · 어민에 대한 보호나 생활향상 대책도 실질적으로 규정되지 않았다. 이러한 사실은 다수의 도민들로 하여금 가치배분에 있어서 사회적 형평성에 배치되는 것이며, 특별법이 외지 대자본만을 이롭게 하는 법이고 도민들에게는 오히려 피해를 주는 법이라는 인식을 갖도록 함으로써 제정을 반대하게 되었던 것이다.

셋째, 정책결정 주체의 측면에서 특별법은 지역주민의 정책참여가 배제된 가운데 중앙과 지방의 일부 관료집단에 의해 이루어졌다. 그 과정에서 정책추진기관은 지역주민들의 의견을 수렴하고 그에 대응하지도 않았으며, 주민들의 표출되지 않은 욕구를 발견해내려는 노력도 전혀 없이 국토개발정책상 제주도에 부여된 관광기능을 효과적으로 수행하기 위하여 자본의 효율과 생산력의 변화에 중점을 두는 내용의 시안을 작성했다. 이에 따라 지역주민들은 지역의 장래를 좌우할 정책결정에서 배제되었다는 소외감이 커지게 되었고, 이러한 소외감이 개발촉진적 성격이 강한 제주도 시안에 대한 부정적 인식과 결부되어 특별법을 반대하게 된 것이다.

넷째, 정책결정 과정의 측면에서 특별법은 투명하고 공개적이지 못했다. 특별법 제주도 시안이 나오기까지는 지방 언론들이 여러 차례에 걸쳐 그 과정을 공개할 것을 촉구했으나 제주도는 이를 계속 거부했다. 특별법 추진 초기단계에서 이러한 정책 관련 정보의 비공개는 제주도민들로 하여금 정책추진기관이 대자본 등 특수 이익집단과 결탁하여 이들에게 특혜를 주는 방향으로 은밀하게 특별법을 추진하기 때문이 아니냐는 의혹을 갖게 함으로써 특별법 제정을 반대하게 되었다. 이같이 특별법을 추진하는 과정에서 정보의 비공개는 특별법의 내용과는 관계없이 도민들로 하여금 특별법에 대해 부정적 인식을 갖도록 만들었다. 결과적으로 정책과정의 주민참여와 투명성의 결함을 갖고 있던 특별법안은 국회의 날치기 처리에 의해 입법화되었다.

제주도개발특별법 제정과정에서 나타난 갈등의 균열구조는 중앙 수준에서는 정부 · 여당 대 야당 및 시민단체의 균열로 나타났고, 지방 수준에서는 지방정부 대 일반 도민 및 지역시민단체, 그리고 일부 찬성집단 대 반대집단으로 비교적 명료하게 나타났다. 특별법 갈등 사안 자체가 법안의 작성과 국회통과의 과정을 거치는 중앙정부의 정책사안이라는 점에서 갈등의 귀착점은 중앙 수준이 될 수밖에 없었다. 그러나 지역개발정책의 특성상 정책과 밀접한 관련을 갖는 지역주민들의 이해관계가 법안에 반영되지 않을 수 없었기 때문에 지방 수준에서의 갈등도 첨예화될 수밖에 없었다. 이러한 중앙과 지방 수준에서 첨예하게 나타난 법안 갈등은 야당과의 협의를 무시하고 일방적으로 날치기 처리되었다.

요컨대, 제주도개발특별법은 정책 내용상에서 지역의 사회적 가치와 지역실정을 고려하지 않고 또 정책 수혜대상에서 지역주민을 배제시키는 것이었고, 정책결정 과정상에서는 지역사회의 이해관계와 주민의 참여를 배제하고 비민주적으로 추진되어 왔으며, 이러한 법안 내용과 절차상에서의 주민 배제는 결국 법안 자체에 대한 지방적 수준뿐만 아니라 전국적인 수준에서 반대운동을 확산시키는 계기로 작용했다. 그리고 이러한 특별법 갈등의 처리도 비민주적 방식인 여당의 단독 날치기 통과가 될 수밖에 없었던 것이다.

4. 제주도개발특별법 제정의 지방정치 과정

1) 중앙정부의 주도와 종속적 지방정부

제주도개발특별법은 의제설정 과정에서부터 중앙정부의 강력한 의지 하에 권위주의적인 상명하달 방식에 의해 추진되었고, 지역주민의 여론수렴이나 국회에서의 토론과 타협 등의 민주적인 정책추진의 모습은 찾아보기 어려웠다. 특히 지방자치 시대로 들어서는 시기였음에도 지방의 정책적 자율성은 거의 찾아보기 어려웠다.

제주도개발특별법 추진과정에서 지역주민의 반대여론에도 불구하고 강행처리를 불사하게 만든 가장 중요한 변수는 대통령의 정책추진 의지였던 것으로 보인다. 특별법 추진 자체가 대통령의 관련 중앙부처에 대한 지시로부터 시작되었고, 이에 도지사가 동원되어 홍보 및 지지를 유도하였다. 또 대통령은 입법추진이 지지부진해지자 정부에 특별법 입안을 독려했고, 대통령의 의중에 따라 여당에서는 비정상적 방법인 '국회 날치기 통과'로 입법화했다.

당시의 임명직 도지사는 정무직 공무원으로서 특수 경력직 공무원에 속하는데, 이 특수 경력직의 특징은 선거에 의해 선출된 경우를 제외하면 신분이 보장되지 않고, 따라서 평생토록 공무원으로 근무할 것이 예정되어 있지 않아 도민에 대한 책임보다는 임명권자에 대한 책임을 의식하여 임명권자의 뜻을 따르게 된다. 때문에 대통령에 의해 임명되는 도지사는 의제제기 혹은 의제개발의 행위자로서 역할을 할 수 없게 된다.[51]

따라서 제도적으로 대통령과 도지사의 관계가 전통적인 중앙집권적 관료제에서의 상명하달의 관계로서 도지사의 자율적인 정책추진은 보장되지 못한 상황이었다. 1990년 3월 국무총리의 제주도 개발 관련 업무 보고 때 대통령이 "도지사가 권한과 책임을 가지고 제주개발을 할 수 있는 특별법 제정방안을 검토하라"고 지시하여 의제를 제기한 바 있다. 그리고 홍영기 지사가 경질되고 우근민 지사가 취임한 1991년 8월 1일에는 대통령이 "제주에 애착을 갖고 있는 대통령의 의도가 행정절차의 잘못 등으로 도민들에게 잘못 전해진 것 같으니 특별법 제정의 참뜻을 제대로 이해시키는 데 힘쓰라"고 지시함으로써 확산과정에 도지사를 동원시키고 있고, 계속 대통령이 관리를 하는 현상이 나타났다.

뿐만 아니라 이러한 확산에 대한 지시내용은 1990년 4월 대통령의 제주도 방문시 "제주도민이 주체가 되고 제주도지사가 모든 것을 주관할 수 있는 특별법을 제정하라"고 지시한 경우, 또 1991년 3월 대통령이 제주도 연두순시에서 "도민의 폭넓은 공감대를 바탕으로 조속히 입법조치가 이뤄지도록 서두르라"고 지시한 경우 등에서도 나타난다. 1991년 10월 15일 국무총리가 국회 본회의 답변에서 "특별법 반대는 일부 도민이 법 취지를 제대로 이해하지 못한 때문"이라면서 법제정 강행의사를 밝힘과 동시에 도민이 특별법 내용을 이해하는 것

51) 김석준 · 이상철, 앞의 글, p. 4.

을 진입과정에 해당되는 것으로 삼고 있다.

강제적 진입과정을 이용하는 것은 1991년 11월 26일 국회건설위원회에서의 날치기 통과, 1991년 12월 18일 국회 본회의에서의 날치기 통과 등을 예로 들 수 있다. 따라서 중앙정부는 형식적으로는 지방정부의 의견을 존중하고 도민의 참여를 유도하나 실질적으로는 상명하달식 지역개발정책을 추진하는 데 있어서 권위주의적임을 알 수 있다.[52]

이와 같은 대통령과 도지사의 제도적 관계는 중앙정부와 지방정부의 정부 간 관계에서도 그대로 나타나 상명하달의 관계를 보였다. 〈표 4-2〉는 제주도개발특별법 추진과정에서 중앙정부에 대한 지방정부의 종속적 관계를 보여주는 한 단면이다. 실제로 홍영기 지사의 경질은 이를 단적으로 보여주고 있다. 중앙정부는 실질적 주체인 도민을 도외시한 채 '도민주체의', '도민을 위한 법'이라고 주장하지만, 사실상 중앙정부에 종속되어 있는 지방정부는 주민의 여론을 살피기보다는 여당과 정부의 눈치를 볼 수밖에 없는 입장이었다. 따라서 이 당시의 관선단체장은 정치적 자원의 양도 적고 혁신성의 정도도 미흡하며 중앙정부에 종속되어 있는 중개인형(broker)의 성격을 가졌다고 볼 수 있다.[53]

---

52) 황경수, 앞의 글, pp. 26, 133.

53) 예이츠는 정치적 자원의 양과 혁신성의 정도라는 두 차원에 기초하여 단체장의 리더십을 사업가(entrepreneur)형, 우두머리(boss)형, 개혁운동가(crusader)형, 중개인(broker)형으로 구분한다. Douglas Yates, *The Ungovernable City : The Politics of Urban Problems and Policymaking*(Cambridge : MIT Press, 1977) ; 박종민, "집단이론, 후견주의 및 도시의 리더십," 『한국행정학보』, 제34권 제3호(2000 가을), p. 181 재인용.

〈표 4-2〉 중앙정부와 지방정부의 관계

1990. 3. 8	• 국무총리 행정조정실에서 대통령의 특별법 제정 검토 지시사항과 「제주도 종합개발의 기본 방향」이라는 문서를 정부 각 부처와 제주도에 내려보냄.
1990. 4. 23	• 노태우 대통령 제주도 연두순시. 제주도민이 주체가 되고 제주도지사가 책임과 권한을 가져 개발의 모든 것을 주관할 수 있도록 정부 관계자와 제주도지사에게 지시함.
1990. 7. 25	• 정부 · 여당의 당정회의에서 특별법안을 의원입법으로 하여 9월 정기국회에 상정하기로 결정함.
1991. 4. 24	• 청와대의 특별지시로 내무 · 건설부장관, 청와대 관계자, 제주도지사가 회동하여 특별법안을 조속히 확정하여 정기국회에 제출하기로 결정함.
1991. 8. 16	• 민자당 정책위원회의장, 대통령에게 특별법안을 정기국회에 상정하겠다고 보고함.
1991. 10. 3	• 제주도개발특별법 정부안이 공개됨(9장 48조 부칙).
1991. 10. 6	• 제주도개발특별법 민자당안이 공개됨(9장 48조 부칙)
1991. 10. 1	• 제주도, 제주도개발특별법 민자당안에 대해 개발제한구역 내의 행위제한 완화 등 7개 조항을 수정 · 보완해 주도록 민자당에 건의함.
1991. 11. 20	• 민자당 당무회의, 제주도개발특별법안을 확정함(9장 50조 부칙).
1991. 11. 21	• 제주도개발특별법안이 제주 출신 국회의원 3인을 비롯한 민자당 의원 22인의 발의로 국회에 제출됨.
1991. 11. 26	• 민자당 단독으로 국회 건설위원회를 소집하여 특별법안을 기습상정하고 2분 만에 원안대로 적격 통과시킴.
1991. 12. 18	• 여 · 야당의 심야대치 끝에 특별법안이 국회 본회의에서 민자당 단독으로 전격 통과됨.

한편, 행정적 주도자로서 정치, 경제, 연구 주도자의 요구를 행정적으로 홍보하고 여론을 조작하는 종합 역할을 수행하는 정부의 지역 행정기관을 들 수 있는데, 이들은 찬성의 입장을 표명하며 헌신적인

주도자로 나섰다. 건설부의 경우 최초의 특별법안을 제시함으로써 행정적 주도자임을 명백히 했고, 제주도의 경우 의원입법이기 때문에 엄격한 의미에서 주도자일 수 없지만 찬성 홍보와 여론조작 및 관제 공청회를 주도했다.[54]

관선자치단체장의 무능력도 문제였지만 도의회의 무력화도 개발특별법 제정에 있어 문제점으로 지적될 수 있다. 앞에서도 지적한 바와 같이 1991년 실시된 지방의회 선거로 구성된 민선 도의회는 특별법 문제에 가장 큰 역할을 할 것으로 기대됐으나 가장 소극적인 역할밖에 하지 못했다. 도의원들은 17명 중 11명이 반대의사를 개별적으로 밝히는 수준에 안주함으로써[55] 특별법 논쟁에 소극적인 입장을 취했고, 시 · 군 의회는 아예 입장표명은 고사하고 논의조차 주도하지 못했다. 다만 도의회 무소속 동우회 의원들의 경우 늦게나마 반대의사를 표명하지만, 그것 역시 도민이 기대하는 도의회의 역할에는 미치지 못하였다.[56]

2) 지역주민의 역할 : 저항과 연대

제주도민의 제주도개발특별법 반대의사의 표출은 다양하고 지속적으로 나타났다. 중앙집권적 하향식 권력행사에 대해 지역주민은 강한 영향력을 행사하여 당국의 태도를 바꾸거나 때로는 법안이 수정

54) 한석지, 앞의 글(1994), p. 504.
55) 제민일보, 1991년 11월 6일, 7일자.
56) 한석지, 앞의 글(1994), p. 503.

되는 성과를 얻기도 했다. 다음에서는 일반 제주도민의 대지방정부 활동, 대중앙정부활동, 그리고 시민단체와의 연대활동을 중심으로 지역주민의 역할을 살펴보기로 한다.

먼저, 제주도민의 지방정부에 대한 활동이다. 1990년 8월 27일 제주도개발특별조치법 제주도 시안이 지방 언론에 공개되었을 때 도민들의 비판과 반발이 계속되었고, 10월 6일에는 제주민족민주운동연합 등 4개 재야단체가 특별조치법 저지를 위한 결의대회를 갖고 제정 반대투쟁을 선언하였다. 또한 많은 단체들이 특별조치법 제정을 철회하거나 유보할 것을 요구하는 성명을 발표하였다. 제주 출신 국회의원들은 이러한 상태로는 특별조치법 추진이 어렵다고 판단하여 제주도안 등 기존의 시안을 백지화하고 민간인 중심의 특별조치법시안기초협의회를 구성하여 이 기구가 새로 시안을 작성하고 공청회 개최, 여론조사를 비롯한 공정한 절차를 거쳐 의원입법으로 처리한다는 방침 아래 제주도 내의 주요 기관 및 단체에 협의회위원의 추천을 의뢰하게 되었다.

1991년 5월 20일 특별법시안기초협의회가 작성한 시안이 공개되어 그 내용이 종전의 제주도안이나 건설부 시안과 마찬가지로 독소조항들이 수정되지 않았다는 것이 밝혀지자 6월 7일에는 제주도 내 재야단체들이 특별법 저지 대책위원회를 구성하여 반대운동을 조직화하기로 하였으며, 6월 8일에는 최초로 특별법 반대시위가 발생하였다. 이에 따라 특별법 시안기초협의회는 도민들의 의견을 수렴하고 수정 · 보완하여 6월 13일 기초협의회안을 작성하였는데, 도민들로부터 개발 촉진적 성격은 어느 정도 완화되었으나 1차 산업 보호대책과 환경보전 내용이 미흡하다는 비판을 집중적으로 받게 되었다.

6월 28일 홍영기 지사의 제주도개발특별법 관련 대책회의에서 도민 공청회에 대한 왜곡 보고에 대해 도민 반발이 거세지고 도지사 사퇴 요구까지 이르게 되자 제주 출신 국회의원들은 조급한 특별법 추진은 심각한 도민저항에 부딪칠 것으로 예상하여 7월 임시국회에서는 법안상정을 포기하고 그 대신 8월에 국회의원 주최의 공청회를 다시 열어 도민들의 의견을 듣고 법안내용을 다듬은 다음에 9월 정기국회에 상정하기로 방침을 정하게 되었다.

다음으로 제주도민의 중앙정부에 대한 활동이다. 1991년 10월 21일에는 천주교 제주교구 사제단이 외지인 토지소유 현황을 공개할 것을 촉구하는 한편 전국의 교구가 연대하여 특별법 반대운동을 전개하겠다고 천명하였으며, 10월 22일에는 주민과 학생 2천여 명이 참가하여 특별법 제정반대 제2차 범도민 궐기대회를 개최하였다. 이 대회에서는 앞으로의 반대운동은 서울지역 대책위원회, 제주도 내 노동조합 및 종교단체 등과 연대하여 전개할 것을 선언하는 한편, 국회가 특별법 관련 조사단을 구성하여 특별법 시안을 보다 철저하게 검토할 것을 주장하였다. 11월 21일 민자당이 제주 출신 국회의원 3인을 포함한 22인의 발의로 특별법안을 국회에 접수시키게 되자 범도민회와 서울지역 공동대책위원회가 특별법안 철회를 주장하는 성명을 발표한 데 이어 제주도 내 대학 교수 77인이 특별법 제정을 유보할 것을 촉구하는 성명서를 발표하였다. 11월 26일 국회 건설위원회에서 민자당 단독으로 특별법안을 기습 처리한 것에 반발하여 재경 도민들에 의해 국회의사당 앞에서도 항의시위가 전개되었다. 천주교 정의구현사제단과 전민련, 전국 농민회총연맹 등 전국의 10개 재야단체들은 특별법 제정의 전면 백지화, 정부의 공개사과, 제주 출신 국회의원들의 즉각 사퇴를 요구하는 성명서를 발표하였으며, 제주도 의회도 특별법의 변칙처리에 따르는 긴장시국의 해소방안, 도민갈등의 치유방안 등을 제주도 당국에 집중 추궁하였다.

지역주민의 중앙정부에 대한 영향력 행사는 특별법이 의원입법이었기에 민주당과 공조하여 투쟁을 전개하는 방식으로 이루어지기도 했다. 1990년 11월 4일, 김대중 민주당 대표는 민선도지사가 선출될 때까지 특별법 제정을 유보해야 한다고 밝혔으며, 민주당은 11월 6일 특별법 제정유보를 당론으로 확정하고, 민자당이 제주도민들의 반대를 무시하고 정기국회에서 특별법안을 처리할 경우에는 강력히 대응하겠다는 성명을 발표하였다.

11월에 들어와 범도민회 대표들이 상경하여 민자당의 특별법 강행을 항의한 후 민주당 당사에서 농성을 시작하였으며, 특별법 제정반대 서울지역 궐기대회가 민주당 최고위원, 전국민족민주운동연합 공동의장 등 전국 규모 단체의 대표들과 시민들이 참가하여 열리기도 하였다.

지역주민의 중앙정부에 대한 영향력 행사는 지방정부에 대한 것보다 과격한 저항의 형태로 표출되기도 하였다. 1991년 11월 26일 민자당 단독 기습처리에 대해서 제주도에서는 학생들이 민자당 지구당과 경찰관서에 화염병까지 투척하는 과격시위가 발생하여 경찰의 과잉진압으로 30여 명의 부상자가 발생하였으며, 재경도민들에 의해 국회의사당 앞에서도 항의시위가 전개되었다.

민자당은 특별법안을 국회 폐회일인 1991년 12월 18일에 단독처리한다는 방침 아래 17일, 국회법 제85조에 따라 의장 직권으로 본회의에 상정하였다. 이리하여 범도민회 상경투쟁단과 서울지역 공동대책위원회가 국회의사당 앞 규탄시위 및 명동성당에서 농성을 계속하였다. 이러한 도민들의 거센 반발과 의원입법을 막으려는 민주당의 반대로 인해 '날치기' 라는 변칙적인 방법으로 12월 18일 민자당 단독으로 국회 본회의를 통과하게 되었다.

특별법이 국회 본회의를 통과한 이후에도 도민들의 영향력은 선거에서 다시 한 번 발휘하게 된다. 1993년 3 · 24 총선결과 제주의 민자당 의원이 전원 낙선되었다. 또한 범도민회의 계속적인 문제제기 과정에서 토지소유 실태를 조사하여 개발예정지구의 토지가 외지인의 대규모 토지투기와 중앙집권적 개발 통제체제와 결탁한 이권에 의한 외지인의 소유임을 밝혀냈다.

다음에서는 제주도민과 시민단체의 연대활동을 중심으로 제주도 개발특별법에서 제주도민과 시민단체의 관계를 좀 더 구체적으로 살펴보기로 한다. 여러 사회단체에서 계속해서 반대 성명서를 제출하는 한편, 1990년 11월 16일 제민협 등 도내 12개 사회단체는 YMCA 강당에서 '특조법 및 UR 협상저지 범도민운동본부 결성을 위한 대책위'를 결성하였고, 이듬해인 1991년 1월 10일에는 '범도민적 제주도 개발특별조치법 입법저지를 위한 서울지역 공대위'가 특별법 상정기도 중지를 요구하며 제주 출신 의원에게 공개질의서를 보냈다. 각 시군의회와 대학 교수들을 중심으로 특별법 시안과 제정에 대한 부당성을 계속해서 지적했고, 이로써 5월 30일 특별법시안기초협의회에서는 특별법협의회와의 3차 연석회의 끝에 논란이 되던 제18조 '토지수용' 조항을 완전히 삭제시켰다. 5월 31일에는 '제주도농민단체협의회' 창립대회에서 "농민에게 피해가 갈 게 뻔한 특별법 제정을 중단할 것"을 요구하는 성명서를 채택하였고, 6월 7일에는 특별법 저지 5만인 서명운동이 전개되어 반대여론은 점점 더 확대되어 갔다. 6월 29일 제주지역총학생협의회 소속 학생 3백여 명이 특별법 반대 격렬시위를 벌였고, 다음달인 7월 22일 각계 대표 6백24명이 특별법 제정반대 공동성명서를 발표하였다.

이후 9월 7일 '제주도개발특별법제정반대범도민회' 결성을 기점으로 반대운동은 더욱 체계적으로 가속화되기 시작한다. 9월 19일 제1차 범도민회 궐기대회가 탑동 매립지에서 2천여 명이 참석한 가운데 개최되었고, 10월 22일 특별법 제정반대 제2차 범도민회 궐기대회가 개최되기에 이른다. 범도민회를 중심으로 한 범도민적 반대운동은 양용찬 열사의 분신자살 사건 이후 더욱 고조되었다. 11월 8일에는 고(故) 양용찬 씨 추모와 특별법 제정을 규탄하는 대중집회가 학생과 시민 7백여 명이 참석한 가운데 서귀포에서 개최되었고, 민중당 · 전민련 · 전농 · 민자통 · 공추련 등 전국 7개 단체에서 특별법 규탄 성명서를 제출함으로써 전국적인 이슈가 되었다. 11월 11일에는 '특별법 반대 고(故) 양용찬 열사 추모대회'가 6공 이후 최대 인파인 3천여 명이 참석한 가운데 서귀포에서 개최되어 제주도농민단체협의회가 특별법 제정 철회를 촉구하고 경제단체의 특별법 찬성표명을 비난하는 성명을 발표하였다. 11월 14일 이후에는 제총협 소속 대학생들이 연일 거리시위를 벌이기도 하였다. 11월 20일 민자당 당무회의에서 특별법을 제정키로 의결하였고, 특별법 제정반대 제3차 도민궐기대회가 3천여 명이 참석한 가운데 개최되어 갈등은 점점 더 극으로 치닫게 된다. 결국 11월 28일 민자당 단독으로 국회 날치기 처리 통과 이후 시위는 더욱 더 격렬해지게 되었다.

이러한 반대여론이 형성될 수 있었던 배경에는 범도민회와 함께 언론의 역할이 중대하게 작용하였다. 사실상 특별법에 대해 대다수의 도민은 제대로 알지 못하는 상황이었고, 정부 또한 의도적으로 정보공개를 기피함으로써 도민의 알 권리는 배제될 수도 있었다. 그러나 지방 신문사를 중심으로 한 언론사를 통해 특별법 시안이 공개되고 특별법에 대한 논쟁이 불붙기 시작하였다.[57] 또한 중앙정부의 정보 왜곡과 비리 등을 폭로함으로써 근본적인 문제 제기를 할 수 있는 기틀을 마련해 주었고, 특별법의 부당함을 지적하는 기사를 연일 보도하면서 특별법 반대운동의 분위기를 조성하였다.

앞에서 지적한 바와 같이 지역 언론의 특별법에 대한 높은 관심은 제주도민들이 특별법 제정을 반대하게 하는 데 영향을 미쳤다. 대중매체들은 도민들의 특별법 반대운동에 촉매역할을 하였으며, 반대운동의 실상을 보도하며 대중동원 기반을 확대시키는 데 결정적 역할을 하였다.

3) 지역시민사회의 조직화와 '범도민회'

이러한 분위기 하에서 제주도민들의 인식을 향상시키고 도민의 역량을 하나로 결집시켜 체계적인 반대의견을 표출할 수 있었던 것은 지역시민사회의 역량을 하나로 모은 '제주도개발특별법 제정반대 범도민회'가 조직되면서부터이다. 특별법 추진을 반대하는 사람과 집단은 대부분 직접적인 이해관계를 맺는 제주도민, 특히 인구의 54%를 차지하는 제1차 산업에 종사하는 농민과 어민들이다. 그들은 이러한 경험을 토대로 농민단체를 결성하여 정부의 정책에 항의하는 세력화

57) 1990년 8월 27일, 제민일보에 '특별법 시안'(제주도안)이 공개된 후 특별법 내용에 대한 논쟁이 불붙기 시작하였다. 당해연도 9월 4일 건설부에서 제주도개발특별법 시안(건설부안)을 마련해 국무 총리실 등에 제출하자 제주대 사회발전연구소, 12개 농민단체, 제민협 등 반대성명이 잇따랐고, 9월 5일에는 제주 출신 의원 주최 '도민공청회'가 문예회관에서 열려 발언자 대다수가 반대의견을 표명하였다. 그 이후에도 9월 10일에는 흥사단, 청년회의소, 제민협 등 도내 사회단체의 특별법반대 성명이, 9월 13일에는 평민당 도지부 등 도내 9개 단체가 특별법 반대 성명 등이 잇따르게 되었다.

를 모색해 나가며 범도민회의 주요한 구성원으로 등장한다.[58] 또한 재야단체와 학생세력들은 정부의 정책을 비판하고 반대하는 운동을 전개하면서 개발의 역기능을 제기하는 역할을 하였다.

제주도개발특별법 제정 반대운동은 초기에는 운동을 주도해 나가는 주체로서의 단일조직이 없었다. 반대운동이 처음 시작될 때에는 개별 주민과 기존의 농민단체, 제주 대학생을 중심으로 한 학생단체, 제주민족민주운동협의회를 비롯한 재야단체, 제주지방자치연구회 등의 자생단체 및 사회단체, 그리고 일부 교수들에 의해 주로 반대성명과 토론을 통해서 산발적이고 비체계적으로 운동이 전개되었다.

그러다가 1991년 7월, 제주도 내 학계, 종교계, 사회단체, 재야단체, 여성단체 등 각계에서 활동하고 있는 지역인사 624인이 특별법 제정을 반대하는 공동성명을 발표함을 계기로 반대 분위기가 고조되어 반대운동을 주도할 단일조직 결성의 필요성이 제기되었다. 이에 따라 '제주도개발특별법 제정반대 범도민회'는 정부 · 여당이 특별법안을 정기국회에 상정한다는 방침을 확정한 직후인 9월 7일에 발족되었다. 범도민회는 그동안 특별법을 반대해 오던 제주도 농민회, 제주민족민주운동협의회 등 30여 개 단체를 포용함으로써 향후 특별법 반대운동의 주도적 역할을 담당하였다. 민자당의 강행처리와 범도민회의 결성을 기점으로 범도민회의 활동은 대략 네 시기로 나누어 볼 수 있다(〈표 4-3〉 참조).

제1차 투쟁기간(9. 7-10. 21)의 목표는 특별법 제정반대에 대한 도

58) 한석지, 앞의 글(1994), p. 503.

〈표 4-3〉 범도민회의 제주도개발특별법 반대운동 시기 구분

내용 시기	운동목표	운동내용	운동방법
제1차 투쟁기 (9.7-10.21)	운동구심체 및 지역조직의 마련	범도민회, 읍 · 면대책위 결성, 1차 도민대회, 서명, 강연	평화적 집회 및 홍보
제2차 투쟁기 (10.22-11.6)	시민연대기구 및 전국연대기구 마련	서울대회 및 제2차 도민대회, 사제단 투쟁 참여, 상경투쟁	평화적 집회 및 시위
제3차 투쟁기 (11.7-11.19)	고 양용찬 열사의 정신계승과 운동의 가속화	서귀포 장례대회 및 부산대회, 전국 여론화와 연대작업	평화적 집회와 단식
제4차 투쟁기 (11.20-12.18)	정책대안 제시 및 법안의 총력 저지	4차 도민대회 및 정책대안 제시 및 서울, 제주 규탄집회	평화적 집회 (과격시위)

* 자료 : 고창훈 · 한석지, 앞의 글.

민적 여론을 표출하고 반대운동을 조직화하는 일이다. 9월 19일의 제1차 도민대회는 2,500여 도민이 참여하여 평화적인 집회를 치러냄으로써 반대여론의 근거를 마련하고 읍 · 면 단위의 지역조직을 확대하는 계기를 형성, 지역결성대회를 가능하게 한다. 아울러 도의회는 17명의 의원 중 11명이 개별의견을 표명하는 형식이긴 하지만 반대운동에 정당성을 높인다.

제2차 투쟁기간(10.22-11.6)의 목표는 특별법 제정에 대한 시민연대의 확장과 전국 여론화이다. 10월 22일 제2차 도민대회는 3,000여 도민이 참여함으로써 지속적인 주민운동의 가능성을 열었다. 아울러 천주교 제주교구 사제단이 반대의사 표명과 연대투쟁을 선언함으로써 시민의 연대를 확장시킨다. 또한 반대세력은 전국적 여론화를 추구하는데, 학생 그룹은 21일 상경투쟁을 전개하였고, 범도민회 측은 민주당 특별대책위원회의 활동을 이끌어냄과 동시에 서울지역대책

위원회의 여의도 대회(11월 2일)를 개최함과 동시에 제1차 상경투쟁을 벌여 민주당과 공동 연대투쟁의 기틀을 마련, 정치 이슈화해 나가며 전국 언론의 주목을 받는다.

제3차 투쟁기간(11. 7–11. 19)의 목표는 양용찬 씨의 의로운 죽음을 계승하면서 그의 유언에 따라 특별법 제정 반대운동을 가속화시키는 일이다. 고 양용찬 열사 장례대회가 11월 11일 서귀포 지역에서 3,500여 도민의 참석 속에 개최되어 제주도 전 지역에 반대의 열기를 고조시켰을 뿐만 아니라, 특별법 반대운동의 열기를 전국적으로 확산시킨다. 범도민회는 공동대표 6인이 15일부터 6일간 중앙성당에서 단식투쟁을 감행함으로써 반대운동의 열기를 고조시켰고, 9월 17일 부산지역에서 궐기대회를 열어나갔으며, 천주교 제주교구는 상경투쟁을 벌여 민자당과 청와대에 특별법 보류의견을 제시한다.

제4차 투쟁기간(11. 20–12. 18)의 목표는 전국적인 여론화를 지속화시키면서 개발법에 대한 실질적인 정책대안을 제시하고 특별법을 유보시키는 일이다. 범도민회 측은 정책대안으로 '제주도보존특별법'과 '제주형 개발철학'의 정립을 제시한다. 제주지역 문인 31명이 특별법 제정반대 성명서를 발표하였고, 아울러 제주지역 3개 대학 77명의 교수가 법제정 보류를 표명함으로써 반대운동은 지성인의 지지를 받을 뿐더러 정책대안까지 제시하는 책임성을 보인다. 동시에 서울대책위원회는 11월 24일 파고다 공원에서 제2차 대회를 열어 반대운동의 열기를 고조시킨다.

이러한 반대투쟁과 국민적 반대여론도 아랑곳하지 않은 채 민자당은 대통령의 강경한 지시에 따라 여야 합의도 무시한 채 민자당 의원 단독으로 건설위원회를 열어 제주도개발법을 날치기 통과시킨다. 이에 격분한 반대운동 진영은 총력전을 펼쳐 동시다발적인 시위와 항의를 하게 되고 과격한 방식도 나타난다. 서울에서는 상경투쟁단의 국회 내 농성과 국회 앞 시위 및 기자회견으로, 제주지역에서는 연일 거리에서의 시위와 민자당사의 공격이 이루어진다. 제주도개발특별법을 13대 국회의 최대 이슈로 부각시킬 정도로 반대운동은 투쟁의 정당성을 확보한다.

민자당은 여론에 밀려 이슈법안 재론의 방침을 제시하면서 12월 중순으로 특별법 강행을 지연하지만 반대진영은 항의를 멈추지 않는다. 12월 7일 서울지역은 여의도에서 제3차 대회를 열고 제주지역은 학생들이 시내 중심지에서의 연속적인 가두시위를, 성산 사제단은 광양성당에서 특별기도회를 개최한다. 국회 본회의를 앞두고 범도민회는 조천, 대정, 성산, 서귀포의 규탄집회를 연속적으로 열어 15일 제4차 도민대회를 개최함으로써 국회통과에 대비하고, 제3차 상경투쟁단을 파견 명동성당과 민주당사에서 단식농성, 국회 앞의 시위를 전개하고, 제주지역에서도 동조단식에 들어간다. 그러나 민자당은 12월 18일 국회 본회의에서 야당의 육탄저지마저 밀어붙인 채 민자당 내의 이견과 환경처의 이의제기의 논리조차도 잊은 듯 단독 날치기 처리를 하고 만다.

이상에서 볼 때, 다른 주민운동조직과 마찬가지로 범도민회도 반대운동의 전개과정에서 정당성을 놓고 운동대상[59]인 정책추진기관과 경쟁했다. 범도민회는 자신들의 특별법 반대가 제주도민의 생존권과 생활권에 입각한 정당한 것인 반면에, 정책추진기관의 특별법 제정

59) 운동대상은 운동주체가 자신들의 목표를 관철시키기 위하여 행동화하는 상대를 의미한다. 제주도개발특별법 제정 반대운동의 경우에 운동대상은 법제정의 주체와 그 지원기관들인 중앙정부, 제주도, 국회 및 제주 출신 국회의원들이 된다. 즉 정책추진기관이 운동대상이 된다.

의도는 외지 대자본에게 특혜를 주기 위한 것이므로 도덕적 정당성이 결여된 것이라고 일관되게 주장하였으며, 경우에 따라서는 정책 대안까지 제시하였다.

범도민회는 결성 후 4차에 걸친 특별법 제정반대 도민궐기대회, 특별법 제정에 반대하여 분신자살한 양용찬 씨 추모집회를 비롯한 여러 차례의 대규모 집회를 개최하여 반대 분위기를 고조시켰고, 8만 명에 이르는 특별법 제정반대 서명을 받아냈으며, 서울과 함께 부산 거주 제주도민들의 특별법 반대집회를 추동했다. 그리고 민주당, 언론노동조합연합, 민주교수협의회, 전국 대학생대표자협의회를 비롯한 전국 단위의 지원집단을 확보하는 데에 주력함으로써 특별법 반대운동의 명실상부한 구심점이 되었다.

범도민회는 특별법이 제정된 후에 조직이 해체될 때까지 강한 결속력을 유지하였다. 그 이유는 조직구성원이 특별법이 제정되면 난개발과 1차 산업의 몰락 등 여러 가지 역기능을 초래하여 제주도의 바람직한 발전을 저해시킨다는 인식의 공감대를 형성하고 있었을 뿐만 아니라, 그동안 다른 주민운동을 추진했던 경험을 통하여 집단활동을 꾸려나갈 수 있는 역량이 비축되었기 때문이다. 즉 1980년대 후반에 제주도에서는 탑동 공유수면 매립 반대, 송악산 군사기지 확장 반대, 쓰레기매립장 설치 반대, 분뇨처리장 설치 반대 등 많은 주민운동이 발생했는데, 이 가운데 송악산 군사기지 확장 반대운동과 일부의 쓰레기 매립장 설치 반대운동은 목적을 달성하여 정책추진기관으로 하여금 입지선정을 변경하지 않을 수 없도록 하였다. 이러한 경험을 통하여 지역주민들은 집단활동에 대한 지식과 대처능력을 배양할 수 있었으며, 이것이 범도민회의 결속력을 강화시킨 중요한 요인의 하나가 되었다.

4) 제주도개발특별법 제정과 지방정치의 특성

여기서는 분석결과에 기초해 1990년대 초반 제주도 지방정치의 특성을 살펴보기로 한다.

제주도개발특별법 제정 반대운동이 일어나게 된 주요 원인으로 중앙집권적인 지역개발정책이었다는 점을 들 수 있다. 제주도 지역개발의 주체가 도민이어야 함에도 실질적으로 중앙정부와 여당이 주체이고 지역주민은 객체였다는 사실에서 첨예한 대립이 나타났다. 정책과 법제안의 핵심적 연구주체, 정치적 주체, 경제적 주체가 중앙의 연구기관, 중앙정부, 재벌들이었기 때문에 제주지역민은 객체적 대상에 머물렀다. 당시까지 추진한 개발정책들은 중앙정부와 대자본 주도의 정책추진으로서 도민의 삶과 현실을 거의 무시해 왔다. 따라서 도민은 점차 개발의 모순을 인식하고, 나아가서 개발에 대한 반대논리를 개진하고 모순극복을 위한 지역운동의 주체로 나서게 된다. 개발정책에 대한 도민적 저항의 공감대는 정책을 그대로 따르는 것은 버림받고 소외된다는 현실경험에 근거하는 것이기 때문에 정책결정 과정에 주체적으로 참여하고 싶었다.

따라서 지역개발정책이 수립되기까지 중앙정부와 지방정부의 관계만으로 그 정치과정을 설명할 수 없다. 이는 정책결정 과정에서 지역주민은 개개인으로서가 아니라 시민단체, 지역이익단체 등을 통해 집단의 요구를 표출하기 때문이다. 따라서 정치과정을 살피기 위한 변수로 중앙정부, 지방정부, 지역주민으로 크게 집약할 수 있고, 각 변수의 상호작용의 관계를 고찰할 필요가 있다.

먼저, 중앙정부와 지방정부의 관계이다. 1990년대 초반 중앙정부의 유형은 권위주의형으로 볼 수 있고, 지방정부는 종속형으로 볼 수 있다. 즉 특별법 제정과정에서 중앙정부는 지방정부에 대해 권위주의적이고, 지방정부는 중앙정부에 대해 종속적이었다. 이러한 성격은 당시 완전한 지방자치제가 정착되지 못하여 지방자치단체의 장인 도지사가 임명직이었다는 점에서 비롯된다.

이러한 예로, 중앙정부가 지역개발정책을 결정하는 데 있어서 비밀주의 하에 작성과정이나 내용을 전혀 지역주민들에게 알리지 않았다는 점에서 드러난다. 1990년 3월에 대통령이 특별법 제정을 제주도와 건설부에게 지시하여, 시안을 작성하고 공청회를 거쳐 법안을 확정하여 국회에 상정하기로 되어 있었는데, 이 부분을 중앙정부가 전혀 공개하지 않았다. 또한 1991년 연두순시차 제주를 방문한 노태우 대통령의 지시에 의해 특별법 제정은 다시 추진되기 시작했고, 홍영기 제주지사가 전격 경질되고 우근민이 제주지사로 임명된다. 이러한 과정은 결국 중앙정부의 권위주의적인 모습을 드러내고 있다. 또 다른 예로 특별법 제정과정에서 여당인 민자당이 1991년 11월 26일 단독으로 법안을 기습 상정하여 통과시킨 일이나, 1991년 12월 18일 또 다시 민자당이 국회 본회의에서 단독으로 '날치기' 통과시켰다는 점을 들 수 있다. 이것은 정책결정 과정에서 절차상의 민주성보다 대통령의 의지가 크게 작용하고 있음을 여실히 보여준다.

다음으로 지방정부와 지역주민 간 관계이다. 지방정부도 권위주의형으로 볼 수 있다. 여기서 '권위주의형' 은 '중앙정부 → 지방정부' 에서 본 권위주의형과는 차이가 있다. 당시 지방정부의 권력은 순수하게 지방정부 자체로부터 나오는 권력이 아닌 중앙정부 대변자로서의 권력이기 때문에 '중앙정부 → 지방정부' 에서 나타나는 유형과는 차이가 있다. 따라서 권력흐름의 강도도 약하게 나타났다. 1990년 6월

26일 있었던 제주도 주최의 특별법 기초협의회 시안에 대한 공개토론회에서 주최측에서는 초청장 발부를 제한하여 특별법을 반대하는 교수 및 농어민단체 대표들을 초청대상에서 제외시킨다는 방침을 세워 물의를 일으켰으며, 토론회 직후인 6월 28일 서울에서 열린 제주도개발특별법 관련 대책회의에 참석한 홍영기 지사가 특별법 제정 추진상황을 보고하면서 사실과는 전혀 다르게 왜곡하여 내용을 보고함으로써 도민여론을 악화시켰던 사례에서 알 수 있듯이 도민을 배제하려는 태도를 보였다.

다음에서는 제주도개발특별법 제정 반대운동에서 지역주민의 역할을 정리해 보기로 한다. 1960년대부터 추진되어 온 정부와 대자본 위주의 관광개발정책은 제주도민들로 하여금 정부와 외지인에 대한 부정적 인식을 키웠고, 제주도민의 삶에 불안감을 조성하게 하였다. 또한 급속한 개발의 결과로 나타난 사회적 · 경제적 문제점과 환경파괴는 도민의 분노를 일으키게 했다. 또한 역사적으로 오랜 시기 동안 중앙정부로부터 배격되고 핍박받아 온 사실은 제주도민의 의식형성에 큰 영향을 미쳤다. 특히, 4 · 3사건으로 인해서 형성된 중앙정부에 대한 반감은 여전히 과소평가할 수 없다.

그리고 역사적으로 형성되어진 중앙정부에 대한 반감과 불신 외에도 권위주의 체제에 맞서 이룩해 온 민주화 과정에 따른 도민들의 정치의식 향상 또한 중요한 역할을 하였다. 민주화 운동 이후 전국적 단위의 사회운동들이 기지개를 켜면서 지역사회 차원에서도 이들의 지부에 해당하는 지역사회운동의 움직임이 활발해졌다. 또한 민주주의 제도가 갖춰지면서 지역주민들이 스스로의 권익을 되찾기 위해 지역사회운동에 가담하거나 지역주민운동을 독자적으로 조직하기 시작했다. 민주화는 이같은 정치적 개방을 통해 지역운동에 활기를 불어

넣는 한편으로, 제한적인 개방에 그침으로써 또 다른 각도에서 지역운동을 촉발시켰다.[60] 따라서 제주도민들 역시 이러한 흐름에 따라 자신들의 권리를 적극적으로 펼칠 수 있었다. 즉 이익지향적 가치관에 따라 도민들은 자신들의 기본적 권리를 찾기 위해 적극적으로 자신들의 의견을 피력하고 반영시키기 위한 노력을 전개했던 것이다.

그런데 이 과정에서 권위주의적인 정치문화나 관료주의적인 행정관행이 여전히 자리잡고 있었다. 행정관료들이 비합리적으로 정책을 결정하고, 이러한 정책내용을 사후적으로 공표한 후 주민들에게 그 타당성과 사회적 필요성을 강변하는 '주민배제적'인 하향식 정책모형이 여전히 활개를 치고 있었다.[61] 따라서 이에 저항하는 이러한 태도를 지역이기주의와 결부시키는 것은 자칫 당시 권위주의 체제 안에서의 비민주적인 정책결정 과정을 정당하다고 옹호하는 수단으로 악용되어질 수 있다.

더구나 정부는 정보공개와 의견수렴 측면에서도 의도적으로 도민들을 배제시키고 찬성여론 조작을 시도함으로써 민주정치의 기본 원칙을 명백하게 위배했다.[62] 이러한 정부에 대한 제주도민의 저항은 정

---

60) 장세훈, "지방자치 시대 지역운동의 현실과 전망," 『경제와 사회』, 통권 53호(2002년 봄호).

61) 위의 글, p. 73.

62) 제민일보에 의해 특별법 시안이 공개된 후 반대여론이 점점 더 확대되어 감에 따라 제주도는 1990년 9월 '도정자문위원회 간담회' 등 여러 모임을 통해 특별법 찬성 여론조성에 나섰다. 10월 8일에는 민자당 정책회의에 '제주도개발특별법 제정 추진현황 및 향후 계획'이라는 보고서가 제출되었는데, '언론이 여론 오도' 등 왜곡된 내용과 함께 건설부안을 고스란히 수용한 특별법 시안을 강행할 것을 시사해 파문이 되었다. 1991년 6월 26일에 있었던 제주도 주최 「제주도개발특별법토론회」에서는 공무원들이 대거 동원, 자리를 선점하고 일반인의 방청을 제한하는 등 '관제공청회'라는 여론을 야기시키기도 하였다. 이틀 후 6월 28일에는 홍영기 지사가 이날 오전 정해창 청와대 비서실장 주재로 열린 '제주도개발특별법 관계대책회의'에서 『제주도개발특별법 제정 추진 현황』이라

책내용의 문제만이 아니라 정책결정 과정의 부당성을 문제 삼고 전개한 반대투쟁으로서 타지역에서는 찾아보기 힘든 특이한 양상으로 전개되었다. 따라서 제주도민들이 기본적 권리를 지키기 위해 전개한 반대운동은 지방정치 차원에서 당연한 정치참여였다고 볼 수 있으며, 제주지방정치의 민주화 과정에서 그 의의가 크다고 평가할 수 있다.

는 보고서를 제출했는데, "특별법토론회 참석자 1천 명 중 반대는 1백여 명뿐"이라고 왜곡 보고하였다. 이러한 정부의 행위는 결국 중앙부처의 심의과정에서 특별법 조항을 전면수정, 제1조 '도민이 주체가 되어 …' 문구가 삭제되고, 지방의회 권한과 주민참여가 대폭 제한되어 중앙통제권한을 강화시키는 파행까지 낳았다. 제민일보, 1991년 9월 18일자.

제5장

'제주국제자유도시' 추진과 지방정치

1. 정치 · 경제적 환경

1) 단체장 직선과 전면적 지방자치의 출범

지방자치제는 주민자치에 입각한 풀뿌리 민주주의를 실현하는 역할을 하며, 지역의 특성에 맞는 정책을 수립 · 집행하고, 합리적인 주민참여 시스템을 통하여 지역발전과 주민권익을 향상하는 데 큰 의의가 있다. 한국의 지방자치제도는 1991년 지방의회 구성과 1995년 민선 단체장이 선출되면서 중앙정부의 권한과 업무가 속속 지방으로 이양되고, 지방자치단체의 정책결정 기능이 대폭적으로 강화되는 등 지방자치단체의 역할과 운영에 많은 변화를 가져왔다. 더욱이 지방자치제도는 지방정치의 활성화 국면에 있어서 중앙정부와 지방정부 간의 관계 재조정을 통하여 영향력을 발휘하였고, 지방자치제도 실시 이전과는 달리 선거로 구성된 지방정부의 단체장은 정당과의 관계뿐만 아니라 다음 번 재선을 위한 대 시민사회 관계에 신경을 쓰지 않을 수 없게 되었다.[1]

결국, 1995년 지방자치제의 전면 실시는 일방적이고 획일적인 중앙집권적 운영형태에서 지방의 여건과 특성을 고려하는 지방분권적 운영형태로의 전환을 의미한다고 볼 수 있다. 지방자치제 실시 이전에는 주민이 원하든 원하지 않든 지역정책에 관한 대부분의 정책결정권이 중앙에 편중되어 있었으며, 지방정부에서는 중앙에서 계획 및 배분하는 상명하달식 정책에 따라 단지 행정 서비스를 집행하는 것으로만 인식되어 왔다. 그러나 지방자치제가 본격적으로 시행되면서 민선 단체장들은 중앙정부의 일방적 지시나 자기 독단적으로 정책을 결정하는 것이 아니라, 주요 시책의 의사결정 과정에서부터 시행 · 평가 단계에 이르기까지 주민 의견수렴 절차를 거치려 하고 있고, 자치행정의 무게 중심이 공급자인 관(官) 편의 위주에서 수요자인 민(民) 편의 위주로 전환되고 있는 상황이다.

따라서 지방자치제도 실시 이후의 지방정치를 분석하기 위해서는 중앙정부의 의도도 파악해야 하지만, 동시에 지방정부와 지역적 수준의 시민사회와의 관계에 주목해야 한다. 즉 전면적으로 지방자치제도가 실시된 이후 지역에서는 통제와 지시가 아닌 협조와 공존을 위한 새로운 관계가 생성되어 가고 있는 것이다.

---

1) 강명구, "지방자치와 도시정치 : 행위자 중심적 해석을 위한 시론적 연구," 『한국정치학회보』, 31집 3호, p. 122.

제주도에서 국제자유도시 발전전략은 1998년 6 · 4 지방선거에서 국민회의 우근민 후보[2]가 민선 2기, 제32대 제주도지사에 당선된 이후 우근민 지사가 이끄는 제주도의 발전전략이다. 당선 후 우근민 제주도지사가 1998년 9월에 발표한 선거공약 실천계획은 민선 단체장에게 요구되는 제주도민의 삶의 질을 향상시킬 수 있는 내용이었다. 우근민 제주도지사의 18개 분야 116건의 선거공약 실천계획은 21세기 제주를 동북아 거점도시로 발돋움할 수 있는 기반과 전반적인 청사진을 마련하는 데 역점을 두었다. 특히, 세계적인 관광 · 휴양도시 12건, 첨단정보기술센터 5건, 준거점(허브) 구축과 물류기반 확충 5건, 평화 · 번영을 지향하는 국제교류 협력 4건 등은 제주도 국제자유도시의 기본적인 배경이 된 것들이다.

이러한 우근민 제주도지사의 선거공약 실천계획과 제주국제자유도시 추진은 민선 단체장으로서 제주도민들을 위해 요구되는 '주민의 삶의 질 향상'의 최대 목표를 실천해 나가려는 것으로 볼 수 있는데, 이는 지방자치제도가 실현되면서 민선 단체장들에게 최우선의 과제가 되었기 때문이다. 그러나 다른 한편으로 '주민의 삶의 질 향상'이라는 목표는 재선(reelection)을 위한 제주도민의 광범위한 지지를 얻기 위한 것이었다.

게다가 1998년은 지방재정의 위기와 국가 전체 위기인 IMF 경제위기로 큰 어려움을 겪고 있는 상황이었다. 이러한 상황에서 정치지도자에게 위기를 극복할 수 있는 방안을 마련해 주었으면 하는 기대

2) 우근민 후보는 1995년 6 · 27선거 때 여당 도지사 후보로 입후보하였으나 무소속 후보에게 패배한 뒤 제2기 민선 도지사로 당선되었다. 관선 자치단체장 시기의 27대와 28대 도지사를 역임한 것에 이어 3번째 도지사직이자 민선 2기 도정을 이끌게 된 것이다.

심리는 대통령에게만이 아니라 도지사에게도 향하게 되었다. 당시까지 도 내에서 합의가 이루어지기 어려웠던 4 · 3 특별법 제정, 감귤대란을 막기 위한 범도민 열매솎기운동 추진 등의 사안들을 추진하는 과정에서 도민들은 우근민 도지사에게 어느 정도의 기본적인 기대감을 갖게 되었는데, 이것은 2002년 우근민 도지사가 민선 3기 도지사로 당선된 이유들 가운데 하나이기도 하다. 이러한 측면은 우근민 도지사 주도의 국제자유도시 추진전략에도 영향을 미쳤다.

다른 한편, 우근민 도지사가 국제자유도시 건설이라는 대형 사업을 추진하게 된 것은 전국적인 흐름 속에 있다. 즉 우근민 지사만이 아니라 대부분의 자치단체장들은 지방자치 시대를 맞이하면서 대형 지역개발사업에 치중하는 경향을 보였고, 각 지역별로 우후죽순으로 생겨난 경제특구들이 이를 대변하고 있다. 이처럼 자치단체장들이 대형 지역개발사업 추진에 치중하는 배경에는 득표 극대화의 논리에 따라 재선을 위해서 대형 사업을 추진, 지역주민들로부터의 지지를 이끌어내려고 하기 때문이기도 했다. 다시 말하면, IMF 경제위기를 겪으면서 경제난을 가장 큰 문제로 여기는 도민들의 지지를 얻기 위해서는 국제자유도시라는 대형 사업으로 경제난 타결의 방법을 마련할 필요가 있었고, 이러한 가시적인 성과물을 이용하여 다음 선거에서 자신의 자리를 확고히 하려는 도지사의 정치적 의도가 작용한 것이라고 볼 수 있다. 실제로 정책변화의 동기가 사회경제적 변화와 위기 대처에 있고, 그 때문에 정책선택의 준거 또한 경제적 합리성이 중요하게 고려되지만, 정책결정 과정에서 정치의 개입이 불가피하고 그러한 개입으로 인해 오히려 정치적 합리성을 더 중요하게 고려하는 경우가 많기 때문에 결국 정책선택은 정치의 문제로 환원될 수 있는 것이다.

2) 지방경영 패러다임의 강화

1990년대 후반 이후 한국의 지방정치는 지방경영 패러다임의 강화로 특징지을 수 있다. 여기에는 1990년대 후반의 경제위기 상황, 제주 발전의 한계와 신자유주의 흐름 속에서 이에 적극적으로 대응하기 위한 지방주도적 발전전략이 요구되는 상황이었다는 점이 작용하였다.

1990년대의 한국은 권위주의적 발전 모델을 통해 계속적인 고도성장 속에서 OECD 가입국, 국민소득 1만 달러 시대에 진입하는 등 아시아의 용으로 각광받으면서 제3세계의 발전 모델로 연구되기까지 했다. 그러나 1997년 1월 23일 한보철강 부도, 대외신인도 추락을 시작으로 대기업들의 연쇄적인 부도, 부도유예협약, 화의, 법정관리, 계속되는 주가하락과 환율상승, 한은 외환보유고의 고갈 등 일련의 사태 이후 1997년 11월 21일 결국 IMF에 구제금융을 공식 요청하기에 이르고 1997년 12월 3일, IMF 구제금융 합의 이후 공황에 의한 경기후퇴가 더욱 심화되어 총체적인 국가 경제위기에 빠지게 된다.

IMF 관리체제 하에서 IMF 자금지원과 IMF가 제시하는 주요 경제정책과 구조조정이 실시되면서 우리나라 국가경제에 커다란 영향을 미쳤고, 이같은 여건은 제주지역 경제에도 많은 어려움을 주고 있었다. 특히 1990년대에 들어와 최근까지 침체상태를 벗어나지 못하고 있는 제주 경제에 더욱 어려움을 가중시키고 있다. IMF 위기는 제주지역경제의 2대 지주산업인 농업(감귤)과 관광산업에 커다란 영향을 미쳤다.

우선 제주도 내 농업은 도내 총생산액(GRDP) 가운데 약 26%를 차지하고 제주 경제성장을 이끌어온 주력산업으로 제주 경제의 안정적인 성장을 위한 역할 면에서 매우 중요한 위치에 있다. 그런데 IMF 위기 이후 환율급등에 의하여 수입원자재 비중이 높은 농약, 농기계, 사료, 유류 등의 가격상승에 의하여 농업생산비용이 크게 증가하였고, 이외에도 금융긴축 운용에 따른 금리상승과 금융자금 경색으로 농가부채가 많은 농가들에게 과중한 금리비용 부담과 자금난을 겪게 하였다. 특히 제주도의 생명산업인 감귤산업은 수입개방, 국내 과일소비의 한계, 해거리 현상으로 성장의 한계의 직면하게 되었다.

다음으로 제주도 내 관광산업도 제주지역 경제성장을 이끌어 온 또 다른 주력산업으로 1970년대와 1980년대에 매우 높은 성장세를 유지하였으나 1990년대 들어와 급격히 성장세가 낮아져 왔는데, IMF 체제 하에서 3% 이내 저성장, 산업구조 조정과정에 발생될 고실업률, 정부, 가계 등 경제주체의 소비심리 위축과 함께 여행자제 분위기가 확산되면서 국내 수학여행, 산업시찰, 가족휴가 등의 관광객이 급격히 감소하였다.

이와 같이 농업(감귤)과 관광산업이 제주지역 경제의 2대 지주산업을 형성하고 있고, 2차 산업은 매우 미약하여 타지역과 비교시 1, 2차 산업의 경제비중이 뒤바뀌어 있는 구조를 가지고 있다는 현실을 감안할 때, 1990년대 말 상황은 새로운 제주 발전전략이 필요한 시점이었다. 실제로, 1990년대 후반은 제주 발전이 한계에 직면한 상황이었다. 제주개발사에서 제주 경제의 특징은 국내 경제성장에 의존하는 의존적 경제구조, 제주의 인구 및 도내 총생산은 총인구와 국내 총생산의 약 1% 내외를 차지하는 규모의 영세성, 농업과 관광에 대한 의존도가 높은 산업구조의 양극화 현상과 이로 인한 불안정적인 성장 등이었다. 더구나 농수축산물의 전면적인 개방, 남북한 관광교류의 확대, 해외여행 자유화 등으로 인해 제주 경제의 두 축을 이루던 감귤산업과 관광산업의 미래가 결코 밝지 않은 상황이었다. 이같은 상황하에서 새로운 지역발전전략으로 창출된 것이 국제자유도시 추진전략이었다.

사실, 이러한 지역발전전략의 필요성은 신자유주의로 상징되는 새로운 세계경제 흐름에 대한 대응전략 차원도 중요하게 작용했다. 세계경제는 정보화의 진전에 따라 국경의 의미가 점차 사라지고 있고, 경제적 주도권을 확보하기 위한 국제적 경쟁이 뚜렷이 나타나고 있다. 이에 각국은 세계화, 개방화의 추세에 부응하여 경제 블록의 형성 등 자국의 경쟁력을 제고하기 위한 노력을 기울이고 있다. 아울러 각종 장벽의 완화로 활동의 폭이 크게 넓어진 세계의 자본 및 기업을 자국에 유치하기 위한 투자거점 개발을 적극 추진하고 있다.

신자유주의 논리[3]는 국가의 활동과 역할을 최소화할 것을 주장한다. 따라서 국가는 경제활동과 관련한 보호주의적 장벽이나 관료주의적 규제, 그리고 복지국가적 개입을 과감하게 줄이고 기업활동의 자유를 최대한 보장하자는 것이다. 이러한 신자유주의와 맞물린 지방화는 지방의 고유 특성과 독자성을 강조하고, 중앙과 지방 간의 상호관계를 재정립하여 권한을 재분배할 것을 요구한다. 다시 말해, 지역의 경쟁력 확보는 지역 스스로가 이루어야 한다는 것이다. 그렇기 때문에 타국의 지방도시와 직접 교류할 수 있고, 국가 중심의 단원적

---

3) 신자유주의는 국가의 개입과 규제로부터 자유로운 자유시장만이 자원의 효율적인 배분에 적합하다고 주장하는 경제이념이다. 이는 자유시장경제에 가해지고 있는 대부분의 정치적·사회적 제약을 폐기하고 사회적 관계를 시장경제적 관계와 자본의 경쟁논리에 따라야 한다고 주장한다. 정책적으로 한국에 신자유주의가 도입되는 과정에 대해서는 한석지, "1980년대 한국의 경제정책 변화와 정책선택의 정치," 『동아시아 연구논총』, 제11집 (2000) 참조.

교류체계에서 복합적 상호 의존 및 교류체계의 세계를 지향한다.

이렇게 신자유주의와 새로운 지방경영 패러다임은 기존의 국가주도적 발전전략의 전환을 요구하였다. 그리고 세계화와 지방화는 이 시대를 거스를 수 없는 대세로서 기존의 경직되고 획일적인 국가주도적 발전전력 차원으로 감당할 수 없었다. 이러한 상황에서 지방주도적 발전전략의 수립은 필수불가결한 것이었다.[4]

제주도는 이러한 지방주도적 발전전략의 일환으로서 국제자유도시를 기획하게 되었다. 제주국제자유도시는 제주를 국가 전략상품으로 개발하여 세계 우수의 투자기업과 관광객 유치를 통해 국가경쟁력을 강화하고자 추진되는 국가 발전전략이고, 제주와 한국의 경제발전을 견인하고 도민의 삶의 질을 제고하기 위한 정책적 수단으로 기획된 것이기도 하다.

3) 국제자유도시 개발의 역사적 경험

제주도는 국내 타지역과 뚜렷이 구분되는 기후, 청정지역으로서의 이미지, 지리적 중심성 및 격리성으로 인하여 특정지역으로 개발하기에 적합한 여건을 갖추고 있다. 이러한 특성으로 인하여 그간 수차례에 걸쳐 국제자유지역으로 개발하려는 방안이 검토된 바 있다. 지난 40여 년 동안 중앙정부는 제주도를 '자유항' 또는 '특정자유지역'으로 개발하려는 구상을 계획하였으나 성공 가능성 희박, 투자재원 과

4) 고경민, "세계화 · 지방화 시대의 지역발전 : 지방주도적 발전전략의 시론적 모색," 『동아시아 연구논총』, 제9집(1999).

〈표 5-1〉 제주도 국제자유지역 추진사례(1963-1989)

연도	추진주체	계획내용	결과
1963	국무총리실	중계무역 · 물류 중심지 자유항	시행 유보
1975	건설부	국제교역 · 관광 · 수출가공 · 석유비축 기능 자유항	구체 계획안 수립 안 함
1980	경제과학심의회	전국 15개 후보지 중 '대정지구'를 자유항 후보지로 선정, 조성 방안 수립	추진 보류 (경제기획원)
1983	국토개발연구원, 벡텔	금융 · 업무자유지역, 개발비 총 2조 9천억 원	개발 유보 (경제장관회의)
1989	한국개발연구원	국제자유지역 종합검토	조성 유보 건의 (한국개발연구원)

* 자료 : "'계획' 만 세우는 제주 개발," 중앙일보, 1999년 4월 30일자 9면.

다 등의 이유로 시행이 유보되었다. 1990년 이전까지의 제주도의 국제자유지역 추진사례를 정리하면 〈표 5-1〉과 같다.

〈표 5-1〉에서 보듯이 1963년 이후 1989년까지 '국제자유지역' 계획은 중앙정부에 의해 계획만 수립되었을 뿐 추진은 모두 보류되었다. 중앙정부에 의해 실제로 추진된 제주 개발정책은 수출전략산업으로서의 관광개발과 이를 보조하기 위한 산업개발이었다.

그동안의 주요 개발구상의 내용 및 추진결과를 보면 1963년도에 외국인 투자유인 방안으로 제주도 전 지역 및 제주시에 국한된 자유지역 설정 구상안을 검토하였으나 홍콩과 경쟁 면에서 불리하고, 세계 각국의 자유항이 적자 운영되고 있어 경제적 이익을 기대하기 어려우며, 출입국, 토지소유, 통관 등에서 광범위한 자유는 국가 안보상 손실이 클 뿐만 아니라, 국민경제에 바람직한 기여가 되지 못할 것으로 판단하여 자유항에 대해 부정적 결론으로 시행이 유보되었다.

1975년에도 건설부 주관으로 제주 자유항지구, 서귀 자유항지구, 화순 비축기지 자유항지구, 성산 원목기지 자유항지구 등에 국제교역 · 관광 · 수출가공 · 석유비축 기능 등을 갖춘 특정자유지역 개발구상을 검토하였으나 정책적 지원을 얻지 못하여 기초조사만 시행하고 구체적인 개발계획은 입안하지 못한 바 있다.

1980년도에 경제과학심의회가 중심이 되어 자유항 설치를 검토한 결과 중국과의 경제교류 접근이 시도될 가능성이 있어 제주 자유항 설치를 장기간에 걸쳐 추진하면 한국을 대외적으로 부각시키는 데 크게 기여할 것으로 판단하였으나, 경제기획원은 성공 가능성이 불투명하고 투자소요액이 막대하다는 점을 들어 관광을 중심으로 개발을 추진하는 것이 바람직하다고 결론을 내렸다. 1983년도에 특정지역 제주도종합개발계획에 따른 국제자유지역 조성계획을 수립하였으나 1984년도 경제장관회의에서 국제자유지역 조성은 발전 가능성이 불투명하고 투자재원의 과다, 투자효과의 불확실성 등의 이유로 2001년 이후로 유보하고 국제관광지로 조성한다는 결론을 내렸다.

그러나 제주 개발정책에서 국제자유지역계획이 모두 보류되었다고 해서 제주 개발에 전혀 영향을 미치지 않은 것은 아니었다. 말하자면 제주 개발의 거시적 목표는 변함 없이 '국제자유지역'이었고, 단지 여러 가지 국내외적 여건상의 미비로 중단 또는 보류되었을 뿐이다. 현재 추진되고 있는 '국제자유도시' 계획도 이러한 제주 개발의 거시적 목표가 세계화 · 지방화의 급류를 타고 현실화된 것으로 볼 수 있기 때문이다.

다음에서는 '제주도개발특별법'에 근거한 제주도종합개발계획(1994-2001)과 1990년대 이후 제주국제자유도시 기본계획(2001)의 특성을 살펴보기로 한다. 먼저, '제주도개발특별법'에 근거하여 도민들의 참여와 지역적 여건을 반영하고 장래의 여건변화에 적절히 대처할 수 있도록 정책방향과 지침을 설정한 제주도종합개발계획(1994-2001)이다. 이 계획은 제주도를 관광뿐만 아니라 첨단과학단지, 물류의 유통단지, 농특산물의 세계적 경쟁력 확보를 통한 제주도민의 경제력 확보 등을 목표로 하여 다방면의 종합적인 제주도 개발을 추진하기 위한 기본계획이다.[5] 이 계획에 준하여 제주도는 국제적 관광지로서 뿐만 아니라 첨단산업 및 물류의 종합적 유통 중심지의 역할을 하기 위한 제주도종합개발계획을 수립하여 분야별로 다양한 목표를 설정하고 체계적인 제주도 개발을 추진하기에 이르렀다고 볼 수 있다.

다음으로 주목할 만한 계획은 1999년 수립된 제주 경제발전 5개년 계획이다. 이 계획은 제주지역 경제발전을 실현하기 위한 현실적 대안을 제시하고 제주도 국제자유도시 실현을 뒷받침하기 위한 산업경제정책을 제시한 계획으로 제주도를 국제관광도시로 개발하는 것은 물론 외국의 국제자유도시를 모델로 개발하는 기본계획을 추진하는 것을 목적으로 한다.

그리고 2001년 수립된 제주국제자유도시 기본계획은 제주도를 사람, 상품, 자본이동이 자유롭고 기업활동의 편의가 최대한 보장되는 동북아 중심 도시로 발전시키기 위한 기본 방향을 제시하고 있고, 제4차 국토종합계획(2000-2020)은 21세기 국가발전을 견인하고 지역경제 기반을 확충하며 삶의 질을 제고시키기 위하여 관광, 비즈니스, 물류, 교역, 금융 등 지식기반산업의 복합적 전략기지로서 친환경적 복합형 국제자유도시를 건설하기 위하여 다양한 생물자원의 보존과 개

5) 이종훈, "제주도의 국제관광지개발에 관한 연구," 단국대학교 석사논문(2003), p. 41.

〈그림 5-1〉 제주국제자유도시 종합계획도(2002-2011)

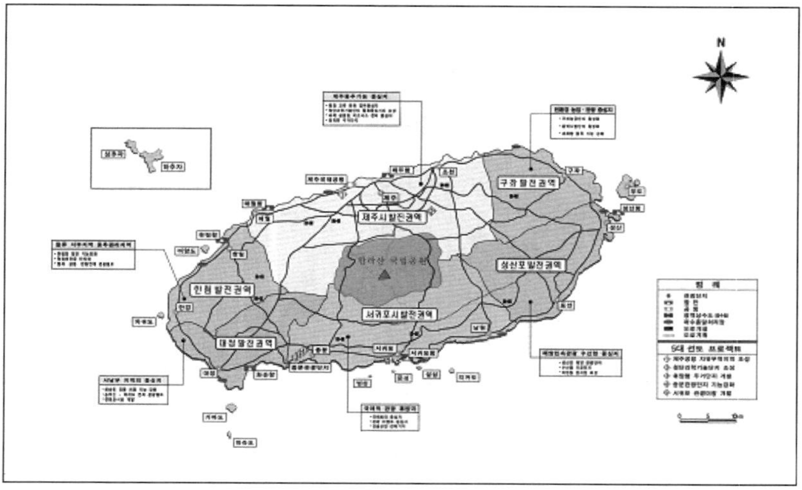

발을 통하여 첨단생명공학산업을 육성하고 해양수족관, 미래해양관 등을 갖춘 해양수산종합과학관을 건립하는 등 첨단산업 육성으로 자립경제 기반체제를 구축하는 것을 목적으로 한다.[6]

이와 같이 제주국제자유도시 기본계획이 수립되면서 '제주도개발특별법'의 전면 개정과 함께 제도개선 관련 법령개정을 통하여 제주도가 국제자유도시로서의 기본을 갖출 수 있도록 관련법령과 제도를 정비하였으며 구체적인 프로젝트를 선정하여 제주도 중점개발사업들을 제시하게 된다. 이 기본계획에 의하면 제주도를 국제자유도시로 개발하기 위한 전략은 제주도를 내외국인이 선호하는 친환경적 관광휴양 도시로 개발한다는 것, 제주도를 비즈니스, 첨단지식산업, 물류,

6) 1990년대 제주도종합개발계획기간(1994-2001) 동안 투자계획과 실적에 대해서는 다음을 참조할 것. 위의 글, pp. 43-44.

금융 등 복합적인 기능을 수행하는 도시로 개발한다는 것, 그리고 제주도민의 소득향상과 국제화의 선도기능을 담당케 함으로써 궁극적으로 한국의 국제화를 도모한다는 것이었다.[7]

2. 제주국제자유도시 추진의 정책과정

1) 정책의제의 형성

1963년 이후 지난 40년간 제주도의 개발방향은 거의 대부분이 중앙정부의 개발전략의 연장선상에서 설정되었다. 예컨대, 제주도를 하와이와 같은 국제적 관광단지로 개발하거나 홍콩과 같은 국제교역 및 금융센터로 개발하여 외화획득 기능을 수행하도록 하고자 하는 것이었다. 그러나 그러한 구상은 성공적이지 못하다는 평가를 받았으며 외국 관광객이나, 외국자본의 유치, 외국기업의 활동은 여러 모로 하와이나 홍콩과는 비교할 수 없는 수준이었기 때문에 구상 그 자체로 끝나버렸다.

민선 자치단체가 출범한 이후 종전의 중앙정부 주도의 제주 개발전략에 대한 비판이 확산되면서 제주도가 주체적인 입장에서 새로운 개발전략을 수립하고 추진해야 한다는 분위기가 확산되기 시작했다.

---

7) 앞의 글, p. 11.

OECD 가입과 WTO 체제가 출범하면서 세계화는 필연적 추세가 되고, 이어 닥친 IMF 경제위기를 겪으면서 종전의 개발전략을 대체할 수 있는 새로운 전략개념을 발상의 전환 차원에서 모색해야 한다는 목소리가 높아지기 시작했다. 이런 상황에서 그동안 제주 개발을 위해 거론되었던 구상들을 하나로 묶어 종합적인 실천전략으로서 '국제자유도시' 라는 개념이 탄생하게 되었다.[8]

제주국제자유도시는 1998년 9월 25일 김대중 대통령의 초도 순시 때 우근민 제주도지사가 추진을 건의하고 대통령의 국제자유도시 개발구상 지시가 내려짐으로써 시작되었다. 김대중 대통령은 제주국제자유도시 개발이 국가적 사업이고 그것의 조속한 추진을 강조하면서 제주도를 홍콩이나 싱가포르와 같이 동북아의 중심 도시로 개발하도록 하였다. 또한 김대중 대통령은 제주국제자유도시를 세계인들이 오고 싶어하고 투자하기를 바라는 매력적인 국제도시로 발전할 수 있도록 관계 법령 정비와 개발센터의 설립 등 후속조치를 차질 없이 추진해 나갈 것을 강조했다.

당시 세계는 신자유주의의 경향에 따른 세계경제의 무국경화 경향에 의해 기업의 국적보다 이익창출을 중시하는 글로벌 경영이 확대되어 가는 상황이었다. 글로벌 기업들은 홍콩, 마카오의 중국반환과 1국 2체제화 경향으로 동북아 지역에서 새로운 투자적지를 물색하고

---

8) 국제자유도시 개념이 장기 제주 발전전략의 중심내용으로서 공식 거론된 것은 1998년에 제주도청에서 제주대학과 한국경제연구원에 공동으로 발주한 용역보고서 「2010년 제주경제발전 비전과 전략」이 처음인 것으로 보인다. 비록 이 보고서에서는 여러 가지 발전 비전 가운데 하나로서 국제자유도시 추진을 제시하였지만, 전체 내용을 볼 때 현재 논의되고 있는 국제자유도시 실천방안들을 대부분 포괄하고 있다. 이후 여러 차례의 세미나를 거치면서 국제자유도시가 제주 발전전략의 중심 테마로서 자리잡게 되었다.

있었고, 당시 IMF 국가위기에 직면해 있던 우리나라는 외국 우량자본 조기유입으로 인한 외화획득과 고용창출로 국가적 당면 현안과제인 IMF 경제위기의 조속 타개를 위한 돌파구를 마련하고자 했다. 그러한 돌파구로서 제주도가 국제자유도시로 지정된 것은 동북아 경제협력의 주도적 위치를 선점할 수 있는 유리한 지정학적 위치와 인접 국제자유도시와의 경쟁적 비교우위, 무공해 청정지역, 지역주민의 개방 마인드 등 최상의 입지조건을 갖추고 있어, 정부투자의 추가부담 없이 최소비용으로 국제자유도시 건설이 가능한 잠재력을 보유하고 있다는 판단에 의해서였다.

제주도의 건의를 받은 김대중 대통령은 제주국제자유도시 추진은 청와대 경제수석이 책임지고 지원을 하고 건설교통부의 주관으로 제주도와 협의해 추진할 것을 지시했다. 제주도를 방문한 김대중 대통령의 국제자유도시 지정 검토 약속에 따라 이를 위한 실무작업에 들어간 제주도는 각 분야 전문가 중심으로 위원회를 구성, 종합 검토를 거쳐서 국제자유도시 개발계획안을 마련하게 되었다.[9] 그리고 1999년 9월 건설교통부와 제주국제자유도시추진기획단 및 국토연구원이 요청을 하는 형식으로 홍콩의 존스 랭 라살르사(Jones Lang Lasalle)가 제주도 국제자유도시 개발 타당성 및 기본계획에 대한 용역을 실시했고, 2000년 6월 20일 국제자유도시 용역 최종보고서가 나오게 되었다.

제주도 국제자유도시 개발 타당성 조사 및 기본계획에 대한 용역비 15억 원을 중앙정부가 부담하였다는 점이나 제주국제자유도시추진기획단장도 중앙 공무원이 임용되었다는 점, 기획단 역시 중앙정

9) 한겨레신문, 1998년 10월 8일자.

부인 건설교통부 산하에 있다는 점을 살펴볼 때, 국제자유도시 추진의 주도권은 중앙정부의 지원 하에 진행되었다고 볼 수 있다. 그럼에도 불구하고 기본적으로 초기 국제자유도시 전략이 지방정부로부터 기획되었다는 점, 지방정부의 요청 하에서 중앙정부 지원이 이루어졌다는 점에서 '제주도개발특별법'의 정책의제 형성의 경우와는 다소 다르다는 점에 주목할 필요가 있다.

2) 지방에서의 갈등

과거 전통적인 제주 개발전략이 중앙정부가 획일적으로 책정하고 추진주체가 되었던 것에 비해, 제주국제자유도시 추진은 제주도가 중앙정부에 건의하고 중앙정부가 이를 승인하여 추진하는 형식이었다. 제주국제자유도시에 대한 제주도민들의 관심은 2000년 6월 제주도국제자유도시 건설에 따른 용역 최종보고서가 확정되면서 본격화되기 시작했다. 그러나 제주도개발특별법 사례와 달리, 제주국제자유도시 추진은 제주도 내에서는 비교적 첨예한 갈등이 발생하지는 않았지만 제주도개발특별법과의 일정 부분 연계되어 있었고, 제주의 미래와 제주인의 삶에 지대한 영향을 미칠 것으로 예상되었기 때문에 일부 지역시민단체를 중심으로 반대운동이 재현되었다.

지역 시민단체들의 반대의 목소리는 제주국제자유도시 건설 용역 최종보고서가 제출된 이후 이를 토대로 하여 민주당 정책기획단이 발표한 제주국제자유도시계획안이 나온 2001년 9월부터였다. 제주지역 시민단체들은 이 계획안에 반대하여 9월 18일 제주주민자치연대 등 도내 8개 시민단체로 구성된 '제주국제자유도시 추진반대를 위한 공동대책위원회'[10]를 발족했다. 전국여성농민회총연합 제주도연합과 전국농민회총연맹 제주도연맹은 현재 추진되고 있는 제주국제자유도시 기본계획안에 제주농업을 전략산업으로 육성하려는 의지가 담겨 있지 않아 농업분야가 붕괴될 수 있다며 제주농업과 농민의 희생을 강요하는 국제자유도시 추진을 반대한다고 밝혔다.[11] 그리고 제주국제자유도시 추진 반대를 위한 공동대책위원회는 출범 기자회견을 통해 "국제자유도시 추진은 민주당과 제주도 당국이 신자유주의로 표방되는 적극적 개방화 정책을 실험적으로 적용해 보려는 반민중적 구상"이라며 "이같은 추진계획의 본질을 폭로해 나가면서 계획 자체를 무산시켜 나가겠다"고 밝혔다.

그리고 10월 들어 국무총리실 산하의 국제자유도시 추진기획단의 '제주국제자유도시 특별법 시안'과 '제주개발계획 시안' 마련 직후 정부와 제주도에 국제자유도시 특별법 시안을 즉각 공개할 것을 촉구했다. 그러나 이에 대해 제주도는 국제자유도시 추진계획과 관련해 정부가 추진계획안과 제주국제자유도시 특별법안을 확정할 때까지는 시안의 내용을 공개할 수 없다는 입장을 밝혔다. 2001년 10월 6일 열린 당정회의를 전후해 추진계획안 및 특별법안의 주요 내용이 언론 등을 통해 사실상 공개됐음에도 제주도는 "공식 자료로는 절대 밝힐

10) '제주국제자유도시 추진 반대를 위한 공동대책위원회'에는 전국농민회총연맹 제주도연맹, 전국여성농민회총연합 제주도연합, 전국교직원노동조합 제주도지부, 양용찬열사추모사업회, 제주주민자치연대, 제주지역총학생회협의회(준), 사회당 제주지구당 창당준비위원회가 참여하였으며, 전국민주노동조합총연맹 지역본부는 참관단체로 관여하였다. 제주국제자유도시 추진 반대를 위한 공동대책위원회, 「제주국제자유도시 추진 반대를 위한 공동대책위원회 결성선언문」, 2001. 9. 18.

11) 제주일보, 2001년 9월 18일자.

수 없다"는 입장을 고수했던 것이다.[12] 이러한 제주도의 완강한 입장을 비판하며 10월 20일에 제주국제자유도시 추진 반대를 위한 공동대책위원회의 주최로 '제주국제자유도시 도민토론회'가 제주학생문화원에서 열렸다.

야당인 한나라당은 2001년 11월 19일 민주당이 사실상 단독으로 국회에 제출한 특별법안에 대해 제주도민과 전문가의 의견을 취합하여 특별법안 심의에 적극 반영하기 위해 11월 23일 한나라당 정책위원회 김만제 의장의 주최로 제주국제자유도시특별법안에 대한 도민공청회를 개최했다. 한나라당의 도민공청회와 맞추어 전국농민회총연맹은 정부의 제주국제자유도시계획과 관련해 성명을 내고 "이번 계획에는 농민, 농업에 대한 건설적이고 구체적인 내용이 없어 지역농민들의 생존을 파괴하게 될 것"이라며 "국제자유도시 건설계획을 전면 중단하라"고 촉구했다.[13] 그리고 제주참여환경연대는 "당국은 제주국제자유도시기본계획 전문을 즉각 공개"할 것과 "이번 국제자유도시 법과 계획은 친환경적인 개발은 물론 주민참여 개발방향과도 거리가 먼 법과 계획"이라고 주장하였다.[14]

한나라당은 공동발의가 있기 전인 2001년 11월 23일, 제주도에서 제주국제자유도시 관련 도민공청회를 열고 도민의견을 수렴하겠다는 뜻을 밝혔으나 공청회가 끝나고 일 주일도 안 되어 결국 민주당과 공동으로 국제자유도시 추진 기본계획 및 특별법안에 공동발의하게 되어 논란이 되었다. 국제자유도시를 반대하는 단체들은 미리 이러

12) 제주일보, 2001년 11월 10일자.
13) 제주일보, 2001년 11월 25일자.
14) 제주참여환경연대 긴급 기자회견 자료, 2001. 11. 21.

한 일을 우려하여 한나라당의 당론 결정과 관련한 성명서를 내기도 하였다. 하지만 한나라당은 11월 23일 도민공청회에서 제주국제자유도시에 대해 반대입장을 표명한 사람들의 의견은 도민 전체의 입장이 아닌 소수의 극단적인 시민단체의 입장으로 보고, 2001년 11월 29일 민주당과 함께 공동발의를 하게 된 것이다.

결국 공동발의를 계기로 해서 국제자유도시 추진계획을 내놓은 민주당, 그리고 우근민 도정, 정부에 대한 반대 세력들의 계속된 투쟁과 함께 도민의 의견을 무시한 한나라당에 대한 시민단체들의 반대운동이 이루어지기 시작했다. 이는 공동발의 불과 1주일 전 한나라당에서 개최했던 제주국제자유도시 특별법안 도민공청회에서 제기된 도민의 의견을 반영하지 않은 한나라당에 대한 시민단체들의 반발이었다[15] 제주국제자유도시 추진 반대를 위한 공동대책위원회는 2001년 11월 24일과 12월 1일 각각 제1, 2차 '제주국제자유도시 반대 민중 결의대회'를 개최하여 도민의 합의 없이 이뤄진 국제자유도시 특별법안의 국회 상정을 철회하라고 촉구했다.

제주국제자유도시특별법안이 2001년 연내 국회에서 통과될 것으로 예상됨에 따라[16] 제주도는 하위 법령 및 관련법 개정 등을 위한 검

15) 국제자유도시 추진반대를 위한 공동대책위원회는 2001년 11월 26일 '제주국제자유도시 특별법안 한나라당 당론결정에 즈음한 긴급성명서'에서 한나라당에 대해 공청회에서의 도민의견을 수렴할 것을 요구했고, 이를 반영하지 않을 경우 한나라당에 대한 규탄투쟁을 벌여나갈 것이라고 밝혔다.

16) 우근민 제주도지사는 12월 8일 "제주국제자유도시 특별법안은 올 정기국회에선 통과되지 않았지만 곧 열릴 임시국회에서 처리가 확실시된다"고 밝혔다. 우근민 제주도지사는 이날 도청 기자실에서 기자간담회를 갖고 "지난 7일 오후 국회 건설교통위원회를 방문해 전문위원에게서 제주국제자유도시 특별법안이 다음 임시회에 법사위 심의를 거쳐 본회의 의결이 될 것이라는 답변을 들었다"고 말했다. 제주일보, 2001년 12월 9일자.

토에 착수했다. 제주도는 12월 10일 민생법안과 내년도 정부 예산안을 처리하기 위한 임시국회가 연말 이전에 열리고 제주국제자유도시특별법안이 임시국회에서 본회의 의결을 통해 통과될 것으로 예상돼 후속조치를 추진키로 했다. 이에 따라 제주도는 제주국제자유도시특별법으로 명칭이 개정되는 특별법의 시행령과 시행조례 제정을 법 시행일인 2002년 4월 1일 이전에 마무리한다는 계획을 세웠다.

제주도는 12월 19일 제주국제자유도시특별법안이 20일 임시국회 본회의에서 통과가 예상됨에 따라 하위 법령 등 법 · 제도 정비, 유관기관 간 네트워크 구축, 외국어 교육 등 세부계획 수립을 위한 '제도 추진팀'을 구성했다. 국제자유도시 추진에 따른 제도 추진팀은 도청 공무원과 교육청 공무원, 제주발전연구원 소속 연구원, 제주지방해양수산청 공무원 등 33명이 참여해 총괄팀, 투자 · 세제팀, 선박등록 특구팀, 교육총괄 · 외국어 서비스팀, 주민참여팀 등 5개 팀으로 구성되었다.[17]

지역 내 시민단체들의 반대운동에도 불구하고 이 운동에 동참하는 일반 도민은 많지 않았다. 과거 제주도개발특별법 반대운동과 비교할 때 반대운동의 양상은 미미한 수준이었다. 뒤에서 상세하게 다루겠지만, 여기에는 국내외 경제환경의 변화에 따른 도민들의 의식변

---

17) 총괄팀의 경우 종합계획 수립을 비롯해 내국인 면세점 운영방안과 국제자유도시 개발에 필요한 업무를 모색하며 대내외 홍보 및 마케팅 방안을 연구하게 되고 투자 · 세제팀은 자유무역지역, 투자진흥지구, 골프장 관련 국세와 지방세 및 각종 부담금 감면, 국 · 공유지 임대, 자금지원 등 기업유치 및 주민을 위한 각종 지원제도 방안을 강구할 예정이다. 또 선박등록 특구팀은 외국의 사례를 조사해 제주도를 선박등록지로 운영하는 방안을 제주해양수산청 등 유관기관과 연구하고, 교육총괄 · 외국어 서비스팀은 교육 관련 제도 개선 및 행정기관의 영어 서비스 범위와 내용을 확정하며 외국어 교육환경 개선과 교육운영 프로그램을 준비하게 된다. 이와 함께 주민참여팀은 국제자유도시 개발과정에 주민참여방안과 역기능 해소방안 등을 연구하게 된다.

화와 지방정부의 적극적인 홍보 및 형식적이나마 이루어진 여론수렴 등의 요인이 작용한 것으로 보인다.

3) 중앙에서의 갈등

제주국제자유도시 용역 최종보고서가 나온 후 추진일정이 순조롭게 진행된 것은 아니었다. 부처 간 이견으로 인해 대통령 보고도 서면보고 형식으로 용역 최종보고서가 나온 지 4개월 만인 2000년 10월 17일에 이뤄졌고, 결과적으로 2000년 말까지 특별법 제정을 마무리, 2001년부터 본격적인 개발을 하겠다던 당초 계획도 수정이 불가피했다.

제주도는 2000년 12월 16일 김대중 대통령의 제주 방문 때 국제자유도시의 성공적 추진을 위해 특별법 제정과 개발전담기구의 설립 등에 대한 적극적 지원을 요청했다. 그에 따라 김대중 대통령은 개발전담기구인 '제주국제투자개발공사' 설립과 제주도개발특별법에 대해 국제자유도시특별법으로 보완 · 개정, 그리고 투자 인센티브에 필요한 관련 개별법의 특례 적용 등 앞으로 추진해야 할 과제들을 직접 언급했다. 또한 김 대통령이 제주국제자유도시 추진속도가 더디다는 점을 지적하며 제주국제자유도시를 국가발전 전략사업으로 추진할 것을 강조함으로써 제주국제자유도시는 다시 강력한 추진력을 얻게 되었다.

김대중 대통령의 제주 방문 후 얼마 되지 않은 2001년 2월 9일 국제자유도시 기본계획 수립, 법령안 마련 등 주요 핵심 사안을 추진할 '제주국제자유도시 추진지원단'이 공식 출범했고, 2월 21일 민주당의 제주국제자유도시 정책기획단이 공식 출범하여 본격적인 활동에 들어갔다. 이에 따라 정부 지원단, 민주당 기획단, 제주도 기획단을 포함하는 제주국제자유도시 '삼두체제'가 구축되어 제주국제자유도시 사업추진에 속도가 붙게 되었다. 이후 2001년 7월, 그동안 임시조직으로 운영되던 '제주도 국제자유도시 추진기획단'이 '제주도 국제자유도시 추진본부'라는 정규조직으로 자리매김했다.

'제주 평화포럼' 개막식에 참석하기 위해 제주를 방문한 김대중 대통령은 2001년 6월 16일 "제주도가 앞으로 물류, 관광, 금융, 무역의 중심지가 되면 국익과 제주도 이익에 크게 부합될 것"이라며 "제주국제자유도시는 이런 방향으로 정책을 정해서 계획을 세웠다"고 밝혔다. 이에 따라 2001년 7월 26일 제주국제자유도시에 대한 민주당 정책기획단의 기본계획안이 발표되었다. 민주당 정책기획단과 제주도는 이날 기본계획안을 발표하면서 8월 중에 도민공청회를 개최해 도민의견을 수렴하고 이를 반영해 다음달 하순께 당정협의를 거쳐 국무총리실 추진기획단에 기본계획안을 넘길 계획이라고 밝혔다. 2001년 8월 20일 민주당 제주국제자유도시정책기획단의 주최로 도민 800여 명이 참석한 가운데 제주 시민회관에서 제주국제자유도시 추진계획(안)에 대한 도민공청회를 가졌다. 2001년 9월 17일에는 국제자유도시 업무를 전담할 국무총리실 추진기획단이 사실상 본격적인 업무를 시작했다.

국제자유도시 업무를 전담할 국무총리실 추진기획단이 출범하게 되면서 정부는 제주국제자유도시 특별법과 관련, 중앙부처의 의견조율을 통해 법안을 만든 후 정부 입법이 아닌 의원 입법 형태로 제정을 추진하기로 했다. 이에 따라 국무총리실 국제자유도시 추진기획단은 9월 25일 관계부처 국장단 회의를 열어 제주국제자유도시 특별법을 2001년 10월 말까지 국회에 상정키로 의견을 모았으며, 관계부처 국장단 회의를 한 차례 더 열고 특별법 조항을 정리한 후 관계부처 차관회의를 거쳐 10월 중순께 장관급으로 구성된 국무총리실 추진위원회에서 특별법안을 최종 마무리할 예정이었다. 아울러 국무총리실 추진기획단과 제주도 추진본부는 10월 20일을 전후로 제주국제자유도시 특별법 도민공청회를 열기로 하고 국무총리실 추진기획단은 도민공청회에서 의견을 수렴, 특별법 최종안을 다음달 말까지 정리한 후 국회에 제출키로 했다. 그러나 정부의 제주국제자유도시 기본계획안 확정일정은 계속해서 미루어졌다.

민주당측 의원들은 당정회의에서 정부가 마련한 '제주국제자유도시개발계획(안)' 내용에 대해 별다른 이견을 보이지 않았으나 법안 명칭, 외국인 학교 입학자격, 내국인 면세 쇼핑, 외국인 투자규모, 역외금융센터, 개발전담기구, 1차 산업 등에 대해서는 일부 수정할 것과 '제주국제자유도시개발특별법(가칭)'이라는 특별법 명칭에서 '개발'을 삭제할 것을 요구했다. 한나라당도 2001년 11월 7일 제주국제자유도시 추진에 원칙적으로 찬성하며, 이를 위한 여 · 야 · 정 정책협의회 개최를 받아들이겠다는 입장을 공식적으로 밝힘에 따라 국제자유도시 추진이 탄력을 받게 되었다.

계속하여 미뤄지던 국제자유도시 기본계획안 확정은 2001년 11월 15일 특별법안 전문이 공개되면서 진통을 겪게 되었다.[18] 제주국제자유도시특별법안을 여당과 야당 공동 발의로 국회에 제출하기 위한

18) 이날 공개된 정부와 여당이 마련한 제주국제자유도시특별법안은 기존 제주도개발특별법의 명칭이 이같이 개정되고 특례조항이 추가로 신설되거나 수정돼 13장 108조 부칙 13조로 구성되었다.

방안이 정부, 여당과 야당 간 입장 차이로 진통을 겪게 되었다. 그러나 한나라당이 2001년 11월 16일 제주국제자유도시특별법안과 관련, 제주도민 공청회를 거친 후 당론을 확정하겠다는 이유로 올 정기국회 공동 발의에 제동을 걸고 나섬에 따라 특별법안을 여당과 야당 공동으로 발의하기가 어려운 상태에 이르렀다. 이에 따라 정부와 민주당은 한나라당측과 특별법안 공동 발의에 대한 협의를 벌여 법안 제출 전까지 여당과 야당 공동 발의에 대한 합의를 도출한다는 방침을 정했다. 특히 정부와 여당은 야당이 2001년 11월 17일까지 끝내 공동 발의에 대해 합의해 주지 않을 경우 정기국회 내에 특별법 처리가 어렵다고 보고 여당 단독으로라도 법안을 발의한다는 방침을 세웠다.[19]

정부, 여당과 야당이 제주국제자유도시특별법안의 공동 발의에 이견을 보이고 있는 시점에서 김대중 대통령은 2001년 11월 17일 제주도와 제주도교육청, 제주지방경찰청의 업무보고를 받은 후 국제자유도시 건설에 대한 입장을 확고히 밝혔다. 김대중 대통령은 21세기 제주가 동남아 거점도시로 발전하기 위해서는 '국제자유도시' 로 확실한 위상을 갖춰야 하며, 제주는 국제자유도시로서 지리적으로 가장 적지이며 금융, 무역, 관광, 문화산업 등에 있어 홍콩 못지않은 발전가능성을 갖고 있다고 하였다. 또한 제주국제자유도시의 성공은 제주도뿐만 아니라 국가의 발전에 큰 기회가 될 수 있기 때문에 반드시 성공적으로 추진돼야 하므로 정부에서는 제주국제자유도시특별법의 입법절차를 조속하게 마무리하여 본격적으로 실천해 나가겠다는 의지를 분명히 했다.

19) 제주일보, 2001년 11월 17일자.

이러한 대통령의 강력한 의지를 반영하여 제주국제자유도시특별법안은 여 · 야 의원 66명의 서명[20]으로 2001년 11월 19일 국회에 제출됐다. 하지만 이러한 공동 제출은 민주당만의 단독 법안 제출이나 마찬가지였다. 민주당은 한나라당과의 공동 발의 합의를 깨고 정기국회 통과를 위해 법안을 제출했다. 민주당이 법안을 사실상 단독으로 제출함에 따라 법안 심사과정이 순탄치 않게 되었다. 하지만 한나라당은 2001년 11월 21일 제주국제자유도시특별법에 찬성한다는 공식 입장을 표명하면서 "제주국제자유도시특별법을 만드는 데 반대하지 않으며 적극 지원할 것"이라고 전제하고, "다만 제주국제자유도시가 졸속으로 추진되는 것은 막을 것"이라고 밝혔다.

2001년 11월 26일 한나라당은 김만제 정책위의장, 양정규 부총재, 현경대 의원 및 관련 상임위 간사 의원 12명이 참석한 가운데 제주국제자유도시 관련 정책간담회를 갖고 관세자유지역 확대, 선박등록특구제도 도입, 역외금융센터 설립 등 국제자유도시에 걸맞는 제도 도입과 교육개방 보류 및 1차 산업 보호규정 신설 등을 주요 내용으로 한 11대 의제(특별법 수정내용)를 설정했다. 11월 23일 제주에서 열린 도민공청회에서 수렴된 제주도민들의 의견을 반영하기 위해 열린 이 회의에서는 여·야 합의 하에 특별법 처리, 당·정이 11대 의제를 받아들일 경우 즉각 공동발의, 거부할 경우 독자안 발의, 법안 처리와 관계없이 내년 정부예산에 개발센터 관련 예산 반영 등도 재확인했다.

---

20) 민주당 62명, 한나라당 1명, 자민련 2명, 민국당 1명이 서명하였다.

4) 법안의 국회통과

제주국제자유도시특별법안을 놓고 첨예하게 맞서온 여당과 야당은 드디어 2001년 11월 27일 마라톤 회의 끝에 대부분의 이슈 사항에 대해 극적으로 합의를 도출했다. 여당과 야당은 11월 28일 오후 3시 국회 건설교통위원회 소회의실에서 7인 소위를 열어 특별법안에서 의견 차이가 컸던 교육개방 문제를 논의, 극적 타협을 이끌어냈다.[21] 그래서 11월 29일에 여당과 야당이 제주국제자유도시특별법안을 공동 발의로 국회에 제출하게 되었다. 이렇게 제출된 특별법안은 이해찬 의원을 대표발의 의원으로 제주 출신 현경대, 고진부, 장정언 의원을 비롯해 민주당 10명, 한나라당 10명, 자민련 1명 등 여·야 의원 22명이 공동 발의했으며, 233명의 여·야 의원들이 찬성 서명을 했다. 자민련도 특별법 제정에 참여키로 해 특별법은 여야 3당이 공동 발의한 법안이 됐다.

국회 건설교통위원회는 여·야 3당이 공동 발의한 제주국제자유도시특별법안 심사에 착수했으나 법제사법위원회의 위원들이 "법사위가 '통법위'가 될 수 없다"며 신중하게 검토해야 한다며 신중론을 폈고, 당시 여당과 야당은 검찰총장 탄핵안으로 대치를 거듭하던 대립 상황이었기 때문에 제주국제자유도시특별법안의 2001년 정기국회 회기 내 통과가 무산될 가능성이 높아졌다.

제주국제자유도시특별법안의 통과 없이는 개발사업에 필요한 2002년도 예산을 확보할 수 없는 것은 물론, 국제자유도시 개발전담

21) 제주일보, 2001년 11월 28일자.

기구인 제주국제투자개발공사(JIDA)도 발족을 하지 못하게 되는 상황이었다. 특히 2002년에 지방선거와 대통령 선거가 실시된다는 것을 감안했을 때, 2002년에 국제자유도시특별법안이 통과되지 못할 경우 당해에 특별법안의 국회통과를 재추진한다는 것이 매우 힘든 상황이었기 때문에 신속하게 추진되었고,[22] 우여곡절 끝에 결국 2001년 12월 27일 국제자유도시 특별법이 제정되고 2002년 4월 1일 시행하게 되었다.

특별법 제정에 따라 2002년 5월 15일 제주국제자유도시 개발촉진기구로서의 역할을 맡게 될 '제주국제자유도시개발센터'가 창립식을 가졌고, 5월 20일에는 제주국제자유도시 개발과 관련한 주요 사항의 심의기능을 맡게 될 '제주국제자유도시 추진위원회'[23] 및 '국제자유도시실무위원회'의 민간위원이 위촉되었다.

22) 송재호, "국제자유도시, 도민 생존전략으로 타당한가," 도민토론회 자료(2001).

23) 제주국제자유도시 추진위원회는 국무총리를 위원장으로 하고 부위원장인 재정경제부장관 · 건설교통부장관, 교육인적자원부장관 · 통일부장관 · 외교통상부장관 · 법무부장관 · 행정자치부장관 · 과학기술부장관 · 문화관광부장관 · 농림부장관 · 산업자원부장관 · 정보통신부장관 · 환경부장관 · 해양수산부장관 · 기획예산처장관 및 국무조정실장, 제주도지사 등이 그 구성원이 되어 제주국제자유도시 추진에 관한 주요 정책 심의 및 조정을 담당하는 기구이다.

3. 제주국제자유도시 추진 갈등 분석

1) 갈등의 주체

(1) 중앙 수준

제주국제자유도시 추진위원회는 제주국제자유도시 관련 주요 정책의 심의 및 조정을 담당하고, 제주국제자유도시 종합계획 및 연도별 투자계획의 수립 · 변경, 제주첨단과학기술단지 지정, 제주투자진흥지구 지정, 자유무역지역 지정, 평화의 섬 지정 등에 관한 사항, 기타 제주국제자유도시 개발에 관한 사항 등을 담당하는 기구로서 국무총리를 위원장으로 하고 재정경제부와 건설교통부장관을 부위원장으로 하며 각 부의 장관과 제주도지사가 그 구성원이 된다. 이러한 제주국제자유도시 추진위원회는 여러 부처의 장관들과 제주도지사가 구성원이 되므로 각 부처와 제주도의 국제자유도시에 대한 의견 제시 및 조정 등이 이루어지는데, 이 안에서도 제주국제자유도시에 대한 각 부처의 이해관계가 얽혀 갈등 및 대립양상이 생기기도 하였다. 특히 이러한 대립양상은 제주국제자유도시에 직접적으로 개입되는 건설교통부와 재정경제부를 중심으로 드러났다.

건설교통부는 제주국제자유도시 추진에 있어서 제주도와 협의를 통해 국제자유도시 추진안을 만들었다. 이러한 과정에서 제주국제자유도시 추진을 원활하게 하고 구체적인 사안을 시행하기 위한 기구로서 '제주국제자유도시개발센터'를 건교부 산하에 설립하게 되었다. 제주국제자유도시개발센터는 제주국제자유도시특별법상에 7대 선도 프로젝트 사업추진을 비롯하여 국내외 투자유치, 면세점 운영 등 제주를 국제자유도시로 육성하기 위한 기구로 건설교통부 산하에 별도 법인으로 두도록 명시되어있다.[24] 이와 같이 건설교통부는 제주국제자유도시에 대한 권한, 즉 특별법상의 시행권한과 제주국제자유도시개발센터 운영권한을 가지고 있었기 때문에 적극적인 추진입장을 나타냈다.[25]

재정경제부는 제주도의 국제자유도시로서의 인센티브를 확충하는 조세 및 국고지원에 대한 부분을 담당하고 있는 부처로서 제주국제자유도시 추진에 대해 민감한 반응을 보였다. 재정경제부의 경우는 건설교통부와는 대조적으로 국가 내에서의 타지방과의 형평성과 국가재정의 어려움 등을 문제삼아 제주국제자유도시의 조세부분에 있어서 적극적인 지원은 피하려는 경향을 보였다. 대표적인 사례로서 재정경제부가 2002년 1월 27일 공개한 '조세특례제한법' 개정안의 주요 내용은 제주국제자유도시 개발을 세제 측면에서 지원하는 것을 골자로 하고 있다. 즉 제주국제자유도시특별법에 명시된 내국인 면세점과 골프장, 첨단과학기술단지와 투자진흥지구 등에 면세혜택을 주는 근거를 마련하는 작업 등을 하고 면세혜택은 도내에 한정해 실시하기로 했지만, 타부처와 지자체에서 반발함에 따라 제주국제자유

---

24) 제주국제자유도시특별법 제77조, 제94조, 제95조 참조.

25) 건설교통부가 산하에 개발센터를 둠으로써 건설교통부의 이익을 챙기는 것이라는 비판이 나오기도 하였다. 2003년 한나라당 안경률 의원은 "개발센터는 전 · 현직 이사장을 비롯해 기획본부장, 영업본부장 등 대부분이 건교부와 철도청 출신으로 퇴직 공무원들의 노후 보장수단 및 이익을 챙기기 위한 기구로 전락했다"며 "임직원 46명 중 제주 출신은 6.5%인 3명에 불과하다"고 지적했다.

도시만의 예외적인 개발 및 조세특례, 국고지원에 대해서는 제주도 및 건설교통부와의 대립을 보이기도 하였다. 또한 외자유치와 관련되는 조세감면에서도 재경부는 국가 내에서의 형평성을 문제삼아 제주국제자유도시의 법인세율 인하 조항에 동의하지 않았다. 이와 같이 재정경제부는 제주국제자유도시 추진에 있어서 타지방과의 형평성을 들어 적극적인 추진입장은 피하려는 경향을 보였다.

한편, 민주당은 초기 제주도국제자유도시 추진계획 수립 당시부터 특별법 통과 이후 추진 시행기까지 여당의 위치에서 민주당 내부에 제주국제자유도시 정책기획단이라는 거대한 기구를 발족시키는 등의 추진의지를 보였다. 또한 초기 국제자유도시 추진계획의 초안도 민주당에서 제시했다.[26] 반면 한나라당은 초기에 제주국제자유도시에 대한 입장을 표명하지 않았다. 따라서 민주당은 정책기획단을 발족하면서 제주국제자유도시를 적극적으로 추진하려는 과정에서 야당인 한나라당의 제동을 우려하기도 했다.

한나라당은 민주당이 제시한 제주국제자유도시특별법안에 대해서 몇 가지 핵심 이슈에 대한 대립된 입장을 보였다.[27] 그러나 결국 국제자유도시 추진과 관련한 민주당과 한나라당의 당론은 2001년 11월 29일, 제주국제자유도시 추진 기본계획 및 특별법안 여 · 야 3당(민주당, 한나라당, 자민련) 공동 발의를 통하여 합치되었다. 처음 제주국제자유도시특별법안이 발의되었을 때는 민주당 단독의 발의[28]로 법안이 상

26) 민주당 제주국제자유도시 정책기획단, 「제주국제자유도시 기본계획안」, 2001. 9.

27) 민주당의 특별법안에 대해 한나라당은 관세자유지역 확대 및 선박등록 특구제 도입, 역외금융센터 설립, 외국인 학교 입학자격 특례규정(21조), 외국인대학설립 운영특례규정(22조), 초 · 중등학교 및 교과과정 운영특례규정(24조) 삭제, 1차 산업 보호규정 신설 등을 주요 내용으로 하는 11개의 의제에 대한 이슈에 대해 의견 차를 보였다.

정되었으나 이후 한나라당의 당론 결정과 함께 이루어진 여 · 야 3당 공동 발의를 통해 민주당의 단독 발의는 자동 폐기되었다. 이러한 여 · 야 3당 공동 발의에 동의하는 등 제주국제자유도시 추진입장을 보인 한나라당의 당론 결정은 2002년 대선을 앞둔 시점에서 국제자유도시 추진에 찬성하는 것으로 보이는 다수의 도민들을 의식하여 이루어진 것으로 해석할 수 있다.

(2) 지방 수준

제주국제자유도시 추진과정에서 제주도 내 시민단체 및 이익집단들은 다원적인 이해관계를 보였다. 국제자유도시 추진에 대한 찬성과 반대라는 명백한 주장을 하거나 이해관계의 균열구조를 보이기보다는 대다수의 단체들이 관망하거나 소극적인 반대 내지는 입장표명을 유보하는 형태를 보였다. 단지 일부 단체들만이 국제자유도시 반대운동을 펼쳤으나 이에 대한 대다수 단체들과 도민들의 지지가 미약했던 관계로 중요한 영향력을 행사하지는 못했다. 여기서는 주로 제주국제자유도시의 추진과정에서 반대입장을 포명하면서 비교적 활발한 활동을 한 시민단체의 입장과 활동을 살펴볼 것이다.

우선, '제주참여환경연대'는 1991년 제주도개발특별법에 반대하여 제주도의 많은 단체가 모여서 결성한 '제주도개발특별법 반대 범

---

28) 민주당 62명, 한나라당 1명(현경대 의원), 자민련 2명, 민국당 1명이 법안에 서명해 공동발의의 형식은 갖췄으나 사실상 민주당의 단독법안 제출이었다.

도민회'를 모태로 하는 단체[29]로서, 그 당시의 범도민회가 이후 여러 갈래로 나누어지면서 그 중 하나의 시민단체로서 남아 있는 단체이다. 제주국제자유도시 개발 타당성 조사 및 기본계획에 대해 존스 랭 라살(홍콩)에 용역이 요청되기 이전부터 제주참여환경연대는 '제주도국제자유도시 개발 타당성 조사 및 기본계획 수립 용역과업지시서' 시안에 대한 문제점들을 지적했다.[30] 그후 '제주도국제자유도시 개발 타당성 조사 및 기본계획'에 대한 1, 2차 보고서[31]와 최종보고서에 대해서 성명[32]을 발표하고 용역보고서의 문제점을 제시했다. 그리고 제주국제자유도시의 기본계획과 특별법에 대해서도 성명서를 발표했다.[33]

제주참여환경연대는 제주국제자유도시에 대해 독자적인 입장을 취하였다. 국제자유도시 추진 자체를 반대하는 입장이라기보다는 국제자유도시 추진에 의해 환경이 훼손되는 것을 반대했다고 할 수 있다. 즉 국제자유도시가 아무리 중요하다고 하더라도 '환경보전'은 가장 중요한 전제가 되어야 하고, 각종 절차의 완화 역시 필요하겠지만 환경과 관련한 문제에 대해서는 더욱 엄격하게 심의하고 결정해야 한다는 주장이다. 이에 따라 골프장 건설, 케이블카, 오픈 카지노, 토지

29) 1991년 9월에 '제주도개발특별법제정반대범도민회'가 결성되고 1997년 2월에는 '참여자치와 환경보전을 위한 제주범도민회'로 명칭이 바뀌었으며, 그 후 2001년 9월 7일에 제주참여환경연대로 명칭이 바뀌었다. 여기서는 편의상 '범도민회'라는 명칭을 사용한다.

30) 범도민회, "제주도국제자유도시 개발타당성 조사 및 기본계획 수립용역 과업지시서와 관련한 범도민회의 의견," 1999. 7. 13.

31) 제주도국제자유도시 개발타당성 조사 및 기본계획 용역보고서 진단, 2000년 3월 15일.

32) 국제자유도시 용역 최종보고서 발표에 즈음한 범도민회의 1차 성명.

33) "제주국제자유도시 특별법 그리고 기본계획 무엇이 문제인가?" 2001. 11. 27.

수용권 등의 문제에 대해서는 국제자유도시 추진을 빌미로 난개발을 정당화시키는 계획으로 이용될 수도 있다는 우려 때문에 크게 반발했으며, 친환경적 제주국제자유도시를 위해서 각종 심의 · 자문위원회를 명실상부한 심의기구로 만들 것을 주장했다. 이러한 제주참여환경연대의 입장은 제주국제자유도시 추진계획이 계획대로 현실화되기는 힘들다는 것을 당초 예상하고 이에 따라 이러한 국제자유도시 특별법에 의해 나타나는 부작용, 즉 환경파괴 및 난개발 등을 최소화하는 데 초점을 맞췄다고 볼 수 있다.

'제주주민자치연대'는 국제자유도시 추진 초기부터 특별법 통과 이후까지 매우 극명한 추진 반대입장을 폈던 시민단체이다. 이 단체는 국제자유도시의 윤곽이 드러나던 초기에는 단독으로 반대투쟁에 나섰고, 2001년 9월 18일 결성된 제주국제자유도시 추진반대를 위한 공동대책위원회를 만드는 데 가장 앞장섰던 단체이다. 이 단체는 민주당의 국제자유도시 추진의 전체적 원안이 제주의 총체적 미래 비전으로서 타당성이 결여되어 있고, 국제자유도시 추진의 중요한 원칙이 없다고 비판하면서, 친환경적 제주형의 국제자유도시 추진의 필요성을 제기하며, 누구를 위한 제주국제자유도시가 될 것인지에 대한 문제제기를 분명히 했다.[34]

제주주민자치연대는 2001년 7월 27일에 개최한 '제주국제자유도시 추진에 대한 기자회견'에서 민주당이 마련한 제주국제자유도시 기본계획(안)에 대한 명확한 반대입장을 표명했다. 그리고 제주국제

34) 제주국제자유도시 추진에 대한 제주주민자치연대의 2001년 7월 27일 기자회견문에서 참조.

자유도시의 주요 이슈와 대응방향에 대해서도 의견을 제시하였다. 제주주민자치연대는 여기에서 2001년 6월 20일에 재정경제부 국제금융국에 보낸 '제주도 국제자유도시 역외금융센터와 관련한 질의'에 대한 재정경제부장관의 답변서를 공개했다.[35] 제주주민자치연대는 제주국제자유도시계획 전반에 대한 광범위한 부분에 대해 반대 입장을 취했고, 2001년 9월 18일에 결성된 국제자유도시 추진 반대를 위한 공동대책위원회에서도 중심부에서 반대투쟁의 주도적 역할을 했다.

제주국제자유도시 추진에 대한 적극적인 반대입장을 표명했던 단체들 중에는 운동연합체로서 '제주국제자유도시 추진반대를 위한 공동대책위원회'(이하 공동대책위원회)가 있다. 제주국제자유도시 추진에 대한 본격적인 반대운동도 공동대책위원회 결성 이후부터 시작되었다고 할 수 있다. 2001년 7월 26일 제주국제자유도시에 대한 민주당 정책기획단의 기본계획안이 발표되고, 이어 8월 20일 민주당의 제주국제자유도시정책기획단의 주최로 도민 800여 명이 참석한 가운데 제주시민회관에서 제주국제자유도시 추진계획(안)에 대한 도민공청회가 열렸다.[36] 공청회 이후인 2001년 9월부터 국제자유도시 기본계획안에 대한 시민단체들의 반대의 목소리가 높아졌고, 국제자유도시 업무를 전담할 국무총리실 추진기획단이 본격적인 업무를 시작한 다음날인 9월 18일 제주국제자유도시 추진 반대를 위한 공동대책위원회가 구성되었다.

35) 제주국제자유도시 추진에 대한 기자회견, 2001. 7. 27.
36) 제주일보, 2001년 8월 21일자.

공동대책위원회의 구성단체들은 모두 제주도 국제자유도시 추진에 반대입장을 표명한 단체이다.[37] 그리고 이후 전국민주노동조합총연맹 제주지역본부, 제주통일청년회, 민주노동당 제주도지부(준) 등이 공동대책위원회에 합류하게 됨에 따라서 국제자유도시 반대운동이 본격화된다. 공동대책위원회는 제주도 국제자유도시 계획의 전반적인 사안에 대한 반대운동을 벌여나갔으며, 국제자유도시 추진 내용뿐만 아니라 도민 의사를 수렴하지 않은 정부와 민주당, 그리고 제주국제자유도시 추진에 대한 한나라당의 당론 결정 이후에는 한나라당에 대한 반대운동까지 함께 벌여나갔다.

이외에 자신의 단체와 관련된 핵심 이슈를 중심으로 반대운동을 펼친 단체들이 있다. '전국교직원노동조합 제주도지부'는 국제자유도시 추진계획의 하나로 국제화 교육환경을 조성하겠다는 취지에서 국내법 적용의 예외를 인정하고 있는 교육부분에 대한 심각한 우려를 표명하며 국제자유도시 추진계획의 교육부문에 대한 반대투쟁을 펼쳐 나갔다. 이들은 제주국제자유도시 개별사안에 대한 반대투쟁 중 가장 극렬한 투쟁을 하였는데, 그 결과 2001년 11월 29일 여·야 3당 공동 발의[38]시 제주국제자유도시특별법안 제6장 국제화 교육환경의

---

37) 제주국제자유도시 추진 반대를 위한 공동대책위원회에는 전국농회총연맹 제주도연맹, 전국여성농민회총연합 제주도연합, 전국교직원노동조합 제주도지부, 양용찬열사 추모사업회, 제주주민자치연대, 제주지역총학생회협의회(준), 사회당 제주지구당 창당준비위원회가 참여하였으며, 전국민주노동조합총연맹 지역본부는 참관단체로 관여하였다. 제주국제자유도시 추진 반대를 위한 공동대책위원회, 「제주국제자유도시 추진 반대를 위한 공동대책위원회 결성선언문」, 2001. 9. 18.

38) 이 당시 한나라당은 공동발의 이전 2001년 11월 23일 제주국제자유도시특별법안 제주도민 공청회를 열어 도민의견을 수렴하겠다고 하였으나 일 주일도 안 되어 민주당과 제주국제자유도시 특별법안 공동발의로 인해 제주국제자유도시 반대세력들의 큰 반발을 샀다.

조성 내용의 전면적 수정 등의 성과를 올리기도 하였다. 그러나 2003년 다시 불거져 나온 제주국제자유도시특별법 개정안에 신설된 국제고등학교 관련 조항에 대해서 전교조 제주지부는 교육계의 진지한 논의 없이 일방적으로 법안이 나왔다는 점, 교육적 관점은 무시한 채 교육을 경제적 목적을 위한 수단으로 인식하는 가운데 나온 결과라는 점 등을 들어 다시 한 번 반대투쟁을 벌여 나갔다.

'전국농민회 여성농민회총연맹 제주도지부'는 1차 산업과 관련해서 제주도국제자유도시 추진에 대해 반대입장을 표명하였다. 특별법안에 명시된 1차 산업 진흥 관련조항들이 시행령에 구체적으로 반영되지 않아 실효성 없이 명목뿐인 조항으로 전락할 것을 우려하여 제주국제자유도시 추진반대를 주장했다. 또한 제주국제자유도시 추진 배경이 경제적 어려움을 겪고 있던 제주도를 1차 산업이 아닌 관광과 물류, 금융 등의 복합 국제자유도시를 만들겠다는 것이었는데, 이것도 큰 반발요인이 되었다. 게다가 도내 농업인들은 WTO 체제에 따른 각종 개방압력으로 매우 큰 어려움을 겪고 있었으므로 국제자유도시 추진과 관련해서도 그에 대한 우려가 매우 높았다.

마지막으로, 제주지역 중 · 소 상인단체인 '지역경제살리기범도민대책위원회'를 들 수 있다. 국제자유도시 추진과정의 초기에는 드러나지 않았던 집단이지만 특별법안 통과 이후에 내국인 면세점, 쇼핑아울렛 등의 개별 사안들이 현실적으로 드러나면서 그에 대한 이해관계가 얽혀 있던 지역상인단체들이 반대투쟁을 전개하기 시작했다. 제주지역 중소상인단체들은 그동안 제주지역에 들어선 대형 할인 마트들에 의해 이미 경제적인 어려움을 겪고 있었기 때문에 국제자유도시와 관련한 자신들의 이해관계에는 민감하게 반응하였다. 특히 이들은 쇼핑아울렛 추진이 드러나기 시작하면서부터 '지역경제살리기범도민대책위원회'를 구성하여 조직적으로 반대활동을 벌이기 시작하였는데, 도내 상권의 붕괴를 우려하여 쇼핑아울렛 사업 철회를 요구하였다.

이들의 반대활동은 매우 조직적이고 활발하게 전개되어 쇼핑아울렛 세부 추진계획 마련을 위한 개발센터와 제주도와의 협의에 지역상인들의 의견을 중심으로 적극적 협의에 나서겠다는 우근민 제주도지사의 발언을 이끌어내기도 했다. 이러한 제주지역의 중소상인단체가 조직적으로 움직이기 시작하면서 쇼핑아울렛 추진은 난관에 봉착했다. 특징적인 점은 이들이 국제자유도시 전반에 대한 반대가 아닌 지역상인들의 이해관계가 얽힌 내국인 면세점과 쇼핑아울렛에 대한 반대투쟁(특히 쇼핑아울렛)을 벌여 나갔다는 것이다. 이는 이들이 제주도 국제자유도시에 대한 본질적인 인식 및 문제제기보다는 자신들의 이해관계가 걸린 개별 사안에 대한 문제의식이 더 높았기 때문에 반대투쟁을 전개해 나간 것으로 파악된다.

그밖에 제주국제자유도시에 대한 반대입장을 표명한 단체들로는 제주지역 총학생회협의회, 양용찬 열사 추모사업회, 제주 4·3연구소, 제주환경운동연합, 전국민주노동조합총연맹 제주지역본부, 사회당 제주지구당 창당준비위원회, 민주노동당 제주도지부(준) 등이 있었다. 이상에서 제시된 몇몇 단체를 제외하고는 대부분의 시민단체 및 이익단체는 국제자유도시 추진에 대한 구체적인 관심을 공식적으로 표명하지 않았다. 때문에 반대를 표명한 단체들이 매우 극렬한 반대운동을 전개했음에도 불구하고 제주국제자유도시에 대해 무관심했던 대부분의 단체들에 의해 '이해관계가 얽힌 소수의 단체들의 연합'이라는 한계를 가지게 되었고, 이러한 측면은 후에 제주국제자유도시에 대한 충분한 의견수렴 및 다수의 찬성이라는 정책결정자들의

생각에 근거로 활용되기도 했다.[39]

또한 국제자유도시 추진에 있어 특별법안 통과 이후 시행시기에서는 시민단체는 개별 시행사안에 대한 극렬한 반대활동을 했음에도 불구하고 내부의 이해관계, 시민단체들 간의 제주국제자유도시 반대의 관점 등이 다른 관계로 역량이 제대로 결집되지 못하였고, 소수의 세력이었다는 점에서 한계점을 가졌다. 즉 소수의 적극적인 반대세력이라는 한계와 더불어 그 안에서도 공동의 합의점이 도출되지 못하여 형식상의 시민단체들의 연합이라는 모습을 띠게 되었다는 것이다. 또한 2년 이상 계속된 제주국제자유도시 추진 반대운동을 전개하면서도 도민들의 반응을 이끌어낼 수 없었다는 데서 이들의 반대운동은 한계를 보였다.

2) 갈등의 이슈

제주국제자유도시 추진과정에서 배태된 갈등 이슈는 중앙 수준과 지방 수준으로 구분하여 살펴봐야 할 것이다. 제주국제자유도시 추진에 대한 반대운동이 체계적으로 광범위한 지역시민단체를 아우르지도 못했고, 또 가장 중요한 지역주민의 참여와 지지도 상대적으로 미약했기 때문에 일관된 갈등 이슈가 두드러지게 나타나지 않았다. 중앙 수준에서는 단지 정부 부처 간 이견으로 인한 갈등과 여 · 야당

39) 한나라당 제주지부 관계자와의 인터뷰 중 시민단체들의 극렬한 반대투쟁이 매우 소수였다는 점은 제주국제자유도시 추진과정상의 의견수렴이 충분했다는 이유가 된다고 하였고, 이는 도민 대부분의 찬성과도 직결된다는 주장을 했다.

간의 정책조정 수준이었고, 지방 수준에서도 집단별 이해관계에 따라 이슈가 분산되었으며, 또 집단별 다양한 이해관계에 따라 집단들은 개별적인 수준에서 자신들의 이해관계를 관철시키는 데 활동목적을 두었기 때문이다.

(1) 중앙 수준

중앙 수준에서의 갈등은 중앙정부 부처 내부에서와 법안 심의와 발의과정에서 여 · 야당 사이에서 나타났다. 정부 부처 내에서의 갈등 이슈는 국제자유도시 추진에 대한 입장의 차이에서 비롯된 갈등으로 주로 건설교통부와 재정경제부 사이에서 나타났다. 건설교통부는 제주국제자유도시 추진의 주관 부처로서 많은 권한을 가지고 있었기 때문에 적극적인 추진입장을 나타냈다. 이에 반해 재정경제부는 조세 및 국고지원을 담당하는 부처로서 지방자치 시대에 다른 지방과의 조세 및 재정지원의 형평성을 고려해야 하는 어려움이 있었기 때문에 적극적인 지원은 회피하려는 경향을 보였다. 그러나 이러한 부처 간 입장 차이가 국제자유도시 추진의 근본적인 걸림돌이 되지는 못했다.

김대중 정부의 제주국제자유도시 추진의지에도 불구하고 김대중 정부 말기, 경제특구지역에 대한 논의가 시작되기 시작하면서 제주국제자유도시 추진에 대한 중앙정부의 태도 및 행위양상에는 변화가 생기기 시작했다. 그것은 경제특구에 대한 논의가 이루어지면서 다른 시도의 개발에 있어서의 형평성 문제제기, 경제특구와 비교하여 제주국제자유도시만의 특별한 인센티브나 매력을 찾기에 한계가 있을 것이라는 지적에 따라 중앙정부의 행위양상과 태도가 변화되기 시작했던 것이다. 그러한 중앙정부의 행위양상 및 태도 변화는 제주국제자유도시에 투자할 중앙정부의 예산책정 및 지원 부분에서 여실히 드러나는데, 제주도의 2003년 한 해 예산이 2002년 국고지원보다 2000억 원 가량 감액된 것을 통해 알 수 있다.[40]

김대중 정부의 제주국제자유도시에 대한 적극적인 추진의지는 김대중 정권 말기에 변화를 보이다가 2003년 노무현 대통령으로 정권이 바뀌면서 확연히 그 변화를 드러낸다. 노무현 대통령의 16대 대통령 선거공약을 살펴보면, "제주를 국제자유도시로 발전시켜 국가의 개방거점개발 및 제주도민의 소득과 복지를 향상시킨다"는 공약을 제시했다. 또한 이를 위해 특별법 개정으로 7대 선도 프로젝트의 성공적 추진과 지원 차원에서 차질 없는 국비지원을 포함한 민자부문 적극 유치 및 지원을 약속했으나[41] 대통령 당선 후 지방분권을 중요하게 내세우면서 지방에 대한 지원에 관해서는 지역에서 먼저 아이디어를 제공하고 계획의 우수성이 입증됐을 때 지원하겠다고 변화된 입장을 밝혔다.[42]

이러한 중앙정부의 제주국제자유도시에 대한 행위 및 태도의 양상은 김대중 정부의 적극적인 추진의지로 시작하기는 했지만, 노무현 정부로 갈수록 지방분권의 강조에 따른 제주국제자유도시에 대한 국고지원 삭감 등의 재정적인 문제, 타시도의 경제특구 논의와의 형평

---

40) 2002년 제주도 예산이 9천9백억 원이었으므로 5분의 1정도 감액된 것이다.

41) 한라일보, 2002년 12월 23일자.

42) 제주일보, 2003년 3월 12일자. 최민호 행정자치부 지방분권 국가균형발전 연구단장은 "지자체에 대한 정부의 지원이 미흡한 것과 관련 우선 국가에 재원이 없고, 재원이 있어도 형평성 등 다른 시 · 도의 반발이 커 특정지역에 대한 전폭 지원은 어렵다"고 밝히면서 지방에서는 지방만 해낼 수 있는 계획과 특색을 찾아내야 한다고 지적했다.

성 문제 등이 대두되면서 제주국제자유도시에 대한 중앙정부의 입장 및 태도는 약화된 모습이었다.

중앙 수준에서 제주국제자유도시에 대한 태도 및 행위 변화는 국제자유도시 추진과정상의 여러 제약요인으로 등장하게 되었다. 즉 적극적인 제주국제자유도시 추진의사를 밝히며 국책사업임을 강조했던 정부가 지방분권을 강조하면서 추진은 하되 정책의 가능성과 비전을 제시하고 그것이 인정되었을 때 지원하겠다는 조건부 지원의사는 제주국제자유도시 추진과정상의 제약요인으로 다가왔다.

한편, 법안의 심의와 발의과정에서 여 · 야당 간의 갈등이 불거지기도 했다. 그러나 여 · 야당은 원칙적으로 국제자유도시 추진에 대해서는 의견을 같이 했고, 단지 구체적인 개발전략이나 방식 또는 법안의 조항 등 몇 가지 세부적인 문제에서 갈등이 있었다. 그리고 법안의 심의과정에서도 특별법안 내용상의 문제 때문이라기보다는 심사 절차상의 문제로 인해 지연되기는 했지만 찬성과 반대가 엇갈리지 않고 비교적 무난하게 진행되었다. 결국 이러한 여 · 야당 간의 제주국제자유도시특별법안의 통과에 대해 원칙적으로 동의하고 있었기 때문에 당시 여당과 야당 간에 국회에서의 대치상황이었음에도 불구하고 여· 야당의 공동 발의로 국회를 통과할 수 있었다.

(2) 지방 수준

제주도 내 시민단체 및 여러 이익집단의 행위양상은 각 단체에 따라 다르게 나타났는데, 이들의 활동은 대체로 특별법안 통과 이전의 국제자유도시 반대기와 특별법 제정 이후의 개별사안 시행에 대한 반대기로 나누어 볼 수 있다.

먼저, 제주국제자유도시특별법안 통과 이전 시기(-2002. 4. 1)이다. 이 시기는 주민자치연대를 중심으로 한 제주국제자유도시 추진 반대를 위한 공동대책위원회의 '국제자유도시 추진 반대' 시기로, 국제자유도시 추진 반대투쟁은 초기 제주주민자치연대 중심으로 진행되었다. 하지만 주민자치연대만으로는 힘 있는 반대투쟁을 전개시키기 어려웠다. 결국 2001년 9월 18일, 제주주민자치연대를 중심으로 하여 국제자유도시 반대를 위한 공동대책위원회(이하 공동대책위원회)가 발족되었다. 하지만 공동대책위원회를 결성한 각 주체들은 공동대책위원회로 통합되어 있긴 하였으나 각 구성원은 국제자유도시 반대에 대한 시각이 각각 달라서 큰 힘으로 결집되기는 힘들었다.

이들은 각 단체의 특성에 따라 국제자유도시의 이슈를 다르게 인식하였으며, 반대투쟁의 비중을 두는 부분 또한 달랐다. 공동대책위원회의 이러한 측면이 초기의 국제자유도시 반대투쟁의 힘 있는 활동을 저해하는 요인이 되었으나 제주주민자치연대는 공동대책위원회의 중심에서 각 단체들과 함께 반대운동을 계속해 나갔다. 이들은 야당과 여당에 대한 반대활동, 지방정부에 대한 반대 투쟁활동, 중앙정부에 대한 활동을 함께 전개시켜 나갔다.

이러한 공동대책위원회의 반대활동과는 다르게 국제자유도시와 관련하여 이해관계가 크게 관련되지 않는다고 생각하는 다수의 시민단체들은 국제자유도시에 대한 관심을 기울이지 않았으며, 적극적인 입장 역시 표명하지 않았다. 이렇게 특별법안 통과 이전 시기의 시민단체의 반대활동은 몇몇 단체들의 공동대책위원회를 중심으로 한 적극적인 활동과 그밖의 다수의 단체들의 무관심 속에서 진행되었다.

다음은 제주국제자유도시특별법 제정 이후 개별 사안 시행 반대시기(2002. 4. 1-)이다. 이 시기는 제주국제자유도시 추진 반대를 위한 공동대책위원회의 활동과 함께 이해관계가 얽힌 단체들의 개별 사안에 대한 반대운동 가담 및 제주국제자유도시특별법 무력화 운동 시기로, 시민단체들의 행위가 본격적인 시행과정상에서는 이전과 달라진 양상을 보인다. 즉 특별법 제정 전에는 무관심했던 시민단체들이 각각의 시행 사안에 대해 자신들의 이해관계가 걸림에 따라 적극적으로 자신들의 입장을 표명하기 시작했다는 것이다. 특히 이러한 양상은 특별법 제정 이후 추진되고 있는 쇼핑아울렛의 경우, 지역상권보호를 주장하는 시장과 상가의 상인들로 구성된 '제주지역경제살리기범도민대책위원회' 등 여러 중 · 소상인들이 반대조직을 발족하여 쇼핑아울렛 철회를 위해 활발한 활동을 전개했다는 것에서도 알 수 있다. 이들은 매우 조직적이고 활발한 활동을 벌였으며, 그에 따라 쇼핑아울렛 추진을 보류하겠다는 우근민 도지사의 발언을 얻어내기도 하였다.

이 시기는 통과된 법안의 개별 시행사안들에 대한 반대운동을 벌여 실제적으로 제주국제자유도시 추진계획의 시행을 막으려는 시기, 즉 제주국제자유도시특별법을 무력화시키려는 시기였다. 쇼핑아울렛의 경우에도 이미 통과된 국제자유도시 기본계획안에 포함된 7대 선도 프로젝트 중 하나였지만 이를 실질적으로 추진하지 못하게 하려는 움직임을 보였다. 그러나 당시의 반대활동은 특별법안 통과 이전에 비해서 더 많은 단체들의 반대였음에도 불구하고 특별법안 통과 이전과 마찬가지로 그 안의 개별 단체들의 이해관계에 따라 국제자유도시 반대에 대한 이슈가 달랐고, 또한 개별 시행 사안에 대해서만 반대를 표명하는 단체들에 의해서 결집된 반대투쟁을 벌이기에는 한계가 있었다. 단적인 예로 지역상권의 보호를 주장하는 제주지역경제살리기범도민대책위원회의 경우 국제자유도시 반대보다는 '쇼핑아울렛 철회' 라는 자신들의 이해관계가 걸린 사안만에 대한 반대 활동이라는 데에서 그나마 통합된 반대조직인 국제자유도시 추진 반대를 위한 공동대책위원회와는 또 다른 양상을 보였다. 즉 국제자유도시 추진의 적극적 반대세력과는 형식상 필요에 의해 연합되어 있는 양상을 보이게 된 것이다.

3) 갈등처리 방식

제주국제자유도시 추진과정은 상대적으로 갈등의 수준이 높지 않았는데, 그 이유가 주민참여를 토대로 정책이 형성되었기 때문인가 하는 의문을 제기할 수 있다. 즉 제주도개발특별법 사례와 근본적으로 다르지 않은 정책임에도 당시와 다른 갈등 수준이 나타난 이유가 무엇인가에 주목해야 한다는 것이다.

주민참여는 민주주의의 핵심적 가치이자 지방자치를 실시한 최대의 명분이다. 지방자치는 어떤 형태로든 주민참여를 활성화해야 한다. 주민의 직접적 개입과 자발적 참여가 없는 지방자치는 단지 중앙정부의 책임 소재를 지역으로 분산시킨 것에 불과하기 때문이다.[43] 사실, 제주도개발특별법 제정과정에서 제주도민들의 격렬한 저항과 반대는 절차상의 비민주성이 중요한 요인으로 작용했다. 권위주의 체제에서 민주주의 체제로 전환했음에도 불구하고 폐쇄적이고 중앙집

43) 송호근, "지방자치와 사회발전 : 리더십, 발전전략, 그리고 주민참여," 안청시 외, 『한국 지방자치와 민주주의 : 10년의 성과와 과제』(서울 : 나남출판, 2002), p. 292.

권적이며 성장논리에 기반하여 정책과정의 모든 절차들이 일방적으로 추진되는 데 대한 도민들의 반발이 컸다.

그러나 1995년 민선 단체장 선출 이후 지방자치제도적으로나 정치적으로 사회가 크게 변화되었고, 각종 지역개발을 둘러싼 갈등이 나타나면서 중앙 및 지방정부의 정책 추진절차를 위한 의식전환이 이루어진 것으로 보인다. 특히 제주개발특별법 제정 당시 갈등과정을 학습한 도지사와 행정관료들은 지역개발정책 추진에서 지역주민의 참여가 중요한 요소라는 점을 인식하고 있었던 것으로 보인다. 그렇다고 제주국제자유도시 추진이 진정으로 지역주민의 참여에 기반하여 추진했기 때문에 갈등이 크게 확산되지 않았던 것은 아니었다. 단지, 주민참여와 관련된 형식적인 절차를 여러 차례 거쳤고, 또 지역주민의 반발과 저항을 무마하기 위한 홍보와 동원도 조직적으로 이루어졌기 때문이다. 국제자유도시 추진과정에 대한 지역주민들의 자발적 참여를 이끌어내는 실질적인 참여보다는 공청회와 여론조사를 통해 이루어지는 형식적인 여론수렴과 국제자유도시정책의 필요성과 당위성을 홍보하는 방식을 사용했다.

국제자유도시 정책결정 과정상에서 제주도민이나 시민단체는 그들의 의견이나 권리를 제대로 담아내지 못했다. 최종 용역보고서 내용을 살펴보면 중간보고서 당시 도민들이 요구했던 의견은 거의 반영이 되지 않았고, 또한 용역회사는 제주도가 복합형 국제도시로는 그 성공 가능성이 희박하며 관광 중심의 개발이 바람직하다는 주장을 하였으나 도 당국은 다시 말을 바꾸어 수정하는 등 신뢰를 잃게 되었다.

또한 제주도 당국은 국제자유도시 용역 최종보고서(안)에 대한 도민 의견수렴 결과를 과대포장해서 발표하게 된다. 도는 보고서안이 나온 뒤에 6일에 걸쳐 도민의견을 수렴한 결과를 총 47개 기관 · 단체에서 150건의 의견이 접수됐다고 밝혔으나 실은 정식으로 의견서를 제출한 도민은 거의 없었고 도민설명회 등에서 의견을 개진한 도민수가 47명인데, 이 47명을 "기관 · 단체"로 명명하고 제시된 의견을 내용별로 세분화해 발표한 것이다.

그럼에도 도민들은 도 당국이 불어넣어 준 제주의 장미빛 미래에 대한 환상으로, 도민들의 국제자유도시에 대한 도민대상 설문결과는 여전히 70%에 육박하는 긍정적인 입장을 보이고 있었으며, 이에 반해 도지사의 공약 이행이나 그 역량에 관해서는 부정적 반응을 보였다. 즉 도 당국의 국제자유도시에 대한 정직한 홍보가 제대로 이루어지지 않아 국제자유도시는 제주의 살 길이라는 허황된 꿈만을 도민에게 심어주는 결과를 낳게 된 것이다.

최종 용역보고서 발표이후 도 당국이 마련한 향후 추진계획을 살펴보면, 계획안이 국무회의와 대통령 보고를 끝내면 바로 법안을 만들어 국회에 상정하려 하였는데, 이것은 도민 공감대 형성 없이 추진하려는 의도였다. 이러한 추진계획은 중앙정부의 협조 미진으로 또 다시 제자리걸음을 하게 되었으나 대통령의 제주방문 때 중앙정부의 적극적 지원 약속으로 다시 추진력을 얻게 된 제주국제자유도시 추진은 중앙정부 차원에서 정책기획단이 마련되어 2001년 2월 민주당의 국제자유도시 기본계획안이 마련된다.

2001년 8월에는 민주당 주최로 도민공청회가 있었는데, 형식상의 의견수렴 절차였으며, 단지 국제자유도시 추진이 어떻게 이루어질 것인지에 대한 설명회에 불과한 자리였다. 이에 대해 그동안 제주국제자유도시에 대한 반발감이 극에 달했던 시민단체들은 공동으로 반대추진을 하기 위해 2001년 9월 18일, 제주국제자유도시 반대를 위한 공동대책기구(공대위)를 구성했다.

11월 15일 독자적으로 국제자유도시특별법안을 내놓은 민주당은 그동안 비밀리에 법안을 만들어 단지 4일 만에 국회에 상정하여 법안을 통과시키기 위해 민주당 단독법안으로 제출하였다. 그러나 한나라당은 도민공청회를 통해 도민의견을 수렴한 후 당론을 확정하겠다는 의지를 표명해 민주당의 법안은 상정에 실패하게 된다. 15일 공개된 민주당의 국제자유도시특별법안에 대해 제주지역의 관광업계들은 대체적으로 환영하는 분위기인 반면, 시민단체들은 반대입장을 나타내는 등 뚜렷한 입장 차이를 보였다.

제주도관광협회는 지난 3년여 동안 제주국제자유도시 추진과 관련해 많은 의견을 제시했는데, 이번 법안 공개와 기본계획 확정으로 국제자유도시 추진이 탄력을 받게 됐다며 환영하는 반응을 보였으며, 반면 전농 도연맹과 민주노총 제주본부, 주민자치연대 등 9개 시민단체로 구성된 '제주국제자유도시 추진반대를 위한 공동대책위'는 제주도민의 미래가 걸린 국제자유도시 계획을 도민의 의견수렴도 없이 졸속처리할 수 없다며 충분한 도민의견 수렴 없이 추진되는 특별법안의 국회상정을 반대하였다.

이후 몇 차례의 공청회가 개최되었고, 제주국제자유도시에 대한 찬성과 반대 입장을 보이고 있는 여러 전문가들의 의견을 청취하고 나중에 도민의 의견을 묻는 형식 등으로 이전의 도민공청회와는 다른 모습을 보이기도 했지만, 결과적으로는 서로의 의견만 제시한 채 서로 반대입장의 의견은 받아들이지 않는 양상이었다.

4. 제주국제자유도시 추진의 지방정치 과정

1) 단체장의 리더십과 지방의 한계

제주국제자유도시는 크게 제주도와 민주당, 그리고 정부의 추진기구에 의해 추진되어 왔다. 중앙정부에 제주도 국제자유도시 추진을 건의했던 민선 2기 자치단체장이었던 우근민 도지사는 도 외부적으로 중앙의 재정지원을 받아야 하고 중앙의 정책에 대한 관여 등의 제약요인이 있는 상태에서 계속해서 제주국제자유도시를 추진해 나가려 했고, 이러한 제약요인을 최소화하기 위해서 중앙정부에 대해 지속적인 설득작업을 수행해 나갔다. 그 과정에서 우근민 도지사는 중앙에 대한 제주국제자유도시에 대한 홍보 및 제주도민들이 찬성하는 제주국제자유도시라는 점을 강조함으로써 여당과 야당의 지지와 협조를 이끌어내는 영향력을 발휘하였다. 즉 우근민 지사는 도 내부적으로 도민들이 정책에 대한 이해부족과 무관심할 때 제주국제자유도시에 대한 홍보작업을 계속함으로써 도민들의 표면적 '합의적 양상'을 끌어내고자 하였고, 중앙정부와의 관계에서의 제약요인과 도 내부의 시민단체의 반발이라는 제약요인에도 불구하고 주도적으로 제주국제자유도시를 추진해 나가고자 하였다.

우근민 지사는 특별법상의 권한은 미약한 것으로 보이나 실제적으로 제주국제자유도시 추진과정에서의 영향력은 특별법상의 권한 이상이었던 것으로 보인다. 특별법 통과, 그리고 민선 3기 도지사 당선 이후 우근민 제주도지사는 구체적으로 제주도 국제자유도시를 추진해 나갔다.

제주국제자유도시 추진에서 우근민 도지사의 주도적 역할에 보조 역할을 하기 위한 제주도 내부의 국제자유도시 추진 관련 자체기구로 대표적인 것이 제주국제자유도시 추진단,[44] 제주국제자유도시 추진본부[45] 등이었다. 이러한 제주도 내부의 국제자유도시 추진 관련 기구의 임원들을 우근민 도지사가 임명함으로써 우근민 도지사의 권한이 작용하는 기구로서 역할을 했던 것으로 보인다.

또한 우근민 도지사는 제주발전연구원을 이론적 보조기관으로 활용했다. 도지사는 제주발전연구원의 조직 내 이사장을 맡고 있다. 제주발전연구원의 경우 국제자유도시 추진에 있어 도내의 개발과 관련한 연구를 맡고 있었으며, 그러한 연구들은 제주국제자유도시 추진의 이론적 정당성을 부여하는 보조역할을 수행했던 것으로 보인다.

국제자유도시라는 정책대안은 새로운 아이디어도 아니며, 이미 1960년대 이후 중앙정부 차원에서 자유항 또는 자유지역 설정을 검토하기 위한 조사가 서너 차례 이루어진 바 있었다. 1980년 경제과학심의회가 주관한 제주 자유항 구상에서는 개발 잠재력은 있으나 자유항 성공 가능성은 희박하므로 관광 중심으로 개발을 추진하는 것이 바람직하다는 결론을 내린 바 있다.

수십 년 동안 중앙정부로부터 경제성이 없다며 미뤄졌던 사장(死

---

44) 제주국제자유도시 추진본부가 제주국제자유도시 추진 기구 확대개편에 따라 '국제자유도시 추진단' 으로 신설되어 제주도 지방정부 내부의 국제자유도시 관련 공식기구는 국제자유도시 추진단이 되었다.

45) 제주국제자유도시 추진본부는 2002년 5월 본격 승인된 기구로 제주국제자유도시 건설사업의 효율적 지원과 집행 등을 위해 본부장은 행정부지사가 겸임하고 추진본부의 사무를 총괄 지원하기 위해 본청에 국장급 보조기관으로 부이사관을 단장으로 하는 '제주국제자유도시지원단' 을 두도록 하였다.

藏)계획안을 도지사가 중심이 되어 추진한 이유는 산업적 균형을 이루지 못하고 있는 데서 오는 지역적 한계와 기회요인의 부족, 갈수록 불안해지는 관광 제주의 한계를 극복하고 국내외적으로 주목을 받을 수 있는 파격적인 돌파구가 필요했다는 점을 들 수 있다. 제4차 국토종합계획을 살펴보면, 그 최종안에서 국제자유도시 및 그 기능을 표방하는 지역은 전국적으로 5군데에 달했는데, 제주를 비롯하여 인천, 부산, 광양, 목포 등이 포함되어 있다.[46]

우지사는 국제자유도시 지정을 놓고 시·도 간 치열한 경쟁이 벌어진 상황에서 1998년 제주 순방시 대통령의 약속과 중앙정부의 지원을 믿고 제주를 복합형 자유도시로 추진하는 것을 제주개발 방향으로 설정한다. 도 당국은 1999년 2월초에 기본구상을 수립하여 대통령에게 보고하였고, 대통령은 건설교통부가 주무 부서가 되어 국무회의에서 의결을 보도록 지시하였다. 이로써 중앙정부의 지원을 받게 된 우지사는 중앙의 강력한 지지를 등에 업고 추진을 시행하게 되어 외국의 용역회사에 용역을 의뢰하게 된 것이다.

그러나 국제자유도시 용역사가 발표한 주 내용은 1980년 제주자유항 구상에서 자유항 구상 가능성은 희박하여 관광 중심의 개발이 바람직하다는 결론과 일치하고 있다. 우근민 도정은 이러한 용역회사의 주장을 감추고 말을 바꾸어 복합형 자유도시로 만들 것임을 강력히 선언하게 되지만 이미 우지사에 대한 도민들의 불신은 부실용역이라는 여론의 질타를 피할 수 없게 된다. 국제자유도시계획을 실행할 것을 약속했던 우지사는 2000년도에 법안이 통과되도록 하려 했

46) 『제4차 국토종합개발계획안』 참조.

으나 추진계획은 시행되지 못하였다. 국제자유도시특별법의 통과가 무산되고 용역보고서도 대통령에게 보고하지 못하자 우 도지사에 대한 도민들의 신뢰는 떨어져 당시 경실련에서 설문조사한 결과 도지사에 대한 부정적 반응이 높게 나타나게 된다.

이렇게 용역의 부실함과 중앙정부의 협조가 미진하여 지지부진하던 우근민 도정의 정책은 대통령의 제주방문으로 다시 추진력을 얻게 되는데, 당시 우지사는 대통령에게 정부의 적극적인 지원을 요청함으로써 제주국제자유도시를 범정부 차원에서 추진한다는 지원을 약속받게 된다. 이에 따라 제주국제자유도시 추진은 중앙정부 차원에서 이루어지게 되었다.

1999년 제주국제자유도시 추진계획이 수립되면서 임시기구로 출발한 제주도 국제자유도시 추진기획단은 제주국제자유도시 개발 타당성 조사 및 기본계획 수립에 관한 용역을 측면에서 지원한 것을 비롯해서 사실상 국제자유도시 추진과 관련한 기초작업을 전담했다고 볼 수 있다.

2001년 2월 21일 집권당인 민주당은 당내 인사 및 학계, 연구기관, 산업계 등 각계 인사 30여 명으로 민주당 제주국제자유도시 정책기획단을 발족시켰다. 이 정책기획단이 구성된 것은 범정부적으로 제주국제자유도시 추진을 꾀하는 데 있어 당이 전폭적인 지원과 함께 법 제도 개선 등을 주도적으로 처리하기 위해서였다. 민주당 제주국제자유도시정책기획단은 2001년 7월 26일 제주국제자유도시 추진계획(안)을 발표하고 8월 20일 도민공청회를 개최하였다.

2001년 9월 17일에는 국제자유도시 업무를 전담할 국무총리실 국제자유도시 추진기획단이 사실상 본격적인 업무를 시작하였다. 국무총리실은 그동안 중앙정부, 제주도, 민주당에서 논의된 사항을 결집하고 제주가 지닌 국제자유도시로서의 잠재력을 최대한 발전시켜나갈 수 있는 제주국제자유도시 기본계획을 수립하고 제주도개발특별법의 전면 개정과 제도개선 관련 법령개정을 통해 제주국제자유도시 특별법안을 마련하였다.

이러한 제주국제자유도시 추진과정에서 개발의 추진세력은 점차 제주도 → 민주당 → 중앙정부로 옮겨갔다. 국제자유도시 추진 초기에서는 제주도가 많은 부분을 전담하였지만 1999년 9월 홍콩의 존스랭 라살르사가 제주도 국제자유도시 개발 타당성 및 기본계획에 대한 용역을 실시하고 2000년 6월 20일 용역 최종보고서가 나오게 되면서 국제자유도시는 본격적으로 추진되기에 이른다. 이러한 과정에서 중앙정부의 영향력이 개입되면서 국제자유도시 추진과정의 주체는 민주당으로 넘어갔다. 민주당 제주국제자유도시 정책기획단은 국제자유도시의 추진계획(안)을 수립하였다. 그리고 국무총리실 국제자유도시 추진기획단이 설치되면서 국제자유도시 추진과정에서 정부가 주체적 역할을 하게 되었다. 따라서 제주도는 국제자유도시 추진과정에서 초기와는 달리 지원적인 기능만을 수행하게 되었고, 정부가 국제자유도시 전반에 걸친 세부내용까지 수립하는 주체적 역할을 담당하게 되었다.

한편, 제주국제자유도시 추진과정에서 중앙정부와 지방정부의 관계를 파악하는 데 있어서 초기 주체가 누구인가 하는 문제는 매우 중요하다. 우근민 제주도지사는 1999년 9월 1일 "현재 3개 단지 20개 지구의 관광개발이 단지, 지구별로 특성을 살리지 못하는 등 투자 이점이 주어지지 않아 외자유치에 오히려 걸림돌로 작용하고 있다"는 판단을 내렸다.[47] 이에 따라 제주도가 외자유치와 관련해 깊은 관심을 끌어온 외국인투자촉진법이 재정경제위원회가 제출한 법안대로 9월

2일 본회의에서 처리됐다. 그러나 외국인투자촉진법안에 이어 외국인투자법 시행령 적용대상에 관광산업을 포함해 달라는 제주도의 건의가 받아들여지지 않아 외국인 투자지역 지정 등 제주도의 외자유치 노력에 걸림돌이 되었다. 우근민 제주도지사는 9월 25일 김대중 대통령의 제주도 방문시 "동북아 거점도시로 육성시키기 위해 제주도를 국제자유도시로 지정하는 문제와 제주관광을 위한 관계법령 개정"에 대해서 약속을 받아냈다.

우근민 제주도지사와 제주도가 외국인투자촉진법과 시행령 적용대상에 관광산업을 포함해 달라고 강조한 것은 국제자유도시 추진의 기반을 마련한 것이라고 할 수 있다. 이것은 제주국제자유도시 개발계획의 기본방향에서 제시하고 있는 "국제자유도시에 부합하는 제도개선과 투자환경 조성을 통해 국내외 관광객 및 투자의 획기적 증대"[48]를 가능하게 해준 법적 장치가 된 것이다. 이와 더불어 제주도 국제자유도시 추진기획단이 국제자유도시 추진 초기단계에서 사실상 기초작업을 전담했다는 점에서 국제자유도시 추진과정상에서 초기의 주체는 제주도라 판단할 수 있다.

우근민 제주도지사와 제주도가 국제자유도시 추진의 주체가 된 것은 피터슨의 주장처럼 지방정부가 재분배 혹은 분배보다는 경제개발위주의 정책목표를 상정하는 경향이 있다는 것에서 유추해 해석할 수 있다. 피터슨은 그 이유로 세 가지를 드는데 첫째, 경제적 번영이 지방정부의 재정적 기반을 보전하는 데 필요하고, 둘째, 지역사회의 경제발전과 번영이란 목표를 지닌 발전정책만큼이나 광범한 지지를

47) 제주일보, 1998년 9월 2일자.
48) 제주도, 『제주국제자유도시 기본계획』(2001. 11).

얻을 수 있는 정책이 드물며, 셋째, 대부분의 중요 지방 공직자들은 지역의 발전에 대해 일종의 의무감을 지니기 때문이라는 것이다.[49]

지방정부에 대한 중앙정부의 재정적 지원은 크게 세 가지로 나누어 볼 수 있다. 첫째는 법률에 의거하여 지방정부가 보조금을 신청하거나 지방양여금 또는 보통교부세를 지급받는 경우이다. 둘째는 중앙정부가 국가사업을 위한 보조금이나 특별교부세를 통하여 사업비를 지방정부에 내려 보냄으로써 기간시설을 설치하거나 지역 숙원사업을 시행할 수 있는 경우이다. 셋째는 지방정부가 실제로 사업비를 받는 것은 아니지만 국책사업을 실시할 경우 지역경제 활성화의 효과가 나타나게 되는 경우이다. 재정적 지원 이외에 중앙정부로부터 각종 규제의 완화나 허가를 취득하는 것도 중앙정부의 지원으로 볼 수 있다.[50]

국무총리실 국제자유도시 추진기획단이 발표한 제주국제자유도시 기본계획에서 "제주국제자유도시 개발 투자소요에서 2002년부터 2010년까지 총투자 규모를 4조 7,714억 원으로 제시하였다.[51]

제주국제자유도시 개발 투자소요에 따른 자금조달 전망은 〈표 5-2〉에서 보는 것과 같이 4조 4,714억 원 중 3조 4,425억 원이 중앙정부에서 조달되어야 한다. 이와 같이 제주국제자유도시는 막대한 자금이 필요한 국가적 차원의 계획이라고 할 수 있다. 이는 제주도가 중앙의 재정적 지원 없이는 독자적으로 국제자유도시를 추진할 수 없다는 것을 말해준다. 그러나 중앙정부가 지방정부에 재정적 지원을 한

49) 최흥석, "부천시 사례," 박종민 편, 『한국의 지방정치와 도시권력구조』(서울 : 나남출판, 2000), p. 175.

50) 최승범, "평택시 사례," 박종민 편, 앞의 책, pp. 274-275.

51) 제주도, 『제주국제자유도시 기본계획』(2001. 11).

〈표 5-2〉 제주국제자유도시 자금 조달

(단위 : 억 원)

구분	계	공공	민간
총계	47,714	34,425	13,289
사회간접시설 확충	29,179	27,890	1,289(항만)
선도 프로젝트 추진	17,000	5,000	12,000
개발센터 설립 · 운영	875	875	
홍보 · 마케팅 추진	660	660	

* 자료 : 제주도, 『제주국제자유도시 기본계획』(2001. 11).

다는 것은 지방정부의 자율성을 제한하는 요인으로 작용할 수 있다. 이로 인해 국제자유도시 추진주체는 제주도에서 다시 중앙정부로 넘어가게 되는 것이다.

다음으로, 제주국제자유도시 추진에 있어서 제주도는 중앙정부와 매우 긴밀하게 연결되어 있다는 점을 지적할 필요가 있다. 이는 처음 제주국제자유도시에 대한 건의부터 시작하여 이후의 특별법 제정, 인센티브 확충, 국고지원, 조세감면 등의 광범위한 사안에 대해 중앙과의 협의 또는 심의와 조정을 거쳐서 국제자유도시의 모습이 결정되었기 때문이다.

중앙정부의 여러 행위양상이 제주국제자유도시 추진에 영향을 미친 사례로, 김대중 대통령의 국민의 정부에서 노무현 대통령의 참여정부로 정권이 교체되면서 제주국제자유도시 추진에 대한 입장이 변화되고 제주국제자유도시 추진양상이 변화된 경우를 들 수 있다. 즉 제주국제자유도시 추진에 대해 매우 적극적인 태도를 취했던 김대중 정부에 비해서 지방분권을 중시하는 노무현 정부는 지방의 정책비전

제시를 매우 중요하다고 보고, 정책비전이 있다고 인정되었을 때 적극적으로 추진하겠다는 입장을 취한다. 이러한 중앙정부의 입장변화는 제주국제자유도시 추진에 제약을 가하는 요소로서 작용하게 된다.

또한 중요 사안에 대한 심의와 조정을 담당하는 제주국제자유도시 추진위원회 내부의 행위주체들의 양상도 제약을 가한다. 그것은 제주국제자유도시 추진위원회 내부의 각 부처의 이해관계에 따른 주장들이 제주국제자유도시 추진에 제약을 가했다는 것을 의미한다. 예를 들어 건설교통부의 권한행사, 재정경제부의 지역형평성을 이유로 한 소극적인 추진입장 등은 제주국제자유도시에 대해 제약을 가하는 요인으로서 작용하였다.

이러한 제약요인에도 불구하고 제주도, 특히 우근민 도지사는 도민들의 암묵적 합의를 주장하며 중앙정부에, 그리고 여당과 야당에 지속적으로 추진하기 위해 설득, 홍보작업을 지속적으로 시도했다. 이러한 면에서 제주도의 주도적인 역할과 그에 따른 중앙의 대응양상을 어느 정도 엿볼 수 있다. 그에 대한 사례로 여당인 민주당이 2002년 대선을 겨냥하여 제주도민들의 암묵적 합의를 이용하는 정치적 과장을 했다는 점, 한나라당은 이러한 암묵적 합의를 염두에 두고 민주당의 정치적 과장을 묵인하며 자신들도 국제자유도시를 추진하는 방향으로 당론을 결정한 점을 들 수 있다.

이를 종합하였을 때 제주국제자유도시 추진과 관련한 중앙정부의 지방정부로의 제약요인은 존재했으나 이로 인해 중앙이 주도적으로 제주국제자유도시를 추진한 것은 아니며, 그러한 제약요인을 최소화하는 과정에서 지방의 주도성이 드러날 수 있다는 것이다. 그러나 1998년부터 시작되어 2001년도까지 중앙정부의 적극적 지지를 받지 못했던 제주국제자유도시 추진은 중앙정부 주도로 넘어가게 되었고, 우근민 도정은 중앙정부에서 지시하는 사항을 직접 이행하는 실무적 역할을 하게 되었다.

2) 지역 성장연합과 이해관계의 수렴

성장기구론에 의하면 지역개발로부터 직 · 간접적으로 이익을 얻는 모든 이해관계자가 동업자로 참여하여 성장연합을 구성하게 된다.[52] 제주도의 성장연합은 자신의 정치적 입지를 유지하기 위해 추진해 나갔던 우근민 도지사의 국제자유도시 전략을 적극 옹호하며 도민들의 국제자유도시에 대한 추진 분위기 형성에 역할을 한 세력이었다. 제주도의 성장연합은 이해관계가 얽힌 주체들의 참여와 경제적 이해관계에 대한 합의로 형성되었다기보다는 일상적으로 이어진 인적 네트워크를 중심으로 형성되었다.

성장연합의 주요 행위자로는 대체로 제주상공회의소, 지역 신문사, 지역 지식인들 중의 일부, 국제자유도시 추진으로 인해 이익을 볼 것으로 기대하는 자본가 등이 포함된다. 제주국제자유도시 추진과 관련해 지역 신문사가 성장연합에 포함된 것은 1990년대 초반 제주도개발특별법 제정 반대 여론형성을 주도했던 지역 신문사의 역할과는 다른 것이다. 주로 H신문사가 해당되는데, 이에 대해서는 좀 더 자세하게 살펴보기로 한다.

52) 유재원, "지방자치와 권력구조," 박종민 편, 앞의 책, p. 27.

지역의 특정 전략 추진과 관련해 지역현안을 좀 더 가까운 곳에서 잘 드러낼 수 있고 그 지역이 처한 상황을 제시해 주는 것과 더불어 지지 혹은 비판을 가하기도 하는 것이 지역 신문의 역할이다. 그러면 제주도의 지역 신문사들은 제주국제자유도시 추진과정에서 어떠한 태도를 보였는가?

1998년 김 대통령이 제주도를 방문했을 때에 국제자유도시가 처음 거론되었는데, 당시의 사설을 보면 국제자유도시 언급에 대하여 반발 혹은 우려를 하는 글은 보이지 않는다. 당시 제주로서는 어려운 상황이어서 오히려 국제자유도시라는 단어는 제주의 밝은 미래를 기대하도록 만들었고, 그에 대한 지방과 도민의 노력이 필요하다는 보도를 하였다.[53]

국제자유도시 이야기가 언급되고 얼마 후 우근민 제주도정을 평가하는 사설을 보면, 국제자유도시 약속과 관련하여 제주의 도약에 대한 기대치를 높여주었다는 말을 사용하며 긍정적인 태도를 취하고 있다. 2000년 6월 20일 용역보고서 최종판이 나왔을 당시 '제주국제자유도시 밑그림'이라는 사설을 보면, 국제자유도시 투자액의 방대한 규모와 중앙정부의 지원, 그리고 이와 더불어 도민들의 적극적인 참여의 필요성에 대해서는 강조하고 있으나 국제자유도시 추진과정에서 발생할 수 있는 문제점에 대해서는 특별한 지적이 없다. 2001년 11월 초 국제자유도시특별법을 국회에 상정하는 것을 두고 논쟁을 하던 시기의 사설을 보면, 국제자유도시가 제주도에 있어서 절대적인 것이고 모든 도민이 희망하는 것으로 언급하며 도민의 합의와 지

53) 한라일보, 1998년 9월 28일자 ; 제주일보, 1998년 9월 26일자.

원을 촉구하고 있다.[54] 2001년 제주 출신 재경 신문 및 방송기자가 참석한 송년 간담회에서 언론인들은 "제주국제자유도시 추진계획은 제주는 물론 국가 경제발전을 위한 절호의 기회이며, 성공의 열쇠는 무엇보다 민간자본 유치 여부에 달려 있다"는 데 인식을 같이 했다.[55]

이와 같이 국제자유도시 유치와 추진에 대해 지역신문의 전반적인 반응은 긍정적이었음을 알 수 있다. 그러나 이후 처음의 의도와는 다르게 전개되면서 우려의 목소리가 나오기도 했지만 국제자유도시 계획을 바라보는 긍정적 관점은 큰 변화 없이 우려되는 부분을 없애는 노력부분에서 중앙과 도민에게 지원과 단합을 호소하는 주장들이 대부분이었다. 이렇게 언론사마다 정도의 차이는 있으나 국제자유도시를 바라봄에서는 긍정적인 입장을 같이 하고 있다.

지역 신문 시장은 중앙지와 달리 해당 지역에 국한됨으로써 지역적 이해가 뚜렷하게 나타난다. 언론의 권력화가 점차 진전됨에 따라 신문사는 여론을 주도하여 지방정부가 행하는 정책에 막강한 영향력을 행사한다. 신문사의 여론형성은 지역주민들의 여론이라 포장하지만 많은 부분 신문사주 또는 신문사내 몇몇 영향력 있는 인사들에 의해 결정되어지거나 특정 세력의 이해를 대변하는 경향을 보이기도 한다. 이는 H신문사의 회장직을 맞고 있는 K씨의 경우 상공회의소 이사장직을 겸임함으로써 국제자유도시정책 추진에 있어 국제자유도시의 찬성 축의 하나였던 상공회의소는 언론과 연계하면서 우근민 도지사의 정책추진을 지원했다.

H신문사의 경우 다른 신문과 달리 국제자유도시 추진과 관련한 신

54) 한라일보, 2001년 11월 8일자.
55) 한라일보, 2001년 12월 17일자.

문기사란을 별도로 둔 점, 국제자유도시 추진에 대해 사설에서 지속적으로 긍정적 입장을 보인 점 등이 이를 보여준다. 또한 국제자유도시에 대한 광고와 연계된 신문사는 국제자유도시를 광고하고 경제적인 이득을 얻음으로써 추진주체들과의 이해관계를 같이 하여 성장연합을 형성할 수 있었다.

다음으로, 일부 지식인 집단이다. 제주도의 지역발전 및 지역경제 진흥, 지방행정과 관련되는 제도개선 등 제반과제에 대한 전문적 · 체계적인 연구조사 및 분석활동을 통하여 지역균형개발과 지역발전에 기여하는 것을 목적으로 하는 제주발전연구원의 조직 내 이사회 및 자문위원들은 우근민 도지사를 이사장으로 해서 제주발전연구원장 등 여러 이사로 구성되어 있다. 이 구성원들은 상공회의소, 지역 언론 인사들과 지역 내의 지식인 계층의 일부도 포함되어 있다.

좁은 지역사회라는 제주도의 특수성은 성장연합의 구성에 있어서는 핵심집단을 중심으로 각각의 이해관계를 가진 토착지배세력들을 빠르게 규합해 나가는 요인으로 작용했다. 이들이 빠르게 규합될 수 있었던 이유는 합리적인 의사소통 과정이나 토론을 거치기보다는 소수자들을 중심으로 비공식적 경로를 통해 규합되었기 때문이다. 이들은 평소의 인맥을 통해 강한 동질감을 가지고 있지만 대신에 자신들의 이해에 반하는 세력들에 대해서는 상당히 배타적인 속성을 가진다. 이는 반대자들을 배제한 찬성자들끼리의 연합으로 결국 지역부패로 이어질 가능성이 있다. 결국, 제주도의 성장연합은 제주도의 지역적 특성과 맞물려 기형적인 모습을 보이면서 제주국제자유도시 추진을 주장하며 서로의 이해관계에 따른 연합을 형성 · 강화해 나갔다.

다음으로, 제주상공회의소를 들 수 있다. 제주상공회의소는 제주도에 있는 기업인들이 모인 단체이다. 제주상공회의소는 2001년도 새해 사업계획에서 제주도의 제주국제자유도시 추진에 적극적으로 동참하여 지역경제 활성화에 총력을 기울인다는 방침을 세웠고, 2001년 8월 20일 민주당이 주최한 제주국제자유도시 공청회에서 제출된 제주국제자유도시 추진계획(안)에 대해 환영을 표시하고 제주상공회의소의 입장을 밝혔다.

이에 대해 좀 더 구체적으로 살펴보면 첫째, 제주국제자유도시의 근간이 되는 "제주국제자유도시특별법"이 이번 정기국회에서 반드시 제정 · 통과되어야 한다. 둘째, 특별법 통과와 더불어 제주국제자유도시 선도 프로젝트 추진을 위한 설계비와 용역비, 가칭 제주국제투자개발공사에 대한 정부 출연 등 국제자유도시 추진 관련 예산이 정부 예산에 반드시 확보되어야 한다. 셋째, 국제자유도시 추진계획에 포함된 사회간접시설(SOC) 확충을 위한 재정지원을 사업시행 시작연도부터 정부가 확실하게 지원해야 하며, 그것도 조기에 완공될 수 있도록 지속적으로 지원해야 한다. 넷째, 내국인 출입 허용 면세점도 지역 형평성을 고려, 중문단지와 서귀포 외에 제주공항, 제주항 및 제주시 지역에도 설치할 수 있어야 한다. 다섯째, 제주도가 관광 중심의 국제자유도시로 성장하기 위해서는 내국인 관광객의 카지노 출입도 허용돼야 한다.[56]

이처럼 성장연합의 구성원으로서의 제주상공회의소는 제주국제자유도시의 추진과정에서 그들의 이익과 관련된 부분에서 분명한 입장을 표명하고 있다.

56) 제주상공회의소, 「제주국제자유도시 추진계획(안) 관련 우리의 입장」, 2001. 8. 23.

3) 인지동원과 암묵적 동의, 그리고 반대운동의 한계

지역개발정책 추진에서 단체장은 언론사와의 잦은 접촉을 통해 정책의 당위성을 설득하고 반대와 저항을 무마하고자 한다. 주민들의 자발적인 참여를 이끌어내기보다는 역으로 정책의 필요성과 당위성을 홍보하는 데 주력하는 것이다. 주민들의 자발적 참여가 취약한 상황에서 지방정부는 다양한 채널을 통해 정책 홍보를 함으로써 주민들의 '인지동원'에 주력하게 된다.[57]

제주국제자유도시 추진에 있어서 소수이긴 했지만 극명하게 반대입장을 표명했던 시민단체의 동향과 정책결정 과정에서의 행위들을 통해 시민단체들이 얼마나 정책결정 과정에서 영향력을 미쳤는가를 알 수 있다. 반대입장을 취했던 시민단체들은 소수라는 것, 이러한 의견이 지방정부의 국제자유도시 추진에는 그다지 반영되지 않았다는 점에서 제주국제자유도시 추진사례에서는 시민단체의 지방정부에 대한 영향력은 매우 미약했음을 알 수 있다. 즉 시민단체들의 오랜 반대운동에도 불구하고 제주국제자유도시 추진세력들은 도민 대부분이 국제자유도시에 대해 찬성한다고 보았고, 그에 반해 시민단체의 반대운동은 소수에 불과하다고 보았다는 것이다. 그로 인해 정책결정 과정에서도 시민단체가 주장하는 내용의 대부분[58]은 국제자유도시 추진과정에서 제대로 작용하지 못하였다. 또한 시민단체의 영향

57) 송호근, 앞의 글, p. 294.

58) 전교조의 거센 반발에 의해 교육부문의 특별법 조항의 수정, 지역상인단체의 조직적인 반대운동을 통해 쇼핑아울렛이 미루어진 점 등을 제외하면 시민단체의 주장은 제주국제자유도시 추진과정에서 거의 반영되지 않았다.

력을 미약하다고 보는 근거 중 하나가 시민단체의 오랜 반대운동에도 불구하고 도민들이 반응하지 않았다는 점에서도 국제자유도시 추진과정에서 시민단체의 영향력은 크게 작용하지 못하였다는 것을 알 수 있다.

그러면 제주도민의 경우는 어떠한가? 제주국제자유도시 추진에 있어서 직접적으로 반대 혹은 찬성입장을 취하지는 않았지만 제주도민들은 정책결정 과정상 중요한 변수로 등장한다. 도민들은 적극적으로 의사표명을 하지 않았음에도 불구하고 도민들의 표면적인 행위양상과 이면적 양상이 달랐기 때문에 중요한 변수로 볼 수 있다. 즉 제주국제자유도시특별법 제정 및 추진에 있어서 제주도민은 정책에 대해 직접적으로 찬성하지도 반대하지도 않음으로써 '암묵적 동의'의 모습으로 비춰졌다.

그런데 이러한 암묵적인 동의의 모습은 실제로 정책에 대한 도민들의 이해부족과 정책에 대한 무관심이 바탕이 되어 나타난 것으로 보인다. 이는 여러 설문조사 및 의식조사 등의 여론조사가 국제자유도시 기본계획도 발표되기 전에 조사되었던 것이 많으며 의도가 내포된 조사[59]였다는 것, 그리고 초기 국제자유도시에 대한 여당과의 대립사안이 많았던 한나라당의 당론 결정시 한나라당은 도민이 제주국제자유도시에 대해 긍정적이라고 보고 2002년 대선에서 제주도민의 민심을 사기 위해 추진의사 쪽으로 당론을 결정했다는 것 등을 통해 알 수 있다. 또한 시민단체의 오랜 반대운동에도 불구하고 그에 대

59) 설문지의 응답보기가 여러 방향으로 세분화되지 않아 도민들에게 극단적인 입장을 요구했다. 예를 들면, 제주발전연구원 조사의 경우 제주국제자유도시에 대해 어떻게 생각하십니까? 찬성/반대/모르겠다, 반면 주민자치 연대에서는 같은 질문에 대해 찬성/반대/정책에 대해 잘 알지 못한다/모르겠다 등으로 설문을 실시했다.

한 도민의 반응이 없었다는 점 등에서 도민들은 제주국제자유도시 추진에 대해 암묵적 동의의 모습을 견지했음을 보여준다. 이러한 도민들의 암묵적인 동의에는 성장연합의 제주국제자유도시 추진 분위기 형성과 제주도의 유일한 발전대안이 제주국제자유도시라는 언론의 정책 미화, 그리고 정책결정자들의 정치적 입지 유지를 위한 정치적 과장 등이 작용한 것으로 보인다.

한편, 제주국제자유도시 추진과정상에서의 도민의 행위양상은 표면적 · 이면적 양상으로 나누어 볼 필요가 있다. 이는 제주국제자유도시에 대한 도민들의 현실적 인식과 관심이 크지 않은 상태에서 시행된 여러 여론조사를 통해 알 수 있다. 즉 각종 여론조사에서 나타난 도민들의 동향과 도민들의 행위양상을 살펴보았을 때 분석할 수 있는 그 이면적 양상이 다르게 나타나고 있기 때문이다.

제주국제자유도시를 추진하는 데 있어서 여론조사는 수차례 여러 주체[60]들에 의해 이루어졌는데, 이러한 여론조사 결과들은 제주국제자유도시특별법 통과 이전에 도민 대부분이 찬성입장을 취하고 있음을 보여준다. 이것은 제주국제자유도시를 추진하려는 주체들에게는 국제자유도시 추진 정당화의 근거가 되었다.[61] 이는 많은 도민들이 설문조사와 의식조사를 비롯한 여러 여론조사에서 제주국제자유도시에 대해서 찬성입장을 취하고 있기 때문에 추진세력들이 국제자유도

---

60) 제주지역 신문사들, 제주발전연구원, 경실련 제주지역 본부, 제주국제자유도시 추진단, 민주당정책기획단, 제주주민자치연대 등 여럿이 있는데, 제주주민자치연대를 비롯한 추진반대시민단체에서 조사한 여론조사를 제외한 거의 대부분의 여론조사들은 제주도민들이 제주국제자유도시 추진을 찬성한다고 보았다.

61) 우근민 도지사를 비롯한 여러 주체들은 도민의 국제자유도시에 대한 열망을 추진 정당화의 한 기제로서 사용하였다.

시 추진은 반드시 시행되어야 한다는 논리를 폈다는 것을 통해 알 수 있다.

여론조사들에서 나타난 제주국제자유도시에 대한 도민들의 표면적 모습 이면에는 도민들의 정책에 대한 무관심과 정책에 대한 이해가 부족한 상태에서 시행된 여론조사라는 점이 작용했다고 볼 수 있다. 그것은 제주국제자유도시 추진계획이 발표되기 이전의 설문, 의식조사가 도민 찬성을 주장하는 조사의 많은 부분을 차지하고 있다는 점, 설문문항을 세분화한 설문조사에서는 제주국제자유도시에 대해 제대로 알고 있지 못하다는 응답이 대다수를 차지한 점[62] 등을 통해 알 수 있다.

또한 도민들의 제주국제자유도시에 대한 이해부족과 무관심은 2차 중간보고서 제출에 따른 산남지역 공청회에서 잘 보여지는데, 이때 공청회는 홍보부족 등으로 참석자가 1백 여 명도 되지 않아 전시성 행사로 전락했다는 지적을 받았고, 주민과 자생단체 참가자는 손가락을 꼽을 정도였으며, 자리를 메운 사람도 대부분 동원된 공무원들이었다.[63] 또한 국제자유도시 추진에 따른 도민들의 의견을 인터넷을 통해 접수한 결과 단 1건의 의견이 올라왔을 뿐이며, 그나마 내용도 본래의 취지와는 차이를 보인다. 또한 국제자유도시 홈페이지를 개설한 이후 10여 차례에 걸쳐 도민들을 대상으로 각종 설문을 실시

62) 대다수의 설문조사는 막연히 제주국제자유도시에 대해 찬성하는가, 반대하는가에 대한 설문이었는데, 이러한 설문조사들에서는 도민찬성입장이 강하게 드러났다. 하지만 몇몇 설문(주민자치연대를 비롯한 시민단체들에서 실시한)에서는 정책에 대해서 잘 알지 못한다는 보기를 설문에 포함함으로써 설문을 더욱 세분화시켰는데, 여기에서는 도민 대부분이 제주국제자유도시에 대해서 제대로 알지 못한다는 도민들의 반응이 도출되었다.

63) 한라일보, 2000년 3월 10일자.

했으나 최다 참여인원은 80여 명이었으며, 대략 30명 안팎만이 참여한 것으로 알려졌다.

이러한 도민의 암묵적 동의 모습과 정책에 대한 이해부족과 무관심에서 비롯된 이면의 모습과의 차이는 구별할 필요가 있는데, 암묵적 동의 모습은 정책결정자들의 행위양상과 제주국제자유도시 추진을 결정하는 중요한 요인으로서 작용하게 된다. 즉 암묵적으로 도민들이 찬성했기 때문에 여당에게는 제주국제자유도시 계획을 더욱 적극적으로 추진해 나가게 했고, 야당에게는 도민들의 동향에 따라서 제주국제자유도시 추진이라는 당론을 결정하게 했다.

결국, 도민들의 암묵적 동의 모습으로 인해 제주국제자유도시 추진은 더욱 힘 있게 추진되었고, 이러한 암묵적 동의가 야당과 여당에게는 2002년에 있을 대통령 선거를 앞두고 제주국제자유도시 추진을 더욱 긍정적으로 알리고 추진하게 하는 배경이 되었고, 제주도 내부의 추진세력들에게는 제주국제자유도시 추진을 정당화하는 근거를 제공했다.

그러나 제주국제자유도시 추진이 도민과 지방정부, 중앙정부의 삼자 간 합의에 의해 이루어진 것으로 보이지만, 여기서 주목하여야 할 점은 국제자유도시 추진에 대한 도민의 반응을 적극적인 참여와 열망으로 보아서는 안 된다는 점이다. 이는 국제자유도시에 대한 지방정부의 홍보가 특별법안 전문이 공개된 2001년 11월 15일보다 훨씬 전인 1998년부터 이루어졌다는 데 있다.[64] 즉 국제자유도시에 대한 기본적인 개념과 정확한 이해가 정립되지 않은 상태에서 진행된 홍보는

64) "제주국제자유도시 추진반대를 위한 공동대책위원회 기자회견 성명서," 2002. 7. 27.

국제자유도시에 대한 긍정적 이미지만을 도민들에게 심어주려는 데 그 목적이 있었다고 볼 수 있기 때문이다.

이러한 지방정부의 인지동원의 결과가 도민의 암묵적 동의로 표출된 것으로 볼 때, 국제자유도시정책 추진상에서 도민의 영향력은 그다지 크지 않은 것으로 볼 수 있다. 지역개발정책이지만 처음부터 정부주도로 추진되었고 도민들은 국제자유도시에 대한 어렴풋한 환상으로 인해 당국의 결정에 무비판적으로 끌려가는 양상을 보였다. 특히, 각종 시민단체들은 국제자유도시 추진에 대해 반대의지를 표명하기는 했으나 취약한 도민적 지지로 인해 그들의 반대입장은 중앙정부나 도 당국에 그다지 큰 영향력을 발휘하지 못했다.

이와 같이 제주국제자유도시의 추진과정에서 시민단체들의 영향력은 그다지 크지 않았다. 제주도 국제자유도시 개발 타당성 조사 및 기본계획에 대한 보고서와 제주국제자유도시 기본계획과 특별법 등이 발표될 때마다 시민단체들은 성명서를 통해 자신들의 입장을 제시하였지만 제주도민의 공감대를 형성할 수는 없었다. 예외적으로 제주국제자유도시에서 역외금융센터에 관한 문제에서는 시민단체의 의견이 일정하게 반영되었다. 제주주민자치연대는 제주도 당국이 국제자유도시의 핵심전략으로 포함되기를 강력하게 원하고 있는 역외금융센터의 추진은 제주의 향후 개발정책에 포함시켜서는 안 된다는 입장을 표명했고, 이후 제주주민자치연대는 제주도 국제자유도시의 역외금융센터에 관한 질의를 재정경제부로 보내 이에 대한 장관의 답변을 받아내었다.

제주국제자유도시 추진 반대를 위한 공동대책위원회는 제주도의 시민단체들이 모여서 결성되었다. 이것은 시민단체의 힘을 하나로 모을 수 있는 기회는 제공해 주었지만 제주도민들의 지지를 끌어내는 노력은 그다지 하지 않은 것으로 보인다. 즉 시민단체들만으로는 국제자유도시 추진과정에서 영향력을 행사하기란 어려운 일이다. 제주도민들에게 제주국제자유도시의 허구성과 문제점들을 알리고 공론화시켜 시민단체만이 아닌 제주도민 다수의 공감대를 형성하는 노력을 다하지 못했다. 이러한 노력 부족으로 인해 제주국제자유도시 추진과정에서 시민단체들의 영향력은 스스로 한계를 드러낼 수밖에 없었다.

4) 제주국제자유도시 추진과 지방정치의 특성

국제자유도시 추진전략은 중앙과 지방 내부의 여러 주체들의 행위의 결과물이다. 초기 국제자유도시 추진은 중앙정부에 제주도지사의 건의로부터 시작되어 지방주도 양상을 보였지만, 이후 중앙에서 예산지원, 법 개정 등을 통해 중앙의 지원 약속 속에서 추진되었다. 그러나 여기서는 제주국제자유도시 추진과 관련해서 여러 지역행위자들의 행위양상을 정리하고자 한다.

먼저, 제주국제자유도시 추진과 관련된 영향력은 제주도지사와 성장연합, 그리고 도민의 관계에서 살펴볼 수 있듯이 제주도지사와 성장연합의 이해관계가 국제자유도시 추진을 가능하게 한 주요한 요인이었고, 도민은 실질적으로 가장 많은 영향력을 가진 주체가 되어야 함에도 불구하고 그러하지 못했다. 도민들의 침묵을 정책결정자들은 암묵적인 동의로 간주했기 때문이다.

이처럼 정책결정 과정에서 도민의사가 도민의 암묵적 동의 형태로 이루어졌을지라도 정책결정자들이 정책결정 과정에서 도민의 합의를 중요한 요인으로 파악하고 있었다는 점에서 1990년대 초반의 제주도개발특별법 정책결정 과정에 비해서는 진일보한 것으로 볼 수 있다. 즉 국제자유도시 추진과 관련해서 도민들의 정책에 대한 이해부족과 무관심은 직접적으로 의사를 표명하지 못했다는 점, 이러한 이해부족과 무관심이 정책결정자들의 정치적 목적과 성장연합의 경제적 목적에 이용되었다는 점 등에도 불구하고 제주국제자유도시 추진의 현재의 모습을 결정하는 중요한 요소로서 작용하게 되었다고 판단된다.

그러나 제주국제자유도시 정책결정 과정은 도민을 소극적인 주체로 귀결시킴으로써 정치적으로 묵시적 도민의 의사를 이용한 결과가 되었다는 점에서 제주도 지방정치의 한계를 보여준다. 도민은 정책결정 과정에 대해 무관심하고 무지한 소극적 주체로서 정책결정 과정에 주체적 영향력을 발휘하지 못했으나 도민들의 묵시적 동의가 결과적으로 정책추진 세력의 정책추진에 정당성을 부여한 요인이 되었다.

도민이 합의적인 모습을 보인 배경에는 도민의 정책에 대한 이해부족과 무관심이 작용했고, 이와 맞물려 성장연합과 지역 신문의 역할이 있었다. 즉 성장연합과 함께 지역 신문은 제주국제자유도시 추진 찬성입장을 취하고 사설 등을 통해서 계속적인 추진 지지입장을 표명함으로써 도 내부에서 제주국제자유도시 추진 분위기를 조성했다.

제주도 내부에서 제주국제자유도시 추진은 우근민 도지사의 주도적 정책 추진, 기형적 성장연합의 제주국제자유도시 추진 분위기 조성과 이들의 정치적 연합, 그리고 도민들의 정책에 대한 이해부족과 무관심이 중요하게 작용했다. 즉 제주국제자유도시의 정책결정 과정에서 초기의 주체는 우근민 지사와 제주도였다. 지방자치제도의 실시 이후 민선 단체장들은 선거를 통해 선출되기 때문에 우근민 지사도 차기 선거에서 승리하기 위해 제주도민들의 광범위한 지지를 확보해야 했다. 제주도민들의 지지를 얻기 위해서는 제주도지사 당선 이후 획기적인 정책이 필요했다.

다음으로, 제주국제자유도시 정책이 본격적으로 추진되면서 구체적인 정책결정은 민주당과 정부에 의해 주도되었다. 민주당은 제주국제자유도시 추진계획(안)을 발표함으로써 제주국제자유도시의 기본적인 추진방안을 마련하였고, 국무총리실의 국제자유도시 추진기획단이 제주국제자유도시 기본계획과 특별법을 수립했다. 이러한 과정에서 제주국제자유도시 정책결정은 우근민 지사와 제주도를 제외하고 여당과 정부에 의해서 주도되기 시작했다. 이처럼 정책결정 과정에서 여당과 정부가 중요한 위치를 차지하게 된 것은 재정적인 문제가 크게 작용했다. 막대한 자금이 필요한 제주국제자유도시 정책은 제주도만으로는 불가능하기 때문에 국가적 차원의 개발정책이 될 수밖에 없고, 당연히 정책결정의 주체는 정부로 넘어가게 된 것으로 이해할 수 있다.

마지막으로, 제주도에서 시민단체의 정책결정상의 영향력은 매우 낮은 수준이었다. 제주국제자유도시 추진 반대를 위한 공동대책위원회가 결성되어 시민단체들이 힘을 모으려는 노력은 있었지만 제주도민의 공감대를 형성하지는 못했다. 시민단체가 정책결정상에서 중요한 역할을 담당하기 위해서는 제주도민들과 함께 조직적인 활동이 필요했지만, 시민단체들은 이러한 조직력을 발휘하지 못함으로써 제주국제자유도시의 정책결정 과정에서 별다른 역할을 수행할 수 없었다.

이상에서 살펴본 것처럼, 제주국제자유도시 정책과정상에서 나타난 행위자들의 권력구조는 중앙정부와 지방정부에만 편중되어 있으며, 주체가 되어야 할 도민들은 그들의 제 목소리를 내지 못했다. 제주의 국제자유도시 추진의 성과 여부가 여전히 불확실한 가운데 제주도 당국과 중앙정부는 그들의 정치적 입장만을 고려한 채 제주도민들에게 진정으로 실질적인 희망을 주지 못하고 있다.

제6장

'개발특별법' 제정과 '국제자유도시' 추진 사례의 비교 분석

1. 정책과정과 갈등의 비교 분석

제주도는 전국에서 유례가 거의 없는 특수한 지역개발정책 이슈를 가지고 있는 지역이다. '제주도개발특별법' 은 제주도라는 특정지역 개발을 위해 입법을 추진한 최초의 사례이며, '제주국제자유도시' 추진 역시 국내 최초로 시도된 국제자유도시 정책이다. '제주도개발특별법' 과 '제주국제자유도시' 추진은 국책사업의 형태로 중앙정부의 주도 또는 적극적인 지원 하에 제주도가 가지고 있는 관광자원과 입지조건을 활용할 목적으로 추진한 '개발정책' 사례이다. '제주도개발특별법' 은 불완전한 지방자치 시기인 1991년 지방의회만 구성되었던 시기에 추진되었고, '제주국제자유도시' 추진은 1995년 민선 자치단체장 선출 이후 추진된 정책사례로서 상이한 지방자치제도의 조건 하에서 서로 다른 시기에 추진된 정책실험이었다.

그러나 정부의 정책추진의 맥락은 대체로 유사하다. 제주도의 개발정책은 1963년에 '국토건설종합계획법'이 제정되어 정부가 지역개발을 계획적으로 추진할 수 있는 법적 근거가 마련되면서 계획적이고 체계적으로 추진되기 시작하였다. '제주도개발특별법'의 경우 노태우 대통령이 제주도 종합개발계획의 효율적 추진을 뒷받침할 수 있는 특별법을 제정하라는 지시가 정부의 공식 의제로 채택된 정책사례이다. 추진과정에서도 대통령의 지시에 따라 중앙정부, 특히 건설부에 의해 주도되었다.

'제주국제자유도시' 추진도 맥락상으로 볼 때 1963년 이후 설정된 제주지역 개발의 거시적 목표가 세계화 · 지방화의 급류를 타고 현실화된 정책사례이다. 국제자유도시는 1998년 김대중 대통령의 제주방문 때 제주도가 국제자유도시 지정을 건의하고 이를 대통령으로부터 승인받으면서 출발한다. 국제자유도시 추진의 중심축인 '제주국제자유도시추진위원회'는 국무총리를 위원장으로 하고 재정경제부와 건설교통부장관을 부위원장으로 하며 각 부처의 장관과 제주도지사가 그 구성원이 된다. 따라서 제주국제자유도시 추진사례도 추진과정에서 추진안을 마련한 건설교통부, 인센티브를 확충하는 조세 및 국고지원에 대한 부분을 담당하는 재정경제부라는 중앙정부의 틀 속에서 추진되었다.

'제주도개발특별법'과 '제주국제자유도시' 추진이 지역조건이나 정책추진 맥락에서는 유사성이 있지만 정책을 수립하고 이를 추진하는 절차나 과정에서는 상당한 차이가 있다. '제주도개발특별법' 사례의 경우, 1991년 지방의회 구성기의 사례로서, 민주화 이후 중앙정부

〈표 6-1〉 제주도개발특별법 제정과 제주국제자유도시 추진 정책과정 비교

		제주도개발특별법	제주국제자유도시
중앙 수준	중앙정부	중앙정부 주도(대통령의 지시 하에 중앙정부와 여당이 추진을 했고 관선 제주도지사는 이를 집행)	중앙정부의 적극적 지원 하에 지방정부가 주도(제주도지사가 제안을 하고 대통령이 이를 승인하여 중앙정부와 여당이 적극적인 지원)
	야당	민주당이 중앙당 차원에서 반대운동에 지원단체로 등장(범도민회와 연합)	2002년 대선을 의식한 한나라당이 국제자유도시 추진에 있어 민주당의 정치적 과장의 모습을 알면서도 도민들이 암묵적 합의의 모습을 보이기 때문에 그러한 도민의 표를 의식하여 여 · 야 3당 공동발의
지방 수준	도지사	관선단체장으로서 적극적으로 지방문제에 나서지 못함	민선단체장으로서, 중앙정부의 지방정부로의 제약요인은 존재했으나 지방의 주도성이 드러남
	시민단체	범도민회를 중심으로 특별법 제정 반대조직 확대와 함께 도민들을 대상으로 특별법 제정의 부당성에 대한 집중적인 선전과 교육에 착수(대다수 반대연합)	몇 단체를 제외하고는 대부분의 시민단체 및 이익단체는 국제자유도시 추진에 대한 관심을 표명하지 않음(적극 찬성 소수, 적극 반대 소수)
	도민	범도민회를 중심으로 특별법 반대운동에 적극 참여	국제자유도시 추진에 대한 이해 부족과 무관심(암묵적 동의)
	언론	특별법 제정 비판을 통해 도민 반대 지원	언론의 전반적 반응은 긍정적
당시 분위기		제주도 전체적으로 특별법제정 반대운동에 나서지 않을 수 없는 분위기였으며, 외지자본에 대한 부정적 시각이 주를 이룸	전반적으로 침묵하는 분위기였으며, 시민단체도 미시적인 부분에 대해서만 관심을 표명했고, 신자유주의 논리 확산에 따라 외지자본에 대한 부정적인 시각보다는 세계의 자본 및 기업을 유치하기 위한 투자거점 개발에 관심

가 주도하는 지역개발정책의 한계와 문제점에 대한 지역주민의 각성을 바탕으로 주민주체의 정책입안과 추진을 요구한 사례이다. 그러나 이에 대해 관선 단체장은 민의수렴보다 중앙정부의 하향식 정책추진을 추종함으로써 주민들의 격렬한 반대와 저항에 직면했다. 그럼에도 중앙정부의 추진의지에 편승하여 계획을 추진했고, 그로 인해 중앙 · 지방정부와 지역주민들 간의 극심한 대립을 가져왔으며, 결과적으로 지역개발정책 추진의 민주성과 효율성을 저하시킨 대표적 사례로 남게 되었다.

반면, '제주국제자유도시' 추진사례의 경우 1995년 민선 자치단체장 직선 이후의 사례로, 민선 단체장은 여전히 중앙정부의 하향식 정책추진에 반응하지만 지역주민에 대한 책임성과 대표성 때문에 민의수렴이라는 지방정치 과정을 중요한 변수로 간주했고, 또한 대부분의 주민들도 주민소외, 소득 역외유출을 우려했지만 국가적 관심사로서 추진되는 국제자유도시 정책에 공감하고 그로부터의 혜택을 기대하면서 암묵적으로 동의해 추진되었고 특별법으로 입법화되었다. 이 사례는 중앙 · 지방정부와 지역주민 간의 극심한 마찰 없이 지역개발정책이 추진된 사례로 평가된다.

이들 두 사례가 지역조건 및 정책추진의 맥락 등에서는 유사성을 보였지만 정책추진의 절차나 과정이 다르고 갈등의 수준도 다르게 나타난 이유는 무엇인가? 다음에서는 제주도의 지역개발정책 관련 행위자들의 인식과 행태의 차이를 통해 두 정책사례의 추진절차와 과정의 차이를 분석한다. 앞의 〈표 6-1〉은 정책 관련 행위자들을 중심으로 두 사례에서의 특징적 역할을 정리한 것이다. 아래에서는 이처럼 정책 관련 행위자들을 중앙 수준과 지방 수준으로 구분하여 그들의 인식과 행태를 분석한다.

1) 중앙정치행위자 요인

중앙 수준에서 볼 때 우선적으로 두드러지는 차이점은 정책 추진 과정에서 추진주체의 변화이다. 두 사례가 대형 국책사업으로 중앙정부의 지원 없이는 실현 가능성이 없는 정책이라는 점에서 보면 그 추진주체는 '사실상' 중앙정부이다. 그러나 형식상의 추진주체는 다르다. '제주도개발특별법'은 공식적으로 대통령의 지시 하에 중앙정부와 여당이 추진을 했고, 관선 제주도지사는 이를 집행하는 중개인으로서의 역할을 했다. 반면, '제주국제자유도시'는 제주도지사가 제안을 하고 대통령이 이를 승인하여 중앙정부와 여당이 적극적인 지원을 했다.

이것은 미묘한 차이로 간과될 수 있는 부분이기도 하지만 추진절차상에서 중앙정부의 주도인가 아니면 지방정부의 주도인가는 지역사회와 지역주민의 입장에서 볼 때는 그 파장과 여파가 달라질 수 있다는 점에서 중요하게 고려해야 할 점이다. 중앙정부의 오래된 발전국가적 성장논리를 기반으로 이루어지는 권위주의적인 하향식 정책추진과 지방화 시대의 지역경쟁력 강화와 지역경제 활성화 차원에서 이루어지는 상향식 정책추진은 절차적 민주성의 측면에서 큰 차이를 보이기 때문이다. 특히 '누구에 의한 개발'이며 '누구를 위한 개발인가'의 측면에서 추진주체의 문제는 지역사회와 지역주민들이 특정 정책에 대한 인식에 중대한 영향을 미치기 때문에 정책추진에서 형식적이고 절차적인 측면임에도 불구하고 과소평가되어서는 안 되는 중요한 요인이다. '제주도개발특별법'이 '제주국제자유도시' 추진으로 전환되는 과정에서 중앙 및 지방정부와 지역사회 및 지역주민과의 갈등에서 이러한 추진주체의 문제는 지방정치 과정에서 갈등과 협력의 '지렛대'(leverage)와 같은 중요한 역할을 한 것으로 평가된다.

두 번째로, 중앙정치의 영향으로서 '야당의 정책사안에 대한 인식과 행태의 차이'를 들 수 있다. 이 역시 두 사례가 제주도라는 지역을 대상으로 하는 개발정책이기는 하지만 그 규모나 파급효과 등을 고려할 때 국책사업의 성격이 강했기 때문에 중앙정치 수준에서도 심도 깊은 논의가 진행되었다. 특히 정책의 추진은 정당 또는 지역구 국회의원들의 정치적 지지와 밀접한 관련을 맺는 정책이었기 때문에 사안 자체가 정치적 사안의 성격을 갖고 있었다. 어떤 지역적 사안이 전국적 이슈로 등장하느냐는 그 이슈가 중앙정치 수준에서 어느 정도의 갈등 수준을 보이느냐에 큰 영향을 받는다고 할 수 있다.

'제주도개발특별법'의 경우 특별법 시안 작성에 대한 논란이 벌어지던 초기만 해도 지역적 수준의 이슈였지만, 이것이 '범도민회'의 반대운동이 조직화되고 시안의 내용을 둘러싼 갈등이 확산되면서 중앙에서 각종 단체들의 지지 표명, 민주당 의원들의 국회 질의, 중앙언론의 보도로 중앙정치의 이슈로 전환되었다. 이 과정에서 특히 야당(민주당)이 민선 도지사 선출 이후로 특별법 제정을 유보해야 한다는 주장을 제기하면서 갈등의 수준이 더욱 높아갔다.

반면, 당초 제주국제자유도시특별법안이 발의되었을 때는 민주당(여당) 단독발의로 상정되었으나 이후 한나라당의 당론 결정과 함께 이루어진 여 · 야 3당 공동 발의를 통해 민주당의 단독 발의는 자동 폐기되었다. 한나라당의 당론 결정은 2002년 대선을 염두에 두고 찬성하는 것으로 보이는 다수의 도민들을 의식하여 이루어졌다. 이러한 과정을 거친 후 특별법안이 통과되고 국제자유도시는 초당적으로 추진되는데, 이는 2002년 대선을 의식한 한나라당이 국제자유도시 추진에 있어 민주당의 정치적 과장의 모습을 알면서도 도민의 표를 의식하여 국제자유도시 추진 찬성입장을 취한 것으로 해석될 수 있다.

2) 지방정치행위자 요인

지방 수준에서 정책추진의 절차나 과정 및 갈등의 수준이 다르게 나타난 이유를 보면 우선 '제주도지사의 리더십의 차이'를 들 수 있다. '제주도개발특별법' 제정은 관선 도지사 체제 하에서 이루어졌던 반면, '제주국제자유도시'는 민선 도지사 체제 하에서 추진되었다.

'제주도개발특별법'의 경우는 주민주체의 정책입안과 추진을 요구하였으나 관선 도지사는 민의수렴보다 중앙정부의 하향식 정책추진에 반응하여 주민들의 반대에 직면하게 되었다. 그럼에도 불구하고 중앙정부의 추진의지에 편승하여 '밀어붙이기'식 계획을 입안하여 중앙-지방정부 대 지역주민들 간의 대립은 극에 달했다. 반면, '제주국제자유도시'의 경우는 민선 도지사가 여전히 중앙정부의 적극적인 지원을 염두에 두지 않을 수 없었기 때문에 하향식 정책추진을 수용하지만, 지역주민에 대한 책임성과 대표성 때문에 민의수렴이라는 지방정치 과정을 중요한 변수로 간주하지 않을 수 없는 상황에서 추진되었다.

이러한 차이는 특정 정책을 추진하는 절차와 방식에 중요한 영향을 미친다. 제주도를 대상으로 중앙정부가 주도하거나 지원하는 형태로 추진된 정책의 특성상 중앙정부가 임명한 관선 도지사가 정책 추진상의 절차나 과정의 효율성 면에서는 보다 우월할 수 있다. 그러나 지방화 시대의 정책가치는 효율성이 우선적인 가치는 아니다. 오히려 정책 추진절차나 과정의 민주성과 함께 지역특성과 지역주민의 요구에 맞는 정책 효과성이 더 중요한 가치로 인정된다. 따라서 지역주민이 선출한 민선 도지사에 의해 정책추진의 절차와 과정이 민주적으로, 그리고 정책의 내용 역시 지역특성과 주민의 요구를 수렴하여 추진할 때 정책추진의 효율성이 더 높아지게 된다.

이런 관점에서 볼 때, '제주도개발특별법' 추진과정에서 관선 도지사는 중앙정부의 대리인의 위치였던 관계로 중앙정부에 의해 언제든지 경질될 수 있었고, 따라서 지방정부의 정책 자율성은 매우 낮을 수밖에 없었다. 이러한 제도적 제약으로 인해 관선 도지사의 리더십도 매우 낮은 수준으로 지방정부 내 관료들을 관할하는 수준에 그칠 수밖에 없었다.

이에 반해 도민에 의해 선출된 민선 도지사는 제도적으로 독립된 위치였기 때문에 상대적으로 지방정부의 정책 자율성 정도가 높았다. 특히 지역주민들에 의해 선출된 공직자라는 신분 때문에 재선(reelection)을 고려한다면 지역주민들의 의사를 수렴하는 절차를 간과할 수 없었다. 이러한 민선 도지사 체제라는 제도적 특성은 도지사로 하여금 중앙정부로부터 어느 정도의 자율성을 가지면서 지역주민들로부터의 정치적 지지를 얻기 위해 적극적이고 능동적인 리더십을 발휘할 수 있게 했다.

결국, 도지사가 관선이냐 민선이냐의 차이는 도지사 개인 수준의 제도적 신분의 차이에서 그치지 않고, 특정 지역정책을 추진하는 과정에서 능동적이고 적극적인 리더십을 발휘할 수 있는 기본 조건이 된다는 점에서 중요한 의미를 갖는다.

둘째, '지역시민단체의 역할'의 차이를 들 수 있다. '제주도개발특별법' 제정 당시 제주지역 시민단체들은 도내 시민단체들을 조직화하여 범도민회를 결성하고 조직적이고 체계적인 반대운동을 펼쳤다. 제주도민들에게 특별법 제정의 부당성을 이해시키기 위한 각종 선전물과 홍보자료 등을 배포하고 교육활동을 전개했으며, 이를 통해 도민들의 역량을 하나로 결집시키 데 주도적인 역할을 해나갔다.

이에 반해 '제주국제자유도시' 추진과정에서는 주민자치연대를 중심으로 결성된 '제주국제자유도시 반대를 위한 공동대책위원회'와 몇몇 단체에서만이 분명한 반대입장을 표명했고, 그 이외의 대부분의 단체들은 별다른 입장을 표명하지 않았다. 또한 반대를 표명한 단체들일 경우 매우 극렬한 반대운동을 전개했음에도 불구하고 제주국제자유도시에 대해 무관심했던 대부분의 단체들에 의해 '이해관계가 얽힌 소수 단체들의 연합'이라는 인상을 갖게 했는데, 이러한 측면은 이후 제주국제자유도시에 대한 충분한 의견수렴 및 다수의 찬성이라는 정책결정자들의 변명에 근거가 되기도 했다.

지역개발정책 사례의 특성상 정책추진의 성패는 지역주민들의 여론에 크게 영향을 받는다. 국가적 차원에서 추진되는 개발사업이라고 하더라도 지역주민의 보편적 의사에 반하는 정책이라면, 또 그 국가적 사업이 막대한 국가적 이익을 창출하는 사업이라고 하더라도 지역주민의 동의절차를 거치지 않으면 추진하기 어려운 시대가 되었다. 이런 측면에서 지역주민들의 의견을 수렴하고 특정 사안에 대한 찬성 또는 반대입장을 천명하면서 지역주민들을 조직화하는 지역시민단체의 역할이 중요해지고 있다. 이는 지역시민단체가 어떤 입장을 견지하고 지역주민들을 조직화하는지, 또 그들의 조직역량은 어느 정도인지 등은 지역개발정책의 성공적 추진 여부를 결정하는 중요한 변수로 등장했음을 의미한다. 이는 결국 지역시민사회의 역량강화를 의미하는 것이고, 지방정치의 민주화라는 측면에서 자치단체장을 견제하는 지방의회의 역할을 보완 내지는 대체할 수 있는 정치 세력으로 성장했음을 의미하는 것이다.

그런데 지역시민단체의 조직화와 관련하여 반드시 지적되어야 할 것이 이들 지역시민단체와 함께 또는 단체 내에서 활동하거나 자문 또는 조언을 해주었던 지역사회 지식인들의 역할이다. '제주도개발특별법' 제정과정에서 지식인들은 특별법의 부당성을 지적하고 일부 교수들은 범도민회와 함께 반대운동에 적극적으로 참여했다. 그러나 '제주국제자유도시' 추진과정에서는 찬성입장을 표명하는 지식인들이 많았고, 초기 단계에서부터 지방정부와 함께 추진과정에 참여하기도 했다. 이런 측면에서 지역시민사회의 역량 강화는 시민단체가 대중적 수준에서 지역주민들을 동원하는 조직화 능력만 중요한 것이 아니라, 특정 사안의 정당성 또는 부당성에 대해 지역주민들이 명료하게 이해할 수 있게 하고 운동의 정당성을 확보해 줄 수 있는 지역사회의 양심 있는 지식인들의 역할도 중요하다. 이는 시민단체의 대중적 운동과 함께 전문적 식견을 갖춘 전문가 집단의 참여가 역량 증진에 중요한 토대가 될 수 있음을 반증하는 것이다.

셋째, '제주도민들의 개발에 대한 의식'을 들 수 있다. '제주도개발특별법' 제정 추진 당시 제주도민들은 특별법에 높은 관심을 가지고 특별법 반대운동에 대거 참여했던 반면에, '제주국제자유도시' 추진 당시에는 정책추진에 대한 현실적 인식과 관심이 그리 크지 않았고 명시적인 반대도 그다지 많지 않았다. 이러한 제주도민들의 정책사안에 대한 입장의 차이는 여러 요인들이 작용한 결과라고 할 수 있다. 예컨대, 일반 지역주민의 역량을 조직화하는 지역시민단체의 역량부족도 한 원인이었다. 그러나 보다 직접적인 원인으로 지적될 수 있는 것은 제주도민들의 개발에 대한 의식변화와 비교적 합리적인 정책추진의 절차와 과정 때문으로 볼 수 있다. 후자의 원인에 대해서는 앞에서 지적되었기 때문에 다음에서는 전자, 즉 제주도민들의 개발에 대한 의식변화의 측면에 초점을 맞춰 살펴보고자 한다.

앞에서 지적한 바와 같이 '제주국제자유도시'는 신자유주의적 세계화의 확산과 이에 대응한 국가전략 차원에서 추진되었다. '제주도개발특별법' 당시만 해도 지역주민들은 외지자본 유치에 대해 부정적 시각이 많았던 반면에, '제주국제자유도시' 추진 당시에는 신자유주의적 세계화의 논리가 지방에까지 확산되었고 또 IMF 위기를 체험하면서 지방이 생존경쟁에서 살아남기 위한 지방경영의 중요성을 각종 매체를 통해 또는 대통령이나 정부의 다양한 논리들을 통해 인식하게 되었다. 그에 따라 각 지방별로 마치 외지자본 유치 여부가 경제성장의 성공 여부를 가늠하는 양 외지자본 유치에 총력을 기울이게 만들었다. 각종 장벽의 완화로 활동의 폭이 크게 넓어진 세계의 자본 및 기업을 자국에 또는 자기 지역에 유치하기 위한 투자거점 개발을 적극 추진하기 시작한 것이다. 이런 과정에서 지역주민들의 개발에 대한 인식도 과거와 다르게 변화되었고, 그로 인해 반대운동에의 참여 수준도 결정된 것이라고 볼 수 있다.

'제주국제자유도시' 추진의 경우, 도민들의 표면적인 찬성모습과 이면적인 정책에 대한 이해부족과 무관심한 모습은 정책결정자에게는 도민들의 사안에 대한 암묵적 동의로 이해하게 만들어 보다 적극적으로 '제주국제자유도시'를 추진하게 하는 요인이 되었다. 표면적으로 도민들이 찬성하는 입장을 보였으므로 여당에게는 제주국제자유도시 추진을 더욱 적극적으로 추진해 나가게 만들었고, 야당에게는 도민들의 동향에 따라서 제주국제자유도시 추진이라는 당론을 결정하게 했다.

넷째, 개발에 대한 제주도민들의 의식형성과 변화에는 지역 언론의 역할이 중요하게 작용했다. '제주도개발특별법' 제정과정에서 지역 언론은 특별법에 대해 높은 관심을 갖게 하고 반대여론을 형성하는 데 결정적인 역할을 담당했다. 특별법 제정과정 초기 제주도개발특별조치법 시안이 음성적으로 마련되는 가운데 이를 밝혀내어 비판하였고, 사안이 발생할 때마다 적극적으로 관심을 보이면서 집중적으로 보도하고 비판하면서 침체되는 반대운동을 제고시키고 반대집단을 확대시키는 데 일조했다. 이에 비해 국제자유도시 추진과정에서 나타난 지역 언론의 태도는 지역 신문의 경우 제주도개발특별법 때와는 대조적으로 큰 관심을 보이지 않았고, 특정 신문사의 경우는 앞서 밝혔듯이 성장연합에 편입함으로써 언론 본연의 기능을 성실하게 이행하기를 기대하기 어려웠다. 언론사마다 어느 정도 차이는 있었지만 국제자유도시를 바라봄에 있어서 지역 언론의 입장은 긍정적인 입장을 취했다.

마지막으로, '시장(market)의 역할에서의 차이'이다. 제주도개발특별법 제정 초기에는 특별법에 대해 도민들이 전면적으로 반대하던 시기라 찬성하는 시장 집단들이 나타나지 않았으나, 제주시 개발제한구역에 거주하는 주민들이 정부에 탄원서를 제출한 것을 시작으로 시장의 대표적 기구인 제주 상공회의소를 비롯한 제주도 내 16개 경제 관련 단체장들은 특별법이 조속히 제정되어야 한다는 성명을 발표하기도 한다. 제주도개발특별법 제정 당시 시장은 대다수 도민의 반대여론을 의식하지 않을 수 없었으나 국제자유도시 추진과정에서는 활동이 보다 더 자유로웠으며, 제주도와 제주상공회의소, 특정 지역 신문사가 참여주체가 되는 성장연합을 형성하기에 이른다. 또한 제주도개발특별법 제정과정에서 그린벨트 해제를 주장하며 특별법 제정에 지지를 보냈던 집단들은 국제자유도시 추진과정에서도 찬성입장을 보였다. 펜션사업가 등의 대지주 집단이 이를 통해 지가 상승과 건설업 호황을 기대했다고 볼 수 있는데, 이는 성장연합이론의 지주논리로 설명될 수 있다.

3) 정책 갈등 요인

제주도개발특별법과 제주국제자유도시 추진사례의 갈등 수준은 크게 다르게 나타났다. 전자의 사례에서는 전도적 차원에서 이슈화되었을 뿐만 아니라, 전국적인 정치적 이슈로 전화(轉化)되면서 중앙과 지방 수준 행위자들의 복합적인 상호 갈등양상으로 나타났고, 그 과정에서 법안의 내용도 많이 바뀌었다. 이에 반해 후자의 사례에서는 갈등이 없었던 것은 아니지만 비교적 그 수준이 정책 이슈 수준에 그쳤고, 정치적 이슈로까지 전화되지는 못했다.

이러한 두 사례의 차이를 좀 더 자세히 살펴보면 첫째, 갈등주체의 측면에서 중앙과 지방 수준 행위자들 간의 이해관계 균열의 수준이 다르게 나타났다. 제주도개발특별법 사례의 경우 특별법 제정에 대한 반대운동 진영은 지방 수준에서 지역주민과 지역시민단체들은 물론이고 중앙 수준에서도 야당과 시민단체, 제주 출신 인사 등이 참여했다. 그리고 반대운동 역시 반대운동의 홍보, 조직화, 대규모 시위, 연대 등 다양한 방식을 동원했다.

이에 반해 제주국제자유도시 사례의 경우 반대운동 진영은 제주도 내 일부 시민단체 수준에 국한되었고, 가장 중요한 지역주민의 참여와 지지 수준도 미약했다. 특히 두 사례의 차이를 두드러지게 한 요인

중에 주목할 만한 것이 반대운동의 조직화 측면이다. 얼마나 체계적이고 강력한 반대운동이 전개되는가는 이를 지지하고 여기에 참여하는 지역주민의 역할이 중요하다. 이러한 측면에서 지역주민의 지지와 참여는 참여주체들의 반대운동의 성과는 물론 성패까지 결정한다고 할 수 있다.

둘째, 갈등 이슈의 측면에서 특정 정책과 관련된 이슈가 얼마나 두드러지며 그것이 지역주민들과의 공감대 형성을 얼마나 이루었는가에서 차이를 보였다. 제주도개발특별법 사례의 경우 반대운동을 촉발시킨 여러 이슈들이 있었다. 예컨대 무엇을 위한, 그리고 누구를 위한 정책인가라는 정책의 목표와 가치라는 근본적인 문제에서 지역주민들과의 공감대를 형성할 수 있었고, 누구에 의한 결정이고 어떤 절차를 거치는가 하는 정책결정의 주체와 결정 과정의 민주성 면에서도 지역주민들의 저항을 불러일으켰다. 이에 반해 제주국제자유도시 사례의 경우, 지역주민들의 이해관계와 직접적으로 연관되거나 비민주적인 양태의 정책결정 과정 등이 두드러지지 않았기 때문에 갈등 이슈도 부각되지 않았다. 단지 특정 이해집단별로 자신들의 이해관계에 따라 다양한 갈등 이슈가 제기되기도 했지만, 그것은 제주도민 일반의 이해관계를 반영하지 못하는 특수한 이해관계 차원에서 제기된 것이었기 때문에 지역주민 다수의 지지와 참여를 이끌어내는 데는 한계가 있었다.

셋째, 갈등 처리방식의 측면에서 나타나는 특징은 중앙과 지방 수준의 정치적 행위자들 간의 갈등 수준의 차이로 인해 제주도개발특별법 사례의 경우는 비민주적인 방식으로, 제주국제자유도시 추진 사례의 경우는 일반적인 법적 절차에 따라 처리되는 결과로 나타났다. 전자의 경우 수많은 이해관계자들이 개입되어 있었고 해결되기 쉽지 않은 갈등 이슈들이 있었기 때문에 이들의 이해관계를 조정하면서 정상적인 과정을 통해 법안을 처리하지 못한 것으로 보인다. 이에 반해 후자의 사례 경우 이해관계들의 개입 정도나 갈등 이슈의 수준 등에서 그리 첨예하지 않았기 때문에 정상적인 과정을 통해 법률안이 처리될 수 있었다.

이상에서 볼 때, 지역개발정책의 갈등 수준은 특정 정책 이슈가 지역주민의 삶에 얼마나 직접적인 영향을 미치는 이슈인가도 중요하지만, 지역주민들의 관심을 자극하고 이들을 조직화하는 지역시민단체의 역할과 해당 이슈가 지역 수준의 정책 이슈에서 끝나지 않고 전국적인 정치적 이슈로 전화되는가에 의해 크게 영향을 받는다고 할 수 있다. 또한 정책추진자인 정부의 입장에서는 정책의 내용 못지않게 민주적인 절차와 과정에 의한 정책추진이 이루어지느냐에 의해 큰 영향을 받는다.

2. 지역개발정책에 대한 지방정치의 영향

1) 중앙-지방 관계 측면

중앙정부가 추진하는 지역개발정책은 대통령을 비롯한 주무 부처의 인식과 행태가 중요한 영향을 미친다. 특히 대통령의 역할은 종종 정책추진을 가속화하는 핵심 동력으로 작용한다. 대통령의 제주도 지역순방과 함께 이루어지는 적극적인 정책추진 의지 표명과 주무 부처와 제주도지사에 대한 지시 또는 주문은 한때 지지부진해질 수 있는 정책추진에 탄력을 불어넣는 역할을 한다. 이런 측면에서 두 사례 모두 대통령을 중심으로 한 중앙정부의 역할은 중요하다.

그러나 '제주도개발특별법'과 '제주국제자유도시' 사례는 지방자치제도의 전환기에 추진된 정책으로 '제도변화'가 형식적이고 절차적인 측면에서 지역개발정책 추진에 상당한 영향을 미치게 된다. 불완전한 지방자치의 도입을 의미하는 1991년 지방의회 구성기의 지역개발정책과 완전한 지방자치제도의 도입을 의미하는 1995년 민선 자치단체장 시대의 지역개발정책은 지방자치제도 변화의 이행기에 나타나는 제도변화의 영향을 크게 받았다는 것을 의미한다.

이 책에서 지방자치제도의 변화란 정부 간 관계의 변화와 관선에서 민선으로의 자치단체장의 지위변화이며, 이러한 제도변화의 결과로서 주목하는 것은 지역개발정책 추진절차 및 방식의 차이 때문이다. 제도는 행위자들 간의 힘의 관계를 조형하고 이들 간 권력의 분배에 영향을 미치기 때문에 제도변화로 인한 정책변화를 충분히 예측할 수 있다.[1]

우선, '제주도개발특별법' 사례의 경우는 과도기적 제도변화의 시기에 해당된다. 1991년 지방의회만 구성되고 자치단체는 중앙정부가 임명한 도지사에 의해 운영되었기 때문이다. 제도가 가지고 있는 '지속성'을 고려할 때,[2] 과거 중앙집권적 통치구조의 잔존은 정책추진의

---

1) Peter A. Gourevitch, "Keynesian Politics : The Political Sources of Economic Policy Choices," in Peter A. Hall(ed.), *The Political Power of Economic Ideas : Keynesianism across Nations* (Princeton, N.J. : Princeton University Press, 1989), p. 101.

2) G. John Ikenberry, "Conclusion : An Institutional Approach to American Foreign Economic Policy," *International Organization*, Vol. 41, No. 1(Winter 1988), pp. 223–224.

절차와 방식의 변화에 제약요인으로 작용한다. 중앙정부의 입장에서 지방자치는 지방에 대한 일정한 권한을 이양하는 것이기 때문에 일종의 가치박탈로 인식할 수 있다. 또한 중앙정부의 관료들은 지방자치가 도입되었다고 하더라도 제주도를 대상으로 한 지역개발정책은 국책사업의 형태로 추진되기 때문에 이러한 자신들의 과업을 유지하기 위해 새로운 제도의 도입에 저항하는 속성을 가진다.

이와 같은 제도가 갖는 속성을 통해서 볼 때, 1991년 지방의회 구성기에 추진된 '제주도개발특별법' 추진은 제도의 속성과 상황에서 볼 때도 중앙집권적 방식으로 추진될 가능성이 높았던 것이다. 그러나 문제는 특별법 제정문제가 제주 지역사회의 핵심 이슈로 등장하면서 제주도민의 격렬한 반발과 저항에 직면했음에도 불구하고 기존의 추진방식을 고수했다는 점이다. 이 과정에서 관선 도지사는 중앙정부의 정책추진 의지를 그대로 추수(追隨)하는 대리인 또는 중개인에 머물렀고,[3] 모든 정책추진의 절차와 과정은 중앙정부에서 관리했다. 그리고 이러한 정책 이슈가 정치적 이슈로 발전했음에도 정책 추진방식은 근본적인 변화 없이 추진되었다. 이러한 일련의 중앙정부의 정책 추진과정은 과거 중앙집권적 지방통치구조의 역사적 유산이 뿌리 깊이 박혀 있었기 때문에 나온 결과이며, 이는 이론적으로 제도변화의 '경로의존성'(path dependency)의 성격으로 설명될 수 있다. 일단 한번 형성된 제도는 변화에 저항하는 속성을 지니며, 기존 제도의 틀에서 크게 벗어나서 변화하지 않으려는 속성을 보인다.[4]

---

3) 로즈는 지방은 중앙과의 동등한 협력자(partner)가 아니라 대리인(agent)에 불과하다고 주장한다. R.A.W. Rhodes, *Control and Power in Central-Local Government Relation*(Gower, 1981).

이에 반해 '제주국제자유도시' 사례의 경우, 지방자치제도의 도입 이후 사회적 적응과 국민적 인식의 변화 위에서 시간이 경과함에 따라 제도의 영향이 역동적으로 변화하는 '제도적 역동성'(institutional dynamics)에 의해 설명될 수 있다. 즉 제도 자체가 변화의 대상이 되어 정책이 변화되는 경우로, 정책변화는 장기적인 정치적 이익을 위한 정치전략 차원에서 제도 자체가 논쟁의 대상이 되거나 다른 이슈들에 대한 정치적 투쟁의 의도하지 않은 결과로 나타난다.[5] 1995년 민선 단체장 선출이라는 새로운 제도의 도입은 중앙-지방의 관계변화는 물론 단체장 스스로의 책임과 역할상의 포지셔닝(positioning), 그리고 이에 대한 지역주민들의 인식 등 총체적인 변화를 가져오는 것이기 때문에 정책변화에 중대한 영향을 미친다고 할 수 있다. '제주국제자유도시' 추진이 비교적 합리적이고 원만하게 추진된 것도 이러한 새로운 제도로서 지방의 자율성과 단체장의 리더십에 큰 힘을 부여해 주었으며, 지역주민이 직접 선출한 단체장의 정책추진에 대한 신뢰 역시 상대적으로 높았다고 할 수 있다.

이상과 같이 지방자치제도의 변화는 지역개발정책 추진방식의 변화에 커다란 영향을 미친 것으로 평가된다. 지방 수준에서 이루어지는 정책은, 특히 그것이 중앙정부의 지원을 전제로 추진할 수 있는 정책의 경우에도 확고한 제도적 틀 속에서 책임성과 신뢰성을 바탕으

4) Judith Goldstein, *Ideas, Interests, and American Trade Policy*(Ithaca : Cornell University Press, 1993), p. 22.

5) Kathleen Thelen & Seven Steinmo, "Historical Institutionalism in Comparative Politics," Seven Steinmo, Kathleen Thelen & Frank Longstreth(eds.), *Structuring Politics : Historical Institutionalism in Comparative Analysis*(New York : Cambridge University Press, 1992), pp. 18-26.

로 추진될 때 정책추진의 목표를 효과적으로 달성할 수 있다. 일차적으로 지방정치 과정에서의 갈등과 협력은 제도를 통해서 수렴되어야 하며, 그럴 때만이 정책추진의 정당성도 확보할 수 있다. 또한 자치단체장의 정책추진 의지와 리더십 역시 확고한 제도적 틀 속에서 투표권을 가진 지역주민의 지지 속에서 추진될 때 정책에 대한 추진력도 기대할 수 있을 것이다.

앞에서 살펴본 중앙-지방 관계의 변화가 주로 제도적 측면이라면, 정치적 측면에서의 중앙-지방 관계의 변화도 중요한 요소로 고려되어야 한다. 그러나 정치적 측면의 중앙-지방 관계의 변화는 당시의 정치상황과 정당 및 정치인들의 정치적 이해관계에 따라 바뀔 수 있다는 점에서 지속성을 갖는 요인이라기보다는 가변성을 갖는 요인이라는 점을 염두에 둘 필요가 있다.

'제주도개발특별법'과 '제주국제자유도시' 추진사례에서 정치적 측면에서 중앙-지방 관계는 야당이 해당 정책에 대해 어떤 인식을 가지고 대응했는가에 따라 그 결과가 크게 달라졌다. 물론 여기에는 지방자치 도입이라는 제도적 변수와 일정한 연관성을 갖는 것을 부인할 수 없다. 즉 '제주도개발특별법' 추진 당시까지는 지방의회만 구성되고 단체장은 대통령이 임명하는 관선이었던 반면, '제주국제자유도시' 추진은 명실상부한 민선 단체장 시기였다는 점에서 중앙정치의 지방정책에 대한 개입은 정치적으로 큰 부담을 가질 수 있는 문제이다. 그러나 이러한 지방자치제도의 변화가 민주화의 맥락에서 추진되었다는 점에서 보면 정치적 측면에서의 중앙-지방 관계는 지방정치 변화를 분석하는 데 중요하게 고려해야 할 요소이다.

'제주도개발특별법' 추진과정에서 이 사안이 중앙정치적 이슈로 전환하는 데 중요한 기여를 한 중앙정치 수준의 행위자는 당시 야당이었던 민주당이었다. 여당의 일방적 정책추진에 제동을 걸고 지역 주민의 이해관계를 수렴하여 정책을 추진해야 한다는 주장을 피력하면서 중앙 수준의 정치로 확대되었다. 그리고 민주당은 국회의 입법 과정에서도 여당의 밀어붙이기식 입법과 국회 날치기 통과에 대항하여 의미 있는 역할을 했다. 그리고 이러한 야당의 역할은 중앙정치에 대해서 뿐만 아니라 지방정치 과정에도 큰 영향을 미쳤다. 중앙정치로부터 소외되어 있던 저항적인 지역시민사회에 이러한 야당의 역할은 특별법 반대운동에 힘을 실어주는 계기가 될 수 있었기 때문이다.

반면, '제주국제자유도시' 추진사례의 경우 야당의 역할은 두드러지지 못했고, 때로 야당은 지역주민들의 비판의 대상이 되기도 했다. 사실, 당시의 정치경제적 환경을 고려할 때 '제주도개발특별법'의 연장선상에서 이루어진 '제주국제자유도시' 추진에 제동을 걸기는 쉽지 않았을 것이다. 당시 야당은 '제주도개별특별법'을 추진한 주체세력이나 마찬가지였기 때문이다. 또한 당시 신자유주의적 세계화의 영향으로 대부분의 지방정부들이 지방경영 패러다임 하에서 지역개발을 위해 외자유치 등에 사활을 걸고 있던 상황이었기 때문에 국제자유도시 추진 자체를 반대하는 것은 정치적 부담이 너무 컸다. 더욱이 다가오는 총선거는 그들의 정책에 대한 입장표명에 결정적인 영향을 미쳤다고 할 것이다. 당시 지역 언론을 통해 알려진 지역주민들의 국제자유도시 추진에 대한 입장은 찬성이 거의 압도적이었기 때문이다. 이러한 상황에서 정당 및 지역구 국회의원들의 정치적 이해관계를 고려한 선택이 여 · 야 공동 발의의 형태로 귀결된 것이고, 결국 이러한 야당의 소극적인 역할은 지역사회에도 영향을 미쳐 반대세력에게 거의 힘이 되지 못했던 것이다.

이상에서 중앙–지방 관계의 변화는 지방정책이 추진되는 과정에 중요한 영향요인으로 작용하고 있음을 파악할 수 있다. 적어도 제도적 차원에서 중앙-지방 관계의 변화는 지방주도적 지방정책의 가능성을 확대해 주는 것이고, 이는 곧 지역주민들의 지방정책에 대한 참여의 가능성을 높여주는 것이 될 것이다. 그러나 정치적 차원에서 중앙-지방 관계가 지방정책에 미치는 영향은 일의적으로 단정하기 어렵다. 즉 중앙정치 수준의 행위자들의 정치적 이해관계에 따라 개입의 정도가 달라질 가능성은 앞으로도 얼마든지 있을 수 있기 때문이다. 그러나 역시 제도적 차원에서 중앙-지방 관계의 변화가 지속되고 그것이 제도화된다면 중앙정치의 개입을 차단하는 부수적 효과로 나타날 수 있을 것이다.

그러나 지방정책 추진시 지방의 입장에서 가장 중요한 문제는 재정문제일 것이다. 지방 자체의 재정으로 추진할 수 없는 대형 지역개발정책의 경우 중앙의 지원이 있을 때 보다 효율적으로 추진될 수 있기 때문이다. 결국, 지방정부가 지역개발을 위한 정책을 추진하고자 할 때, 중앙-지방의 관계는 재정적 측면에서는 기회요인이 될 수 있지만 정책추진 면에서 제약요인으로 작용할 수 있고, 이는 곧 지방정부로 하여금 중앙으로부터의 재정지원의 극대화와 정책개입의 최소화라는 방향성을 지향하게 할 것이다.

2) 지방정부-시장-지역시민사회 관계 측면

중앙정부의 지방정부에 대한 상명하달식 영향력이 여전히 제도적으로 잔존했던 '제주도개발특별법' 사례는 과거 발전국가(developmental state)의 성장정치 논리가 지역 수준에서 관철된 경우라고 할 수 있다. 즉 지역주민들의 정책참여를 배제하고 중앙정부의 정책추진 의지를 지역에 일방적으로 관철시키려 했고, 여기에 지방정부는 중앙집권적 통치구조의 하위 단위로서 중앙정부의 의지를 충실하게 대변하는 역할을 수행했다. 이러한 상황에 직면하여 제주의 지역시민사회는 지방정부의 일방적 정책추진에 적극적인 투쟁으로 대응했다. 그리고 제주지역개발 이슈를 중앙정치 수준으로 확대시키고 전국적인 지원을 얻기 위해 적극적인 상경투쟁을 벌였고, 이에 대한 중앙 언론 보도가 나오면서 제주 지역시민사회는 범도민회로 조직화된 힘을 이용하여 중앙정부를 대상으로 투쟁하는 단계까지 이르게 되지만 여당의 날치기 입법으로 특별법이 제정된다.

이러한 일련의 상황에서 제주도개발특별법을 둘러싼 지방정부-시장-지역시민사회의 관계는 주로 양자 대결구조의 형태로 나타났다. 중앙을 등에 업은 지방정부 대 범도민회를 주축으로 한 지역시민사회의 갈등과 대결구도로 나타나게 되었다. 이른바 국가와 시민사회의 대결에서 시장세력의 힘은 두드러지지 못했다. 예컨대 시장세력이 정책결정과 관련하여 자신들의 주장을 체계적으로 제시하거나 지역시민사회에 맞서 강력한 주장을 한 것도 아니었다. 물론 특별법 이슈가 진행되는 과정에서 특별법을 찬성하는 시장세력들이 없었던 것은 아니지만, 그들의 영향력은 지방 수준의 국가와 시민사회의 대결구도 속에 묻혀버렸다. 특히 지역시민사회의 정부에 대한 저항이 정부의 권위주의적 정책추진 방식에 반기를 들면서 '민주화' 운동의 연장선상에서 이루어졌기 때문에 시장세력들의 입지는 상대적으로 좁아질 수밖에 없었다. 또한 이러한 갈등 이슈가 제기되던 상황에서 시장세력들은 단지 정부의 정책에 편승하기만 한다면 자신들의 이해관계를 충분히 관철시킬 수 있을 것이라는 나름의 소극적인 판단도 작용했던 것으로 보인다.

이러한 시장세력들이 처한 상황은 전국 수준의 거대자본에게 마찬가지의 딜레마를 안겨주었을 것으로 판단된다. 이처럼 지역시민사회가 개발 이슈에 대해 헤게모니를 장악하여 저항하고 있었던 상황이었기 때문에 제주도개발특별법 제정 당시 주요 행위자는 정부와 지역시민사회였다고 할 수 있다.

결국, 제주도개발특별법이 대체로 정부의 의도대로 통과되었다는 점에서는 정부의 의지가 관철되었지만, 그 과정에서 지역시민사회의 정치적 영향력이 입증됨으로써 과거의 단순한 성장정치 논리가 지역사회에 적용되기 어렵다는 것을 여실히 보여주게 되었다고 평가된다. 그리고 정부 입장에서도 단순히 지역자본 또는 전국적 자본가 세력들 못지않게 지역시민사회의 이해관계를 고려하지 않으면 지역개발정책의 성공을 보장할 수 없게 된다는 사실을 인식하게 된 것으로 보인다.

한편, '제주국제자유도시' 사례는 정책의 성격상 제주도개발특별법의 연장선상에서 추진된 정책이라는 측면이 있으며, 정책 추진 방식 역시 절차와 과정은 상당히 대조적이었지만 연속성을 갖는 측면이 있다는 사실을 부인하기 어렵다. 왜냐하면 특별법 추진사례가 정책의 주도적 추진자들에게 일종의 '학습'을 제공했기 때문이다. 지역시민사회의 격렬한 저항에 부딪쳐 입법과정에 우여곡절을 겪었던 경험을 통해서 정책추진을 위해 새로운 절차와 과정을 모색하게 만들었다. 실제로 당시 신자유주의적 세계화와 IMF 경제위기 등의 정치·경제적 환경의 영향도 있었지만, 과거의 갈등경험을 교훈삼아 나름의 절차적 정당성을 지키기 위해 노력했던 것으로 보인다.

'제주국제자유도시' 사례의 경우, 민선 단체장의 정책 자율성을 바탕으로 지방경영 패러다임 하에서 지역개발정책을 추진했고, 이 과정에서 지역주민의 의사를 일정 부분 수렴하면서 비교적 합리적이고 원만하게 정책을 추진했다. 민선 자치단체장은 제주지역 내부의 시민단체의 반발이라는 제약요인에도 불구하고 주도적으로 제주국제자유도시 정책을 추진해 나가려 했던 것으로 파악된다. 그리고 소수이긴 했지만 극명하게 반대입장을 표명했던 시민단체의 반대운동에도 불구하고 도민들이 반응하지 않았다는 점에서도 국제자유도시 추진과정에서 시민단체의 영향력은 크게 반영되지 못한 것으로 보인다.

제주국제자유도시 추진에 있어서 직접적으로 반대 혹은 찬성입장을 취하지는 않았지만 제주도민들은 정책결정 과정상의 중요한 변수로 등장한다. 도민들은 적극적으로 의사표명을 하지 않았음에도 불구하고 도민들의 '표면적인' 행위양상과 '이면적' 양상이 달랐기 때문에 중요한 변수로 작용했다는 것이다. 즉 제주도민은 정책에 대해 직접적으로 찬성하지도 반대하지도 않는 '암묵적 동의'의 모습을 보였다. 그리고 지역 신문의 역할도 무시할 수 없다. 지역 신문은 제주국제자유도시 추진 쪽의 입장을 취하고 사설과 특집기사 등을 통해서 계속적인 추진 지지의 입장을 표명함으로써 제주국제자유도시 추진의 분위기를 조성하였다고 보여진다.

'제주국제자유도시' 추진은 중앙정부의 적극적인 지원 하에 민선단체장의 주도적 리더십으로 지역사회 내에서 지역개발을 위한 일종의 '비공식적 통치연합'(governing coalition)을 구성하여 효과적으로 정책을 추진할 수 있었다. 일부 시민단체의 반대가 없었던 것은 아니지만, 공식적인 권력을 가진 지방정부와 지방의회뿐만 아니라 비공식적 권력을 가진 지역사회의 다양한 행위자들과의 느슨한 형태의 통치연합을 구성하여 정책을 추진한 것이 과거 '제주도개발특별법' 사례와는 다른 정책 추진방식으로 귀결될 수 있었던 것으로 평가된다.

미국을 중심으로 발달한 지방정치이론 가운데 기업의 영향력을 강조하는 이론이 있는가 하면 유권자의 영향력을 강조하는 이론이 있다. 어느 쪽을 강조하든 이들 이론들은 공통적으로 기업이나 유권자들이 갖는 비공식권력이 있다고 본다. 이들의 주장을 단순화시켜 표현하면, 지방정치 공간에서 특정 행위자가 갖는 실제 영향력은 그가 행사하는 공식권력과 비공식권력의 합계가 된다는 것이다.[6] 이렇게 규정할 때, 특정 행위자가 비록 공식권력은 결여하고 있더라도 비공식권력을 보유하면 실제 영향력은 커지게 된다. 여기서 공식권력이란 법과 제도에 의해 인정된 권력이며, 그것을 제외한 모든 형태의 권력은 비공식권력이다.

제주도개발특별법과 국제자유도시 정책결정 과정에서 중앙정부와 지역단체장은 막강한 공식권력을 갖고 있는 데 반해, 시민단체와 시장은 이에 대응할 정도의 비공식권력을 갖고 있지 못했다. 시장의 보유한 자원이나 전문성보다 지방정부나 중앙정부의 권력이 크기 때문에 시장세력은 지방정부나 중앙정부의 영향력에 비해 크게 떨어지는 것이 오늘의 현실이다. 제주도개발특별법 제정과 국제자유도시 추진 사례의 경우에 시장은 중앙정부나 지방정부의 결정사항에 동조하고 조속히 이루어지기를 기대할 뿐이다. 유권자인 도민의 영향력, 즉 비공식권력은 투표권으로 나타날 수 있다. 이를 통해 도민들의 의사에 반하여 행동하는 정치인을 응징할 수 있기 때문이다. 제주도개발특별법의 제정 직후에 제주도민들이 이러한 비공식권력을 의미 있게

6) 박종민, "집단이론, 후견주의 및 도시의 리더십," 『한국행정학보』, 제34권 제3호(2000년 가을), p. 97.

사용하였다. 도민의 의사를 무시한 여당 국회의원들을 다음 총선에서 모두 낙선시킨 것이다.[7]

그러나 정책결정 과정에 지역시민사회나 시장이 유효한 비공식권력을 발휘하지 못하면 중앙정부와 지방정부의 독무대가 되기 마련이다. 중앙정부와 지방정부, 여당은 막강한 공식권력을 보유하는 데 반해 시장이나 지역시민사회는 이를 저지하거나 대응할 정도의 비공식권력을 보유하지 못하는 경우이다. 제주도의 경우도 마찬가지이다. 제주도민의 의견수렴을 배제한 정책추진이 이를 반증해 준다. 지방정부 또한 중앙정부보다 영향력이 떨어지고 아무리 도민의 투표권을 생각할지라도 그 영향력이 중앙정부의 영향력보다 제한되기 때문에 중앙정부의 의지대로 또는 지방정부와 중앙정부의 단합된 힘으로 제주지역에서 정책실험이 자주 이루어지고 있다.

7) 당시 제주도민 다수가 반대하는 정책을 의원입법으로 추진하여 변칙통과시켰기 때문에 그 이후 실시된 총선에서 입법을 주도한 제주지역구 여당의원 전원을 낙선시켜 응징한 셈이다.

제7장

결론과 함의

1. 제주 지역개발의 지방정치

이 책은 지방정치이론적 시각을 토대로, 한국에서 지역개발 이슈를 둘러싸고 발생한 중앙정부-지방정부-지역시민사회의 갈등과 협력의 정치과정을 중심으로 지방정치가 지역개발정책에 미친 영향을 분석했다. 이를 위해 이 책은 특정 지역의 개발을 위해 입법을 추진한 최초의 사례인 '제주도개발특별법' 사례와 국내 최초로 시도되는 국제자유도시 정책인 '제주국제자유도시' 추진사례를 분석대상으로 선정했다. 이들 두 사례는 제주도라는 동일한 지역에서, 또 지역개발이라는 동일한 맥락에서 추진되었지만 정책과정에서 중앙정부와 중앙정치의 역할, 지방정부와 지역시민단체의 역할, 그리고 지역개발정책에 대한 지역주민의 대응 등 지역개발정책에 대한 주요 행위주체들의 인식과 행태는 차이를 보였다. 이러한 두 사례의 차이는 지방정치가 지역개발정책에 미친 영향의 차이에 기인하는 것이었다.

지방정치가 지역개발정책 과정에 미친 영향을 행위자 변수를 중심으로 분석한 이 연구는 한국 지방정치의 여건과 상황을 고려하여 지방 수준의 주요 행위자들뿐만 아니라 중앙이 지방에 미치는 제도적 · 정치적 영향력을 고려하여 중앙 수준의 행위자들도 주요 변수로 선정하여 분석했다.

두 정책사례 간의 차이를 가져온 행위자 분석에서 중앙 수준에서는 대통령과 중앙정부 부처, 야당의 역할이 주요한 영향을 미쳤다. 제주도개발특별법은 공식적으로 대통령의 지시 하에 중앙정부와 여당이 추진을 했다. 따라서 이 사례의 정책추진 양상은 한국 중앙정부의 오래된 발전국가적 성장논리를 기반으로 한 권위주의적인 하향식 흐름을 보였다. 반면, 제주국제자유도시는 제주도지사가 제안하고 대통령이 이를 승인하여 중앙정부와 여당이 적극적인 지원을 했다. 이 사례의 정책추진 양상은 지방화 시대의 지역경쟁력 강화와 지역경제 활성화 차원에서 상향식 흐름을 보였다. 또한 제주도개발특별법 사례의 경우 야당(민주당)이 민선 도지사 선출 이후로 특별법 제정을 유보해야 한다는 주장을 제기하면서 지역주민들의 정책에 대한 반대여론이 더욱 강화되었고, 중앙정치의 중요한 이슈로 등장했다. 이에 반해 제주국제자유도시특별법안의 경우 2002년 대선을 의식하여 야당(한나라당)이 도민 의견수렴 약속을 파기하고 여당과 공동으로 특별법안을 발의함으로써 일부 여론의 비판이 있었지만 중앙정치의 중요한 이슈로 등장하지 못했다. 이러한 중앙 수준 행위자들의 영향은 지역개발정책의 추진과 관련한 절차적 민주성에서의 차이를 가져오는 요인으로 작용했으며, 정책과정상에서 행위자 간 갈등 확산의 주요 변수로 작용했다는 것을 보여준다.

한편, 지방 수준에서 정책추진의 절차나 과정 및 갈등의 수준이 다르게 나타난 이유를 보면 우선 제주도지사의 리더십의 차이를 들 수 있다. 제주도개발특별법 제정은 중앙정부의 대리인이었으며, 따라서 정책 자율성 정도가 매우 낮을 수밖에 없는 관선 도지사 체제 하에서 이루어졌다. 반면, 제주국제자유도시는 도민에 의해 선출되어 제도적으로 중앙정부로부터 독립된 지위에 있었기 때문에 정책 자율성이 높은 민선 도지사 체제 하에서 추진되었다. 이러한 제도상의 차이는 특정 정책을 추진하는 절차와 방식에 중요한 영향을 미쳤다. 즉 도지사가 관선이냐 민선이냐의 차이는 특정의 지역 정책을 추진하는 과정에서 도지사가 능동적이고 적극적인 리더십을 발휘할 수 있는가를 좌우하는 기본 조건이 된다는 점에서 중요한 의미를 갖는다.

둘째, 지역시민단체의 역할의 차이를 들 수 있다. 제주도개발특별법 제정 당시 제주지역시민단체들은 도내 시민단체들을 조직화하여 특별법 반대 범도민회를 결성하고 조직적이고 체계적인 반대운동을 펼쳤다. 이에 반해, 제주국제자유도시 추진과정에서는 일부 단체들만이 분명한 반대입장을 표명했으며, 그 이외의 대부분의 단체들은 별다른 입장을 표명하지 않았다. 또한 반대를 표명한 단체들일 경우 매우 극렬한 반대운동을 전개했음에도 불구하고 제주국제자유도시에 대해 무관심했던 대부분의 단체들에 의해 '이해관계가 얽힌 소수의 단체들의 연합'이라는 한계를 보였다. 결국, 지역시민단체가 어떤 입장을 견지하고 지역주민들을 어떻게 조직화하는지, 또 그들의 조직 역량은 어느 정도인지 등은 친주민적 지역개발정책의 수립과 추진에 영향을 미친 중요한 변수였음을 알 수 있다.

셋째, 제주도민들의 개발에 대한 의식을 들 수 있다. 제주도개발특별법 제정 당시 제주도민들은 특별법에 높은 관심을 가지고 특별법 반대운동에 대거 참여했던 반면에, 제주국제자유도시 추진 당시에는 정책추진에 대한 현실적 인식과 관심이 그리 크지 않았고 명시적인 반대도 별로 하지 않았다. 이러한 제주도민들의 정책사안에 대한 입장의 차이는 제주도민들의 개발에 대한 의식변화 때문이었던 것으로 보인다. 제주도개발특별법 당시의 지역주민들은 외지자본 유치에 대해 부정적 시각이 많았던 반면, 제주국제자유도시 추진 당시에는 신자유주의적 세계화의 논리가 지방 구석구석에 까지 확산되고, 또 IMF 위기를 체험하면서 지방이 생존경쟁에서 살아남기 위한 새로운 지방경영의 중요성을 각종 매체를 통해 또는 대통령이나 정부의 다양한 논리들을 통해 인식하게 되었다.

넷째, 개발에 대한 제주도민들의 의식형성과 변화에는 지역 언론의 역할이 중요하게 작용했다. 제주도개발특별법 제정과정에서 지역 언론은 특별법에 대해 높은 관심을 갖게 하고 반대여론을 형성하는 데 결정적인 역할을 담당했다. 이에 비해 국제자유도시 추진과정에서 언론사마다 어느 정도 차이는 있었지만 국제자유도시정책 자체에 긍정적인 입장을 취했다.

마지막으로, 시장(market)의 역할에서의 차이이다. 제주도개발특별법 제정 당시 시장은 대다수 도민의 반대여론을 의식하지 않을 수 없었으나 국제자유도시 추진과정에서는 활동이 보다 더 자유로웠으며, 제주도와 제주상공회의소, 특정 지역 신문사가 참여 주체가 되는 성장연합을 형성하기에 이른다. 또한 제주도개발특별법 제정과정에서 그린벨트 해제를 주장하며 특별법 제정에 지지를 보냈던 지주집단들은 국제자유도시 추진과정에서 여전히 찬성입장을 보였다.

이상의 행위자 분석에 의거하여 중앙–지방의 관계와 지방정부–시장–지역시민사회의 관계 등 지방정치의 구조적 측면에서 지역개발정책에 미친 영향을 분석했다. 우선, 중앙–지방 관계는 제도적 측면과 정치적 측면으로 구분했는데, 제도적 측면에서 주목한 것은 지방자치의 도입에 따른 정부 간 관계의 변화와 관선에서 민선으로의 자치단체장의 지위변화이며, 이러한 제도변화의 결과로서 주목하는 것은 지역개발정책 추진절차 및 방식의 차이이다. 제주도개발특별법 사례는 1991년 지방의회 구성기에 추진된 정책으로 제주 지역사회의 핵심 이슈로 등장하면서 제주도민의 격렬한 반발과 저항에 직면했음에도 불구하고 기존의 추진 방식을 고수했고, 전국적인 정치적 이슈로 발전했음에도 정책추진 방식은 근본적인 변화 없이 추진되었다. 이에 반해 제주국제자유도시 사례는 1995년 민선 단체장 선출 이후에 추진된 정책으로서 제주도개발특별법에 비해 상대적으로 원만하게 추진된 것도 이러한 새로운 제도로서 지방의 자율성과 단체장의 리더십에 큰 힘을 부여해 주었기 때문이며, 따라서 지역주민이 직접 선출한 단체장의 정책 추진에 대한 신뢰 역시 상대적으로 높았다.

정치적 측면의 중앙–지방 관계의 변화는 당시의 정치상황과 정당 및 정치인들의 정치적 이해관계에 따라 바뀔 수 있다는 점에서 지속성보다는 가변성을 갖는 요인이다. 두 사례를 통해서 볼 때, 정치적 측면에서 중앙–지방 관계는 야당이 해당 정책에 대해 어떤 인식을 가지고 대응을 했는가에 따라 정책추진 절차와 과정이 크게 달라졌다. 제주도개발특별법 추진 과정에서 야당의 역할은 중앙정치에 대해서 뿐만 아니라 지방정치 과정에도 큰 영향을 미쳤다. 야당의 역할은 중앙정치로부터 소외되어 있던 지역시민사회의 특별법 반대운동에 힘을 실어주는 계기가 될 수 있었기 때문이다. 반면, 제주국제자유도시 추진사례의 경우 야당의 역할은 두드러지지 못했고, 때로 야당은 지역주민들의 비판대상이 되기도 했다. 정당 및 지역구 국회의원들의 정치적 이해관계를 고려한 선택이 여 · 야 공동 발의의 형태로 귀결된 것이고, 결국 이러한 야당의 소극적인 역할은 지역사회에도 영향을 미쳐 국제자유도시 추진 반대세력에게 거의 힘이 되지 못했다.

이상과 같이 중앙-지방 관계의 변화는 지방정책이 추진되는 과정에 중요한 요인으로 작용했음을 파악할 수 있다. 적어도 제도적 차원에서 중앙-지방 관계의 변화는 지방주도적 지방정책의 가능성을 확대해 주는 것이고, 이는 곧 지역주민들의 지방정책에 대한 참여 가능성을 높여주는 것이 될 것이다. 그러나 정치적 차원에서 중앙-지방 관계가 지방정책에 미치는 영향은 일의적으로 단정하기 어렵다. 즉 중앙정치 수준의 행위자들의 정치적 이해관계에 따라 개입의 정도가 달라질 가능성은 앞으로도 얼마든지 있을 수 있기 때문이다. 그러나 역시 제도적 차원에서 중앙-지방 관계의 변화가 지속되고 그것이 제도화된다면 중앙정치의 개입을 차단하는 부수적 효과로 나타날 수 있을 것이다.

지방정치와 지역개발정책 구조의 또 다른 측면으로 지방정부-시장-지역시민사회의 관계를 보면, 우선 제주도개발특별법을 둘러싼 지방정부-시장-지역시민사회의 관계는 주로 양자 대결구조의 형태로 나타났다. 중앙을 등에 업은 지방정부 대 범도민회를 주축으로 한 지역시민사회의 갈등과 대결구도로 나타나게 되었다. 이른바 국가와 시민사회의 대결에서 시장세력의 힘은 두드러지지 못했다. 시장세력의 영향력은 지방 수준의 국가와 시민사회의 대결구도 속에 묻혀버렸다. 제주도개발특별법이 대체로 정부의 의도대로 변칙 통과되었다는 점에서는 정부의 의지가 관철되었지만, 그 과정에서 지역시민사회의 정치적 영향력이 입증됨으로써 과거의 단순한 성장정치 논리가 지역사회에 적용되기 어렵다는 것을 여실히 보여주게 되었다. 그리고 정부 입장에서도 단순히 지역 자본 또는 전국적 자본가 세력들 못지않게 지역시민사회의 이해관계를 고려하지 않으면 지역개발정책의 성공을 보장할 수 없게 된다는 사실을 인식하게 된 것으로 보인다.

한편, 제주국제자유도시 사례의 경우, 중앙정부의 지방에 대한 영향력은 여전하지만 민선 단체장의 정책 자율성을 바탕으로 지방경영 패러다임 하에서 지역개발정책을 추진했고, 이 과정에서 지역주민의 의사를 일정 부분 수렴하면서 비교적 원만하게 정책이 추진되었다. 제주국제자유도시 추진은 중앙정부의 적극적인 지원 하에 민선 단체장의 주도적 리더십으로 지역사회 내에서 지역개발을 위한 일종의 '통치연합' (governing coalition)을 구성하여 효과적으로 정책을 추진할 수 있었던 것이다. 일부 시민단체의 반대가 없었던 것은 아니지만 공식적인 권력을 가진 지방정부와 지방의회뿐만 아니라 비공식적 권력을 가진 지역사회의 다양한 행위자들과의 느슨한 형태의 통치연합을 구성하여 정책을 추진한 것이 과거 제주도개발특별법 사례와는 다른 정책추진 방식으로 접근할 수 있었던 것으로 평가된다.

이상과 같은 분석결과를 통해서 볼 때, 제주도를 사례로 한 지역개발정책의 변화는 정책과정과 갈등 수준, 그리고 정책결과 면에서 차이를 보인다. 이는 두 정책이 추진된 당시의 정치 · 경제적 환경의 차이도 중요한 요인으로 작용했지만, 중앙정부의 정책추진 방식과 이에 대한 중앙정치의 개입 수준, 그리고 단체장 중심의 지방정부의 역할이 중요한 변수로 작용했기 때문이기도 하다. 그러나 지역개발정책에 대한 갈등의 수준을 결정하는 것은 역동적인 지방정치 과정이었다. 즉 해당 정책에 대한 지역주민들의 의식과 행태, 그리고 이들의 이해관계를 조직화하는 지역시민단체의 역할에 의해 갈등의 수준이 결정되었다.

이와 같은 분석결과 지역개발정책의 형성과 결정에는 정책자율성을 가진 단체장의 리더십과 이를 지원해 주는 중앙정부의 역할도 중요하지만 정책대상 지역주민들의 이해관계에 따른 정책에 대한 인식과 행태가 중요하다는 사실을 확인할 수 있다. 결국, 이러한 사실은 이론적으로나 현실적으로 정책결정 과정에서의 주민참여의 중요성과 더 나아가 지방정부와 지역주민의 협력에 기반한 정책결정, 즉 로컬 거버넌스 체제 구축의 필요성을 시사하는 것이라고 할 수 있다.

이 책의 연구결과는 지방정치이론의 시각에서 볼 때, 기존의 선행연구들과 몇 가지 차별성을 가진다. 우선 이론적으로는 두 사례의 성격에 따라 상이한 이론적 적용 가능성을 검토해 보았다. 중앙집권적 지역개발정책의 영향에 따라 추진된 제주도개발특별법 사례의 경우는 '중앙정부 주도의 성장연합이론' 의 가능성을 보였고, 제주국제자유도시 사례의 경우는 '정부 간 레짐 이론' 의 가능성을 보였다. 물론 이 두 시각 모두 지방정치에 대한 중앙정부의 외적 규정력이라는 한국적 여건과 상황을 고려할 필요성 때문에 자본 또는 기업의 구조적 영향력에 상응하는 행위자로 설정했다. 이러한 이론적 적용 가능성 검토를 통해서 볼 때, 한국의 지방정치에서 기업의 영향력은 포항이나 울산 등의 일부 기업도시를 제외하면 크지 않을 것으로 보인다.

이 책의 분석결과를 종합하면 다음과 같은 몇 가지 특징들이 두드러진다. 첫째, 제주 지역시민사회의 영향력이 상대적으로 크다는 점이 두드러진다. 제주도개발특별법 제정과정이 전국적인 정치적 이슈로 전화한 데는 지역시민사회의 결집된 힘이 중요한 요인이었다. 마찬가지로 제주국제자유도시 추진과정이 지역사회의 정책적 이슈로 국한될 수 있었던 것도 지역시민사회가 이에 대해 암묵적인 동의를 보였기 때문이었다는 점에서 보면, 향후 지역개발정책의 갈등 수준을 결정하는 독립변수는 지역시민사회의 정책에 대한 인식과 행태라고 할 수 있을 것이다.

둘째, 자치단체장의 지역 언론과의 연계를 통한 국제자유도시 정책에 대한 다각적인 홍보 노력이 지역주민들의 암묵적 동의를 이끌어내는 인지동원 역할을 했다는 점이다.

셋째, 제주도의 경우 상대적으로 기업의 역할이 미미했다는 점도 특징으로 들 수 있다. 제주도의 특성상 대기업보다는 관광 관련 소기업과 영세한 건설기업들이 대부분이었고, 이들의 이해관계를 결집하는 제주상공회의소 역시 그 영향력은 아직 미미한 것으로 보인다.

넷째, 중앙정부의 제주 지역개발에 대한 여전한 영향력과 그 필연성이다. 이는 제주도의 입지적 특성을 고려할 때 불가피한 측면이 있는 것도 사실이다. 농업과 관광업을 위주로 발전하고 있으며 내생적 개발을 위한 산업기반이나 재정이 부족한 상황에서 제주개발은 중앙정부의 지원이 불가피하다. 제주국제자유도시 개발에서 해외자본 유치의 중요성이 큰 것도 이러한 내생적 개발능력의 재정적 한계에 기인하는 부분이 크다고 할 수 있다.

2. 누가 제주를 통치하는가?

이 책은 지방정치이론을 기초로 지역개발정책을 분석하는 연구로서 지역개발정책이 어떻게 형성되고 결정되는지에 대해 분석했다. 이를 위해 지역개발정책의 환경적 요인으로 정치 · 경제적 환경과 중앙과 지방 수준의 정치적 행위자, 그리고 이들 간의 갈등을 분석하여 지역개발정책에 미치는 지방정치의 영향을 분석했다. 이러한 분석은 지방정치이론의 궁극적 관심사인 '누가 지방을 통치하는가' 또는 '어떻게 지방이 통치되고 있는가' 하는 문제의식과 연관된다. 여기서는 우선, '누가 제주를 통치하는가' 라는 제주 지역사회의 권력구조에 대한 함의를 검토해 보자.

누가 제주를 통치하는가의 문제, 즉 지방정치이론의 고전적 논의인 엘리트 이론과 다원주의 이론의 시각에서 출발해야 할 것이다. 이 책은 지방정치 분석을 위해 지역개발정책에 영향을 미치는 정치행위자들을 중앙 수준과 지방 수준으로 구분하여 분석하고 있다.

우선 엘리트 이론가들의 주장처럼 제주도의 정치가 기업 엘리트에 의해 주도되지는 않는다는 점을 지적해야 할 것이다. 농업과 관광을 주요 산업으로 하고 있는 제주도의 경우 대기업이 거의 존재하지 않으며, 지역을 기반으로 하는 기업을 대변하는 상공회의소 역시 조직화되지 못해 지방정치 과정에서 큰 영향력을 행사하고 있지 못하다.[1] 따라서 사업가나 지주세력들 또는 중소 생산공장들이 어느 정도 구조적 권력을 갖고 있기는 하나 제주도 지역경제의 성장을 이끄는 이들은 비경제집단의 이해를 무시하면서까지 자신들의 이해를 도정(道政)에 반영시킬 만큼 권력을 가진 지배 엘리트들은 아니다. 따라서 이들 경제 엘리트들이 제주 지역개발정책을 주도하는 지배세력이라고

1) 제주상공회의소 조사홍보과 관계자와의 인터뷰에서도 이와 같은 내용의 주장이 있었다 (2003년 11월 7일).

주장하기는 어렵다.

또한 국내의 한 연구의 주장처럼 단체장 지배적인 일원적 엘리트 권력구조를 보이고 있지도 않다. 제주도의 지방정치의 모습은 도지사 한 사람이 압도적인 영향력을 행사하는 것으로 보이지는 않는다. 1995년부터 1998년까지 청주, 진주, 부천, 평택, 성남 등 5개 도시의 지방정치 연구결과를 종합 정리한 연구[2]에 의하면, 한국의 지방정치는 기본적으로 시장(市長)지배적인 일원적 엘리트 권력구조를 지니고 있다. 집행부 수장으로서 시장은 정책추진과 예산배정의 우선순위를 궁극적으로 결정하는 자리에 있으며, 그의 공식적 권한행사는 시장독주체제 하에서 제도적 견제를 거의 받지 않고 있다. 시장은 인사권을 활용하여 관료기구를 장악하며, 예산배분권을 활용하여 시의원과 기타 유력자들의 지지를 확보한다. 이처럼 지방자원을 독점하는 시장은 수직적인 후견인-피후견인(patron-client)의 사적 교환관계를 통하여 독주체계를 구축하고 지역사회를 통치하고 있다는 것이다. 지방정부에 효과적으로 대항할 수 있는 조직화된 사회이익이 거의 없는 상황에서 공식정부를 대표하는 시장의 독주는 자연스러운 일이며, 따라서 이익집단 정치에 기초한 서구이론의 적실성은 떨어질 수밖에 없다는 것이 이들 선행연구의 대체적인 결론이었다.

그러나 제주도의 경우, 개발특별법 제정 사례의 경우를 보면 정책결정 과정에서의 권력구조는 다원화되어 있으며, 시민단체가 대단히 강력한 영향력을 행사하고 있다. 이 책의 사례 이외에도 골프장 건설 등에서 지역시민단체가 전국 환경단체 및 언론과 연대하여 제주도의

---

2) 박종민 편, 『한국의 지방정치와 도시권력구조』(서울 : 나남출판, 2000).

정책입장을 변화시킨 사례들이 있다. 물론 정책형성 과정에서 도지사의 주도적 역할을 부인할 수는 없다. 한국의 지방정부가 집행부 우위의 기관분립형 권력구조를 지니고 있고, 도지사의 권한이 제도적으로 보장되어 있으며, 그가 동원할 수 있는 정치적 자원 또한 다른 유력자에 비해 훨씬 풍부하다. 따라서 제주도의 경우도 도지사가 어느 누구보다도 정책형성 과정에 강력한 영향력을 행사하고 있다는 점에서 예외가 아니다. 그러나 적어도 제주도의 정책결정구조가 도지사 일인 지배적이거나 도지사가 모든 정책영역에서 압도적 우위를 점하고 있는 것은 아니다.

오히려 제주도는 국제자유도시 추진 사례에서 나타난 것처럼 다알(R. Dahl)이 뉴헤이븐시에서 발견한 도지사 중심적 연합(executive-centered coalition)[3]에 가까운 권력구조를 지니고 있다고 보는 것이 더 타당할 것이다. 이제는 도지사 또한 선출직으로서 여론과 선거정치에 민감할 수밖에 없는 위치에 있다. 따라서 도지사가 모든 정책결과에 책임을 지고 최종 결정을 하더라도 그에 가장 큰 영향을 미치는 것은 바로 여론의 향배인 것이다. 이는 제주도를 비롯한 대부분의 지방정부가 대언론관계를 비롯하여 홍보와 여론수렴 업무에 각별한 노력을 기울이고 있는 사실로 미루어 알 수 있다. 그만큼 언론과 시민단체 등 시민활동이 정책에 미칠 수 있는 영향력의 여지가 넓고, 상설적으로 혹은 이슈에 따라 임시적으로 만들어지는 다양한 시민단체의 활동은 지방정치의 다원화를 촉진하고 있는 것이다.[4] 하지만 제주도의 경우

3) Robert A. Dahl, *Who Governs?*(New Haven Conn. : Yale University Press, 1961).

4) 이같은 사실은 부천시의 정책형성 사례를 분석한 최홍석의 연구와 일치하는 결과이다. 최홍석, "부천시 사례," 박종민 편, 앞의 책, pp. 224-225 참조.

점차적으로 시민단체의 목소리가 커지고 있지만 자신들의 의사를 정치과정에 강력하게 관철시킬 만큼의 조직적 역량은 아직 아쉬운 실정이며, 기업이익을 대변하는 집단활동도 거의 없다.

따라서 지역개발정책 과정을 통해서 본 제주도의 권력구조는 평상시에는 도지사를 중심으로 한 통치연합의 형태를 보이다가 민감한 정치적 이슈가 제기될 때는 지역주민과 이들을 조직화한 지역시민단체의 영향력이 강화되면서 다원적 형태를 보이고 있다. 따라서 제주도의 권력구조가 엘리트 이론이나 다원주의 이론에 의해 일의적으로 규명될 수 있는 문제라기보다는 지역사회의 다양한 이해관계의 형성구조와 정치적 이슈의 민감성 정도에 따라 가변적인 형태의 권력구조를 보이고 있다.

3. 어떻게 제주가 통치되고 있는가?

서구의 이론틀을 원용하는 한국 지방정치 연구의 일반적 경향을 볼 때, 이론적 함의와 관련하여 제기되는 중요한 문제는 미국과 영국을 중심으로 발전해 온 서구 지방정치이론의 한국적 적실성 여부라고 할 수 있다. 어떤 지방정치이론이 한국에서 누가 지방을 통치하고 어떻게 통치되는가의 문제를 설명하는 데 가장 높은 설득력을 갖고 있는지가 보다 중요한 문제이기 때문이다. 대부분의 선행연구들의 지적은 서구 지방정치이론의 원용보다는 한국적 특수성을 가미한 이론의 변용이 적절하다고 주장한다. 여기서의 논의는 '어떻게 지방이 통치되고 있는가' 하는 문제와 관련하여 순수한 서구 지방정치이론의 적용 가능성보다는 한국적 상황론을 가미하여 지방정치이론의 한국적 적실성을 고찰함으로써 한국 지방정치에 기여할 수 있는 이론적 함의를 도출하고자 한다.

제주도개발특별법 제정이나 제주국제자유도시 추진사례의 경우, 지방 내부에서 자체적으로 추진하는 것이 아니라 중앙정부와의 상호작용을 통해 추진되고 있다는 면에서, 지방의 자율성을 전제로 하는 엘리트론과 다원론 모두 제주도의 지방정치를 설명하는 데는 일정한 한계가 있을 수밖에 없다. 따라서 이 책의 두 사례에 대한 분석결과 서구 지방정치이론 중 성장연합과 반성장연합의 개념을 사용하여 지방정책을 분석하는 '성장기구론'과 정부, 시민, 개발세력 간의 제도적 관계망의 개념을 통해 지방정책을 설명하는 '레짐 이론'의 가능성을 검토할 필요가 있다.

1) 제주개발특별법과 '성장연합'의 정치

지역의 경제성장이라는 공통의 이해관계를 매개로 형성된 성장연합의 정치에 주목하는 '성장기구론'은 한국 지방정치 분석에 일정한 설명력을 가지고 있다고 평가된다. 서구의 도시들과 정도나 양태의 차이는 있지만 한국에서도 지방적 수준의 성장연합의 존재를 찾아볼 수 있다는 것이다.[5]

5) 강명구, "지방자치와 도시정치 : 행위자 중심적 해석을 위한 시론적 연구," 『한국정치학회보』, 31집 3호(1997), p. 116.

지방정치와 지역개발의 연관성 분석에서 지방정치의 주요 행위자 분석의 출발은 지역개발의 주체가 누구인가에서 출발해야 한다. 이는 곧 지방정부의 정책결정에 영향을 미치는 변수나 행위자를 지방 내부로 국한할 것인가, 아니면 다양한 외생변수의 영향력을 고려할 것인가의 문제이기 때문이다. 즉 지역개발 추진의 주체가 개발을 위한 가용자원과 역량을 충분히 가지고 있는 지역 내 행위자인가, 아니면 자체적인 지역개발을 위한 자원과 역량, 잠재력이 취약하기 때문에 지역 외 행위자일 수밖에 없는가에 따라 지역개발을 둘러싼 지방정치 과정의 틀이 달라지기 때문이다.

일반적으로 세계화와 시장화, 정보화 등의 세계 자본주의 경제변화의 영향과 해당 지역 외부의 투자자가 지방정부의 정책에 영향력을 미칠 수 있는 가능성은 점점 더 커지고 있다. 한국의 경우 지방정부의 정책에 영향을 미치는 외생변수로 중앙정부를 고려하지 않을 수 없다. 아직까지 지방 스스로 지역개발의 잠재력을 충분히 갖고 있는 자치단체는 찾아보기 어렵다. 이는 자치단체의 재정 충당을 위한 세입구조의 문제뿐만 아니라 중앙과 지방의 권한 이양 문제, 지역개발 경험의 미숙 등 다양한 요인들의 영향 때문이다. 특히 중앙정부가 국가적 차원의 국책사업으로 지역개발정책을 추진하는 경우, 지방정부의 정책결정 및 집행과정에 미치는 영향력은 거의 절대적이라고 할 수 있다. 따라서 한국에서의 성장기구론은 서구와 같이 지방정부의 역할은 상대적으로 크지 않고 중앙정부의 지원 아래 이루어지는 방식이 될 수밖에 없었다. 이처럼 서구이론의 성장연합의 작동논리와 한국의 그것이 다른 이유는 상황의 문제라기보다 구조에 문제가 있다고 할 수 있다. 즉 지방화에도 불구하고 여전히 중앙이 지방을 구속하는 제도적인 영향력 때문이다. 이것은 제주도의 지방정치 분석에서 중앙정부와의 관계나 역할에 주목하는 주요 이유이기도 했다.

이런 측면에서 제주도의 지역개발정책을 사례로 하는 이 책은 이 정책의 추진을 위해 중앙정부가 지방정치에 미치는 영향력을 중요하게 고려했다. 그러나 이와 함께 고려되어야 할 것이 1991년 지방의회 구성기와 1995년 민선 자치단체장 시대 두 시기에 대한 중앙정부의 지방에 대한 영향력, 즉 중앙정부와 지방정부의 관계가 다소 다르다는 점에도 주목했다.

제주도개발특별법 사례분석을 통해서 볼 때 성장연합 구성에서 지주의 역할 대신에 중앙정부의 역할에 주목할 필요가 있다. 왜냐하면 제도적으로나 정책추진 역량 면에서나 중앙정부의 역할을 고려하지 않고는 정책추진에 대한 설명이 불가능하기 때문이다. 제도적으로 완전한 지방자치의 출범이 아니라 지방의회만 구성되고 자치단체장은 중앙정부가 임명하는 구조 하에서 중앙정부가 지역개발정책에 미치는 영향은 절대적이었다. 이는 정책추진 역량 면에서도 성장연합의 구심점 역할을 할 만한 토착지주나 대자본가가 없기 때문이다.

중앙정부의 입장에서는 제주도의 관광자원과 입지조건을 활용하면 국가 차원의 총량적 경제발전에 큰 도움을 줄 수 있다고 판단했기 때문에 국책사업으로 제주 개발을 위한 특별법 제정을 추진한 것이다. 중앙정부가 주도하는 성장연합은 과거 중앙집권적 지역개발정책의 유산으로서 여전히 관철되고 있는 것이며, 그 구성원으로 중앙정부의 대리인으로서의 지방정부, 그리고 개발에 대한 수혜를 기대하는 지역의 중소 상공인 및 외지 개발업자 등이 느슨한 형태의 성장연합을 구성하는 형태이다.

그러나 지방화 시대의 도래에도 불구하고 지역주민의 의사를 무시하고 중앙정부의 의지를 관철시키려는 정책은 정치적 민주화와 지방화를 통해 민주적이고 주체적인 의식을 가진 지역주민과 지역시민단체 등 지역시민사회의 저항에 직면했다. 특히 지역개발정책의 혜택은 중앙정부와 대자본가들에게만 편중되어 나타날 가능성이 높았고, 대신에 지역주민의 삶의 질 향상과는 괴리가 있는 것이었다. 또한 천혜의 관광자원에 대한 보존조치가 불철저했고, 따라서 지역의 환경파괴를 방조하는 형태로 이루어질 가능성도 배제하기 어려웠다. 이러한 일방적인 중앙정부 주도적 정책추진에 지역시민사회가 크게 반발했고, 지역 내 다양한 단체들이 조직화되면서 반성장연합이 형성되어 성장연합의 특별법 입법을 격렬하게 반대했던 것이다. 결국, 지역주민이 소외된 지역개발정책 또는 지역개발 이익의 역외 유출에 대한 우려를 가진 대다수 지역주민의 이해와 일치하지 않을 경우, 이 과정에서 지역주민의 저항을 야기하게 되고 성장 또는 개발 반대운동이 빈번하게 발생하게 된다.[6]

2) 제주 국제자유도시와 '정부 간 개발 레짐'의 정치

'제주국제자유도시' 추진사례와 관련해서는 어느 집단이 성장에 관심이 있고 수혜를 받는가라는 성장기구론의 문제의식을 넘어서 지방정부가 대다수 주민들의 이해에 어긋남에도 불구하고 어떻게 성장연합의 개발의제를 수용하게 되는가의 문제에 관심을 가진 레짐 이

6) John Logan and Harvey Molotch, *Urban Fortunes : The Political Economy of Place*(Berkeley : University of California Press, 1987) ; Mike Savage and Alan Warde, *Urban Sociology, Capitalism and Modernity*(London : Macmilan, 2003), pp. 210-212.

론에 주목할 필요가 있다. 왜냐하면 제주국제자유도시 추진은 '제주도개발특별법' 사례의 경우에 비해 판이하게 다른 지방정치 과정 속에서 이루어졌기 때문이다. 개발 이슈 면에서는 크게 다르지 않았지만 추진과정이나 결과는 갈등보다는 협력의 형태로 나타났고, 지역시민사회의 대응 역시 격렬한 저항보다는 암묵적 동의의 형태로 나타났다. 이런 측면에서 1995년 민선 자치단체장 시대의 지역개발정책의 추진은 중앙정부와 지방정부 등의 공식적 권력과 지역시민사회의 비공식적 권력의 협력 또는 유사 협력형태로 귀결되었다는 점에서 레짐 이론에 주목할 필요가 있는 것이다.

레짐 이론은 정부, 시민, 그리고 개발세력 간의 제도적 관계망을 파악하거나 사회 · 정치 · 경제적 환경변화에 따른 지역정책 변화나 갈등을 분석할 수 있는 장점을 가지고 있다. 레짐 이론에서는 지방정부가 기업집단의 개발의제를 수용할 수 있는 이유를 이해집단의 관리와 그들 간의 협조를 강화하고 성장의 수혜들을 공유하게 하는 지방정부의 전략 혹은 정책의 정립에서 찾고, 지방의제를 둘러싼 민관부문 간 배치를 의미하는 통치와 통치주체들의 정치적 실천방식에 관심을 두며,[7] 지역 권력구조의 형태가 상황과 통치의 참여자들에 의존한다는 입장을 취한다.[8]

더욱이 레짐의 개념은 지방정치가 공공부문에만 국한되지 않는다는 인식에 기반하고 있는데, 지방정치의 행위자들이 만든 결정들을

---

7) Mickey Lauria, "Reconstructing Urban Theory : Regulating Urban Politics in a Global Economy," in Mickey Lauria (ed.), *Reconstructing Urban Regime Theory : Regulating Urban Politics in a Global Economy*(Thousand Oaks, CA : Sage Publications, Inc., 1997), pp. 1–9.

8) Graeme K. Ward, "Coaliation in Urban Regeneration : a regime approach," *Environment & Planing A*, Vol. 29 (August 1997), pp. 14–95.

어떻게 수행할 것인가에 대해 제도적 자원에 접근할 수 있는 민관 행위자들 또는 관계기관이 특정 과업을 수행하기 위해 연합할 때 발생할 수 있는 조정과 권력부여로 통치를 보기 때문에[9] 통치연합과 통치방식을 확인함으로써 지방정치구조를 확인할 수 있다고 본다.[10]

그런데 한국 지방정치에서는 레짐을 구성하는 핵심적인 요소 중에 강력한 영향력을 가진 기업을 발견하기 어렵다. 엘리트 이론이나 성장기구론은 물론 신다원주의론과 레짐 이론에 이르기까지 모든 이론이 지방정부의 정책형성에 압도적 영향력을 미치는 기업의 구조적 권력(systemic power)을 인정하고 있지만 한국의 지역 기업들은 그러한 영향력을 행사하는 데 구조적 한계가 있다.[11] 이익의 구조적 권력이 약한 상황에서는 지역 레짐이 형성되더라도 기업은 지방정부의 주도적 파트너가 되지 못하며, 이보다는 시민 · 사회단체나 상 · 하위정부 간의 통치연합이 더욱 중요한 역할을 하게 된다. 이러한 사실은 환경문제와 관련된 사항에 있어서 개발업자가 대변하는 기업이익은 다수 시민 · 사회단체의 저항에 직면하여 무력함을 면치 못하게 된다. 이런 상황에서 지방정부는 기업과 연합하여 레짐을 구성할 수 없기 때문에 외부적인 요소와 연합하여 성장지향적인 레짐을 구성한다.

레짐 이론은 지방 외부적인 요인을 강조하는 네오 맑스주의 계열

---

9) Clarence N. Stone, *Regime Politics : Governing Atlanta 1946–1988*(Lawrence, K.S. : University of Kansas, 1989), 235–242 ; Alan DiGaetano and John S. Klemanski, *Power and City Governance : Comparative Perspectives on Urban Development*(Minneapolis and London : University of Minnesota Press, 1999), p. 15.

10) 염미경, "기업도시의 통치, 도시체제, 그리고 성장정치," 『경제와 사회』, 제53호(2002년 봄호).

11) 유재원, "지방자치와 권력구조," 박종민 편, 앞의 책 ; 박종민 · 배병룡 · 유재원 · 최승범 · 최흥석, "한국 지방정치의 특징," 『한국행정학보』, 제33권 제2호(1999), pp. 148–151.

의 도시이론을 수용함으로써 다원주의 이론이나 엘리트 이론에 의해 주도되던 도시 내의 자율적 권력동인에 대한 분석을 확장시켰다. 즉 레짐 이론에서는 내부적 자원 또는 이를 동원하기 위한 연합 이외에도 도시 레짐이 형성되기 위해서는 도시외적 요인을 적극적으로 고려한다. 따라서 레짐은 자원조달의 원천이 도시 레짐 내부인가 아니면 외부인가에 따라 두 가지 형태로 구분할 수 있다. 필요한 자원을 지역 내부의 경제세력에서 구하는 '내부자원지향적 개발 레짐'과 지역외부의 세력에서 구하는 '외부자원지향적 개발 레짐'이 그것이다.[12]

지역사회에서 기업의 구조적 권력이 영향력을 발휘할 수 없다는 것은 지역경제에서 차지하는 기업의 역할이 미약하다는 의미이고, 이는 지역경제가 대기업보다는 중소기업 및 중소 상공인들에 의해 움직이고 있다는 사실을 반영하고 있는 것이다. 따라서 지역개발을 목표로 한 거대 국책사업을 추진하기 위해 지방정부는 기업과 연합하여 레짐을 구성하는 것이 아니라 막강한 재원과 영향력을 가진 상위정부, 즉 중앙정부와의 협력과 지원이 가장 중요하게 작용하게 된다.

'제주국제자유도시' 추진사례의 경우, 그 정책 특성상 도 단위로 분배되는 국가정책 사업이고 자원이나 재원의 구비에 있어 제주도 자체만으로는 목적달성이 어렵기 때문에 '외부자원지향적 개발 레짐'의 특징이 두드러진다. 즉 상위정부는 지방정부가 지역개발을 원활하게 할 수 있도록 행 · 재정적인 지원을 제공하며, 지방정부는 중앙정부의 정책이나 사업을 지역에서 집행한다. 이를 '정부 간 개발 레짐'이라고 할 수 있으며,[13] 이는 "민간부문과 상위정부를 포함한 공공부

12) 최승범, "평택시 사례," 박종민 편, 앞의 책.
13) 유재원, "청주시 사례," 박종민 편, 앞의 책, p. 56.

문 사이의 정책을 형성하고 집행할 목적으로 설정된 공식적 혹은 비공식적인 제도적 장치"인 도시 레짐이라고 정의할 수 있다.[14]

지역개발을 위해 지방정부가 상위정부로부터 동원할 수 있는 외부자원에는 재정적 지원이나 규제의 완화 또는 허가 등을 들 수 있는데, 실제로 이러한 자원을 획득할 수 있는지는 자치단체장, 지방의회 의원, 그 지역 출신 국회의원이 중앙의 유력인사나 상위정부와 맺고 있는 공식적 · 비공식적 연결고리에 의하는 경우가 많다. 제주도가 특별법 제정을 통해 제주 개발을 위한 중앙의 재정지원을 확보하고자 도지사가 중앙정부와 활발한 접촉과 지원 요구를 하고, 대통령이 직접 관심을 갖도록 유도한 사례 등은 우리 지방정부, 특히 제주도의 강한 외부자원 의존의 특성을 보여주고 있는 것이다.

4. 지방정치 민주화의 함의와 과제

1) 제주 지방정치와 로컬 거버넌스의 함의

제주도를 사례로 한 이 연구를 통해서 볼 때, 제주도 지역사회에 지역개발정책과 관련하여 가장 많은 영향력을 미치게 되는 집단은 공식적 권력인 중앙정부와 자치단체장임을 부인하기는 어렵다. 그러나

14) 최승범, "평택시 사례." 위의 책, p. 244.

여기에는 중요한 조건이 전제된다는 점에서 차이가 있다. 정책추진이 지역사회의 발전과 지역주민의 이해에 반하여 비합리적으로 추진될 경우, 공식적 권력에 못지않은 비공식적 권력의 소유자들의 영향력이 커진다는 점이다. 즉 지역사회와 지역주민의 이해에 반하는 정책추진은 지역주민과 시민단체의 반대와 저항에 부딪치게 되고, 그로 인해 정책추진 과정은 전국적인 이슈로 정치화되는 결과를 가져올 수 있다. 따라서 제주도에는 지역개발정책과 관련해서 중앙정부와 지방정부의 공식권력에 거의 상응한 비공식적 권력이 잠재하는 것으로 볼 수 있다.

따라서 세계화 · 지방화 시대에 경쟁력을 갖춘 지역을 이끌어 가는 주체는 단체장이나 지방정부만이라고 단정할 수는 없을 것이다. 물론 지역의 특성을 살릴 수 있는 정책을 이끌어 가는 리더십도 필요하지만, 이것 역시 중앙과 지방의 상호 협력적이고 보완적인 관계를 유지할 때 그 가능성에 대한 기대치가 높아지고 있다. 그리고 두 사례를 분석함으로써 지역을 이끌어 가는 주체로서의 지역주민(도민)의 역할이 중요함을 알 수 있다. 지역주민의 적극적이고 주체적인 참여가 없을 때 도민의 의사를 도외시하고 도민의 무지와 무관심을 이용한 비민주적인 정책과정이 나타날 것이다. 지역을 이끌어 가는 주체는 중앙정부의 지시에 따라 중앙정부의 명령을 순종하고 따르는 지방정부도 아니요, 정책실험에 무지하거나 무관심한 지역주민은 더더욱 아니라는 점이다.

지방정부는 그 지역 고유의 특수성을 살리면서 지역주민의 의견을 수렴하고, 지역주민의 참여를 보장하는 정책과정을 통해 지역을 통치해야 할 것이다. 또한 우리는 위 두 사례의 연구를 통해 세계화, 지방화 시대에 걸맞는 지방정치는 결과상의 개발이익만을 요구하는 것이 아니라 과정상의 민주주의가 절실히 필요함을 확인할 수 있다. 결론적으로 말하자면, 앞으로 제주지역을 이끌어 가는 주체는 지방정부의 주체성, 적극적으로 지역의 정책결정에 참여하는 도민, 여론의 운반기재의 역할을 하는 언론, 각종 시민단체 등이 서로 협력적이고 상호 보완적인 관계를 유지하면서 제주지역을 이끌어 가야 할 것이다.

한국의 지방정치는 자치역사의 일천함과 정치문화의 상이함 등으로 인해 서구의 지방정치이론을 그대로 적용하기에는 많은 제약이 있다. 그럼에도 불구하고 민주화의 진전과 시민의식의 고양에 따라 지역시민사회단체의 결성과 활동이 촉진되고 있으며, 이들이 지역정책과정에 미치는 영향력도 증대하고 있다. 지방정부도 지역주민의 요구에 대응성을 높여가고 있으며, 다양한 네트워크의 형성을 통해 공공의 문제를 함께 해결해 나가려는 시도를 보이고 있다. 이러한 변화의 모습은 우리나라 지방정치도 날로 다원화되어 가고 있음을 입증해 주고 있으며, 특히 서구 지방정치이론 중 '로컬 거버넌스'(local governance) 시각에서 지방정부의 운영방식을 이론화하는 새로운 관점들의 한국적 유용성을 제고시켜 주고 있다.

최근 로컬 거버넌스에 대한 관심[15]이 높아지고 있는 것도 한국 지

---

15) 한국에서 로컬 거버넌스에 관한 논의는 주로 2000년 이후부터 시작되었으며, 최근 들어 더욱 많아지고 있다. 대표적인 최근의 로컬 거버넌스에 관한 연구로는 다음을 참조. 박희봉, "시민참여와 로컬 거버넌스," 『한국정책과학학회보』, 제10권 제2호(2006) ; 배응환, "로컬 거버넌스 : 갈등에서 협력으로," 『지방행정연구』, 제 19권 2호(2005) ; 신희영, "민주적 로컬 거버넌스 구성과 지방정부," 『한국사회와 행정연구』, 제16권 제3호(2005) ; 최창현 · 사득환, "로컬 거버넌스(Local Governance)와 시민단체 간 연결망 분석," 『한국정책과학학회보』, 제8권 제3호(2004) ; 최영출, "로컬 거버넌스의 성공적 구현을 위한 정책과제 : AHP 방법론의 적용," 『지방행정연구』, 제18권 제1호(2004).

방정치의 특수성을 서구적 지방정치이론의 틀로 분석하고 해석하려는 노력의 일환인 것으로 보인다. 보편화된 이론틀 속에 한국 지방정치를 위치시킬 때 다른 서구 선진국의 지방정치로부터 많은 비교론적 함의들을 끌어낼 수 있기 때문이다. 실제 이 책의 분석에서도 로컬 거버넌스 개념의 유용성이 입증되고 있다. 두 사례의 비교만을 통해서도 지방의 통치를 중앙집권적이고 하향적인 방식으로 추진하는 것은 정치적 갈등만 확대시킬 뿐이고, 정책추진의 절차와 과정의 정당성이 확보될 때, 즉 지방주도적이고 상향적인 방식으로 추진할 때 적어도 극렬한 저항과 반대는 없을 것이다. 물론 이러한 정책추진 방식만을 가지고 로컬 거버넌스의 구현으로 평가할 수는 없을 것이다. 정책의 형성에서부터 집행의 전 과정 속에서 정부와 민간의 협력이 포착되어야 하기 때문이다. 그러나 적어도 방향성이라는 측면에서는 거버넌스의 방식을 지향하고 있는 것으로 보인다.

오늘날 한국 사회에서 지방의 발전은 지방정부와 시장, 그리고 지역시민사회의 협력은 물론이고 적절한 중앙정부의 지원이 이루어질 때 가능해지게 된다. 이는 결국 지역개발을 둘러싼 다양한 행위자들의 이해관계를 수렴하는 지방정부의 노력의 필요성을 의미하는 것이라고 할 수 있다. 여기에 지역주민과 시민단체들의 적극적인 정책참여, 그리고 시장세력들의 환경친화적 개발에 대한 동의와 협력 등 다양한 차원의 노력들이 하나로 수렴될 때 거버넌스형 정책추진이 가능해지게 될 것이다.

2) 한국 지방정치의 민주화를 위한 과제

로컬 거버넌스의 전망적 함의의 도출은 결국 한국 지방정치의 발전과제로서 '지방정치의 민주화'라는 이슈로 귀결된다고 할 수 있다. 특정 지방정치행위자의 독주나 토호의 득세, 일방적이고 하향적인 정책추진, 정치적 · 경제적 이해관계에 따라 이합집산하는 후원-수혜의 관계구조 등은 지방정치 민주화의 필요성을 대변해 주는 한국 지방정치의 특징적 현상들이다. 이러한 문제들은 중앙집권적 정치구조에서 발아하여 본격적인 지방화 시대인 오늘날에도 여전히 온존하거나 여러 가지 다양한 형태로 진화하고 있다. 이런 현상이 지속된다면 지방화가 민주화의 촉진요인이기보다 제약요인으로 치부될 수 있고, 이것은 결국 중앙집권화로의 회귀의 빌미가 될 수도 있다.

한국에서 지방자치는 정치적 민주화 과정에서 태동했다. 민주화 이전의 권위주의 시대에만 해도 지방자치는 중앙집권 시대에 야기된 부패, 인권탄압 등과 중앙권력의 비민주적 통치나 지역개발의 지역적 불균형 등으로 인한 폐해를 일소하고 민주성과 효율성을 동시에 담보할 수 있는 제도로 인식되었다. 즉 지방자치는 민주주의와 균형적인 지역경제 발전의 견인차로 인식되었고, 이는 곧 지방자치와 민주주의가 동일시되는 상황으로까지 발전했다. 또한 중앙정치와 중앙정부의 통제로부터 벗어난 지방 차원에서의 자율적인 지방정치 과정에 대한 기대도 컸다.

그러나 이러한 일반적 기대와 달리 지방자치 그 자체가 중앙과 지방을 막론하고 정치적 민주화를 보장하는 것은 아니라는 평가가 일반적이다.[16] 지역시민사회와 지방 정치인들의 영향력을 우회하면서 더욱 막강해지는 단체장 독주체제[17]와 단체장과의 사적 교환관계에 기초한 후견주의(clientelism),[18] 지방정치인들과 결탁한 지역 자본분파, 즉 지역토호들의 득세와 횡포,[19] 지방화 시대임에도 여전히 중앙정부와 중앙정치의 지방정부와 지방정치 과정에 대한 과다한 영향력 등 과거 권위주의적 중앙집권의 유산은 여전히 잔존하고 있으며, 경우에 따라서는 이러한 비민주적 지방정치 행태들이 진화하는 형태를 보여주고 있다.[20]

이와 같은 현실을 비판적 시각으로 보면 지방자치는 지역주민의 적극적인 참여와 지역사회의 민주화를 통해 '풀뿌리 민주주의'로 진전하고 있는 것이 아니라, 지역사회의 기득권자들의 특권과 착취를 제도적으로 보장해 주고 영속화시키는 '풀뿌리 보수주의'의 수단이 될 수 있음을 우려하지 않을 수 없는 상황이다. 결국 이러한 현상을 통해서 볼 때 지방자치와 민주주의의 관계는 자명한 듯하다. 지방자치가 민주주의의 필요조건은 될 수 있을지 모르지만 결코 민주주의

---

16) 이러한 주장의 대표적인 연구로는 다음을 참조할 것. 정근식, "민주화, 지역주의와 지방자치," 최장집 · 임현진 공편, 『한국사회와 민주주의 : 한국민주화 10년의 평가와 반성』(서울 : 나남, 1997) ; 박종민 · 배병룡 · 유재원 · 최승범 · 최흥석, "한국 지방정치의 특징," 『한국행정학보』, 제33권 제2호(1999 여름) ; 박종민, "집단이론, 후견주의 및 도시의 리더십," 『한국행정학보』, 제34권 제3호(2000 가을) ; 박종민 편, 『한국의 지방정치와 도시권력구조』(서울 : 나남출판, 2000).

17) 박종민 · 배병룡 · 유재원 · 최승범 · 최흥석, 앞의 글.

18) 박종민, 앞의 글.

19) 『한겨레 21』, 1999년 5월 27일(제259호).

20) 사실, 미국이나 영국 등 오랜 지방자치의 전통을 가진 국가들에서도 지역사회와 정치에서의 비민주적인 행위와 관행, 그리고 정책결정 등이 과거는 물론 최근까지도 여전히 목격되고 있다. Lydia Segal, "The Pitfalls of Political Decentralization and Proposals for Reform : The Case of New York City Public Schools," *Public Administration Review*, Vol. 57, No. 2(1997), pp. 141-149.

의 충분조건은 아니라는 점이다. 즉 지방자치의 도입이 자동적으로 민주주의를 성숙시킨다는 것은 일종의 '신화'(myth)인 것이다. 그보다는 민주주의의 성숙이 지방자치의 발전을 위한 필수적인 선행조건이 된다고 주장할 수 있을 것이다.

그러나 그동안 지방자치의 발전을 위해서는 지방자치권의 확대가 가장 절실한 과제라고 평가되어 왔다. 그리고 지방의 자치권을 확대하기 위해 중앙정부의 권한을 지방으로 이전하기 위한 다양한 제도적 방안들을 마련해 왔다.[21] 그러나 지방자치는 단순한 중앙과 지방 간의 관계로만 환원될 수 있는 문제가 아니다. 이는 지방자치 또는 지방화라는 개혁이 단순히 '제도적' 실천전략을 통해서만 달성될 수 있는 것은 아니라는 의미이다.

지방자치가 실효성을 거두기 위해서는 지방정치의 민주화가 전제되어야 한다. 지방정치의 민주화가 전제되지 않은 지방자치는 지역사회의 권력을 특정 계층과 집단에 불평등하게 재배분할 것이기 때문이다. 불평등하게 재배분된 지역사회의 정치적 권력구조는 경제적 · 사회적 권력과 이익의 배분에서도 빈익빈 부익부 현상을 가중시킬 수 있다. 예컨대, 지방자치의 실시로 민주적 선거라는 합법적 절차를 거쳐 지역패권주의 또는 지역사회 내의 후원-추종 관계의 권력구

21) 예컨대, 1999년 1월 지방이양합동심의회에서 중앙정부는 834건의 사무를 지방자치단체로 이양하기로 확정했다(행정자치부, 「1999년도 국회 행정자치위원회 국정감사 요구자료」, 1999). 또 중앙의 권한을 지방으로 이양하도록 촉진하기 위해 중앙권한의 지방이양촉진법이 1999년 7월 발효됨에 따라 지방자치단체의 정책결정 권한은 더욱 확대되었다. 그리고 최근 노무현 정부는 최고 국정과제의 하나로 국가균형발전을 설정했고, 이를 위해 2003년 4월 대통령자문 국가균형발전위원회를 발족하여 국가균형발전에 대한 비전과 전략을 제시했다. 그리고 2003년 12월 29일 국회에서는 지방분권특별법, 전국균형발전특별법, 신행정수도 건설특별법 등 이른바 '지방살리기 3대 특별법'을 통과시켰다.

도를 구조화시켜 주는 결과를 초래하여 결국 지방자치제 자체가 지역사회의 민주화에 역행하는 제도적 장치로 작동할 수도 있다. 특히 개발환상에 매몰된 지방 정치인과 지역토호들의 결탁으로 인해 자원배분의 왜곡과 기득권의 확장을 더욱 심화시킬 수 있는 개연성 또한 무시할 수 없다. 이런 측면에서 이 책의 주제인 지역개발정책과 지방정치는 상호 밀접한 연관관계를 갖고 있으며, 합리적인 지역개발정책 추진을 위한 지방정치의 민주화와 활성화는 한국이 당면한 가장 중요한 지방정치의 과제라고 할 수 있다.

한국 사회 일반의 지방정치 민주화의 필요성과 지역시민사회의 역할의 중요성은 이 책의 사례지역인 제주도에서도 분명하게 나타나고 있다. 지방정부가 지방정치의 주체적인 행위자로서 그 역할을 하기 위해서는 과거 권위주의적인 중앙과 지방 관계에서 벗어나 좀 더 개방적이고 자율적인 관계로 나아갈 필요가 있다. '제주도개발특별법' 제정과정과 '제주국제자유도시' 추진과정에서 두드러진 것은 자치단체장으로서 도지사의 행태에서의 뚜렷한 변화이다. 즉 관선 단체장으로서와 민선 단체장으로서의 역할의 차이는 정책추진 과정에서도 중요한 요소로 작용한다는 사실을 알 수 있다.

노무현 정부가 들어선 이후 지방분권이 강조되고 있는 시점에서 자치단체장의 역할과 권한은 더욱 커질 전망이다. 중요한 것은 지방분권에 의한 지방정부의 권한이 강화되어 좀 더 주체적인 지방정책을 이끌어내야 한다는 점이며, 지방정부도 민주적인 의사결정 과정을 통한 민의수렴을 확실하게 하여 진정으로 지역주민이 주체가 되는 지방정치를 이끌어 가야 한다는 것이다. 제주도 사례를 통해서 볼 때 한국의 지방자치가 정치적 민주화의 일환으로 도입되었다 할지라도 그것이 곧바로 지방정치 민주화를 의미하지는 않았다는 점이다. 지방자치의 발전과 '민주화 이후의 민주주의'를 더욱 공고화하기 위한 핵심 과제는 바로 지방정치의 민주화이다.

지방정치의 가장 중요한 주체는 지역주민이다. '제주도개발특별법'과 '제주국제자유도시' 사례에서 보았듯이 행위자적 수준의 지방정부-시장-지역시민사회의 관계는 각각의 주체가 독립적으로 움직이는 것이 아니라 상호작용하면서 서로 영향을 미친다. 이때 지역주민이 지방정치의 진정한 주체가 되기 위해서는 주민 자체의 힘만으로는 힘들고, 지방정부와 주민 사이에서 여론 주도자인 시민사회, 지식인, 지방 언론, 정당 등이 제 역할을 수행해야 한다. 그리고 지방의 자율적이고 개방적인 관계가 전제된 상태에서 중앙정부와 시민사회, 그리고 시장과의 관계에 있어서 올바른 지방정치에 대해 논할 필요가 있다. 중앙정부는 정책의 결정과 집행의 모든 과정에 있어서 지역주민과 함께 해야 한다. 즉 정확한 민의수렴과 함께 신뢰 있는 정보를 공개해야 하고 비판을 수용할 줄 아는 민주적 태도를 가져야 한다. 또한 무차별적인 개발이 아니라 지역주민이 원하는 바에 따라 장기적이고 지속가능한 개발을 추구해야 할 것이다. 지역주민은 적극적인 태도로 정부의 정책에 참여하고 건설적인 비판을 통해 지방정치의 활성화를 이뤄야 할 것이다. 이러한 지역주민의 의식형성에는 여론형성자로서의 언론과 지식인의 올바른 자세가 요구된다.

지역사회는 단순히 행정편의를 위한 공간적 구획이 아니라 정치적 · 경제적 · 사회적 관계들이 복합적으로 나타나는 하나의 사회적 공동체이다. 그리고 지방자치의 이상은 근대 정치이념에서 파생된 것으로서 '분권'과 '자치'에 기초하여 궁극적으로는 지역사회를 민주적 정치공동체로 만드는 데 있는 것이다. 그러나 그동안 한국의 시민사회에 관한 논의는 지방자치의 역사가 일천한 관계로 주로 중앙정치 수준에 한정해서 논의되어 왔다. 지방화의 시대를 맞아 우리는 사회적 공동체로서, 또 민주적 정치공동체로서의 지역사회 발전을 염두에 두어야 하기 때문에 이제 지역 시민사회에 대한 논의는 필수 불가결하다. 한국의 민주화가 시민사회의 힘에 의해서 중요한 계기를 마련했던 것처럼 지역사회의 민주화를 달성하는 데 지역 시민사회의 역할을 강조하지 않을 수 없기 때문이다.

지역시민사회는 지방자치의 부작용 내지는 역기능이 나타날 때 그 역할의 중요성이 더욱 커진다고 할 수 있다. 예를 들면, 자치단체나 그 장(長)이 개발환상에 빠져 지역주민의 삶의 질이나 환경을 고려하기보다는 총량적 성과만을 고집하는 경우, 그리고 당파적 이해관계에 따라 중앙정치만을 추수(追隨)함으로써 지역주민의 이해와 관심을 이반하는 경우, 지역 시민단체들은 지역주민의 보편적 의사를 대변하여 견제하고, 지역주민의 삶의 질을 훼손하지 않으면서 환경친화적인 개발을 추진하도록 압력을 가하는 역할을 할 수 있다. 따라서 지역시민단체는 중앙정치에서와 마찬가지로 지구당 조직과 지방의회 같은 공식적인 지역이익대표체계(regional interest representative system)를 보완하는 역할을 할 수 있다.

오늘날 한국의 지역사회 권력구조를 보더라도 그동안의 하향적 지방 지배구조의 강화가 누적되어 온 결과 그에 대응할 수 있는 지방권력 수준의 제동장치가 결여되어 있다. 또한 단체자치와 함께 지방자치를 구성하는 또 다른 한 축인 주민자치적 요소가 실질적으로 존재하지 않는 실정이다. 이는 무엇보다도 중앙집권화의 역사성에서 기인하는 것이다. 강력한 중앙집권적 권위주의 체제 하에서 지역사회의 자율성은 극도로 위축되었고, 지역사회에 관한 결정들은 중앙정부에서 독점적으로 행사하여 왔다. 이 때문에 지역사회가 지역 특유의 고유성을 살리면서 지역주민이 주체가 되고 환경친화적인 발전전략을 구사하기란 여간 어려운 것이 아니었다. 그 결과 오늘날 지역사회는 중앙에 대해서는 분권화를 외치면서 내부적으로는 집권화를 강화하는 기형적 구조가 되고 있다. 이 때문에 당연히 시민의 참여가 배제된 형태의 권력구조가 나타나는 것이다.

따라서 이제 시민사회의 역할은 지방 수준에서 더욱 절실하다고 할 수 있다. 풀뿌리 민주주의를 지향하는 지방자치가 오히려 지역사회의 권력을 불평등하게 재배분하여 정치적 · 경제적 · 사회적 엘리트들의 기득권과 이익을 강화할 뿐만 아니라, 환경과 삶의 질을 고려하지 않는 자치단체의 무분별한 개발주의가 만연하고 있다. 따라서 이러한 지방자치의 부정적 기능을 최소화하기 위해서는 지역시민사회의 활성화를 통해 지역사회의 민주화를 제도화하고 내면화하기 위한 노력이 필요한 것이다. 한국의 지방정치가 지역사회의 민주화를 달성하지 못하고 구태의 악습을 되풀이한다면 지방자치는 또 하나의 비민주적 과두체제에 불과하며, 그러한 체제의 현상유지를 위한 단순한 제도적 수단에 불과할 수 있기 때문이다.

참고문헌

1. 국내문헌

1) 단행본

고영종 외, 『현대지역이론과 정책』, 서울 : 한울, 1997.

국무총리 행정조정실, 『제주도 종합개발의 기본 방향』, 1990. 3. 5.

권태준 · 김광웅, 『한국의 지역사회개발』, 서울 : 법문사, 1981.

김 원, 『도시행정론』. 서울 : 박영사, 1993.

김병완 외, 『지방자치와 지역정책』, 서울 : 한울, 1996.

김병준, 『한국지방자치론』, 서울 : 법문사, 1994.

김영래, 『한국이익집단과 민주정치발전』, 서울 : 대왕사, 1990.

김용웅 · 차미숙, 『지역개발정책의 이론과 실제』, 국토개발연구원, 1998.

김항원, 『제주도 주민의 정체성』, 제주 : 제주대학교출판부, 1998.

민주당 제주국제자유도시 정책기획단, 「제주국제자유도시 기본계획안」, 2001. 9.
박동서 · 김광웅 · 정정길 · 이달곤, 『지방정치와 행정』, 서울 : 장원출판사, 1994.
박종민 편, 『한국의 지방정치와 도시권력구조』, 서울 : 나남출판, 2000.
부만근, 『제주도 개발특별법의 제정과정 연구 : 제주도민의 제정반대운동을 중심으로』, 제주 : 온누리, 1995.
부만근, 『제주지역 주민운동론』, 제주 : 제주대출판부, 1997.
성경륭 외, 『지방자치와 지역발전』, 서울 : 민음사, 1997.
신행철 외, 『제주사회론 2』, 서울 : 한울, 1998.
______, 『제주사회론』, 서울 : 한울, 1995.
안청시 외, 『한국 지방자치와 민주주의』, 서울: 나남출판, 2002.
염미경, 『일본의 철강도시 : 성장정치와 도시체제의 변동』, 서울: 경인문화사, 2001.
이문교, 『제주언론사』, 서울 : 나남출판, 1997.
이성복, 『도시행정론: 한국의 도시를 중심으로』, 제4판, 서울 : 법문사, 2004.
이승종, 『지방자치론: 정치와 정책』, 서울 : 박영사, 2003.
이효선, 『현대 한국의 시민운동』, 서울 : 집문당, 1997.
임정덕 · 최병호, 『지방화시대의 지역산업정책』, 서울 : 비봉출판사, 1996.
제주국제자유도시 추진 반대를 위한 공동대책위원회, 「제주국제자유도시 추진 반대를 위한 공동대책위원회 결성선언문」 2001. 9. 18.
제주국제자유도시추진기획단, 『제주국제자유도시 기본계획』, 2001. 11.
제주노동상담소 '일하는 사람들', 『제주경제와 지역노동실태』, 서울 : 새길, 1992.
제주도, 「대통령 보고자료 '제주도 국제자유도시 기본구상'」, 1999.
______, 「제1차 특정지역 제주도종합개발계획 : 계획의 기조 및 요약」, 1985.
______, 『제주도 종합 개발 10개년 계획』, 1973.
______, 『제1차 특정지역 제주도종합개발계획－계획의 기조 및 요약』, 1985.
______, 『제주도 종합개발계획』, 1994.
______, 『제주자유도시종합계획』, 2000.
______, 『특정지역 제주도종합개발계획－계획의 기조 및 요약』, 1985.
______, 『특정지역 제주도종합개발계획』, 1985.
제주상공회의소, 「제주국제자유도시 추진계획(안) 관련 우리의 입장」, 2001. 8. 23.

제주상공회의소, 『제주상의 65년사』, 2000,
______, 『제주상의 도약의 90년대』, 1994.
최병두, 『한국의 공간과 환경』, 서울 : 한길사, 1991.
한국개발연구원, 『제주도 종합개발계획 재검토』, 1989.
______, 『제주도 지역경제활성화방안』, 1990.
______, 『제주도종합개발계획의 재검토』, 1989
한국경제연구원, 『2011비전과 과제』, 2001.
한국관광공사, 『제주도 종합개발계획의 재검토』, 1990.
한국지방행정연구원, 『제주도 종합개발의 목적과 경제적 효과』, 1991.
황명찬, 『지역개발론 : 이론과 정책』, 서울 : 법문사, 1993.
한배호, 『비교정치론』, 서울 : 법문사, 1995.
한흥수 · 김영래 역, Mark E. Kann 저, 『현대정치학의 이해』, 서울 : 대왕사, 1986.

2) 학술논문 및 정기간행물

강명구, "도시 및 지방정치의 정치경제학," 한국공간환경연구회 편, 『한국공간환경의 재인식』, 서울 : 한울, 1992.
______, "비교적 관점에서 본 한국의 지방자치," 『동향과 전망』, 24호, 1994.
______, "수원 시민사회와 사회조직," 아주대학교 사회과학연구소 경기지역연구실, 『수원지역의 현황과 과제』, 서울 : 오름, 1996.
______, "지방자치와 도시정치 : 행위자 중심적 해석을 위한 시론적 연구," 『한국정치학회보』, 31집 3호, 1997.
______, "지방자치와 지방정치구조," 『호남정치학회보』, 제5집, 1993.
______, "지방화와 정보화 : 재구조화(再構造化)의 정치적 의미," 『한국정치학회보』, 29집 1호, 1995.
______, "한국의 지방정치와 민주주의 : 현황과 대안적 모색," 2001년도 한국정치학회 춘계학술회의 논문집, 2001.
강희경, "지역사회 권력자의 연줄망 구조와 특성," 성경륭 외 저, 『지방자치와 지역발전』, 서울 : 민음사, 1997.

고경민, "세계화 · 지방화 시대의 지역 발전 : 지방주도적 발전전략의 시론적 모색,"『동아시아연구논총』, 제9집, 1999.

고병호, "지역개발이론의 체계적 접근과 발전 동향에 관한 연구,"『한국도시행정학보』, 제8집, 1995.

고창훈 · 한석지, "제주개발법의 쟁점과 정책과제,"『공간과 사회』, 1992.

김구현, "한국에서 시민운동단체의 성장과 쇠퇴 : 경실련의 사례," 서울대 박사학위논문, 1999.

김두홍, "지역개발정책집행의 효율성에 관한 연구," 건국대학교 행정학과 박사논문, 2003.

김만흠, "지방정치론과 한국 지방정치의 과제,"『한국정치학회보』, 32집 4호, 1998).

______, "지역사회와 민주화,"『한국사회과학』, 제19권 제1호, 서울대 사회과학연구원, 1997.

김석준, "강원도 폐광지역과 제주도의 개발전략간 상호 영향,"『제주도연구』, 제15권, 1998.

김석준 · 이상철, "제주도 사회운동의 전개와 성격,"「지역운동의 계보학」, 지역사회학회 춘계학술대회 발표자료, 2000.

김세균, "신자유주의와 정치구조의 변화," 김성구 · 김세균 외 지음,『자본의 세계화와 신자유주의』, 서울 : 문화과학사, 1998.

김영래 · 옥원호, "한국 공익단체 실태와 활동에 관한 연구,"『현대사회』, 1990년 봄 · 여름호, 현대사회연구소.

김영정, "한국 지역발전의 실태비교," 성경륭 외,『지방자치와 지역발전』, 서울 : 민음사, 1997.

김영종, "지역개발정책의 딜레마,"『개발논총』, 제9집, 2000.

김왕배, "자본주의산업구조의 변화와 지역공간의 구조화," 성경륭 외,『지방자치와 지역발전』, 서울 : 민음사, 1997.

김용철, "한국 지역개발정책의 변천과정과 지역경제성장에 관한 연구 : 대전, 충남지역이 사례를 중심으로," 청주대 경제학과 석사논문, 2002.

김장권, "동아시아의 국가와 지방정부 : 지방정부의 위상변화에 대한 서설적 연구," 『한국정치학회보』, 28집 2호, 1994.

김정희, "제주도 종합개발의 방향과 과제," 『제주대학교 논문집』, 제38집, 1994.

______, "제주도 지역개발정책의 방향설정에 관한 연구," 경기대 박사학위논문, 1994.

김진호, "지역개발의 정치학적 고찰," 『법과 정책』, 제6권 1호, 제주대학교 법과 정책연구소, 2000.

김천영, "뉴패러다임으로서의 정부 간 관계(IGR) : 접근논리와 처방적 모형구상," 2000년 한국행정학회 동계학술대회 발표논문집, 2000.

김태보, "제주도 종합개발계획의 발전적 보완 및 추진방안," 『사회발전연구』, 제5집, 제주대 사회발전연구소, 1989.

______, "제주도 종합개발의 방향과 과제." 『제주대학교 논문집』, 제38집, 1994.

노동일, "한국지방정치학의 연구대상과 방법," 한국정치학회 · 한국정치학회 대구 · 경북지회 주최 민선자치 2주년 기념 학술 심포지움, 『민주화와 지방자치』, 1997.

무라마츠, 『중앙과 지방관계론』, 서울 : 대영문화사, 1991.

박경, "지방자치 이후 신지역정책의 도입실태와 대안적 전략," 한국산업사회학회, 『경제와 사회』, 2002년 봄호.

박상필, "시민단체와 정부의 관계유형과 지원체제," 『한국행정학보』, 제33집 제1호, 1999 봄.

박우서, "지역발전과 민관협력형 지역거버넌스의 구축," 이정식 · 김용웅 편, 『세계화와 지역발전』, 서울 : 한울아카데미, 2001.

박재욱, "대기업 주도형 도시정치의 특성 : 대기업의 지역 헤게모니에 관한 사례연구," 연세대 박사학위논문, 1996.

______, "도시통치체제와 지방정치의 민주화," 한국행정학회 「지방정부의 리더쉽과 문화산업정책」 세미나 발표논문집, 2000.

박종민 · 배병룡 · 유재원 · 최승범 · 최흥석, "한국 지방정치의 특징," 『한국행정학보』, 제33권 제2호, 1999.

박종민, "선거정치와 지방통치 : 성남시의 사례," 박종민 편, 『한국의 지방정치와 도시권력구조』, 서울 : 한울아카데미, 2000.
박종민, "집단이론, 후견주의 및 도시의 리더십," 『한국행정학보』, 제34권 제3호, 2000.
박희봉, "시민참여와 로컬 거버넌스," 『한국정책과학학회보』, 제10권 제2호, 2006.
배응환, "로컬 거버넌스 : 갈등에서 협력으로," 『지방행정연구』, 제19권 2호, 2005.
배응환, "지역거버넌스 네트워크, 사회자본 그리고 지역정책," 『정부학연구』, 8권 2호, 2002.
백두주, "부산지역 성장연합에 관한 비판적 검토 : 삼성자동차 유치 및 매각과정을 중심으로," 『지역사회연구』, 제8권 제2호, 2000.
백인이벤트, "제주개발에 대한도민의식 설문조사 : 분석내용 정리," 『제주개발과 쟁점 : 제주도 개발 특별법과 제2차 제주도 종합개발계획을 중심으로』, 이영길의원 정책 연구실, 1991.
범도민회, "도민의 함성" 외지인 토지소유 현황 고발 Ⅱ," 『범도민회 소식지』, 호외, 1993. 4. 23.
서경림, "제주개발특조법 도민공감대 형성돼야 : '제주개발특조법' 제정에 앞서," 『관광문화』, 제1집, 제주관광개발연구소, 1991.
서경림 · 김석준 · 김양찬 · 오승진, "제주도민의 법의식," 『법과 정책』, 5호, 제주대학교 법과정책연구소, 1999.
서경석, "한국 시민운동의 현실과 미래적 전망," 2000년도 한국행정학회 기획세미나 『정부와 NGO』 발표논문집, 2000.
서규석, "지방의원의 사회적 관계와 정치자원 배분에 관한 연구 : 연결망과 연줄망 개념을 중심으로," 연세대 박사논문, 1995.
서용구, "제주 국제자유도시와 산업구조의 재편 : 전망과 대안," 『새천년, 새제주 : 백만 제주인의 힘과 대응전략』, 제주국제협의회 총서 제11집, 서울 : 오름, 2001.
성경륭, "지방주도적 발전과 분권화 개혁의 추구 : 민선 자치단체장의 역할에 관한 소고," 『한국정치학회보』, 29집 4호, 1995.
송재호, "국제자유도시, 도민 생존전략으로 타당한가," 도민 토론회 자료, 2001.
송호근, "지방자치와 사회발전 : 리더십, 발전전략, 그리고 주민참여," 안청시 외,

『한국 지방자치와 민주주의 : 10년의 성과와 과제』, 서울 : 나남출판, 2002.
신행철, “제주도민의 개발에 대한 의식조사,” 『제2차 특정지역 제주도종합개발계획 : 산업진흥 및 지역주민 참여방안 연구』, 제주대학교 사회발전연구소, 1991.
신희영, “지방정부의 자율성과 지방재정조정의 정치적 함의,” 『한국행정학보』, 제29권 제 3호, 1995.
신희영, “민주적 로컬 거버넌스 구성과 지방정부,” 『한국사회와 행정연구』, 제16권 제3호, 2005.
심익섭, “지방분권의 방향과 과제,” 『지방행정』, 52집, 2003.
______, “지방화 시대 주민직접 정책참여 활성화 방안,” 『한 · 독사회과학논총』, 제12권 1호, 2002년 여름.
심익섭 · 손경희, “지방정부의 정책결정구조와 지방의회의 역할,” 제12권 제3호, 2000.
염미경, “기업도시의 통치, 도시체제, 그리고 성장정치,” 『경제와 사회』, 제53호, 2002년 봄호.
______, “지방산업도시 성장정치의 현재와 미래,” 『경제와 사회』, 제60호, 2003년 겨울호.
유팔무, “비정부사회운동단체(NG)의 역사와 사회적 역할 : 시민운동과 정부와의 관계를 중심으로,” 『동서연구』, 제10집 제2호, 1998, 연세대 동서문제연구소.
유재원, “지방자치와 권력구조,” 박종민 편, 『한국의 지방정치와 도시권력구조』, 서울 : 나남출판, 2000.
______, “지방자치의 정치,” 『한국행정학보』, 제28권 제2호, 1994.
______, “청주시 사례,” 박종민 편, 『한국의 지방정치와 도시권력구조』, 서울 : 나남출판, 2000.
유팔무 외, “지방자치와 지역발전 비교연구 : 춘천시, 청주시, 제주시의 비교,” 한림대학교 사회조사연구소 편, 『한국 사회학 평론 3』, 서울 : 한울, 1996.
윤대식 · 김태명 · 조명래, “한국 지역개발의 과제와 문제 : 분권화 지역개발의 새로운 접근방법을 찾아서,” 『한국지역개발학회지』, 제4권 2호, 1992.

윤양수, "제주도개발의 현황과 과제,"『사회발전연구』, 7권 1호, 제주대학교 사회발전연구소, 1991.

______, "제주도개발특별조치법에 대한 법적 측면에서의 고찰,"『사회발전연구』, 7권, 제주대학교 사회발전연구소, 1991.

윤영선 · 박용석,『지방자치단체별 핵심 지역개발사업의 추진현황과 지원방안』, 국토개발원, 2002.

이달곤 · 강은숙, "한국 지방정치의 실증연구에 관한 비판적 고찰,"『행정논총』, 39권 2호, 서울대학교 행정대학원, 2001.

이면우, "일본 NGO, NPO," 이면우 편,『일본의 NGO 활동』, 성남 : 세종연구소, 1998.

이병화, "한국의 경제입법과 이익집단,"『한국과 국제정치』, 제8권 2호, 1992년 가을 · 겨울호.

이상철, "제주도 개발정책과 도민 태도의 변화,"『제주도연구』, 제12집, 1995.

______, "제주사회변동론 서설 : 개발정책과 산업구조의 변화를 중심으로," 신행철 외,『제주사회론』, 서울 : 한울아카데미, 1995.

이성복, "국제화에 대응하는 지방정부의 적응전략,"『한국사회와 행정연구』, 제5집 1권, 1995.

이성호, "공업적 저발전지역에서의 지역체제의 형성과 전환 : 전북의 산업, 계급구조를 중심으로," 동국대 박사학위논문, 1998.

이은진, "성장연합이냐 후견인 정치인가? 개별화된 개발이익과 지역정치,"『사회연구』, 제13집, 2000.

이재원, "1990년대 지방정부에 대한 재조명 : 소비기능에서 생산기능으로, 전부에 일부로, 이론과 현실의 왜곡,"『경기연구』, 제2집, 경기개발연구소, 1999.

이재원 · 유민우 · 정병순 · 박세훈, "서울의 도시정치 : 지방자치제도론을 넘어서," 한국공간환경연구회 편,『서울연구』, 서울 : 한울아카데미, 1995.

이정희, "이익집단 구성원의 정치의식과 정치행태,"『한국정치학회보』, 제27집 2호, 1993.

______, "한국 공익단체의 이익표출구조와 로비활동,"『한국정치학회보』, 24집 2호, 1990.

이종수, “분권화의 패턴 : 지방자치 논의의 배경과 맥락에 대한 국가 간 비교분석,” 『한국정치학회보』, 32집 2호, 1998.

이종훈, “제주도의 국제관광지개발에 관한 연구,” 단국대학교 석사학위논문, 2003.

이지훈 · 강종우, “제주지역 시민운동의 발자취 : ‘참여자치와 환경보전을 위한 제주범도민회를 중심으로,” 『황해문화』, 2000년 봄호.

이 호, “인간주의에 기반한 도시정치,” 『공간과 사회 7』, 서울 : 한울, 1996.

임도빈, “정부 간 관계 : 의사결정체제의 변화,” 안청시 외, 『한국 지방자치와 민주주의』, 서울 : 나남출판, 2002

장세훈, “지방자치 시대 지역운동의 현실과 전망,” 『경제와 사회』, 통권 53호, 2002년 봄호.

장하준, “제도주의적 정치경제학의 정립을 향하여,” 한국사회경제학회, 「사회경제평론」 13호, 『신자유주의와 국가의 재도전』, 서울 : 풀빛, 1999.

전경수 · 한상복, 『제주 농어촌의 지역개발』, 서울 : 서울대학교출판부, 1999.

전영평, “지방정부의 거버넌스 모형 구축 : 공익형 NGO의 형성 정도와 정책참여 수준을 중심으로,” 『행정논총』, 제41권 제1호, 2003.

전정환, “정책과정의 특성과 공익단체의 활동전략에 관한 연구,” 서울대 박사학위논문, 1993.

정근식, “민주화, 지역주의와 지방자치,” 최장집 · 임현진 공편, 『한국사회와 민주주의 : 한국민주화 10년의 평가와 반성』. 서울 : 나남, 1997.

______, “주민운동의 구조와 역학에 관한 연구,” 서울대학교 사회학과 박사학위논문, 1991.

______, “지역정체성과 상징정치,” 『경제와 사회』, 30호, 1996.

정대연, “신자유주의 세계화 그 약탈성과 침략성,” 도민 토론회자료, 2001.

정병순, “기업가적 정부와 미시적 공간개발의 정치 : 가능성과 한계를 모색하며,” 한국공간환경연구회 편, 『세계화 시대 일상공간과 생활정치』, 서울 : 대윤, 1995.

______, “통치체제와 참여적 계획에서의 협력,” 『도시연구』, 2호, 1996.

______, “현대 지방정치이론의 회고 : 통합적 지방정치에 대한 이론적 기여,” 『한국공간환경』, 제1권 제1호, 2000.

정영국, “지방정치과정의 양상과 주민참여 : 유형과 실태,” 『동서연구』, 제12권 제1호, 2000.

정재욱, “지방정부에 대한 이론적 접근과 통합모형 설정에 관한 연구,” 『한국지방자치학회보』, 제10권 제3호, 1998.

정진영, “신자유주의의 확산과 국제경제질서의 미래,” 국제정치경제연구회 편저, 『20세기로부터의 유산 : 세계경제와 국제정치』, 서울 : 사회평론, 2000.

조명래, “후기 주변부 포디즘과 지역 재구조화,” 학술단체협의회 편, 『세계자본주의와 한국사회』, 서울 : 한울, 1991.

조명래 · 김태명 · 윤대식, “한국지역개발의 과제와 문제,” 『한국지역개발학회지』, 제4권, 2호, 1992.

조문부 · 부만근 · 신행철 · 양영철, “지방자치의 효율화를 위한 주민의 자치의식 함양방안에 관한 연구,” 『사회발전연구』, 4권 1호, 제주대학교 사회발전연구소, 1988.

조순제, “시민사회와 사회 엘리트 역할의 방향,” 『대한정치학보』, 8권 1호, 2000.

조승현, “지역개발정책의 형성과 지역주민의 역할 : 폐광지역개발지원에 관한 특별법 제정사례를 중심으로,” 고려대 대학원 박사학위논문, 1999.

조영석, “갈등 조정기제로서 바람직한 지역 거버넌스에 관한 연구 : 주민기피시설의 갈등사례를 중심으로,” 연세대학교 행정학과 박사논문, 2003.

지병문, “분권과 자치의 실현을 위한 제도개혁의 방향,” 『지방분권과 지역발전』, 지방분권 정책대안 학술심포지엄 발표논문집, 2001. 11.

최상철, “경제정책과 지역정책의 효율적 연계방향,” 『환경논총』, 제28권, 서울대학교 환경대학원, 1991.

최승범, “평택시 사례,” 박종민 편, 『한국의 지방정치와 도시권력구조』, 서울 : 나남출판, 2000.

최승원, “도당국의 시민사회단체 지원 · 육성조례 제정 방침, 어떻게 볼 것인가?” 『제주 참여광장』, 1997년 창립 6주년 기념 특집호, 통권 제 19호.

최영출, “로컬 거버넌스의 성공적 구현을 위한 정책과제 : AHP 방법론의 적용,” 『지방행정연구』, 제18권 제1호, 2004.

최외출, “자치시대 지역개발계획의 문제점과 개선방안,” 한국지역발전연구재단

'97 하반기 지정과제 발표논문, 1997.
______, "지역개발 추진 모델 : 지역개발계획을 중심으로," 『한국행정연구』, 제6권 4호, 1997.
최유성, "지방자치 시대의 지역개발 과제," 지방자치실천시민연대 주최 세미나 발표논문, 1996.
최창현 · 사득환, "로컬 거버넌스(Local Governance)와 시민단체 간 연결망 분석," 『한국정책과학학회보』, 제8권 제3호, 2004.
최흥석, "부천시 사례," 박종민 편, 『한국의 지방정치와 도시권력구조』, 서울 : 나남출판, 2000.
한국공간환경연구회, 『서울연구 : 유연적 산업화와 새로운 도시, 사회, 정치』, 서울 : 한울아카데미, 1995.
한삼인, "제주도 개발에 대한 도민의식," 『사회발전연구』, 11권, 제주대학교 지역사회발전연구소, 1995.
한상진, "지역사회의 권력구조와 지방정치 : 성남시 사례를 중심으로," 한국산업사회연구회 편, 『산업사회의 재조명 : 지역, 복지, 민주정치』, 서울 : 한울아카데미, 1994.
한석지, "1980년대 한국의 경제정책 변화와 정책선택의 정치," 「동아시아 연구논총』, 제11집, 2000.
______, "제주 개발 갈등의 정치적 의미와 정책과제 : 제주도개발특별법 제정과정의 갈등과 논쟁을 중심으로," 『제주논문집(인문 · 사회)』, 39집, 1994.
______, "제주지역의 시민단체의 조직적 역량과 활동 분석 : '참여자치와 환경보전을 위한 제주범도민회'를 중심으로," 『제주도연구』, 제19집, 사단법인 제주학회, 2001.
허양진, "제주국제자유도시와 제주 관광의 과제," 제주대학교, 2003.
황경수, "제주도개발특별법제정과정에서 집단요구표출활동에 관한 연구," 서울대환경대학원 석사학위논문, 1993.
황종성, "사용자단체," 김영래 편, 『이익집단정치와 이익갈등』, 서울 : 한울아카데미, 1997.
동아일보, 세계일보, 조선일보, 중앙일보, 한겨레신문, 한국일보, 『월간 말』, 『샘이 깊은 물』, 『시사저널』, 『한겨레 21』, 제민일보, 제주일보, 한라일보.

2. 국외문헌

1) 단행본

Almond, Gabriel A. and G. Bingham Powell, Jr., *Comparative Politics : Syetem, Process, and Policy*, Boston, Mass. : Brown & Co., 1978.

Anderson, J., Duncan S. and Hudson, R., ed., *Redundant Space in Cities and Regions*, New York : Academic Press, 1983.

Bachrach, Peter & Morton S. Baratz, *Power and Poverty*, New York : Oxford University Press, 1970.

Bentley, Arther F., *The Process of Goverment : A Study of Social Pressures*, New Brunswick(U.S.A.) & London(U.K.) : Transaction Publishers, 1995.

Berry, Jeffrey M., *Interest Group Society*, 3rd ed., New York : Longman, 1997.

Berry, Jeffrey M., *Lobbying for the People : The Political Behavior of Public Interest Groups*, Princeton, New Jersey : Princeton University Press, 1977.

Cockburn, C., *The Local State*, London : Pluto, 1977.

Cohen, J. and A. Arato, *Civil society and Political Theory*, The MIT Press, 1992.

Dahl, Robert A., *A Preface to Economic Democracy*, Berkeley : University of California Press, 1985.

______, *Who Governs?* New Haven Conn. : Yale University Press, 1961.

DeSario, J. and S. Langton, ed., *Citizen Participation in Public Decision Making*, New York : Greenwood Press, 1987.

DiGaetano, Alan and John S. Klemanski, *Power and City Governance : Comparative Perspectives on Urban Development*, Minneapolis and London : University of

Minnesota Press, 1999.

Domhoff, William M., *Who Really Rules? New Haven and Community Power Reexamined*, New Burnswick, N.J. : Transaction Books, 1978.

Duncan, S. S. and M. Goodwin, *The Local State and Uneven Development : Behind the Local Government Crisis*, Cambridge : Polity Press, 1988.

Dunleavy, P. and B. O'Leary, Theories of the State : the Politics of Liberal Democracy, London : Macmillan Press, 1987.

Duverger, Maurice, *Party Politics and Pressure Group*, New York : Thomas Y. Crowell, 1972.

Elkin, Stephen L., *City and Regime in the American Republic*, Chicago : University of Chicago Press, 1987.

Ferman, B., *Challenging the Growth Machine*, University Press of Kansas, 1996.

Gargan, John J. ed., *Handbook of Local Government Administration*, New York : Marcel Dekker, Inc., 1997.

Gaventa, J., *Power and Powerlessness : Quiescence and Rebellion in an Appalachian Valley*, Oxford : Clarendon, 1980.

Goldstein, Judith, *Ideas, Interests, and American Trade Policy*, Ithaca : Cornell University Press, 1993.

Gore, Charles, Regions in Question : Space, Development Theory and Regional Policy, London & New York : Methuen, 1984.

Gormely, William T. Jr., The Politics of Public Utility Regulation, Pittsburg : University of Pittsburg Press, 1983.

Gurr, T. and King, D, The State and the City, Chicago University Press, 1987.

Henderson, Gregory, Korea : The Politics of the Vortex, Cambridge, Massachusetts : Harvard University Press, 1968.

Hunter, F., *Community Power Structure : A Survey of Decision Makers*, Chapel Hill : Univ. of North Carolina Press, 1953.

Judd, Dennis R. and Todd Swanstrom, *City Politics : Private Power and Public Policy*, Harper Collince College Publishers, 1994.

Jun, J. S., *Globalization and Decentralization : Institutional Contexts, Policy Issues, and Intergovernmental Relations in Japan and the United States*, Georgetown University Press, 1996.

Lindblom, Charles E., *Politics and Markets*, New York : Basic Books, 1977.

Logan, John R. and Harvey Moloth, *Urban Fortunes : the Political Economy of Place*, University of California Press, 1987.

Logan, John R. and Todd Swanstron, ed., *Beyond the City Limits : Urban Policy and Economic Restructuring in Comparative Perspective*, Philadelphia : Temple University Press, 1990.

Lorimer, James, *The Real World of City Politics*, Toronto : James Ewis and Samuel, 1970.

Lowi, Theodore, *The End of Liberalism*, New York : W. W. Norton & Company Inc., 1979.

McCarney, P. ed., *Cities and Governance*, University of Tronto Press, 1996.

Newman, J., *Modernizing Governance : New Labour, Policy and Society*, London : Sage Publication, 2001.

Page, E. C. and M. J. Goldsmith, ed., *Central and Local Government Relations : A Comparative Analysis of West European Unitary States*, London : Sage Publishers Ltd, 1987.

Peterson, Paul, *City Limits*, Boston : Little & Brown, 1981.

Pickvance, Chris and Edmond Preteceile, *State Restructuring and Local Power : A Comparative Perspective*, London : Pinter Publication, 1991.

Pierre, Jon and B. Guy Peters, Governance, *Politics and the State*, New York : St. Martin's Press, 2000.

Polsby, Nelson W., *Community Power and Political Theory*, New Haven Conn. : Yale University Press, 1980.

______, *Community Power and Political Theory*, New Haven Conn. : Yale University Press, 1980.

Pratchett, Lawrence and David Wilson, ed., *Local Democracy and Local Government*,

St. Martin's Press, 1996.

Rhodes, R. A. W., *Control and Power in Central–Local Government Relation*, Gower, 1981.

______, *Understanding Governance : Policy Networks, Governance and Accountability*, Buckingham : Open University Press, 1997.

Robert, Donald C., ed., *International Handbook on Local Government : Contemporary Development*, Westport, Connecticut : Greenwood Press, 1980.

Saunders, P., *Social Theory and the Urban Question*, London : Hutchinson & Co. Ltd., 1984 ; 김찬호 외 공역, 『도시와 사회이론』, 서울 : 풀빛, 1991.

Savage, Mike and Alan Warde, *Urban Sociology, Capitalism and Modernity*, London : Macmilan, 2003.

Schattschneider, E. E., *The Semi–Soverign People : A Realist's View of Democracy in America*, New York : Holt, Renehart & Winston, 1950.

Schlozman, Kay Lehman and John T. Tierney, *Organized Interests and American Democracy*, New York : Haper & Row , 1986.

Smith, M. P., City, *State and Market : The Political Economy of Urban Society*, Basil Blackwell, 1988.

Stone, Clarence N., *Regime Politics : Governing Atlanta 1946–1988*, Lawrence, K.S. : University of Kansas, 1989.

Truman, David B., *The Governmental Process : Political Interests and Public Opinion*, Westport, Connecticut : Greenwood Press, Publisher, 1981.

Vogel, David, "Promoting Pluralism : The Public Interest Movement and the American Reform Tradition," *Political Science Quarterly*, Vol. 95, No. 4, Winter 1980–1981.

Yates, Douglas, *The Ungovernable City : The Politics of Urban Problems and Policy-making*, Cambridge : MIT Press, 1977.

2) 정기간행물

Bachrach, Peter & Morton S. Baratz, "Two Face of Power," *American Political Science Review*, Vol. 57, 1962.

Barlow, J., "The Politics of Urban Growth : 'Boosterism' and 'Nimbism' in European Boom Regions," *IJURR*, Vol. 19, No. 1, 1995.

Clarke, Susan, "The New Localism : Local Politics in a Global Era," in Susan Clarke and Edward Goetz, ed., *The New Localism : Comparative Urban Politics in a Global Era*, Newbury Park : Sage, 1993.

Cox, Kevin R., Governance, "Urban Regime Analysis, and the Politics of Local Development," Mickey Lauria, ed., *Reconstructing Urban Regime Theory*, Sage, 1997.

Elander, Ingemar and Mattlas Gustafsson, "The Re-emergence of Local Self-Government in Central Europe," *European Journal of Political Research*, Vol. 23, 1993.

Goetz, Edward, "The New Localism from a Cross-National Perspective," in Susan Clarke and Edward Goetz, ed., *The New Localism : Comparative Urban Politics in a Global Era*, Newbury Park : Sage, 1993.

Goodwin, M. "The City as Commodity: The Contested Spaces of Urban Development," in G. Kearns and C. Philo, ed., *Selling Places : The City as Cultural, Past and Present*, Pergamon Press, 1993.

Gourevitch, Peter A., "Keynesian Politics : The Political Sources of Economic Policy Choices," in Peter A. Hall, ed., *The Political Power of Economic Ideas : Keynesianism across Nations*, Princeton, N.J. : Princeton University Press, 1989.

Greer, J. L., "The Political Economy of the Local State," *Politics and Society*, Vol. 15, No. 4, 1987.

Harding, Alan, "Elite Theory and Growth Machines," in David Judge, Gerry

Stoker, and Harold Wolman, eds., *Theories of Urban Politics*, London: Sage Publication, 1995.

______, "Urban Regimes and Growth Machines : Toward a Cross-National Research Agenda," *Urban Affairs Quarterly*, Vol. 29, No. 3, 1994.

Harris, R. "A Social Movement in Urban Politics : A Reinterpretation of Urban Reform in Canada," *International Journal of Urban and Regional Research*, Vol. 11, No. 3, 1987.

Hunter, Floyd, *Community Power Structure : A Survey of Decision Makers*, Chapel Hill : University of North Carolina Press, 1953.

Ikenberry, G. John, "Conclusion : An Institutional Approach to American Foreign Economic Policy," *International Organization*, Vol. 41, No. 1, Winter 1988.

Johns, B. D. and B. L. Bachelor, "Local Policy Discretion and the Corporate Surplus," in R. Bingham and J. Blair, ed., *Urban Economic Development*, Beverly Hills, CA : Sage, 1984.

Kevin R. Cox, "Governance, Urban Regime Analysis, and the Politics of Local Development," in Mickey Lauria, ed., *Reconstructing Urban Regime Theory*, Sage, 1997.

Krauss, Ellis S., Bradford L. Simcock, " 'Citizens' Movements : The Growth and Impact of Environmental Peotest in Japan," in *Political Opposition and Local Politics in Japan*, Princeton, New Jesery : Princeton University Press, 1980.

Lauria, Mickey, "Reconstructing Urban Theory : Regulating Urban Politics in a Global Economy," in Mickey Lauria, ed., *Reconstructing Urban Regime Theory : Regulating Urban Politics in a Global Economy*, Thousand Oaks, CA : Sage Publications, Inc., 1997.

Madison, James, "Federalist No. 10," in Alexander Hamilton, James Madison, Hohn Hay, *The Federalist Papers*, New York : New American Library, 1961.

Massey, D., "Industrial Restructuring as Class Restructuring : Reproduction Decentralization and Local Uniqueness," *Regional Studies*, Vol. 17, 1983.

Mickey Lauria, "Reconstructing Urban Theory : Regulating Urban Politics in a

Global Economy," in Mickey Lauria, ed., *Reconstructing Urban Regime Theory*, Sage, 1997.

Molotch, H. and J. R. Logan, "Urban dependencies New Forms of Use and Exchange in US. Cities," *Urban Affairs Quarterly*, Vol. 21, No. 2, December 1985.

Molotch, H., "The City as a Growth Machine : Toward a Political Economy of Place," *American Journal of Sociology*, Vol. 82, No. 2, 1976.

Pichardo, N. A, "Resource Mobilization : An Analysis of Conflicting Theoretical Variations," *The Sociological Quarterly*, Vol. 29, 1988.

Rhodes, R. A. W., "Forword : Governance and Networks," in G. Stoker, ed., *The New Management of British Local Governance*, London : Macmillan Press Ltd., 1999.

Saunders, Peter, "Motes on the Specificity of the Local State," in M. Boddy and C. Fudge, ed., *The Local State : Theory and Practice*, Bristol : University of Bristol, 1981.

______, "Rethinking Local Politics," in Martin Boddy & Colin Fudge, ed., *Local Socialism*, London : Macmillan, 1984.

Schuck, Peter H., "Public Interest and the Policy Process," *Public Administration Review*, Vol. 37, No. 2, March/April 1977.

Segal, Lydia, "The Pitfalls of Political Decentralization and Proposals for Reform : The Case of New York City Public Schools," *Public Administration Review*, Vol. 57, No. 2, 1997.

Sites, W., "The Limits of Urban Regime Theory : New York City Under Koch, Dinkins, and Ciuliani," *Urban Affairs Review*, Vol. 32, No. 4, March 1997.

Stevens, C., "The Politics of Decentralisation," *Teaching Public Administration*, Vol. 15, No. 2, 1994.

Stöhr, Walter. B., "Introduction," in Walter. B. Stöhr, ed., *Global Challenge and Local Response*, New York : United Nations University, 1990.

______, "On the Theory and Practice of Local Development in Europe," in

Walter. B. Stöhr, ed., *Global Challenge and Local Response*, New York : United Nations University, 1990.

Stoker, Gerry, "Public–Private Partnerships and Urban Governance," in J. Pierre, ed., *Partnerships in Urban Governance*, London : MacMillan Press, 1998.

______, "Regime Theory and Urban Politics," in David Judge, Gerry Stocker, and Harold Wolman, ed., *Theories of Urban Politics*, London : Sage, 1995.

Stone, Clarence N., "Political Leadership in Urban Politics," in D. Judge, ed., *Theories of Urban Politics*, Thousand Oaks, C.A. : Sage Publications Inc., 1995.

______, "Power and Social Complexity," in Robert J. Waste, ed., *Community Power : Directions for Future Research*, Beverly Hills, C.A. : Sage, 1986.

______, "Summing Up : Urban Regines, Development Policy and Political Arrangements," in Clarence N. Stone and Heywood T. Sanders, eds., *The Politics of Urban Development*, Lawrence, K.S. : University of Kansas, 1987.

______, "Systemic Power in Community Decision Making," *American Political Science Review*, Vol. 74, December 1980.

Thelen, Kathleen & Seven Steinmo, "Historical Institutionalism in Comparative Politics," Seven Steinmo, Kathleen Thelen & Frank Longstreth, ed., *Structuring Politics : Historical Institutionalism in Comparative Analysis*, New York : Cambridge University Press, 1992.

Ward, Graeme K., "Coaliation in Urban Regeneration : a regime approach," *Environment & Planing*, Vol. 29, August 1997.

Wilson, P. A., "Embracing Locality in the Local Economic Development," *Urban Studies*, Vol. 32, 1995.

제주도개발특별법

[제정 1991.12.31 법률 제4485호]

제1장 총칙

제1조 (목적) 이 법은 제주도종합개발계획의 수립과 시행에 관한 사항을 규정하여 제주도민이 주체가 되어 제주도의 향토문화를 창조적으로 계승 · 발전시키고 자연 및 자원을 보호하며 농업 · 임업 · 축산업 · 수산업 기타의 산업을 보호 · 육성함과 동시에 쾌적한 생활환경 및 관광여건을 조성함으로써 제주도민의 복지향상에 이바지함을 목적으로 한다.

제2조 (정의) 이 법에서 사용하는 용어의 정의는 다음과 같다.

1. "제주도종합개발계획"이라 함은 제1조의 목적을 달성하기 위하여 제주도지사가 수립하는 종합적이며 기본적인 중·장기계획을 말한다.
2. "개발사업"이라 함은 제주도종합개발계획에 의한 사업으로서 제3호의 규정에 의한 사업시행자가 행하는 사업을 말한다.
3. "사업시행자"라 함은 제11조 제1항의 규정에 의하여 개발사업의 시행승인을 얻거나 의견을 들은 자를 말한다.
4. "농어촌지역"이라 함은 제주도의 군지역과 시의 지역중 도조례가 정하는 지역을 말한다.

제3조 (다른 계획과의 관계) 제주도종합개발계획(이하 "종합계획"이라 한다)은 다른 법령에 의한 개발계획에 우선한다. 다만, 군사에 관한 사항은 그러하지 아니하다.

제4조 (기초조사) ① 제주도지사(이하 "도지사"라 한다), 시장·군수 또는 사업시행자는 종합계획, 제8조의 규정에 의한 실시계획과 제11조의 규정에 의한 사업계획의 수립을 위하여 제주도조례(이하 "도조례"라 한다)가 정하는 바에 의하여 기초조사를 할 수 있다.

② 제1항의 규정에 의한 기초조사에는 해당 개발사업구역안의 자연생태 및 경관에 미치는 영향 기타 도조례가 정하는 사항이 포함되어야 한다.

③ 도지사, 시장·군수 또는 사업시행자는 제1항의 규정에 의한 기초조사를 위하여 필요하다고 인정하는 경우에는 타인이 소유하거나 점유하는 토지에 출입하거나 그 토지를 재료적치장·통로 또는 가도로 일시 사용할 수 있다.

④ 도시계획법 제5조 및 제6조의 규정은 제3항의 규정에 의한 토지에의 출입 및 토지의 일시 사용시 손실보상등에 관하여 이를 준용한다.

제2장 제주도종합개발계획의 수립등

제5조 (종합계획의 수립) ① 도지사가 종합계획을 수립하고자 하는 경우에는 제42조의 규정에 의한 제주도종합개발계획심의회의 심의를 거쳐야 한다.

② 종합계획에는 다음 각호의 사항이 포함되어야 한다.

1. 향토문화의 보존 및 계승
2. 문화예술의 진흥과 문화재의 보존 및 관리
3. 농업 · 임업 · 축산업 및 수산업의 진흥
4. 중소기업과 환경오염정도가 적은 산업의 진흥
5. 농어촌소득원의 개발
6. 토지 기타 자원의 보존 및 이용
7. 자연환경의 보전과 오염방지대책
8. 수자원 · 전력 기타 에너지의 개발과 저장시설의 설치
9. 도로 · 항만 · 공항 · 통신시설 등 사회간접자본시설의 정비 및 확충
10. 도시 및 농어촌지역의 개발
11. 생활환경개선 및 보건위생과 사회복지시설의 정비 및 확충
12. 관광자원의 개발과 관광산업의 진흥
13. 교육의 진흥
14. 투자계획

③ 도지사는 제6조의 규정에 의한 종합계획의 결정을 신청하기 전에 그 주요내용 기타 도조례가 정하는 사항을 일간지등에 공고하고 이를 주민에게 2주이상 열람시켜야 한다.

④ 제3항의 규정에 의하여 공고되거나 열람에 제공된 종합계획에 대하여 의견이 있는 자는 도지사에게 그 의견을 제출할 수 있다.

⑤ 도지사는 제4항의 규정에 의하여 종합계획에 대하여 의견을 제출한 자에게 그 의견의 처리결과를 지체없이 통지하여야 한다.

제6조 (종합계획의 결정) ① 제5조의 규정에 의하여 수립된 종합계획은 제주도

의회(이하 "도의회"라 한다)의 동의를 얻고 제41조의 규정에 의한 제주도종합개발지원위원회와 국무회의의 심의를 거쳐 대통령의 승인을 얻은 후 공고함으로써 결정된다. 이를 변경할 때에도 또한 같다. 다만, 대통령령이 정하는 경미한 사항의 변경은 그러하지 아니하다.

② 도지사는 제1항의 규정에 의하여 종합계획이 결정된 때에는 지체없이 그 종합계획을 시장·군수에게 송부하여 주민에게 2주 이상 열람시켜야 한다.

제7조 (연도별 투자계획의 수립·결정) ① 도지사는 제6조의 규정에 의하여 결정·공고한 종합계획에 따라 연도별 투자계획을 수립하여 제주도종합개발지원위원회에 제출하여야 한다.

② 제1항의 규정에 의하여 연도별 투자계획을 제출받은 제주도종합개발지원위원회는 동 계획을 심의한 후 이를 지체없이 국무총리에게 보고하여야 하며, 그 보고를 받은 국무총리는 동 계획중 공공투자부문에 대하여 경제기획원장관 및 관계행정기관의 장의 의견을 들은 후 결정하여야 한다.

제8조 (실시계획의 수립·결정) ① 제6조 제2항의 규정에 의하여 종합계획을 송부받은 시장·군수는 농업·임업·축산업·수산업의 진흥등 분야별 실시계획을 연차별로 수립하여 당해 시·군의회의 동의를 얻어 도지사에게 제출하여야 한다.

② 제1항의 규정에 의하여 제출된 실시계획은 도지사가 제주도종합개발계획심의회의 심의를 거쳐 이를 결정한다. 이를 변경할 때에도 또한 같다. 다만, 도조례가 정하는 경미한 사항의 변경은 그러하지 아니하다.

③ 도지사가 제2항의 규정에 의하여 실시계획을 결정한 때에는 지체없이 이를 공고하고 당해 시장·군수에게 송부하여 이를 주민에게 2주이상 열람시켜야 한다.

제9조 (계획의 폐지·실효 및 피해구제) 도지사는 실시계획 또는 사업계획을 변경 또는 폐지할 경우 관련주민의 재산상의 손실을 방지하기 위한 예방대책을 강구하여야 한다.

제10조 (공청회) ① 도지사 또는 시장 · 군수가 종합계획 또는 실시계획을 수립하고자 하는 경우에는 공청회를 열어 주민 및 관계전문가등으로부터 의견을 들어야 하고 그 의견이 타당하다고 인정하는 때에는 이를 종합계획 또는 실시계획에 반영하여야 한다.

② 제1항의 규정에 의한 공청회의 개최 기타 주민의 의견청취에 관하여 필요한 사항은 도조례로 정한다.

제3장 개발사업의 시행

제11조 (개발사업의 시행승인등) ① 지방자치단체 · 정부투자기관관리기본법에 의한 정부투자기관과 기타 농어민단체등 도조례로 정하는 자가 개발사업을 시행하고자 하는 경우에는 도지사의 승인을 얻어야 하며 국가가 개발사업을 시행하고자 하는 경우에는 도지사의 의견을 들어야 한다.

② 도지사는 개발사업을 시행하고자 하는 농어민단체에 대하여는 도조례가 정하는 바에 의하여 우선적으로 그 사업의 시행을 승인할 수 있다.

③ 제1항의 규정에 의하여 개발사업의 시행승인을 얻거나 의견을 듣고자 하는 자는 도조례가 정하는 바에 의하여 사업계획 및 투자계획을 작성하여 이를 도지사에게 제출하여야 한다.

④ 제3항의 규정에 의하여 사업계획 및 투자계획을 제출받은 도지사는 사업계획 및 투자계획을 제출한 자의 투자타당성등 도조례가 정하는 선정기준을 참작하여 적합하다고 인정하는 자에 대하여 그 사업의 시행을 승인하여야 한다.

⑤ 도지사가 제1항의 규정에 의하여 개발사업의 시행을 승인하거나 의견을 제시한 경우에는 도조례가 정하는 바에 의하여 이를 공고하고 이를 시장 · 군수에게 송부하여 주민에게 2주 이상 열람시켜야 한다. 사업계획을 변경하는 경우에도 또한 같다.

⑥ 제1항의 규정에 의하여 개발사업의 시행승인을 얻은 자가 개발사업의 시행승인을 얻은 날부터 2년 이내에 그 사업에 착수하지 아니하는 경우에는 그 2년이

되는 날의 다음 날부터 그 개발사업의 시행승인은 효력을 잃는다.

⑦ 도지사는 제6항의 규정에 의한 사유가 있는 경우에는 지체없이 그 사실을 공고하여야 한다.

⑧ 국가 · 지방자치단체 · 정부투자기관관리기본법에 의한 정부투자기관과 기타 농어민단체등 도조례로 정하는 자가 제3항의 규정에 의한 사업계획 및 투자계획을 변경하고자 하는 경우에는 그 변경계획을 작성하여 이를 도지사에게 제출하여야 한다.

제12조 (토지매도인에 대한 지원) ① 도지사는 제11조의 규정에 의하여 개발사업의 승인을 얻은 자로 하여금 개발사업에 필요한 토지를 매도한 자에 대하여 다음 각호의 지원조치를 강구하도록 권장할 수 있다.

1. 개발사업지구안의 토지매도인이 당해 개발사업장에서 관광토산품 판매점, 농산물 · 임산물 · 축산물 · 수산물의 직판장, 휴게소등의 경영을 원할 경우 그 운영권의 부여
2. 토지매도인이 토지 및 현금출자를 원할 경우 그 개발사업의 승인을 얻은 자와의 공동개발

② 제11조의 규정에 의하여 개발사업의 승인을 얻은 자는 개발사업의 시행에 특별한 지장이 없는 한 제1항의 규정에 의한 권장조치에 응하여야 한다.

제13조 (인근지역주민의 우선 고용) 제11조의 규정에 의하여 개발사업의 승인을 얻은 자는 당해 개발사업장 인근지역의 주민을 우선적으로 고용하여야 한다.

제14조 (환경영향평가) ① 개발사업중 도시의 개발, 산업입지 및 관광지조성, 에너지개발, 항만건설, 도로건설, 수자원개발, 골프장건설, 폐기물의 처리시설, 육상어류양식장 기타 환경보전에 영향을 미치는 개발사업으로서 대통령령이 정하는 사업을 하고자 하는 자는 환경정책기본법 제26조의 규정에 불구하고 그 사업이 환경에 미치게 될 영향의 예측 및 평가에 관한 서류(이하 "환경영향평가서"라 한다)를 작성하여 제11조 제1항의 규정에 의하여 개발사업의 시행승인을 얻거나 의견을 듣고자 할 때에 도지사에게 제출하여 그 심사를 받아야 한다.

② 제11조 제1항의 규정에 의하여 개발사업의 시행승인을 얻거나 의견을 듣고자 하는 자는 환경영향평가서를 작성함에 있어서 당해 사업으로 인하여 영향을 받게 되는 주민의 의견을 반영하여야 하며, 그 영향평가의 실시를 국 · 공립연구기관과 기타 환경영향평가능력이 있다고 도지사가 지정 · 고시하는 자로 하여금 대행하게 할 수 있다.

③ 도지사는 제2항의 규정에 의하여 작성된 환경영향평가서를 환경정책기본법 제37조의 규정에 의하여 설치된 제주도환경보전자문위원회의 심의를 거쳐 검토한 후 개발사업이 환경보전에 지장을 가져올 위험이 있어 사업계획의 조정이 필요하다고 인정하는 경우에는 그 사업을 시행하고자 하는 자에게 사업계획의 조정 및 보완등 필요한 조치를 할 것을 요청할 수 있다.

④ 환경영향평가의 범위 · 절차 기타 필요한 사항은 대통령령으로 정한다.

제15조 (인 · 허가등의 의제등) ① 개발사업을 시행하고자 하는 자가 제11조의 규정에 의한 개발사업의 시행승인을 얻거나 의견을 들은 경우에는 다음 각호의 허가 · 인가 · 지정 · 승인(이하 "허가등"이라 한다) 을 받은 것으로 본다.

1. 수도법 제32조의 2의 규정에 의하여 준용되는 동법 제13조의 규정에 의한 공업용수도사업의 인가
2. 항만법 제9조 제2항의 규정에 의한 항만공사의 시행허가
3. 도로법 제34조의 규정에 의한 도로공사의 시행허가
4. 관광진흥법 제23조의 규정에 의한 관광지 및 관광단지의 지정, 동법 제24조의 규정에 의한 조성계획의 승인과 동법 제25조 제1항의 규정에 의한 조성사업의 시행허가

② 도지사가 제11조의 규정에 의하여 개발사업의 시행을 승인하거나 의견을 제시하고자 하는 경우 그 사업계획에 제1항 각호의 1에 해당하는 사항이 포함되어 있는 때에는 관계중앙행정기관의 장과 미리 협의하여야 한다.

제16조 (국 · 공유지의 매각처분제한) 제11조의 규정에 의하여 개발사업의 시행승인을 얻은 지역안에 있는 국가 또는 지방자치단체 소유의 토지로서 개발사업에 필요한 토지는 당해 개발사업목적외의 목적으로 이를 매각하거나 양도할 수 없다.

제17조 (공공시설등의 귀속) ① 국가 또는 지방자치단체가 사업시행자인 경우 개발사업의 시행으로 종전의 공공시설에 대체되는 새로운 공공시설을 설치하는 때에는 국유재산법 및 지방재정법 기타 다른 법령의 규정에 불구하고 종전의 공공시설은 사업시행자에게 귀속되고 새로이 설치된 공공시설은 그 시설을 관리할 국가 또는 지방자치단체에 귀속된다.

② 국가 또는 지방자치단체가 아닌 사업시행자가 개발사업을 시행함으로써 새로이 설치된 공공시설은 그 시설을 관리할 국가 또는 지방자치단체에 귀속되고 개발사업의 시행으로 인하여 공공시설의 기능이 대체되어 용도가 폐지되는 국가 또는 지방자치단체 소유의 재산은 국유재산법 및 지방재정법 기타 다른 법령의 규정에 불구하고 사업시행자가 새로이 설치한 공공시설의 설치비용에 상당하는 범위안에서 그 사업시행자에게 이를 무상으로 양도할 수 있다.

③ 도지사가 제1항 및 제2항의 규정에 의한 공공시설의 귀속 및 양도에 관한 사항이 포함된 개발사업의 시행을 승인하거나 의견을 제시하고자 하는 경우에는 미리 그 관리청 또는 지방자치단체의 의견을 들어야 한다.

④ 제1항 및 제2항의 규정에 의하여 국가 또는 지방자치단체에 귀속될 공공시설과 사업시행자에게 귀속 또는 양도할 재산에 관하여 사업시행자는 그 개발사업의 준공전에 그 종류와 세목을 관리청 또는 지방자치단체에 통지하여야 하며, 당해 공공시설과 재산은 그 사업이 준공되어 관리청 또는 지방자치단체에 준공인가의 통지를 한 때에는 국가 · 지방자치단체 또는 사업시행자에게 귀속 또는 양도된 것으로 본다.

⑤ 제4항의 규정에 의한 공공시설과 재산을 등기함에 있어서는 개발사업시행승인서(국가의 경우에는 개발사업의 시행에 관하여 의견을 들은 사실을 확인할 수 있는 서류)와 준공인가서로서 부동산등기법에 의한 등기원인을 증명하는 서면에 갈음할 수 있다.

제18조 (개발사업의 준공인가) ① 사업시행자는 개발사업을 완료한 때에는 도조례가 정하는 바에 의하여 지체없이 도지사의 준공인가를 받아야 한다.

② 제1항의 규정에 의한 준공인가의 신청을 받은 도지사는 준공인가를 위한 검사

를 한 후 당해 개발사업이 제11조의 규정에 의한 사업계획대로 완료되었다고 인정하는 경우에는 준공인가필증을 사업시행자에게 교부하고 이를 도조례가 정하는 바에 의하여 공고하여야 한다.

③ 사업시행자가 제1항의 규정에 의한 준공인가를 받은 경우에는 제11조의 규정에 의하여 개발사업의 시행승인을 얻은 것으로 의제되는 허가등에 따른 당해 사업의 준공검사 또는 준공인가를 받은 것으로 본다.

④ 사업시행자는 제1항의 규정에 의한 준공인가전에는 개발사업으로 조성되거나 설치된 토지나 시설을 사용할 수 없다. 다만, 도지사의 사용허가를 받은 경우에는 그러하지 아니하다.

제4장 자연환경의 보전 및 관리

제19조 (자연환경보전기본방침) ① 도지사는 환경정책기본법 제12조의 규정에 의한 환경보전장기종합계획에 따라 자연환경을 보전하기 위하여 자연환경보전기본방침(이하 "기본방침"이라 한다)을 수립하여야 한다.

② 도지사는 제1항의 규정에 의한 기본방침을 수립하고자 하는 경우에는 미리 환경정책기본법 제37조의 규정에 의하여 설치된 제주도환경보전자문위원회의 심의를 거쳐야 한다.

③ 기본방침에는 다음 각호의 사항이 포함되어야 한다.

1. 자연환경의 보전에 관한 기본방향
2. 자연환경의 보전을 위한 지역 및 지구의 지정
3. 기타 자연환경의 보전을 위한 시책

④ 도지사가 제1항의 규정에 의하여 기본방침을 수립한 때에는 도조례가 정하는 바에 의하여 이를 공고하여야 한다.

⑤ 도지사는 필요하다고 인정하는 경우에는 제2항의 규정에 의한 제주도환경보전자문위원회의 심의를 거쳐 기본방침을 변경할 수 있다.

제20조 (절대보전지역) ① 도지사는 도의회의 동의를 얻어 다음 각호의 1에 해

당하는 지역을 자연환경의 고유한 특성을 보호하기 위한 지역(이하 "절대보전지역"이라 한다) 으로 지정할 수 있다. 이를 변경할 때에도 또한 같다.

1. 한라산 · 기생화산 · 계곡 · 하천 · 호소 · 폭포 · 도서 · 해안 · 연안 · 용암동굴 등으로서 자연경관이 뛰어난 지역
2. 수자원 및 문화재의 보존을 위하여 필요한 지역
3. 야생동물의 서식처 또는 도래지
4. 자연임지역으로서 생태학적으로 중요한 지역
5. 기타 자연환경의 보전을 위하여 도지사가 필요하다고 인정하는 지역

② 도지사가 제1항의 규정에 의하여 절대보전지역을 지정하거나 변경한 경우에는 지체없이 이를 고시하고 그 고시내용을 시장 · 군수에게 송부하여 주민에게 2주 이상 열람시켜야 한다.

③ 제1항의 규정에 의한 절대보전지역안에서는 그 지역 지정의 목적에 위배되는 건축물의 건축, 공작물 기타 시설의 설치, 토지의 형질변경, 토지의 분할, 공유수면의 매립, 수목의 벌채, 토석의 채취, 도로의 신설 등 이와 유사한 행위를 할 수 없다. 다만, 다음 각호의 1에 해당하는 행위로서 도지사의 허가를 받은 경우에는 그러하지 아니하다.

1. 국가 또는 지방자치단체가 시행하는 등산로, 산책로, 림도, 도로, 공중변소 및 정자의 설치
2. 인공조임지내에서의 개벌을 제외한 산림사업
3. 자연생태계의 조사 · 연구를 목적으로 하는 행위
4. 기타 자연자원의 원형을 훼손하거나 변형시키지 아니하는 범위안에서의 대통령령이 정하는 행위

④ 제1항의 규정에 의한 절대보전지역 지정당시에 이미 관계법령의 규정에 의하여 건축물의 건축, 공작물 기타 시설의 설치 또는 토지의 형질변경등에 관하여 인가 · 허가 · 승인 등을 얻어(관계법령에 의하여 인가등을 받을 필요가 없는 경우를 포함한다) 공사 또는 사업에 착수한 자는 제3항의 규정에 불구하고 도지사의 허가없이 이를 계속 시행할 수 있다.

제21조 (상대보전지역) ① 도지사는 도의회의 동의를 얻어 다음 각호의 1에 해당

하는 지역을 자연환경의 보전과 적정한 개발을 유도하기 위한 지역(이하 "상대보전지역"이라 한다)으로 지정할 수 있다. 이를 변경할 때에도 또한 같다.

1. 해안마을과 한라산 사이의 중간지역, 해안 등 경관의 보전이 필요한 지역
2. 절대보전지역을 제외한 지역중 보전의 필요가 있는 지역

② 제1항의 규정에 의한 상대보전지역안에서는 그 지역 지정의 목적에 위배되는 건축물의 건축, 공작물의 설치 등 이와 유사한 행위를 할 수 없다. 다만, 다음 각호의 1에 해당하는 행위로서 도지사의 허가를 받은 경우에는 그러하지 아니하다.

1. 제20조 제3항 각호의 1에 해당하는 행위
2. 농업 · 임업 · 축산업 · 수산업을 영위하거나 숙박, 판매 등 소득증대에 연관되는 1층규모의 주택과 그 부대건축물의 건축
3. 국토이용관리법 제6조의 규정에 의한 취락지역 또는 지적법 제5조의 규정에 의한 지목이 대인 토지에서의 2층 이하의 건축물의 건축
4. 도로 · 배수로의 설치 또는 농업 · 임업 · 축산업 · 수산업에 부수되는 공작물 또는 시설의 설치
5. 수목의 벌채 또는 토석의 채취
6. 이동이 용이하지 아니한 물건의 설치 또는 퇴적
7. 기타 대통령령이 정하는 종류와 규모의 건축물의 건축, 공작물 · 시설의 설치 또는 토지의 형질변경

③ 제20조 제2항 및 제4항의 규정은 제1항의 규정에 의한 상대보전지역의 지정 · 변경절차와 동지역 지정당시 이미 인가 · 허가 · 승인 등을 얻어 사업에 착수한 자의 사업시행에 관하여 이를 준용한다.

제22조 (특별관리지구의 지정) ① 도지사는 자연환경의 보전을 위하여 계획적인 관리가 필요하다고 인정하는 지역을 특별관리지구로 지정하거나 이를 변경할 수 있다.

② 제1항의 규정에 의하여 지정된 특별관리지구안에서는 그 지구 지정의 목적에 위배되는 건축물의 건축, 공작물의 설치, 토지의 형질변경, 공유수면매립 및 하천의 복개를 할 수 없다.

③ 제2항의 규정에 의하여 제한될 행위의 범위 및 기타 행위의 제한에 관하여 필요한 사항은 대통령령이 정하는 범위안에서 도조례로 정한다.
④ 특별관리지구를 적정하게 관리하기 위하여 필요한 기초조사, 관리계획의 수립 및 관리의 평가 등 필요한 사항은 도조례로 정한다.
⑤ 제20조 제2항 및 제4항의 규정은 제1항의 규정에 의한 특별관리지구의 지정 · 변경절차와 지구 지정당시 이미 인가 · 허가 · 승인을 얻어 사업에 착수한 자의 사업시헝에 관하여 이를 준용한다.

제23조 (보존자원의 지정등) ① 도지사는 제주도(이하 "도"라 한다)의 자원보호를 위하여 필요하다고 인정하는 경우에는 도에서 서식하는 희귀 동 · 식물 및 광물 등으로서 도조례가 정하는 자원을 보존하여야 할 자원(이하 "보존자원"이라 한다)으로 지정할 수 있다.
② 도지사가 제1항의 규정에 의하여 보존자원을 지정한 경우에는 도조례가 정하는 바에 의하여 지체없이 이를 공고하고 그 공고내용을 시장 · 군수에게 송부하여 주민에게 2주 이상 열람시켜야 한다.
③ 도지사는 제1항의 규정에 의하여 지정된 보존자원의 보호를 위하여 특히 필요하다고 인정하는 경우에는 대통령령이 정하는 바에 의하여 신고 · 공개금지 · 이동금지 · 수선 · 시설물의 설치 · 장애물의 제거를 명하거나 기타 필요한 조치를 할 수 있다.
④ 도지사는 제1항의 규정에 의하여 지정된 보존자원의 보호를 위하여 필요하다고 인정하는 경우에는 그 경비를 보조할 수 있다.
⑤ 제1항의 규정에 의하여 지정된 보존자원을 제주도에서 매매하는 것을 업으로 하고자 하는 자나 보존자원을 제주도외의 지역으로 반출하고자 하는 자는 도지사의 허가를 받아야 한다.
⑥ 도지사는 제3항의 규정에 의한 처분으로 인하여 손실을 입은 자에 대하여는 그 손실을 보상하여야 한다.
⑦ 제5항의 규정에 의한 반출절차와 허가기준은 도조례로 정한다.

제24조 (경관영향평가) ① 제주도에서 제14조 제1항의 규정에 의한 환경영향평

가의 대상이 되는 개발사업과 대통령령으로 정하는 일정규모 이상의 건축물 및 공작물을 설치하고자 하는 자는 당해 사업이 주변경관에 미치게 될 영향에 관한 서류(이하 "경관영향평가서"라 한다)를 작성하여 제11조 제1항의 규정에 의한 승인을 얻거나 의견을 듣고자 하는 때에 도지사에게 제출하여 그 심사를 받아야 한다.

② 경관영향평가의 대상사업의 범위 · 절차 기타 경관영향평가서의 심의 · 공고 등에 관하여 필요한 사항은 대통령령으로 정하는 기준에 따라 도조례로 정한다.

제25조 (지하수의 굴착 · 이용허가등) ① 도에서 지하수를 용출시킬 목적으로 토지를 굴착하거나 지하수를 이용하고자 하는 자는 대통령령이 정하는 바에 의하여 도지사의 허가를 받아야 한다. 다만, 국가인 경우에는 사전에 도지사와 협의하여야 한다.

② 도지사는 다음 각호의 1에 해당하는 경우에는 제1항의 규정에 의한 허가를 하여서는 아니된다.

1. 기존 지하수의 용출량에 현저한 영향을 줄 우려가 있다고 인정되는 경우
2. 환경을 오염시키거나 자연생태계를 해할 우려가 있다고 인정되는 경우
3. 지하수의 적정관리 또는 공공의 이용에 지장을 주는 등 공익을 해할 우려가 있다고 인정되는 경우

③ 도지사는 제1항의 규정에 의한 지하수의 이용허가를 받고 영업용이나 판매등을 목적으로 지하수를 이용하는 자에 대하여는 원수대금을 부과 · 징수할 수 있다.

④ 도지사는 제1항의 규정에 의한 지하수의 이용허가를 받고 영업용이나 판매등을 목적으로 지하수를 이용하는 자가 제3항의 규정에 의한 원수대금을 지정된 기한까지 납부하지 아니하는 경우에는 지방세체납처분의 예에 의하여 이를 징수할 수 있다.

⑤ 제1항의 규정에 의하여 지하수의 이용허가를 받은 자는 대통령령이 정하는 바에 의하여 정기적으로 도지사가 행하는 수질검사를 받아야 한다.

⑥ 수도법 제4조의 규정은 제5항의 규정에 의한 수질검사시의 수질기준에 관하

여 이를 준용한다.

⑦ 제3항의 규정에 의한 원수대금의 부과대상 · 부과기준 · 부과률 · 산정방법 및 부과 · 징수절차는 대통령령으로 정한다.

제26조 (지하수의 굴착 · 이용허가취소 등) ① 도지사는 다음 각호의 1에 해당하는 경우에는 제25조의 규정에 의한 굴착허가를 취소할 수 있다. 다만, 제2호의 경우에는 굴착허가를 취소하여야 한다.

1. 정당한 이유 없이 허가일부터 1년 이내에 공사를 착수하지 아니하거나 착수 후 6월 이상 공사를 중지한 경우
2. 제25조 제2항 각호의 1에 해당하는 경우

② 도지사는 제25조 제1항의 규정에 의한 지하수의 이용으로 인하여 보건위생상 해를 끼칠 우려가 있다고 인정하는 경우에는 동항의 규정에 의한 이용허가를 취소하거나 허가를 받은 자에 대하여 지하수이용제한 기타 필요한 예방조치를 명할 수 있다.

③ 도지사는 지하수를 용출시킬 목적외의 목적으로 토지를 굴착함으로써 지하수 용출량에 현저한 영향을 미치는 경우로서 공익상 특히 필요하다고 인정하는 때에는 토지를 굴착한 자에 대하여 그 영향을 방지하기 위한 조치를 명할 수 있다.

④ 도지사는 다음 각호의 1에 해당하는 경우에는 토지를 굴착한 자에 대하여 원장복구를 명할 수 있다.

1. 제25조 제1항의 규정에 의한 허가를 받지 아니하고 토지를 굴착한 경우
2. 제25조 제1항의 규정에 의한 허가를 받아 굴착한 장소에서 지하수가 용출되지 아니한 경우
3. 제1항의 규정에 의하여 굴착허가를 취소한 경우

제5장 개발재원의 확보

제27조 (제주도개발사업특별회계의 설치) ① 개발사업에 소요되는 사업비를 확보하기 위하여 제주도개발사업특별회계(이하 "특별회계"라 한다)를 설치한다.

② 특별회계는 도지사가 관리 · 운용한다.

제28조 (제주도개발사업특별회계의 세입 · 세출) ① 특별회계의 세입은 다음 각 호와 같다.

1. 국가 및 지방자치단체의 출연금
2. 도의 일반회계 및 다른 특별회계로부터의 전입금
3. 개발사업지구안의 공유재산의 처분재원
4. 개인 · 법인 · 조합 기타 단체의 출연금 및 기부금
5. 제25조 제3항의 규정에 의한 원수대금
6. 제29조의 규정에 의한 토지관리및지역균형개발특별회계로부터의 지원금 전액
7. 개발사업을 위하여 발행되는 지방채로 조성되는 자금
8. 제32조 제1항의 규정에 의한 공유재산 출자이익금
9. 토지관리및지역균형개발특별회계법 제6조의 규정에 의한 융자금
10. 제34조의 규정에 의한 관광진흥기여금

② 특별회계의 세출은 다음 각호의 사업자금으로 사용하되, 제2호의 사업자금으로 우선 사용하여야 한다.

1. 향토문화 및 문화재의 보존 · 관리를 위한 자금
2. 농업 · 임업 · 축산업 및 수산업의 진흥을 위한 자금
3. 관광산업의 진흥을 위한 자금
4. 생활환경개선 · 보건위생 및 사회복지사업을 위한 자금
5. 자연환경의 조사 및 그 보전을 위한 자금
6. 교육 · 문화 및 예술의 진흥을 위한 자금
7. 제39조의 규정에 의한 특별개발우대사업을 하는 경우 그 사업에 소요되는 자 금에의 융자
8. 개발사업에 투자하고자 하는 농어민단체에 대한 보조금 또는 융자금
9. 지역주민이 공동으로 추진하는 소득증대사업의 보조금 또는 융자금
10. 지방자치단체가 사업시행자인 경우 당해 개발사업구역안의 토지를 매입하기 위한 자금

11. 특별회계의 관리 · 운용에 필요한 자금
12. 기타 특별회계 설치목적의 달성을 위하여 도조례가 정하는 사업에 필요한 자금

③ 특별회계의 편성 및 운용에 관하여 필요한 사항은 도조례로 정한다.

제29조 (개발부담금의 전액 지원) 국가는 도에서 개발이익환수에관한법률 제5조제1항 각호의 1에 해당하는 사업의 시행으로 인하여 징수되는 개발부담금중 토지관리및지역균형개발특별회계에 귀속된 분을 제28조의 규정에 의한 제주도개발사업특별회계에 전액 지원한다.

제30조 (국고보조금의 인상지원등) ① 개발사업중 대통령령이 정하는 사업에 대한 국가의 보조금은 보조금의예산및관리에관한법률 제10조의 규정에 의한 차등보조률과 다른 법률에 의한 보조률에 불구하고 대통령령이 정하는 보조률에 따라 이를 인상지원할 수 있다.

② 국가는 도로 · 상하수도 · 전기설비 · 통신설비 · 용수시설 · 항만 등 개발사업과 관련된 공공시설투자를 우선적으로 지원하여야 한다.

제31조 (지역개발채권의 발행등) ① 도지사는 개발사업에 필요한 자금을 조달하기 위하여 관계법령의 규정에 불구하고 도의회의 의결을 얻어 특별회계의 부담으로 지역개발채권을 발행할 수 있다.

② 도지사는 제1항의 규정에 의한 지역개발채권을 제주도내 소재 금융기관으로 하여금 대수하게 할 수 있다.

③ 지역개발채권의 이율 · 상환기간 · 발행의 방법 · 절차 및 발행조건 기타 사무취급에 관하여 필요한 사항은 대통령령으로 정한다.

제32조 (지방공사에의 출자) ① 도는 개발사업을 추진하기 위하여 필요한 경우에는 도의회의 의결을 얻어 지방공기업법 제49조의 규정에 의한 지방공사에 출자할 수 있다.

② 도가 제1항의 규정에 의하여 출자하는 경우에는 지방재정법 제82조의 규정에

불구하고 행정재산 또는 보존재산을 출자의 목적으로 할 수 있다.

③ 제2항의 규정에 의하여 출자된 행정재산 또는 보존재산은 대통령령이 정하는 평가방법에 의하여 연1회 평가한다.

④ 도는 제1항의 규정에 의하여 출자하는 경우에는 지방공기업법 제53조 제2항의 규정에 불구하고 지방자치단체외의 자로 하여금 자본금의 2분의 1이상을 출자하게 할 수 있으며 그 출자의 상한선은 도조례로 정한다. 증자의 경우에도 또한 같다.

제33조 (민간자본의 유치등) ① 도지사 또는 시장 · 군수는 제6조의 규정에 의하여 종합계획이 결정된 경우에는 제7조의 규정에 의한 연도별 투자계획의 수립을 위하여 다음 각호의 사항을 내용으로 하는 민자유치추진계획을 작성하여야 한다.

1. 민자유치 대상사업의 범위
2. 민자유치의 지원에 관한 사항

② 제1항의 규정에 의한 계획을 작성한 도지사 또는 시장 · 군수는 도조례가 정하는 바에 의하여 이를 공고하고 개발사업에 참여하고자 하는 자에 대하여 설명회를 개최하여야 한다.

③ 도지사는 당해 사업지역의 농어민인 토지소유자에 대하여는 우선적으로 개발사업에 투자하게 할 수 있고 특별회계에서 이를 지원할 수 있다.

제34조 (관광진흥기여금의 모금) 도지사는 관할구역내의 쾌적한 환경보전 및 관광산업 진흥에 소요되는 자금을 조성하기 위하여 필요하다고 인정할 때에는 기부금품모집금지법의 규정에 불구하고 체육시설의설치 · 이용에관한법률 제6조의 규정에 의하여 등록된 골프장, 관광진흥법 제3조의 규정에 의한 관광사업중 도조례로 정하는 관광사업의 업소 및 사행행위등규제법 제4조의 규정에 의하여 허가받은 카지노 및 투전기시설을 이용하는 자에 대하여 도조례가 정하는 바에 따라 관광진흥기여금을 모금할 수 있다.

제6장 산업의 진흥

제35조 (농·림·축·수산업진흥계획) ① 도지사는 농업·임업·축산업 및 수산업의 진흥과 생산구조개선을 위하여 5년마다 농업·임업·축산업 및 수산업의 진흥계획(이하 "진흥계획"이라 한다)을 수립하여야 한다.

② 도지사는 제1항의 규정에 의하여 진흥계획을 수립하고자 하는 경우에는 미리 제주도종합개발계획심의회의 심의를 거쳐야 한다.

③ 제1항의 규정에 의한 진흥계획에는 다음 각호의 사항이 포함되어야 한다.

1. 농업의 생산기반정비·기술개발 및 작부체계의 조정
2. 초지의 조성 및 유지와 가축의 개량 및 증식
3. 농업 및 축산업의 기계화, 영농규모의 확대와 영농단지조성계획
4. 어항의 확장, 연안어장의 자원조성, 양식어업의 육성과 어업시설의 개선
5. 농산물·임산물·축산물 및 수산물의 판로확대·가격안정과 유통체계의 개선
6. 농산물·임산물·축산물 및 수산물의 수출진흥
7. 농업·임업·축산업 및 수산업의 재해대책
8. 유채·감귤농업의 육성
9. 산림자원의 조성 및 경영계획

④ 제1항의 규정에 의한 진흥계획의 시행에 필요한 재원을 조달·공급하기 위하여 도조례가 정하는 바에 의하여 농어촌개발기금을 설치한다.

⑤ 농어촌개발기금은 도지사가 관리·운용한다.

제36조 (농·림·축·수산물수급안정심의회) ① 농산물·임산물·축산물 및 수산물의 적정한 생산과 일정한 수준의 가격유지에 관한 사항을 심의하기 위하여 도에 농어민·농어민단체의 대표자 등으로 구성된 농산물·임산물·축산물및수산물수급안정심의회를 두어 이를 운영한다.

② 제1항의 규정에 의한 심의회의 구성·운영 기타 필요한 사항은 도조례로 정한다.

제37조 (농어촌소득원개발기본방침) ① 도지사는 농어촌지역에 환경오염이 적은 산업 및 서비스산업을 유치하여 농어촌소득원의 개발을 촉진하기 위하여 진흥계획에 따라 농어촌소득원개발기본방침(이하 "기본방침"이라 한다)을 수립하여야 한다.

② 제1항의 규정에 의한 기본방침에는 다음 각호의 사항이 포함되어야 한다.

1. 농어촌소득원개발의 기본목표 및 실천계획
2. 농어촌소득원을 개발하기 위한 사업의 선정방법
3. 농어촌소득원을 개발하기 위한 사업의 생산기반정비
4. 전업농어가 · 협업농의 육성에 필요한 사항

제38조 (농어촌소득원개발사업) ① 농어촌지역에서 어선을 이용하여 유선및도선업법 제2조 제1항의 규정에 의한 유선업을 경영하고자 하는 어민은 어선법 제2조 제1항의 규정에 불구하고 유선및도선업법 제3조 제1항의 규정에 의하여 시장 · 군수에게 신고하고 이를 경영할 수 있다.

② 농어촌지역에서 식품위생법 제22조의 규정에 의한 농산물 · 임산물 · 축산물 및 수산물의 제조업 · 가공업 또는 판매업을 경영하고자 하는 농어민은 동법 제21조의 규정에 불구하고 대통령령이 정하는 시설기준에 따라 시장 · 군수의 허가를 받거나 신고하고 이를 경영할 수 있다.

③ 농어촌지역에서 체육시설의설치 · 이용에관한법률 제4조 제1항 제1호의 규정에 의한 등록체육시설업중 승마장업을 경영하고자 하는 자는 동법 제6조 제1항의 규정에 불구하고 대통령령이 정하는 시설기준에 따라 도지사에게 등록하고 이를 경영할 수 있다.

④ 농어촌지역에서 보세판매장을 경영하거나 전통민속주의 제조 · 판매업을 경영하고자 하는 경우에는 관계법령에 불구하고 도지사의 허가를 받아 이를 경영할 수 있다.

⑤ 도지사는 제1항 내지 제4항의 규정에 의한 영업을 하는 자에 대하여 보조금을 지급하거나 융자할 수 있다.

제39조 (특별개발우대사업) ① 도지사는 주민복지 및 지역경제 활성화에 특히 이바지할 수 있는 사업(이하 "특별개발우대사업"이라 한다)을 도조례가 정하는 바에 의하여 육성하여야 한다.

② 제1항의 규정에 의한 특별개발우대사업은 다음 각호와 같다.

1. 제주도민이 총투자자본의 100분의 50 이상을 출자한 사업
2. 농업 · 임업 · 축산업 · 수산업에 경제적 파급효과가 현저한 사업
3. 전고용인의 100분의 80 이상이 제주도민인 사업

③ 도지사는 특별개발우대사업을 원활히 추진하기 위하여 필요하다고 인정하는 경우에는 당해 사업을 경영하는 자에 대하여 보조금을 지급하거나 융자할 수 있다.

제40조 (관광토산품의 제조업) ① 도에서 제주특유의 목공예제품 · 석공예제품 · 관광토산품의 제조업을 경영하고자 하는 자는 대통령령이 정하는 바에 의하여 도지사에게 등록하여야 한다.

② 제1항의 규정에 의하여 관광토산품제조업의 등록을 한 자(이하 이 조에서 "제조업자"라 한다)가 그 등록사항중 대통령령이 정하는 사항을 변경하거나 폐업 또는 휴업하고자 하는 경우에는 대통령령이 정하는 바에 의하여 도지사에게 신고하여야 한다.

③ 도지사는 제조업자가 불량품을 제조한 경우에는 그 제조업의 등록을 취소할 수 있다.

④ 도지사는 제조업자에 대하여 보조금을 지급하거나 융자할 수 있다.

⑤ 제1항 및 제3항의 규정에 의한 관광토산품의 종류, 생산시설기준 및 등녹취소에 관한 사항은 도조례로 정한다.

제7장 제주도종합개발지원위원회등

제41조 (제주도종합개발지원위원회의 설치) ① 종합계획 및 그 주요정책사항을

심의하고 개발사업의 효율적인 추진을 지원하기 위하여 국무총리소속하에 제주도종합개발지원위원회(이하 "지원위원회"라 한다)를 둔다.

② 지원위원회는 위원장, 부위원장 및 간사위원 각 1인을 포함한 17인 이내의 위원으로 구성한다.

③ 위원회의 위원장은 국무총리행정조정실장으로 하고, 부위원장은 도지사로 하며, 간사위원은 건설부소속 위원으로 한다.

④ 위원은 관계중앙행정기관의 1급공무원과 학식과 경험이 풍부한 자중에서 위원장이 임명 또는 위촉하는 자로 한다.

⑤ 이 법에 규정한 사항외에 지원위원회의 조직 및 운영 기타 필요한 사항은 대통령령으로 정한다.

제42조 (제주도종합개발계획심의회) ① 종합계획을 수립함에 있어서 주민의 의견을 반영하고 다음 각호의 사항을 심의하기 위하여 도에 제주도종합개발계획심의회(이하 "종합계획심의회"라 한다)를 둔다.

1. 종합계획에 대한 주민의견의 반영 및 주민의 참여에 관한 사항
2. 개발사업의 우선순위 조정
3. 개발사업이 경제 · 사회 · 문화 및 자연환경에 미치는 영향
4. 개발사업에 대한 민자유치
5. 개발이익의 지역환원에 관한 사항
6. 기타 도조례로 정하는 사항

② 종합계획심의회는 위원장 1인과 부위원장 2인을 포함한 20인 이내의 위원으로 구성한다.

③ 종합계획심의회의 위원장은 도지사로 하고, 부위원장은 부지사와 종합계획심의회에서 선출된 1인으로 한다.

④ 종합계획심의회의 위원은 다음 각호의 자중 도지사가 임명 또는 위촉한 자로 한다.

1. 제주도의회 의원중에서 선출된 5인 이내
2. 시장 · 군수 4인
3. 농업 · 임업 · 축산업 · 수산업의 대표자

4. 문화 · 예술계의 대표자
5. 환경전문가
6. 개발사업에 관한 학식과 경험이 풍부한 자

⑤ 다음 각호의 1에 해당하는 자는 종합계획심의회에 출석하여 개발사업에 관한 의견을 진술할 수 있다.

1. 사업시행자
2. 개발사업지구의 주민대표자
3. 지방의회 의원

⑥ 종합계획심의회는 심의에 필요하다고 인정하는 때에는 제11조의 규정에 의한 개발사업 시행승인에 관한 행정심판이 제기된 경우에 도지사에게 이와 관련된 자료제출을 요구할 수 있다.

⑦ 이 법에 규정한 사항외에 종합계획심의회의 조직 및 운영 기타 필요한 사항은 도조례로 정한다.

제8장 보칙

제43조 (감독) ① 도지사는 사업시행자가 다음 각호의 1에 해당하는 경우에는 이 법에 의한 인가 · 승인 · 허가 · 등록 또는 지정을 취소하거나 그 효력의 정지, 공사의 중지, 건축물 또는 공작물의 개축 · 변경 · 인전 · 철거를명하거나 기타 필요한 조치를 명할 수 있다.

1. 사위 기타 부정한 방법으로 이 법에 의한 인가 · 승인 · 허가 · 등록 또는 지정을 받은 경우
2. 사정의 변경으로 인하여 개발사업의 계속적인 시행이 불가능하거나 현저히 공익을 해할 우려가 있다고 인정되는 경우
3. 이 법 또는 이 법에 의한 명령이나 처분에 위반한 경우

② 도지사는 제1항의 규정에 의한 조치를 명한 경우에는 도조례가 정하는 바에 의하여 이를 공고하여야 한다.

제44조 (조세의 감면) 국가 또는 지방자치단체는 개발사업과 진흥계획의 원활한 추진을 위하여 필요한 경우 개발사업지구안의 토지등을 양도 또는 취득함에 따라 발생하는 소득이나 진흥계획에 의한 사업을 경영함에 따라 발생하는 소득 등에 대하여는 조세감면규제법 및 지방세법등이 정하는 바에 의하여 조세를 감면할 수 있다.

제45조 (생활환경의 개선) ① 시장 · 군수는 주민의 생활환경개선과 편익을 위하여 필요하다고 인정되는 경우에는 도시계획법 제21조의 규정에 의하여 지정된 구역에 대하여 생활환경개선계획을 수립할 수 있다.

② 제1항의 규정에 의한 생활환경개선계획을 수립하고자 할 때에는 대통령령이 정하는 바에 따라 시 또는 군의회의 동의를 얻은 후 도지사의 승인을 받아야 한다.

③ 제1항의 규정에 의하여 생활환경개선계획을 시행하는 지역안에서의 건축물의 신축 · 증축 · 개축 또는 용도변경 행위등에 관하여는 도시계획법 제21조의 규정에 불구하고 생활환경개선계획에서 정하는 바에 따른다.

④ 생활환경개선계획의 수립기준, 허용행위등에 대하여는 대통령령으로 정한다.

제46조 (권한의 위임) 이 법에 의한 도지사의 권한중 일부는 대통령령이 정하는 바에 의하여 시장 · 군수에게 위임할 수 있다.

제47조 (청문) 도지사는 다음 각호의 1에 해당하는 처분을 하고자 하는 경우에는 도조례가 정하는 바에 의하여 미리 해당 처분을 받을 자에 대하여 의견을 진술할 기회를 주어야 한다. 다만, 당해 처분을 받을 자가 정당한 이유없이 이에 응하지 아니하거나 주소불명등으로 의견진술의 기회를 줄 수 없는 경우에는 그러하지 아니하다.

1. 제26조 제1항 또는 제2항의 규정에 의하여 굴착 또는 이용허가를 취소하고자 하는 경우
2. 제40조 제3항의 규정에 의하여 제조업의 등록을 취소하고자 하는 경우

3. 제43조의 규정에 의하여 이 법에 의한 인가등을 취소하거나 그 효력의 정지 등을 명하거나 기타 필요한 조치를 명하고자 하는 경우

제9장 벌칙

제48조 (벌칙) 다음 각호의 1에 해당하는 자는 2년 이하의 징역 또는 500만원 이하의 벌금에 처한다.

1. 제18조 제4항의 규정에 위반하여 도지사의 허가없이 준공인가전에 개발사업으로 조성되거나 설치된 토지 또는 시설을 사용한 사업시행자
2. 절대보전지역안에서 제20조 제3항의 규정에 위반된 행위를 한 자
3. 상대보전지역안에서 제21조 제2항의 규정에 위반된 행위를 한 자
4. 제22조의 규정에 의한 특별관리지구안에서 동조 제2항의 규정에 열거한 금지행위를 한 자
5. 제23조 제5항의 규정에 위반하여 도지사의 허가를 받지 아니하고 도에서 보존자원을 매매하는 것을 업으로 하는 자 또는 보존자원을 도외의 지역으로 반출한 자
6. 제25조 제1항의 규정에 위반하여 도지사의 허가없이 토지를 굴착하거나 지하수를 이용한 자

제49조 (양벌규정) 법인의 대표자, 법인 또는 개인의 대리인 · 사용인 기타 종업원이 그 법인 또는 개인의 업무에 관하여 제48조의 규정에 의한 위반행위를 한 때에는 그 행위자를 처벌하는 외에 그 법인 또는 개인에 대하여도 각 해당조의 벌금형을 과한다.

제50조 (과태료) ① 다음 각호의 1에 해당하는 자는 300만원 이하의 과태료에 처한다.

1. 제26조 제2항 내지 제4항 또는 제43조의 규정에 의한 도지사의 처분 · 명령 또는 조치에 위반한 자

2. 제40조 제1항의 규정에 위반하여 등록없이 관광토산품의 제조업을 경영한 자
3. 제40조 제2항의 규정에 위반하여 신고없이 등록사항을 변경하거나 폐업 또는 휴업한 자

② 제1항의 규정에 의한 과태료는 대통령령이 정하는 바에 의하여 도지사가 부과 · 징수한다.

③ 제2항의 규정에 의한 과태료 처분에 불복이 있는 자는 그 처분이 고지된 날부터 30일 이내에 부과권자에게 이의를 제기할 수 있다.

④ 제2항의 규정에 의한 과태료 처분을 받은 자가 제3항의 규정에 의하여 이의를 제기한 때에는 부과권자는 지체없이 관할법원에 그 사실을 통보하여야 하며 그 통보를 받은 관할법원은 비송사건절차법에 의한 과태료의 재판을 한다.

⑤ 제3항의 규정에 의한 기간내에 이의를 제기하지 아니하고 과태료를 납부하지 아니한 때에는 지방세체납처분의 예에 의하여 이를 징수한다.

부칙 〈제4485호, 1991.12.31〉

① (시행일) 이 법은 공포한 날부터 시행한다.

② (유효기간) 이 법은 2001년 12월 31일까지 효력을 가진다.

③ (유효기간 만료시에 진행중인 개발사업에 관한 경과조치) 이 법의 유효기간 만료당시 제11조의 규정에 의한 시행승인을 얻은 개발사업에 대하여는 그 사업이 완료될 때까지 종전의 규정에 의한다.

④ (벌칙에 관한 경과조치) 이 법의 유효기간 만료전의 행위에 대한 벌칙의 적용에 있어서는 행위당시의 규정을 적용한다.

제주국제자유도시특별법

[전문개정 2002.1.26 법률 제6643호]

제1장 총칙

제1조 (목적) 이 법은 제주도를 국제자유도시로 개발함으로써 국가발전에 기여함과 동시에 제주도민이 주체가 되어 향토문화와 자연 및 자원을 보전하고 지역산업을 육성하며 쾌적한 생활환경을 조성하여 제주도민의 복지향상에 이바지함을 목적으로 한다.

제2조 (정의) 이 법에서 사용하는 용어의 정의는 다음과 같다.

1. "국제자유도시"라 함은 사람 · 상품 · 자본의 국제적 이동과 기업활동의 편의가 최대한 보장되도록 규제완화 및 국가적 지원의 특례가 실시되는 지역적 단위를 말한다.
2. "제주국제자유도시종합계획(이하 "종합계획"이라 한다)"이라 함은 제1조의 목적을 달성하기 위하여 제4조의 규정에 의하여 수립하는 종합적이며 기본적인 계획을 말한다.
3. "개발사업"이라 함은 제4조의 규정에 의한 종합계획에 의하여 시행되는 사업을 말한다.

제3조 (국가 등의 책무) ① 국가는 제주도를 국제자유도시로 개발하기 위한 종합적인 시책을 수립 · 추진하고 지원방안을 강구하여야 한다.

② 제주도는 제주도민의 참여와 다른 지방자치단체와의 협력을 통하여 제주도가 국제자유도시로 발전될 수 있도록 필요한 계획과 시책을 수립 · 시행하여야 한다.

제2장 제주국제자유도시종합계획의 수립 등

제4조 (종합계획의 수립) ① 제주도지사(이하 "도지사"라 한다)는 다음 각호의 사항을 포함하는 종합계획을 수립한다.

1. 제주도를 국제자유도시로 개발하기 위한 기본 시책에 관한 사항
2. 세계 평화의 섬 지정 등 국제교류 · 협력의 증진에 관한 사항
3. 토지 · 물 그 밖의 천연자원의 이용 · 개발 및 보전에 관한 사항
4. 해양의 이용 · 개발 및 보전에 관한 사항
5. 자연환경의 보전 및 오염방지에 관한 사항
6. 지역사회의 개발 및 생활환경 개선에 관한 사항
7. 농업 · 임업 · 축산업 · 수산업의 진흥에 관한 사항
8. 관광산업, 첨단지식산업, 물류산업, 금융산업 등 지역산업의 진흥에 관한 사항

9. 향토문화의 보존과 문화예술의 진흥에 관한 사항
10. 관광자원(문화관광자원을 포함한다)의 이용 · 개발 및 보전에 관한 사항
11. 보건 · 의료 및 사회복지에 관한 사항
12. 외국인의 생활편의 증진에 관한 사항
13. 교육의 진흥 및 인재육성에 관한 사항
14. 도로 · 항만 · 공항 · 정보통신 등 사회간접자본시설에 관한 사항
15. 수자원 · 전력 그 밖의 에너지 개발에 관한 사항
16. 지역정보화의 기반구축 및 진흥에 관한 사항
17. 개발사업 등에 필요한 투자재원의 조달에 관한 사항
18. 그 밖에 도지사가 필요하다고 인정하는 사항

② 도지사가 종합계획을 수립할 때에는 제11조의 규정에 의한 제주국제자유도시 종합계획심의회(이하 "종합계획심의회"라 한다)의 심의를 거쳐야 한다.

③ 종합계획은 다른 법령에 의한 개발계획에 우선한다. 다만, 군사에 관한 사항은 그러하지 아니하다.

④ 종합계획의 수립절차 및 방법에 관하여 필요한 사항은 대통령령으로 정한다.

제5조 (종합계획의 결정) ① 도지사는 종합계획을 제주도의회(이하 "도의회"라 한다)의 동의를 얻고 관계행정기관의 장과 협의한 후 제10조의 규정에 의한 제주국제자유도시추진위원회(이하 "추진위원회"라 한다)의 심의를 거쳐 대통령의 승인을 얻어 이를 결정한다.

② 도지사는 종합계획을 변경하는 경우에는 도의회의 동의를 얻고 추진위원회의 심의를 거쳐 국무총리의 승인을 얻어 변경할 수 있다. 다만, 대통령령으로 정하는 경미한 사항의 변경은 종합계획심의회의 심의를 거쳐 이를 변경할 수 있다.

③ 도지사는 종합계획을 변경하거나 폐지할 경우 관련 주민의 재산상 손실을 방지하기 위하여 예방대책을 강구하여야 한다.

④ 도지사는 제1항 및 제2항의 규정에 의하여 결정 · 변경된 종합계획을 대통령령이 정하는 바에 따라 고시하고, 관계중앙행정기관의 장, 제주도교육감, 관할 시장 · 군수 및 제72조의 규정에 의한 제주국제자유도시개발센터(이하 "개발센

터"라 한다)에 통보하여야 한다.

제6조 (연도별 투자계획) ① 도지사는 종합계획에 따라 연도별 투자계획을 수립하여 추진위원회의 심의를 거쳐 국무총리의 승인을 얻어야 한다. 이를 변경하고자 할 때에도 또한 같다.

② 제1항의 연도별 투자계획의 내용, 수립절차 및 방법에 관하여 필요한 사항은 대통령령으로 정한다.

제7조 (시행계획) ① 개발센터는 종합계획에 따라 개발센터가 추진할 제주국제자유도시시행계획(이하 "시행계획"이라 한다)을 수립하여 건설교통부장관의 승인을 얻어야 한다. 이를 변경하고자 할 때에도 또한 같다.

② 건설교통부장관이 제1항의 규정에 의한 시행계획을 승인하고자 할 때에는 도지사의 의견을 듣고 관계중앙행정기관의 장과 협의를 거쳐야 한다. 다만, 대통령령으로 정하는 경미한 사항의 변경은 그러하지 아니하다.

③ 시행계획의 내용, 수립절차 및 방법에 관하여 필요한 사항은 대통령령으로 정한다.

제8조 (광역시설계획) ① 도지사는 종합계획의 원활한 추진을 위하여 동일한 생활권을 이루고 있는 지역을 광역적으로 개발할 필요가 있는 경우 관할 시장·군수의 의견을 들어 광역시설계획을 수립하여 시행할 수 있다.

② 제1항의 규정에 의한 광역시설계획의 내용에는 교통시설·용수공급시설·하수처리시설·폐기물처리시설, 에너지공급시설, 정보·통신시설 등에 관한 사업계획이 포함되어야 하며, 필요한 경우 개별시설에 한하여 계획을 수립할 수 있다.

③ 제1항의 규정에 의한 광역시설계획은 종합계획심의회의 심의를 거쳐 도의회의 동의를 얻은 후 도지사가 이를 확정하며, 제주도 조례(이하 "도조례"라 한다)가 정하는 바에 따라 이를 고시하여야 한다.

④ 제3항의 규정에 의하여 확정·고시된 광역시설계획에 의한 사업시행은 당해 사업과 관련된 법률이 정하는 절차에 의한다.

제9조 (민자유치추진계획) ① 도지사 또는 관할 시장 · 군수는 제6조의 규정에 의한 연도별 투자계획의 수립과 민자유치 촉진을 위하여 다음 각호의 사항을 내용으로 하는 민자유치추진계획을 작성하여야 한다.

1. 민자유치 대상사업의 범위
2. 민자유치의 지원에 관한 사항

② 제1항의 규정에 의한 민자유치추진계획을 작성한 도지사 또는 시장 · 군수는 도조례가 정하는 바에 의하여 이를 공고하고 개발사업에 참여하고자 하는 자에 대하여 설명회를 개최하여야 한다.

③ 제1항의 민자유치추진계획을 심의하고 민자유치 활동을 지원하기 위하여 제주도에 민자유치위원회를 두며, 도지사 소속 하에 민자유치지원본부를 설치한다.

④ 제3항의 민자유치위원회 및 민자유치지원본부의 구성과 운영에 관하여 필요한 사항은 도조례로 정한다.

제3장 제주국제자유도시추진위원회 등

제10조 (제주국제자유도시추진위원회) ① 제주국제자유도시 개발에 관한 다음 각호의 사항을 심의하기 위하여 국무총리 소속 하에 제주국제자유도시추진위원회를 둔다.

1. 종합계획의 수립 및 변경에 관한 사항
2. 연도별 투자계획의 수립 및 변경에 관한 사항
3. 개발사업 시행에 필요한 재정지원에 관한 사항
4. 제주첨단과학기술단지 및 제주투자진흥지구의 지정 · 개발에 관한 사항
5. 세계 평화의 섬 지정에 관한 사항
6. 개발센터의 사업추진에 관한 사항
7. 개발센터와 지방자치단체간의 업무조정 등에 관한 사항
8. 그 밖에 제주국제자유도시 개발에 관한 사항

② 추진위원회는 대통령령이 정하는 30인 이내의 위원으로 구성하며 위원장은 국

무총리가 된다.

③ 추진위원회에서 심의할 안건에 대한 검토 · 조정 및 추진위원회로부터 위임받은 사항을 처리하기 위하여 제주국제자유도시실무위원회(이하 "실무위원회"라 한다)를 둔다.

④ 이 법에서 규정한 사항 외에 추진위원회 및 실무위원회의 구성 및 운영에 관하여 필요한 사항은 대통령령으로 정한다.

제11조 (제주국제자유도시종합계획심의회) ① 종합계획에 관한 다음 각호의 사항을 심의하기 위하여 제주도에 제주국제자유도시종합계획심의회를 둔다.

1. 종합계획의 수립에 필요한 목표 · 지침과 그 기준에 관한 사항
2. 종합계획의 종합적 조정에 관한 사항
3. 광역시설계획의 심의에 관한 사항
4. 종합계획에 대한 주민의견 반영과 주민참여에 관한 사항
5. 개발이익의 지역환원에 관한 사항
6. 종합계획의 평가에 관한 사항
7. 그 밖에 도조례로 정하는 사항

② 종합계획심의회는 위원장 1인과 부위원장 2인을 포함한 23인 이내의 위원으로 구성한다.

③ 종합계획심의회의 위원장은 도지사로 하고, 부위원장은 행정부지사와 종합계획심의회에서 선출된 1인으로 한다.

④ 종합계획심의회의 위원은 도조례가 정하는 바에 따라 도지사가 임명 또는 위촉한 자로 한다. 다만, 제주도교육감 및 관할 시장 · 군수는 당연직 위원으로 한다.

⑤ 이 법에서 규정한 사항 외에 종합계획심의회의 조직 및 운영 등에 관하여 필요한 사항은 도조례로 정한다.

제4장 세계 평화의 섬 지정 및 해외협력

제12조 (세계 평화의 섬 지정) ① 국가는 세계 평화에 기여하고 한반도의 안정과 평화를 정착시키기 위하여 제주도를 세계 평화의 섬으로 지정할 수 있다.

② 국가 및 지방자치단체는 제1항의 규정에 의한 세계 평화의 섬의 기능과 역할을 수행하기 위하여 필요한 다음 각호의 사업을 시행할 수 있다.

1. 국제평화 및 협력관련 기구의 유치
2. 국제협력에 관한 연구소의 설립
3. 국제평화 및 협력관련 국제회의의 유치
4. 남북교류 및 협력에 관한 사업
5. 그 밖의 국제협력을 위한 사업

③ 국가는 제2항의 사업시행을 위하여 필요한 행정적 · 재정적 지원을 하여야 한다.

④ 제1항 내지 제3항의 규정에 의한 세계 평화의 섬 지정과 사업의 시행 및 행정적 · 재정적 지원 등에 관하여 필요한 사항은 대통령령으로 정한다.

제13조 (해외협력) 제주도는 외국의 지방자치단체와 경제 · 문화 · 교육 · 과학 · 기술 · 체육 · 환경 · 관광 등의 분야에서 상호협력 · 교류할 수 있다.

제5장 외국인의 자유왕래 및 의사소통의 촉진

제14조 (외국인의 입국) ① 출입국관리법 제10조의 규정에 의한 체류자격중 관광 · 통과 등의 목적으로 제주도에 체류하기 위하여 제주도의 공항 또는 항만으로 입국하는 외국인은 법무부장관이 따로 지정하는 국가의 국민을 제외하고는 출입국관리법 제7조의 규정에 불구하고 사증없이 입국할 수 있다.

② 법무부장관은 제1항의 규정에 의하여 입국하는 자의 체류기간을 출입국관리법 제10조의 규정에 불구하고 따로 정할 수 있다.

제15조 (체류지역확대허가 등) ① 법무부장관은 제14조의 규정에 의하여 입국한 자중 법무부장관이 따로 정하는 국가의 국민이 대한민국안의 다른 지역으로 이동하고자 하는 경우에는 그 외국인의 신청에 의하여 대통령령이 정하는 바에 따라 체류지역확대허가를 할 수 있다.

② 제1항의 규정에 의한 허가를 받은 자는 별도의 사증 없이 대한민국안의 다른 지역에 체류할 수 있다.

③ 법무부장관은 체류지역확대허가와 관련하여 필요하다고 인정할 때에는 초청자 그 밖의 관계인에게 그 외국인의 신원을 보증하게 할 수 있다.

④ 법무부장관은 외국인이 다음 각호의 1에 해당하는 때에는 제1항의 규정에 의한 체류지역확대허가를 취소할 수 있다.

1. 신원보증인이 보증을 철회하거나 신원보증인이 없어진 때
2. 허위 그 밖의 부정한 방법으로 허가 등을 받은 것이 밝혀진 때
3. 허가사항을 준수하지 아니한 때
4. 사정변경으로 허가상태를 더 이상 유지시킬 수 없는 중대한 사유가 발생한 때
5. 그 밖에 이 법 또는 다른 법을 위반한 정도가 중대하거나 출입국관리공무원의 정당한 직무명령을 위반한 때

⑤ 출입국관리공무원 또는 권한 있는 공무원은 그 직무를 수행함에 있어 제1항의 규정에 의하여 체류지역확대허가를 받아야 할 자가 대한민국안의 다른 지역으로 이동하는 경우 공항 또는 항만에서 그 허가 여부를 확인할 수 있다.

⑥ 제3항의 규정에 의한 신원보증절차, 제4항의 규정에 의한 허가의 취소절차, 제5항의 규정에 의한 체류지역확대허가의 확인 절차는 대통령령으로 정한다.

제16조 (선박등의 제공금지) ① 누구든지 제15조 제1항의 규정에 의한 체류지역확대허가를 받지 아니한 자를 대한민국안의 다른 지역으로 이동시키거나 이를 알선하여서는 아니된다.

② 누구든지 제15조 제1항의 규정에 의한 체류지역확대허가를 받지 아니한 자를 대한민국안의 다른 지역으로 이동시킬 목적으로 선박 · 항공기그 밖의 교통기

관(이하 "선박등"이라 한다) 등이나 여권 또는 선원수첩을 제공하여서는 아니된다.

③ 누구든지 제15조 제1항의 규정에 위반하여 대한민국안의 다른 지역으로 이동하였거나 이동하는 자를 은닉 또는 도피하게 하거나 그러한 목적으로 선박등을 제공하여서는 아니된다.

제17조 (운수업자 등의 의무) ① 제주도와 대한민국안의 다른 지역사이를 운항하는 선박등의 장 또는 운수업자는 제15조 제1항의 규정에 의하여 허가를 받은 외국인이 대한민국안의 다른 지역으로 이동하기 위하여 선박등에 탑승하려 하는 경우 그 외국인에 대한 체류지역확대허가 여부를 확인하고 그 외국인이 허가를 받지 아니한 경우에는 탑승을 방지하여야 한다.

② 선박 등의 장 또는 운수업자는 제15조 제1항의 규정에 의한 허가를 받지 아니한 자가 탑승한 사실을 알게 된 때에는 그 사실을 즉시 출입국관리사무소장(이하 "사무소장"이라 한다) 또는 출입국관리사무소출장소장(이하 "출장소장"이라 한다)에게 통보하여야 한다.

제18조 (공무원 등의 통보의무) 국가 또는 지방자치단체의 공무원이 그 직무를 수행함에 있어 제15조 제1항의 규정에 의한 체류지역확대허가를 받지 아니하고 대한민국안의 다른 지역으로 이동하였거나 이동하는 자를 발견한 때에는 이를 지체없이 사무소장 · 출장소장 또는 외국인보호소장에게 통보하여야 한다.

제19조 (출입국관리법의 적용 등) ① 출입국관리법 제81조의 규정은 이 법 제14조의 규정에 의하여 입국한 외국인의 체류실태 조사를 위하여 이를 적용한다.

② 제15조 제1항의 규정에 의한 체류지역확대허가를 받지 아니하고 대한민국안의 다른 지역으로 이동한 자에 대하여는 출입국관리법 제46조 제1호에 해당하는 자의 처리규정 및 절차를 적용한다.

③ 제16조의 규정에 위반한 자에 대하여는 출입국관리법 제12조의 2의 규정에 위반한 자에 대한 처리규정 및 절차를 준용한다.

④ 이 법의 규정에 의한 출입국심사 · 조사 · 보호 · 강제퇴거 등 업무처리절차에

관하여는 이 법에 특별한 규정이 없는 한 출입국관리법에서 정한 규정 및 절차를 준용한다.

⑤ 법무부장관은 제15조 제1항 · 제3항 및 제4항의 규정에 의한 권한을 대통령령이 정하는 바에 따라 사무소장 또는 출장소장에게 위임할 수 있다.

제20조 (외국어 서비스 제공 등) ① 국가 및 지방자치단체는 외국인투자가 등의 편의증진을 위하여 제주도안에서 외국어로 작성된 공문서를 접수 · 처리함에 있어 외국어 서비스를 제공하여야 한다.

② 제주도는 제주도민의 외국어능력을 향상시키기 위하여 필요한 시책을 수립 · 시행하여야 하며, 국가는 이에 필요한 지원을 하여야 한다.

③ 제1항의 규정에 의한 외국어 서비스의 제공범위 및 방법 등에 관하여 필요한 사항은 대통령령으로 정한다.

제6장 국제화 교육환경의 조성

제21조 (외국인학교 입학자격의 특례) 초 · 중등교육법 제60조의 2의 규정에 의한 외국인학교중 제주도에 설립하는 외국인학교의 입학자격은 동법의 규정에 불구하고 대통령령이 정하는 바에 따른다.

제22조 (외국대학 설립 · 운영의 특례) 사립학교법 제3조 및 제10조의 규정에 불구하고 제주도에 설립 · 운영되는 외국대학에 대한 특례는 법률로 정한다.

제23조 (외국인 기간제교원 임용의 특례) 제주도에 소재하는 고등학교 이하 각급학교에서 외국어교육을 위하여 필요한 경우 교원의 임용권자는 초 · 중등교육법 제21조, 교육공무원법 제32조 제1항, 사립학교법 제52조, 제54조의 4 제1항 및 제3항의 규정에 불구하고 대통령령이 정하는 바에 따라 외국인을 기간제교원으로 임용할 수 있다.

제24조 (학교 및 교육과정 운영의 특례) ① 제주도에 소재하는 초 · 중등학교에 대하여는 대통령령이 정하는 바에 따라 초 · 중등교육법 제21조 제1항, 제24조 제1항, 제26조 제1항, 제29조 제1항, 제31조, 제39조, 제42조 및 제46조의 규정을 적용하지 아니하는 학교 또는 교육과정을 운영할 수 있다.

② 제1항의 규정에 의하여 운영되는 학교 또는 교육과정에 참여하는 교원 및 학생 등은 이로 인하여 불이익을 받지 아니한다.

제25조 (교육재정지원의 특례) 국가는 국제자유도시 개발과 관련한 교육목적 달성을 위하여 필요하다고 인정하는 경우에는 제주도에 지방교육재정교부금법에 의한 지방교육재정교부금을 대통령령이 정하는 바에 따라 특별 지원할 수 있다.

제7장 자연환경의 보전 및 관리

제26조 (자연환경의 보전 · 관리의 기본방향) ① 제주도, 관할 시 · 군 및 개발센터는 개발정책 · 계획을 수립 · 시행함에 있어서 환경적으로 건전하고 지속가능한 개발이 되도록 하며, 자연환경의 혜택은 도민이 함께 공유할 수 있도록 함과 동시에 장래의 세대가 동등한 기회를 가지고 자연을 이용할 수 있도록 보전 · 관리하여야 한다.

② 제주도 및 관할 시 · 군은 자연환경을 체계적으로 보전 · 관리하고 주민이 쾌적한 자연환경에서 여유있고 건강한 생활을 할 수 있도록 하기 위하여 환경기본조례의 제정과 다음 각호의 사항이 포함된 환경보전기본계획의 수립 · 시행에 노력하여야 한다.

1. 환경보전 목표와 방향제시
2. 지역환경 특성 분석 및 미래전망
3. 자연환경 및 생태계 보전 · 복원계획 등

③ 도지사 또는 관할 시장 · 군수는 환경적으로 지속가능한 개발을 계속하기 위하여 지역사회 전체가 공유하여야 할 기본적 가치관과 이념을 담은 실천과제 등

을 수립 · 시행하는데 노력하여야 한다.

제27조 (절대보전지역) ① 도지사는 당해 시장 · 군수의 의견을 듣고 도의회의 동의를 얻어 다음 각호의 1에 해당하는 지역을 자연환경의 고유한 특성을 보호하기 위한 지역(이하 "절대보전지역"이라 한다)으로 지정할 수 있다. 이를 변경할 때에도 또한 같다.

1. 한라산 · 기생화산 · 계곡 · 하천 · 호소 · 폭포 · 도서 · 해안 · 연안 · 용암동굴 등으로서 자연경관이 뛰어난 지역
2. 수자원 및 문화재의 보존을 위하여 필요한 지역
3. 야생동물의 서식지 또는 도래지
4. 자연림지역으로서 생태학적으로 중요한 지역
5. 그 밖에 자연환경의 보전을 위하여 도지사가 필요하다고 인정하는 지역

② 도지사가 제1항의 규정에 의하여 절대보전지역을 지정하거나 변경한 경우에는 도조례가 정하는 바에 따라 지체없이 이를 고시하여야 한다.

③ 제1항의 규정에 의한 절대보전지역안에서는 그 지역 지정의 목적에 위배되는 건축물의 건축, 공작물 그 밖의 시설의 설치, 토지의 형질변경, 토지의 분할, 공유수면의 매립, 수목의 벌채, 토석의 채취, 도로의 신설 등 이와 유사한 행위를 할 수 없다. 다만, 다음 각호의 1에 해당하는 행위로서 도지사의 허가를 받은 경우에는 그러하지 아니하다.

1. 국가 또는 지방자치단체가 시행하는 등산로, 산책로, 임도, 도로, 공중화장실, 정자, 기상관측시설과 자연공원법에 의한 공원시설
2. 산림법에 의한 영림계획으로 시행하는 사업으로서 개벌(開伐)이나 토지의 형질변경을 수반하지 아니하는 산림사업
3. 학술적 조사 · 연구를 목적으로 하는 행위
4. 절대보전지역 지정전에 건축된 기존 종교시설의 경내에서의 건축물의 증 · 개축행위
5. 그 밖에 자연자원의 원형을 훼손하거나 변형시키지 아니하는 범위안에서의 도조례로 정하는 행위

④ 제1항의 규정에 의한 절대보전지역 지정 당시에 이미 관계법령의 규정에 의하

여 건축물의 건축, 공작물 그 밖의 시설의 설치 또는 토지의 형질변경 등에 관하여 인가 · 허가 · 승인 등을 얻어(관계법령에 의하여 인가 등을 받을 필요가 없는 경우를 포함한다) 공사 또는 사업에 착수한 자는 제3항의 규정에 불구하고 도지사의 허가를 받지 아니하고 계속 시행할 수 있다.

제28조 (상대보전지역) ① 도지사는 당해 시장 · 군수의 의견을 듣고 도의회의 동의를 얻어 다음 각호의 1에 해당하는 지역을 자연환경의 보전과 적정한 개발을 유도하기 위한 지역(이하 "상대보전지역"이라 한다) 으로 지정할 수 있다. 이를 변경할 때에도 또한 같다.

1. 기생화산 · 하천 · 계곡 · 주요도로변 · 해안 등 생태계 또는 경관보전이 필요한 지역
2. 절대보전지역을 제외한 지역 중 보전의 필요가 있는 지역

② 제1항의 규정에 의한 상대보전지역안에서는 그 지역 지정목적에 위배되는 건축물의 건축, 공작물 그 밖의 시설의 설치 및 토지의 형질변경 등 이와 유사한 행위를 할 수 없다. 다만, 다음 각호의 1에 해당하는 행위로서 도지사의 허가를 받은 경우에는 그러하지 아니하다.

1. 제27조 제3항 각호의 1에 해당하는 행위
2. 박물관및미술관진흥법 제2조의 규정에 의한 박물관과 미술관의 건축
3. 농업 · 임업 · 축산업 · 수산업을 영위하거나 숙박, 판매 등 소득에 연관되는 2층 이하의 건축물(부대건축물 및 부설 주차장시설을 포함한다) 의 건축
4. 국토이용관리법 제6조의 규정에 의한 준도시지역 또는 지적법 제5조의 규정에 의한 지목이 대지인 토지에서의 2층 이하의 건축물의 건축
5. 도로, 하천유량 및 지하수 관측시설, 배수로의 설치 또는 이와 유사한 농업 · 임업 · 축산업 · 수산업에 부수되는 공작물 또는 시설의 설치
6. 수목의 벌채 또는 토석의 채취
7. 이동이 용이하지 아니한 물건의 설치 또는 퇴적
8. 그 밖에 도조례로 정하는 종류와 규모의 건축물의 건축, 공작물 · 시설물의 설치 또는 토지의 형질변경

③ 제27조 제2항 및 제4항의 규정은 상대보전지역에 관하여 이를 준용한다.

제29조 (중산간보전지역의 지정) ① 도지사는 중산간지역(표고 200미터 등고선에서 표고 600미터 등고선 사이의 지역을 말한다. 이하 같다)의 지하수자원 · 생태계 및 경관을 보전하기 위하여 중산간보전지역을 당해 시장 · 군수의 의견을 듣고 도의회의 동의를 얻어 지정할 수 있다. 이를 변경하는 경우에도 또한 같다.

② 제1항의 규정에 의한 중산간보전지역은 그 환경특성에 따라 지하수자원보전지구 · 생태계보전지구 및 경관보전지구로 세분하여 지정 · 관리한다.

③ 중산간지역은 다음 각호의 사항을 조사하여 지정하며, 보전지구별 · 등급별 지정기준은 도조례로 정한다.

1. 지하수자원 보전지구
   가. 숨골 · 용암동굴 · 함몰지 등 투수성 지질구조요소
   나. 토양의 오염지수 등 토양요소
2. 생태계보전지구
   가. 희귀 · 멸종위기 · 특산 · 자생식물군락지, 자연림 등의 식물상 요소
   나. 희귀 · 멸종위기 · 천연기념동물 서식지, 수림지역 등 서식환경 지역의 동물상 요소
3. 경관보전지구 : 기생화산 · 하천 · 구릉 · 주요도로변 등 경관미 요소

④ 제27조제2항의 규정은 중산간보전지역에 관하여 이를 준용한다.

제30조 (중산간보전지역안에서의 행위제한) ① 중산간보전지역안에서는 다음 각호에 해당하는 지하수오염, 생태계 및 경관을 훼손하는 행위를 하여서는 아니된다. 보전지구별, 등급별 행위제한의 범위는 도조례로 정한다.

1. 지하수자원보전지구
   가. 특정수질유해물질 발생시설의 설치행위
   나. 폐기물 관련시설의 설치행위
   다. 생활하수 발생시설의 설치행위
   라. 축산폐수 발생시설의 설치행위
   마. 토지의 형질변경행위
2. 생태계보전지구 : 산림훼손 및 토지의 형질변경행위

3. 경관보전지구 : 건축물의 건축, 공작물 그 밖의 시설의 설치 및 토지의 형질 변경행위

② 다음 각호의 1에 해당하는 행위는 제1항의 규정을 적용하지 아니한다. 다만, 오수 또는 폐수를 발생하는 시설인 경우에는 도조례로 정하는 방류수 수질기준 이하로 그 처리시설을 갖추어야 한다.

1. 중산간보전지역 지정 당시의 기존 건축물 · 시설물의 개축 및 동일 용도의 증축(기존건축물 연면적의 2배 이하 증축하는 경우에 한한다)
2. 중산간보전지역 지정 당시에 이미 관계법령에 의하여 인가 · 허가 등을 받아 시행중인 사업(인가 · 허가 등이 신청된 사업을 포함한다)
3. 제27조 제3항 각호의 1에 해당하는 행위
4. 도시계획법에 의한 도시계획구역안에서의 행위
5. 산림법에 의한 영림계획 및 육림사업의 시행
6. 국토이용관리법에 의한 취락지구안에서의 단독주택 · 창고 · 축사 · 선과장 그 밖에 이와 유사한 시설의 설치행위
7. 그 밖에 도조례로 정하는 시설로서 중산간지역에 입지가 부득이한 공공시설

제31조 (중산간지역외 지역의 보전지구 지정 및 행위제한) ① 도지사는 중산간지역외 지역으로서 지하수자원 · 생태계 및 경관을 보전할 필요가 있다고 인정되는 지역에 대하여는 보전지구 지정 및 행위제한을 할 수 있다.

② 제29조 및 제30조의 규정은 제1항의 규정에 의한 보전지구 지정 및 행위제한에 관하여 이를 적용한다.

③ 제27조 제2항의 규정은 중산간지역외 지역의 보전지구에 관하여 이를 준용한다.

제32조 (보존자원의 지정 등) ① 도지사는 제주도의 자원보호를 위하여 필요하다고 인정하는 경우에는 제주도에서 서식하는 희귀 동 · 식물과 부존하는 광물 등 중에서 도조례가 정하는 자원을 보존하여야 할 자원(이하 "보존자원"이라 한다)으로 지정할 수 있다.

② 도지사는 제1항의 규정에 의하여 보존자원을 지정한 경우에는 이를 지체없이

고시하여야 한다.

③ 도지사는 보존자원의 보호를 위하여 필요하다고 인정하는 경우에는 도조례가 정하는 바에 따라 이를 포획하는 행위나 벌채 · 채취 · 훼손행위를 금지할 수 있으며, 이를 신고하게 하거나 공개금지 · 이동금지 · 장애물의 제거 등을 명하거나 그 밖에 필요한 조치를 할 수 있다.

④ 도지사는 보존자원을 보호하기 위하여 필요하다고 인정하는 경우에는 그 관리 또는 보호 등에 필요한 경비를 부담하거나 보조할 수 있다.

⑤ 보존자원을 제주도안에서 매매하거나 제주도밖으로(산호사인 경우 부존지역 외를 말한다) 반출하고자 하는 자는 도조례가 정하는 바에 의하여 도지사의 허가를 받아야 한다.

⑥ 도지사는 제3항의 규정에 의한 처분으로 인하여 손실을 입은 자에 대하여는 그 손실을 보상하여야 한다.

제33조 (지하수개발 · 이용허가 등에 관한 특례) ① 제주도에서 지하수를 개발 · 이용하고자 하는 자는 지하수법 제7조, 제7조의 2, 제7조의 3 및제8조의 규정에 불구하고 이 법에 의하여 도지사의 허가를 받아야 한다. 다만, 동법 제8조 제1항 제3호의 경우에는 그러하지 아니하다.

② 제1항의 규정에 의하여 허가를 받은 자 중 지하수개발 · 이용기간을 연장하거나 허가받은 사항을 변경하고자 하는 경우에는 도조례가 정하는 바에 따라 도지사의 허가를 받아야 한다.

③ 도지사는 지하수의 적정한 보전관리를 위하여 다음 각호의 1에 해당하는 때에는 제1항 및 제2항의 규정에 의한 허가를 하지 아니한다. 다만, 제주도가 지방공기업법에 의하여 설립한 지방공기업이 지하수의 보전과 관리에 지장이 없는 범위안에서 제1호의 제품을 제조 · 판매하고자 하는 경우에는 그러하지 아니하다.

1. 먹는물관리법 제3조 제3호의 규정에 의한 먹는샘물을 제조 · 판매하고자 하는 경우
2. 지하수를 100분의 98 이상 이용하여 청량음료 또는 주류 등을 제조 · 판매하고자 하는 경우

3. 그 밖에 지하수의 오염방지 등을 위하여 도조례로 정하는 경우

④ 제1항 및 제2항의 규정에 의하여 지하수개발 · 이용허가(허가기간 연장 및 변경허가를 포함한다)를 받고자 하는 자는 도조례가 정하는 바에 따라 지하수영향조사서를 작성 · 제출하여 심사를 받아야 한다.

⑤ 도지사는 제1항 및 제2항의 규정에 의한 허가를 함에 있어 지하수의 적정한 관리를 위하여 필요하다고 인정하는 때에는 지하수개발 · 이용시설의 설치자에게 주변토지 또는 시설물의 이용자와 지하수를 공동이용하도록 하는 조치를 명할 수 있다. 이 경우 정당한 사유없이 공동이용 조치를 거부하거나 이행하지 아니하는 경우에는 취수량의 제한 또는 허가를 취소할 수 있다.

⑥ 도지사는 다음 각호의 1에 해당하는 지역을 도조례가 정하는 바에 따라 지하수자원특별관리구역으로 지정 · 고시하여 지하수개발 · 이용허가 및 기간의 제한, 취수량의 제한 등을 할 수 있다.

1. 지하수개발량(양수능력 기준)이 적정개발량의 100분의 80을 초과한 지역
2. 지하수위 저하가 현저하게 발생하고 있거나 발생할 우려가 높은 지역
3. 해수(염수) 침입의 우려가 높거나 지하수중의 염소이온 농도가 먹는물 수질기준을 초과하고 있는 지역
4. 장래 용수수요를 위하여 지하수의 개발 · 이용을 제한할 필요가 있는 지역
5. 그 밖에 지하수의 수량과 수질보전을 위하여 도조례로 정하는 지역

⑦ 도지사는 제6항의 규정에 의하여 지하수자원특별관리구역을 지정한 때에는 도조례가 정하는 바에 따라 당해 구역안의 지하수관리계획을 수립 · 시행하여야 한다.

제34조 (지하수 오염방지명령 등에 관한 특례) ① 누구든지 오 · 폐수 등 지하수를 현저하게 오염시킬 수 있는 물질을 동굴 · 함몰지 등 지질구조상 투수성이 양호한 지역으로 방류시키거나 지하로 주입 · 배수 · 처리하여서는 아니된다. 다만, 지하수 함양량을 증대시키기 위한 인공함양정의 설치 등 도조례로 정하는 사항에 대하여는 그러하지 아니하다.

② 도지사는 지하수 오염방지를 위하여 필요하다고 인정하는 경우에는 다음 각호의 1에 해당하는 사항 등을 도조례로 정하여 시행할 수 있다.

1. 지하수개발 · 이용시설의 설치기준 및 지하수개발 · 이용시설공사의 감리 등에 관한 사항
2. 오수 · 분뇨및축산폐수처리에관한법률, 토양환경보전법, 수질환경보전법 등에서 정하는 허가 또는 신고대상 외의 시설에 대한 시설기준 등
3. 지하수의 수질기준 및 수질검사 등에 관한 사항

③ 지하수에 관한 사항중 이 법에서 규정하는 사항 외에는 지하수법을 적용한다.

제35조 (지하수원수대금 등의 부과 · 징수) ① 도지사는 지하수의 적정한 보전 · 관리 및 개발사업에 필요한 기금의 조성을 위하여 제33조의 규정에 의하여 지하수개발 · 이용허가를 받아 지하수를 이용하는 자에게 지하수원수대금을 부과 · 징수할 수 있다.

② 도지사는 제33조의 규정에 의한 허가를 받지 아니하고 지하수를 사용한 자에게 당해 원수대금의 5배 이내의 부당이득금을 징수할 수 있다.

③ 제1항 및 제2항의 규정에 의한 지하수원수대금 및 부당이득금의 산정방법 · 징수절차 · 감면 등은 도조례로 정한다.

제36조 (환경성 검토 등의 특례) ① 환경정책기본법 제11조 제1항의 규정에 의한 환경기준의 적정성 유지 및 자연환경보전을 위하여 실시하는 환경성 검토협의에 있어서 그 사업내용이 종합계획에 포함된 경우에는 동법 제11조 제2항의 규정에 불구하고 도지사와 협의하여야 한다. 다만, 도지사는 환경성 검토를 함에 있어 환경부장관의 의견을 들어야 한다.

② 먹는물관리법 제10조 및 제15조의 규정에 의한 환경영향조사서는 관계법령의 규정에 불구하고 도지사에게 제출하여 심사를 받아야 한다.

제37조 (환경 · 교통 · 재해 등에 관한 영향평가서의 특례) ① 제주도 안에서 환경 · 교통 · 재해등에관한영향평가법 제4조의 규정에 의하여 영향평가를 실시하여야 하는 사업의 승인기관의 장 및 승인을 얻지 아니하여도 되는 사업자는 동법 제17조 제2항 및 제3항의 규정에 불구하고 동법 제5조의 규정에 의하여 작성된 평가서에 대하여 도지사에게 협의를 요청하여야 한다. 다만, 도지사는 환경영향평가서

에 대한 협의를 함에 있어 환경부장관의 의견을 듣고 이를 최대한 반영하여야 하며, 환경 · 교통 · 재해 등에관한영향평가법 제26조의 규정에 의하여 협의 내용의 이행여부 확인 및 이행관리에 필요한 조치를 환경부장관과 공동으로 하여야 한다.

② 도지사는 제1항의 규정에 의한 협의를 위하여 제출한 평가서를 검토함에 있어서 그 심의를 위하여 제주도통합영향평가심의위원회(이하 "통합평가심의위원회"라 한다)를 두며, 통합평가심의위원회의 구성과 운영에 관하여 필요한 사항은 도조례로 정한다.

제38조 (건축계획심의에 관한 특례) ① 자연경관이나 도시경관 유지가 필요하다고 인정하여 도지사가 지정 · 공고하는 구역안에 건축물을 건축하고자 할 때에는 건축계획에 대한 형태 · 색채 및 도로 등에 대하여 건축법 제4조의 규정에 의한 시 · 군건축위원회의 심의를 받은 후 기본설계를 하여야 한다.

② 제1항의 규정에 의하여 지정 · 공고한 구역안에서는 시 · 군건축위원회의 심의를 거치지 아니하고 건축 인 · 허가 또는 승인신청이나 협의를 할 수 없다.

③ 제1항의 규정에 의한 대상구역 지정 · 공고 및 심의범위, 절차 및 기준 등은 도조례로 정한다.

제39조 (체육시설의설치 · 이용에관한법률 적용의 특례) 도지사는 체육시설의설치 · 이용에관한법률 제11조 제2항 및 관광진흥법 제4조 제4항의 규정에 불구하고 환경친화적 골프장 개발이 될 수 있도록 시설물의 설치에 관하여 도조례로 따로 정할 수 있다.

제40조 (청정지역 유지를 위한 가축 · 수산물 및 식물의 도외 반출입 방역) ① 도지사는 청정환경 유지를 위하여 유해 동 · 식물 또는 병해충의 예찰과 방제, 발생실태조사 등 필요한 시책을 강구하여야 한다.

② 도지사는 제주도의 청정지역 유지를 위하여 필요하다고 인정하는 경우에는 제주도 내외로 반출 또는 반입되는 가축 · 수산물 및 식물에 대하여 검사, 주사, 격리, 억류, 반출 · 반입 금지 등 필요한 조치를 할 수 있다.

③ 제2항의 규정에 의한 반출 · 반입 금지대상, 방역을 받아야 할 대상 · 방법 · 절

차 · 필요한 조치 등에 관하여 필요한 사항은 농림부장관 또는 해양수산부장관의 승인을 거쳐 도조례로 정한다.

제8장 산업발전을 위한 특례

제41조 (제주첨단과학기술단지의 조성 및 관리) ① 건설교통부장관은 제주도에 생물산업 · 정보통신산업 등 첨단지식산업의 육성과 관련기술의 연구촉진 및 전문인력 양성 등을 위하여 산업입지및개발에관한법률 제6조의 규정에 의한 국가산업단지로 제주첨단과학기술단지(이하 "과학기술단지"라 한다)를 조성할 수 있다.

② 제1항의 규정에 의한 과학기술단지의 조성은 산업입지및개발에관한법률에 의한 국가산업단지의 지정 · 개발절차에 의한다. 다만, 동법 제11조 제1항의 규정에 불구하고 개발센터는 건설교통부장관에게 과학기술단지의 지정을 요청할 수 있으며, 건설교통부장관은 동법 제16조 제1항의 규정에 불구하고 개발센터를 사업시행자로 지정할 수 있다.

③ 건설교통부장관이 과학기술단지를 지정하고자 할 때에는 추진위원회의 심의를 거쳐야 한다. 이 경우 추진위원회의 심의는 산업입지및개발에관한법률 제6조의 규정에 의한 산업입지정책심의회의 심의로 본다.

④ 과학기술단지의 관리는 공업배치및공장설립에관한법률에 의한 산업단지의 관리절차에 의한다. 다만, 산업자원부장관은 동법 제30조 제2항의 규정에 불구하고 개발센터에 과학기술단지 관리업무의 전부 또는 일부를 위탁할 수 있다.

제42조 (제주투자진흥지구의 지정) ① 도지사는 제주도에 대통령령이 정하는 기준에 해당하는 투자를 유치하기 위하여 필요한 경우에는 투자가가 희망하는 지역을 추진위원회의 심의를 거쳐 제주투자진흥지구(이하 "투자진흥지구"라 한다)로 지정할 수 있다.

② 도지사가 제1항의 규정에 의하여 투자진흥지구를 지정하는 때에는 다음 각호의 사항을 고시하여야 한다.

1. 투자진흥지구의 명칭 · 위치 및 면적

2. 개발 또는 관리방법
3. 그 밖에 대통령령이 정하는 사항

③ 투자진흥지구는 개발센터가 이를 관리한다.

④ 투자진흥지구의 지정 절차와 방법 및 관리에 관하여 필요한 사항은 대통령령으로 정한다.

제43조 (투자진흥지구의 지정 해제) ① 도지사는 제42조의 규정에 의한 투자가 대통령령이 정하는 기준에 적합하지 아니하게 된 경우에는 추진위원회의 심의를 거쳐 투자진흥지구의 지정을 해제하여야 한다.

② 제1항의 규정에 의한 투자진흥지구의 지정 해제에 관한 절차 등에 관하여 필요한 사항은 대통령령으로 정한다.

제44조 (자유무역지역의 입주자격 등에 관한 특례) ① 산업자원부장관은 무역의 촉진, 물류의 처리, 입주기업체의 사업지원 등을 위하여 필요하다고 인정하는 경우에는 자유무역지역의지정등에관한법률에 의하여 제주도에 지정되는 자유무역지역안에 동법 제10조 제1항 제2호의 규정에 불구하고 외국인투자기업이 아닌 기업체를 입주하게 할 수 있다.

② 제주도에 지정되는 자유무역지역에 대하여는 산업자원부장관이 정하는 바에 따라 환경오염 유발업체의 입주를 제한할 수 있다.

제45조 (국 · 공유재산의 임대 및 매각) ① 재정경제부장관, 국유재산의 관리청 또는 지방자치단체의 장은 국가 또는 지방자치단체가 소유하는 토지 · 공장 그 밖의 국 · 공유재산(이하 "토지등"이라 한다)을 국유재산법 및 지방재정법의 관계 규정에 불구하고 수의계약에 의하여 과학기술단지 또는 투자진흥지구에 입주하는 기업(이하 이 조에서 "입주기업"이라 한다)에게 사용 · 수익 또는 대부(이하 "임대"라 한다)하거나 매각할 수 있다.

② 제1항의 규정에 의하여 국가 또는 지방자치단체가 소유하는 토지등을 임대하는 경우의 임대기간은 국유재산법 제27조 제1항 · 동법 제36조 제1항 및 지방재정법 제82조 제2항 · 동법 제83조 제2항의 규정에 불구하고 50년의 범위 이

내로 할 수 있다. 이 경우 임대기간은 이를 갱신할 수 있으며 갱신기간은 갱신할 때마다 50년을 초과할 수 없다.

③ 제1항의 규정에 의하여 국가 또는 지방자치단체가 소유하는 토지를 임대하는 경우에는 국유재산법 제24조 제3항 및 지방재정법 제82조 제2항 · 동법 제83조 제2항의 규정에 불구하고 그 토지위에 공장 그 밖의 영구시설물을 축조하게 할 수 있다. 이 경우 당해 시설물의 종류 등을 고려하여 임대기간이 종료되는 때에 이를 국가 또는 지방자치단체에 기부하거나 원상으로 회복하여 반환하는 조건으로 토지를 임대할 수 있다.

④ 제1항의 규정에 의하여 임대하는 토지등의 임대료는 국유재산법 제25조 제1항 · 동법 제38조 및 지방재정법 제82조 제2항 · 동법 제83조 제2항의 규정에 불구하고 대통령령이 정하는 바에 의하되, 필요한 때에는 이를 외화로 표시할 수 있다.

⑤ 제1항의 규정에 의한 토지등을 입주기업에게 매각함에 있어서 매입하는 자가 매입대금을 일시불로 납부하기 곤란하다고 인정되는 경우에는 국유재산법 제40조 제1항 및 지방재정법 제83조제2항의 규정에 불구하고 대통령령이 정하는 바에 따라 납부기일을 연기하거나 분할납부하게 할 수 있다.

⑥ 재정경제부장관 또는 국유재산의 관리청은 제41조의 규정에 의한 과학기술단지 안에 있는 국가소유 토지등을 대통령령이 정하는 사업을 영위하는 입주기업에 임대하는 경우에는 공업배치및공장설립에관한법률 제34조와 산업입지및개발에관한법률 제38조의 규정에 불구하고 대통령령이 정하는 바에 따라 당해 토지등의 임대료를 감면할 수 있다.

⑦ 지방자치단체의 장은 그 지방자치단체가 소유하고 있는 토지등을 입주기업에게 임대하는 경우에는 지방재정법 제82조 제2항 및 동법 제83조 제2항의 규정에 불구하고 대통령령이 정하는 바에 따라 당해 토지등의 임대료를 감면할 수 있다.

제46조 (자금지원) ① 국가 또는 지방자치단체는 개발센터가 과학기술단지의 조성, 투자진흥지구의 입주기업에 임대할 용지매입비의 융자, 토지등의 임대료 감면, 그 밖의 개발사업에 소요되는 자금의 지원을 요청하는 경우에는 이를 최대한

지원하여야 한다.

② 제1항의 규정에 의하여 국가가 개발센터에 대하여 지원하는 자금지원의 기준 및 절차는 대통령령이 정하는 바에 따라 추진위원회가 정한다.

제47조 (선박등록특구의 지정 등) ① 선박등록을 활성화하기 위하여 개항질서법 제3조의 규정에 의한 제주도내 개항을 선박등록특구로 지정한다.

② 국제선박등록법 제4조의 규정에 의하여 해양수산부장관에게 등록한 선박으로서 제1항의 규정에 의한 개항을 선적항으로 하는 선박과 대통령령으로 정하는 외국선박에 대해서는 지방세법 및 농어촌특별세법이 정하는 바에 따라 취득세, 재산세, 공동시설세, 지방교육세 및 농어촌특별세를 면제할 수 있다.

③ 선박등록특구의 지정 및 운영 등에 관하여 필요한 사항은 대통령령으로 정한다.

제48조 (정보통신산업의 기반조성) ① 도지사는 공공 · 산업부문과 개인생활의 정보화를 촉진하고, 각급 기관과 기업 · 가정을 정보통신망으로 상호 연결하여 이를 전세계로 연결하는 세계정보통신의 거점지역으로 발전시키기 위하여 필요한 시책을 강구하여야 한다.

② 도지사는 제1항의 시책추진과 정보통신산업육성을 위하여 다음 각호의 사항을 포함하는 제주도정보화촉진기본계획을 수립 · 시행하여야 한다.

1. 지역정보화 촉진에 관한 사항
2. 첨단정보통신 관련시설 유치 및 지원에 관한 사항
3. 정보교류 선도지역화 추진에 관한 사항
4. 정보통신기술인력의 양성에 관한 사항
5. 공항 · 항만을 통하여 제주도를 방문하는 여행자의 성향별 과학적 통계자료 확보를 위한 관광안내 조정실 설치에 관한 사항
6. 그 밖에 정보통신산업의 육성을 위하여 필요한 사항

③ 국가는 제1항의 규정에 의한 시책추진과 제2항의 규정에 의한 제주도정보화촉진기본계획의 효율적인 추진을 위하여 필요한 경우에는 기술지원 등 행정적 · 재정적 지원을 하여야 한다.

제49조 (농 · 임 · 축 · 수산업의 진흥) ① 도지사는 농 · 임 · 축 · 수산업의 경쟁력 강화와 농어업인의 안정적 소득보장 및 다른 산업과의 균형적 발전을 도모하기 위하여 농 · 임 · 축 · 수산업 발전계획(이하 "발전계획"이라 한다)을 수립 · 추진하여야 한다.

② 발전계획에는 다음 각호의 사항이 포함되어야 한다.

1. 종자 · 종묘 · 종축 · 종패 등 육종산업의 육성에 관한 사항
2. 지역특성에 맞는 농 · 임 · 축 · 수산물의 환경친화적 생산체계 구축에 관한 사항
3. 농 · 임 · 축 · 수산업의 경쟁력 강화를 위한 기술의 개발 · 보급에 관한 사항
4. 농 · 임 · 축 · 수산업의 생산 및 유통구조 개선에 관한 사항
5. 농 · 임 · 축 · 수산물 가공산업의 육성에 관한 사항
6. 농 · 임 · 축 · 수산물의 수출진흥에 관한 사항
7. 감귤산업 진흥 및 구조 개선을 위하여 필요한 사항
8. 농산물의 생산자를 위한 소득보조 등 각종 지원 및 복지증진에 관한 사항
9. 농 · 임 · 축 · 수산업의 생명공학산업 · 치유과학기술산업 등 다른 산업과의 연계를 통한 농외소득 향상에 관한 사항
10. 농 · 임 · 축 · 수산업의 인력육성에 관한 사항
11. 그 밖에 농 · 임 · 축 · 수산업의 발전을 위하여 필요한 사항

③ 발전계획의 시행에 필요한 재원을 조달 · 공급하기 위하여 도조례가 정하는 바에 의하여 지역농어촌진흥기금을 설치한다.

④ 개발센터는 개발사업 수익금의 일부를 지역농어촌진흥기금에 지원할 수 있다.

⑤ 지역농어촌진흥기금은 도지사가 관리 · 운용한다.

⑥ 국가는 세계무역기구협정의이행에관한특별법 제11조제2항의 규정에 의하여 농산물의 생산자를 위한 소득보조를 할 수 있다.

제50조 (농 · 임 · 축 · 수산물의 수급안정) ① 도지사는 제주도안에서 생산되는 농 · 임 · 축 · 수산물의 수급안정, 상품성 제고, 유통능률의 향상을 위하여 농 · 임 · 축 · 수산물의 생산조정 · 출하조정 · 품질검사 등에 관하여 필요한 조치를 할 수

있다.

② 제1항의 규정에 의한 생산조정 · 출하조정 · 품질검사 등에 관한 대상품목 · 방법 · 절차 · 필요한 조치 등에 관하여 필요한 사항은 도조례로 정한다.

제9장 관광 및 향토문화의 진흥

제51조 (제주도 여행객에 대한 관세 등의 면제 또는 환급) 제주도 여행객이 대통령령이 정하는 면세품판매장(이하 "지정면세점"이라 한다)에서 물품을 구입하여 대한민국안의 다른 지역으로 반출하는 경우에는 조세특례제한법 · 지방세법 등이 정하는 바에 따라 관세 · 부가가치세 · 특별소비세 · 주세 · 교육세 · 농어촌특별세 · 담배소비세 및 지방교육세를 면제 또는 환급할 수 있다.

제52조 (골프장 입장행위 등에 대한 조세 및 부가금의 면제) ① 제주도안에 소재하는 골프장 입장행위에 대하여 조세특례제한법이 정하는 바에 따라 특별소비세, 농어촌특별세 및 교육세를 면제할 수 있다.

② 제주도안에 소재하는 골프장에 대하여는 국민체육진흥법 제19조 및 제22조의 규정에 의하여 골프장의 입장료에 부과되는 부가금을 면제한다.

제53조 (휴양펜션업의 등록 등) ① 관광객의 숙박 · 취사와 자연체험관광에 적합한 시설을 갖추어 이를 당해 시설의 회원, 공유자, 그 밖에 관광객에게 제공하거나 숙박 등에 이용하게 하는 업(이하 "휴양펜션업"이라 한다)을 하고자 하는 자는 도지사에게 등록하여야 한다. 등록사항중 도조례로 정하는 중요한 사항을 변경하고자 하는 경우에도 또한 같다.

② 휴양펜션업을 하고자 하는 자는 제1항의 규정에 의한 등록을 하기 전에 당해 사업에 대한 사업계획을 작성하여 도지사의 승인을 얻어야 한다. 승인을 얻은 사업계획을 변경하고자 하는 경우에도 또한 같다.

③ 제1항 및 제2항의 규정에 의하여 휴양펜션업을 등록한 자 또는 그 사업계획의 승인을 얻은 자는 관광진흥법 제19조 제1항의 규정에 불구하고 휴양펜션업의

시설에 대하여 분양 또는 회원모집을 할 수 있다.

④ 제1항의 등록 및 변경등록의 기준 · 절차 등, 제2항의 사업계획의 승인 또는 변경승인의 기준 · 절차 등, 제3항의 분양 및 회원 모집기준, 피분양 및 회원권의 발급 등에 관하여는 대통령령으로 정한다.

⑤ 휴양펜션업을 양수한 자 또는 경매 등으로 휴양펜션업을 인수한 자는 등록 · 사업계획승인 또는 신고에 따른 권리와 의무(제3항의 규정에 의하여 분양 또는 회원모집을 한 경우에는 그 휴양펜션업자와 공유자 또는 회원간에 약정한 사항을 포함한다)를 승계한다. 이 경우 휴양펜션업을 양수 또는 인수한 자는 양수 또는 인수한 날부터 1월 이내에 도조례가 정하는 바에 따라 도지사에게 신고하여야 한다.

⑥ 휴양펜션업을 등록하지 아니한 자는 휴양펜션업 또는 이와 유사한 명칭을 상호로 사용하지 못한다.

⑦ 제2항의 규정에 의하여 휴양펜션업 사업계획의 승인 또는 변경승인을 얻은 경우 그 사업계획에 의한 숙박시설 및 그 시설안의 이용시설로서 도시계획법에 의하여 지정된 녹지지역중 대통령령이 정하는 지역안의 시설에 대하여는 도시계획법 제53조 제1항을 적용하지 아니한다.

⑧ 도지사는 휴양펜션업을 등록한 자 또는 사업계획의 승인을 얻은 자가 다음 각호의 1에 해당하는 때에는 등록 또는 승인을 취소하거나 6월 이내의 기간을 정하여 사업의 정지 또는 시설 · 운영의 개선을 명할 수 있다.

1. 휴양펜션업의 시설을 타인으로 하여금 경영하게 한 때
2. 제2항의 규정에 의하여 사업계획의 승인을 얻은 자가 정당한 사유없이 도조례로 정하는 기간 이내에 휴양펜션업의 시설을 착공 또는 준공을 하지 아니한 때
3. 휴양펜션업의 경영 또는 사업계획을 추진함에 있어서 사위 그밖의 부정한 방법을 사용하거나 부당한 금품을 수수한 때
4. 이 법 또는 이 법에 의한 명령이나 처분에 위반한 때

⑨ 제8항의 규정에 의한 취소 · 정지처분의 세부적인 기준은 그 사유와 위반정도를 감안하여 도조례로 정한다.

⑩ 도지사는 휴양펜션업을 등록한 자가 제8항의 규정에 의하여 등록 · 승인의 취

소 또는 사업의 정지명령을 받고 계속하여 영업을 하는 때에는 당해 영업소를 폐쇄하기 위한 조치를 할 수 있다. 이 경우 영업소의 폐쇄에 관한 방법 · 절차 등에 대하여는 관광진흥법 제34조의 규정을 준용한다.

⑪ 도지사는 제1항 내지 제4항에 의한 등록, 사업계획 승인, 분양 및 회원 모집현황을 문화관광부장관에게 보고하여야 한다.

제54조 (유어장의 지정 등) ① 도지사는 해양 레저활동의 활성화를 위하여 수산업법 제9조의 규정에 의하여 마을어업 및 협동양식어업의 면허를 받은 자가 그 면허를 받은 어업에 지장이 없는 범위안에서 그 어장의 일부에 대하여 유어장(遊漁場)으로 지정 받고자 신청할 경우에는 이를 지정할 수 있다. 이 경우 유어장에서의 수산동식물의 포획 · 채취방법에 대하여는 수산업법의 규정을 적용하지 아니한다.

② 제1항의 규정에 의한 유어장의 지정, 수심의 한계, 수산자원의 조성, 유어행위, 수산동식물의 포획 · 채취방법 및 수량, 관리 및 운영 등에 관하여 필요한 사항은 도지사가 해양수산부장관과 협의를 거쳐 도조례로 정한다.

③ 도지사는 유어장을 지정받은 자가 그 유어장을 제2항의 규정에서 정하는 바에 의하여 운영하지 아니한 때에는 그 지정을 취소할 수 있다.

제55조 (관광복권의 발행) ① 제주도는 관광진흥 및 개발사업에 필요한 자금의 조성을 위하여 관광복권을 발행할 수 있다. 다만, 제주도밖의 다른 지역에서 판매하기 위하여 관광복권을 발행하는 경우에는 행정자치부장관의 승인을 얻어야 한다.

② 도지사는 제1항의 규정에 의하여 관광복권을 발행하고자 하는 경우에는 그 종류 · 방법 · 금액 및 발행조건을 정하여 도의회의 동의를 얻어야 한다.

③ 관광복권의 당첨금을 받을 권리는 추첨식 및 전자식은 그 지급기한 만료일, 즉석식은 복권면에 표시된 지급기한까지 이를 행사하지 아니하면 소멸시효가 완성되며, 소멸시효가 완성된 당첨금은 제71조의 특별회계에 귀속된다.

④ 제1항의 규정에 의한 관광복권의 발행에 관하여는 사행행위등규제및처벌특례법을 적용하지 아니한다.

제56조 (향토문화의 진흥) ① 도지사는 주민생활의 질적향상과 전통문화예술을 계승하고 향토문화를 발전시키기 위하여 중 · 장기 향토문화예술진흥계획을 수립 · 시행하여야 한다.

② 제1항의 향토문화예술진흥계획에는 다음 각호의 사항을 포함하여야 한다.

1. 향토문화예술진흥에 관한 기본시책 및 계획
2. 전통문화예술의 전승계발에 관한 사항
3. 향토예술단체의 지원에 관한 사항
4. 민속과 방언의 보존에 관한 사항
5. 문화예술 관련시설의 확충 및 정비에 관한 사항
6. 그 밖에 향토문화예술의 진흥에 필요한 사항

③ 제2항의 향토문화예술진흥계획을 수립하고자 할 경우에는 문화예술진흥법 제4조의 규정에 의한 지방문화예술진흥위원회의 심의를 거쳐야 한다.

④ 국가 또는 지방자치단체는 향토문화의 진흥사업을 위하여 필요하다고 인정되는 경우에는 향토문화진흥사업을 하는 자에게 국 · 공유재산 등을 출연하거나 사용 · 수익 또는 대부할 수 있다.

제57조 (향토문화관광지구의 지정 등) ① 도지사는 향토문화의 발굴 · 유지 · 보존 및 계승 · 발전과 관광진흥을 위하여 필요한 경우 도조례가 정하는 바에 따라 향토문화관광지구를 지정 · 육성할 수 있다.

② 제1항의 향토문화관광진흥지구의 지정을 받고자 하는 자는 조성계획을 작성하여 도지사의 승인을 얻어야 한다. 이를 변경하고자 할 때에도 또한 같다.

③ 도지사는 제1항의 향토문화관광지구의 개발에 필요한 경비의 일부 보조 또는 지구조성을 위한 도로, 용수시설, 하수시설, 통신, 에너지 공급시설 등 기반시설을 지원할 수 있다.

제10장 개발사업의 시행

제58조 (기초조사) ① 도지사, 시장 · 군수, 개발센터 또는 개발사업을 시행하고자 하는 자는 종합계획, 시행계획 또는 제59조의 규정에 의한 개발사업의 시행승인을 얻고자 하는 사업계획의 수립을 위하여 도조례가 정하는 바에 의하여 기초조사를 할 수 있다.

② 제1항의 규정에 의한 기초조사에는 해당 개발사업지구안의 자연생태 및 경관에 미치는 영향, 그 밖에 도조례가 정하는 사항이 포함되어야 한다.

③ 도지사, 시장 · 군수, 개발센터 또는 개발사업을 시행하고자 하는 자는 제1항의 규정에 의한 기초조사를 위하여 필요하다고 인정하는 경우에는 타인이 소유하거나 점유하는 토지에 출입하거나 그 토지를 재료적치장 · 통로 또는 가도로 일시 사용할 수 있다.

④ 도시계획법 제89조 및 제90조의 규정은 제3항의 규정에 의한 토지에의 출입 및 토지의 일시 사용시 손실보상에 관하여 이를 준용한다.

제59조 (개발사업의 시행승인 등) ① 개발사업을 시행하고자 하는 자는 도지사의 시행승인을 얻어야 한다. 다만, 개발사업의 시행자가 국가 또는 개발센터인 경우에는 도지사의 의견을 들어야 한다.

② 제1항의 규정에 의하여 도지사의 시행승인을 얻거나 의견을 들어야 하는 개발사업의 범위는 도조례로 정한다.

③ 제1항의 규정에 의하여 개발사업의 시행승인을 얻고자 하는 자 또는 의견을 듣고자 하는 자는 도조례가 정하는 바에 의하여 사업계획과 첨부서류 등을 작성하여 도지사에게 제출하여야 한다.

④ 도지사는 도조례가 정하는 바에 의하여 첨부서류 등 일부 요건이 미비된 경우 이를 보완하는 것을 조건으로 하여 제1항의 규정에 의한 개발사업의 시행승인을 할 수 있다.

⑤ 도지사는 개발사업을 시행하고자 하는 농어업인단체에 대하여 도조례가 정하는 바에 의하여 우선적으로 그 사업에 대한 승인을 할 수 있다.

⑥ 개발사업의 착수기한은 제1항의 규정에 의하여 개발사업의 시행승인을 얻은 날부터 2년 이내로 한다. 다만, 도지사는 사업착수기한의 연기가 불가피하다고 인정되는 경우에는 1년의 범위내에서 1회에 한하여 사업착수기한을 연기할 수 있다.

⑦ 제1항의 규정에 의하여 개발사업의 시행승인을 얻은 날부터 제6항의 규정에 의한 사업착수기한 이내에 그 사업에 착수하지 아니하는 경우에는 사업착수기한이 만료되는 날의 다음날에 그 개발사업의 시행승인은 효력을 잃는다. 이 경우 도지사는 그 사실을 도조례가 정하는 바에 의하여 공고하여야 한다.

⑧ 도지사는 제1항의 규정에 의한 개발사업의 시행승인을 얻고자 하는 자의 신청이 있는 경우에는 특별한 사유가 없는 한 담당공무원을 지명하여 이를 처리하도록 하여야 한다.

⑨ 제1항 내지 제8항의 규정은 기존의 개발사업의 내용을 변경하고자 하는 경우에 관하여 이를 준용한다. 다만, 도조례가 정하는 경미한 사항을 변경하고자 하는 경우에는 그러하지 아니하다.

⑩ 외국인투자에 의한 개발사업에 관하여는 제1항 내지 제9항의 규정에 불구하고 외국인투자촉진법에 의한다.

제60조 (인 · 허가 등의 의제) ① 개발사업을 시행하고자 하는 자가 제59조의 규정에 의한 개발사업의 시행승인을 얻거나 의견을 들은 경우에는 다음 각호의 허가 · 인가 · 지정 · 승인 · 협의 · 신고 등(이하 "허가등"이라 한다)을 받은 것으로 본다.

1. 초지법 제21조의 2의 규정에 의한 토지의 형질변경 등의 허가 및 동법 제23조의 규정에 의한 초지전용허가
2. 산림법 제18조의 규정에 의한 보전임지의 전용허가, 동법 제57조의 규정에 의한 보안림의 지정해제, 동법 제62조의 규정에 의한 보안림구역안에서의 행위의 허가, 동법 제73조의 규정에 의한 국유림 안에서의 벌채 승인 또는 동의 및 동법 제90조의 규정에 의한 입목벌채 등의 허가
3. 농지법 제36조의 규정에 의한 농지의 전용허가 또는 협의
4. 농어촌정비법 제20조의 규정에 의한 농업기반시설의 목적외 사용승인 및 제

67조 제4항의 규정에 의한 농어촌휴양지개발사업계획의 승인

5. 공업배치및공장설립에관한법률 제13조 제1항의 규정에 의한 공장설립 등 승인
6. 산업입지및개발에관한법률 제8조의 규정에 의한 농공단지의 지정 및 동법 제19조의 규정에 의한 농공단지 개발실시계획의 승인
7. 하천법 제6조의 규정에 의한 관리청과의 협의 또는 승인, 동법 제30조의 규정에 의한 하천공사 시행의 허가 및 동법 제33조의 규정에 의한 하천 점용 등의 허가
8. 공유수면매립법 제9조의 규정에 의한 매립면허, 동법 제13조의 규정에 의한 고시, 동법 제15조의 규정에 의한 실시계획의 인가 · 고시 및 동법 제38조의 규정에 의한 협의 또는 승인
9. 오수 · 분뇨및축산폐수의처리에관한법률 제21조의 규정에 의한 분뇨처리시설의 설치승인
10. 폐기물관리법 제30조의 규정에 의한 폐기물처리시설의 설치승인 또는 신고
11. 수도법 제12조, 제33조의 2 및 제34조의 규정에 의한 수도사업의 인가와 동법 제36조 및 제38조의 규정에 의한 전용수도설치의 인가
12. 전기사업법 제7조의 규정에 의한 발전사업 · 송전사업 · 배전사업 또는 전기판매사업의 허가 및 동법 제62조의 규정에 의한 자가용전기설비의 공사계획의 인가 또는 신고
13. 체육시설의설치 · 이용에관한법률 제12조의 규정에 의한 사업계획의 승인
14. 관광진흥법 제50조의 규정에 의한 관광지 및 관광단지의 지정 및 동법 제52조의 규정에 의한 조성계획의 승인
15. 공유수면관리법 제5조의 규정에 의한 공유수면의 점용 · 사용허가 및 동법 제8조의 규정에 의한 실시계획의 인가(매립면허를 받은 매립예정지를 제외한다)
16. 도로법 제8조의 규정에 의한 도로관리청과의 협의 또는 승인, 동법 제34조의 규정에 의한 도로공사 시행의 허가 및 동법 제40조의 규정에 의한 도로점용의 허가

17. 도시계획법 제46조의 규정에 의한 토지의 분할, 형질변경허가, 동법 제59조 제5항의 규정에 의한 도시계획시설사업시행자의 지정 및 동법 제61조의 규정에 의한 실시계획의 인가
18. 하수도법 제13조의 규정에 의한 공공하수도공사의 시행허가 및 동법 제20조의 규정에 의한 공공하수도의 점용 허가
19. 장사등에관한법률 제23조의 규정에 의한 무연분묘의 개장 허가
20. 항만법 제9조 제2항의 규정에 의한 항만공사 시행의 허가 및 동법 제10조 제2항의 규정에 의한 실시계획의 승인
21. 도시개발법 제11조의 규정에 의한 도시개발사업시행자의 지정, 동법 제13조의 규정에 의한 조합의 설립인가, 동법 제17조 및 제18조의 규정에 의한 실시계획의 인가, 고시 등
22. 택지개발촉진법 제9조의 규정에 의한 택지개발사업 실시계획의 승인
23. 도시재개발법 제22조 내지 제24조의 규정에 의한 시행인가
24. 주택건설촉진법 제20조의 규정에 의한 아파트지구 개발기본계획의 승인
25. 사도법 제4조의 규정에 의한 사도 개설허가
26. 사방사업법 제14조의 규정에 의한 벌채 등의 허가 및 동법 제20조의 규정에 의한 사방지 지정의 해제
27. 소하천정비법 제10조의 규정에 의한 소하천공사의 시행허가
28. 골재채취법 제22조의 규정에 의한 골재채취의 허가
29. 국유재산법 제24조의 규정에 의한 국유재산의 사용 · 수익허가
30. 지방재정법 제82조 제1항의 단서의 규정에 의한 사용 · 수익허가

② 도지사가 제59조의 규정에 의하여 개발사업의 시행을 승인하거나 의견을 제시하고자 하는 경우 그 사업계획에 제1항 각호의 1에 해당하는 사항이 포함되어 있는 때에는 관계행정기관의 장과 미리 협의하여야 한다.

제61조 (개발사업 시행승인의 처리기간과 만료시 조치) ① 도지사는 제59조의 규정에 의한 개발사업의 시행승인을 도조례가 정하는 처리기간 이내에 처리하여야 하며, 그 처리기간 이내에 허가 등의 거부에 관한 통지를 하지 아니하는 경우에는 처리기간이 만료된 날의 다음날에 그 허가 등이 있는 것으로 본다. 이 경우 처리

기간 이내에 허가 등의 거부에 관하여 통지를 하는 때에는 도조례가 정하는 바에 따라 서면으로 개발사업을 시행하고자 하는 자에게 그 사유를 통보하여야 한다.

② 제1항의 규정에 의하여 허가 등이 있는 것으로 보는 경우 도지사는 개발사업을 시행하고자 하는 자의 신청에 따라 지체없이 당해 허가 등이 있었음을 증명하는 서류를 교부하여야 한다.

③ 도지사는 제1항의 규정에 의하여 거부통지를 받은 개발사업을 시행하고자 하는 자가 그 거부사유를 해소하여 관계법령에 의한 허가 등의 요건을 충족하였음을 증명하는 서류를 제출하는 경우에는 도조례가 정하는 기간 이내에 당초의 허가 등을 하여야 한다.

④ 제1항의 규정은 제60조 제2항의 규정에 의한 협의에 관하여 이를 준용한다. 다만, 제1항의 규정에 의하여 개발사업의 시행승인과 관련하여 협의기간 또는 구비서류 등을 정하고자 할 경우에는 미리 관계 행정기관의 장과 협의하여야 한다.

제62조 (사업시행예정자 지정) ① 도지사는 개발사업중 제37조의 규정에 의한 영향평가 대상인 사업과 국토이용관리법 제8조의 규정에 의한 국토이용계획변경이 선행되어야 하는 사업을 시행하고자 하는 자는 도조례가 정하는 바에 의하여 사업시행예정자로 지정할 수 있다.

② 제1항의 규정에 의하여 지정받은 사업시행예정자는 지정받은 날부터 2년 이내에 개발사업 시행승인을 얻어야 하며 시행승인을 얻지 아니하는 경우에는 사업시행예정자로 지정받은 날부터 2년이 되는 날의 다음날부터 사업시행예정자의 효력을 잃는다. 다만, 영향평가 절차이행 등 부득이한 사유로 개발사업승인기한 연기가 불가피한 경우에는 1년의 범위내에서 1회에 한하여 연기할 수 있다.

제63조 (토지 등의 취득업무 위탁) ① 사업시행자는 개발사업을 위한 토지 등(공공용지의취득및손실보상에관한특례법 제2조 제1호의 토지 등을 말한다. 이하 같다)의 취득업무 · 손실보상업무 · 매매관리업무 등을 도조례가 정하는 바에 따라 도지사, 시장 · 군수, 정부투자기관, 지방공기업, 그 밖에 도조례가 정하는 자에게 위탁할 수 있다.

② 제1항의 규정에 의하여 토지 등의 취득업무 · 손실보상업무 · 매매관리업무 등을 위탁하는 경우의 위탁수수료 등에 관하여는 도조례로 정한다.

제64조 (개발사업지구에 대한 다른 법률의 준용) ① 제59조의 규정에 의하여 개발사업시행승인을 얻은 개발사업지구안에서 공공시설의 귀속과 국 · 공유지 매각처분 제한에 관하여는 산업입지및개발에관한법률 제26조 및 제27조를 각각 준용한다.

② 제1항의 개발사업지구안에서 토지 · 물건 또는 권리를 제공함으로써 생활의 근거를 잃게 되는 자에 대한 이주대책에 관하여는 공공용지의취득및손실보상에관한특례법 제8조의 규정을 준용한다.

제65조 (조세의 감면) 개발사업의 원활한 추진을 위하여 필요한 경우에는 투자진흥지구 · 과학기술단지 · 자유무역지역의 투자가 또는 입주기업 등과 개발사업지구에 대한 투자 또는 개발사업지구안의 토지등의 양도나 취득에 대하여 조세특례제한법, 관세법 및 지방세법이 정하는 바에 따라 법인세 · 소득세 · 관세 · 취득세 · 등록세 · 재산세 및 종합토지세 등의 조세를 감면할 수 있다.

제66조 (부담금 등의 감면) 개발사업의 원활한 시행을 위하여 필요한 경우에는 개발이익환수에관한법률, 농지법, 초지법, 산림법이 정하는 바에 따라 개발부담금, 농지조성비, 대체초지조성비 및 대체조림비를 감면할 수 있다.

제67조 (토지매도인 등에 대한 지원) ① 도지사 또는 개발센터는 사업시행자로 하여금 개발사업에 필요한 토지를 매도한 자에 대하여 다음 각호의 지원조치를 강구하도록 권장할 수 있다.

1. 개발사업지구안의 토지매도인이 당해 개발사업장에서 관광토산품 판매점, 농산물 · 임산물 · 축산물 · 수산물 등의 직판장, 휴게소 등의 경영을 원할 경우 그 운영권의 부여
2. 토지매도인이 토지 또는 현금출자를 원할 경우 그 사업시행자와의 공동개발

② 제1항의 규정에 의한 도지사 또는 개발센터의 권장이 있을 경우 사업시행자는

개발사업의 시행에 특별한 지장이 없는 한 권장조치에 응하여야 한다.

③ 도지사는 당해 개발사업지구의 농어촌발전특별조치법 제2조 제2호의 규정에 의한 농림어업인인 토지소유자에 대하여 우선적으로 개발사업에 투자하게 할 수 있고 특별회계에서 이를 지원할 수 있다.

제68조 (특별개발우대사업) ① 도지사는 특별개발우대사업을 도조례가 정하는 바에 의하여 육성하여야 한다.

② 제1항의 규정에 의한 특별개발우대사업은 다음 각호와 같다.

1. 도민이 총 투자자본의 100분의 50 이상을 출자한 사업이거나 전체고용인의 100분의 80 이상이 도민인 사업
2. 농 · 임 · 축 · 수산업에 대한 경제적 또는 환경적으로 파급효과가 현저한 사업
3. 향토문화 · 예술창달과 문화관광의 진흥을 위하여 필요한 사업
4. 관광토산품제조업, 전통민속주의 제조 · 판매업 등 관광진흥을 위하여 육성이 필요한 사업
5. 그 밖에 주민복지 향상을 위하여 도지사가 필요하다고 인정하는 사업

③ 도지사는 특별개발우대사업을 원활히 추진하기 위하여 필요하다고 인정하는 경우에는 당해 사업을 경영하는 자에 대하여 보조금을 지급하거나 융자할 수 있다.

제69조 (개발사업지구 인근지역의 지원) 도지사 또는 개발센터는 제59조 제1항의 규정에 의하여 시행승인을 얻은 개발사업의 시행으로 인하여 발생하는 주민의 불편을 해소하거나 생활환경을 개선하기 위한 사업을 지원할 수 있으며, 그 지역주민의 소득향상을 위하여 소득사업 등에 융자 또는 보조할 수 있다.

제70조 (인근지역주민의 우선 고용) 제59조의 규정에 의하여 개발사업의 시행승인을 얻은 자는 당해 개발사업지구 인근지역의 주민을 우선적으로 고용하여야 한다.

제71조 (제주도개발사업특별회계의 설치) ① 개발사업에 필요한 사업비를 확보·지원하기 위하여 제주도개발사업특별회계(이하 "특별회계"라 한다)를 설치한다.

② 특별회계는 도지사가 관리·운영한다.

③ 특별회계의 세입은 다음 각호와 같다.

1. 국가 및 지방자치단체의 출연금
2. 제주도의 일반회계 및 다른 특별회계로부터의 전입금
3. 개발사업지구안의 공유재산의 처분재원
4. 개인, 법인, 조합 그 밖의 단체의 출연금
5. 제35조의 규정에 의한 원수대금 및 부당이득금
6. 토지관리및지역균형개발특별회계법 제6조의 규정에 의한 지원금 및 융자금
7. 제55조의 규정에 의한 관광복권의 발행으로 조성되는 자금
8. 제103조제1항에 의한 출자이익금
9. 제1호 내지 제8호 외의 수입금

④ 특별회계의 세출은 다음 각호의 사업자금으로 사용한다.

1. 향토문화 및 문화재의 보존·관리를 위한 자금
2. 농업, 임업, 축산업 및 수산업의 진흥을 위한 자금
3. 관광산업의 진흥을 위한 자금
4. 생활환경개선·보건위생 및 사회복지사업을 위한 자금
5. 지역환경의 개선 및 그 보전을 위한 자금
6. 교육·문화 및 예술의 진흥을 위한 자금
7. 제68조의 규정에 의한 특별개발우대사업을 하는 경우 그 사업에 소요되는 자금에의 융자
8. 개발사업에 투자하고자 하는 농어민 단체에 대한 보조금 또는 융자금
9. 지역주민이 공동으로 추진하는 소득증대사업의 보조금 및 융자금
10. 지방자치단체가 사업시행자인 경우 당해 개발사업지구안의 토지를 매입하기 위한 자금
11. 지하수의 보전 및 관리를 위한 자금

12. 특별회계의 관리 · 운영에 필요한 자금
13. 지역정보화 사업추진을 위한 자금
14. 그 밖에 특별회계 설치목적의 달성을 위하여 도조례가 정하는 사업에 필요한 자금

⑤ 특별회계의 편성 및 운영에 관하여 필요한 사항은 도조례로 정한다.

제11장 제주국제자유도시개발센터

제72조 (설립) 제주국제자유도시 개발사업의 효율적 추진을 위하여 제주국제자유도시개발센터를 설립한다.

제73조 (법인격 및 사무소) ① 개발센터는 법인으로 한다.

② 개발센터의 주된 사무소의 소재지는 정관으로 정한다.

③ 개발센터는 필요한 때에는 정관이 정하는 바에 의하여 지사 또는 분사무소를 둘 수 있다.

제74조 (등기) ① 개발센터는 그 주된 사무소의 소재지에서 설립등기를 함으로써 성립한다.

② 개발센터의 설립등기와 그 밖의 등기에 관하여 필요한 사항은 대통령령으로 정한다.

③ 제1항의 규정에 의하여 등기를 필요로 하는 사항은 그 등기 후가 아니면 제3자에게 대항하지 못한다.

제75조 (정관) ① 개발센터의 정관에는 다음 각호의 사항을 기재하여야 한다.

1. 목적
2. 명칭
3. 주된 사무소의 소재지
4. 업무 및 그 집행에 관한 사항

5. 재산 및 회계에 관한 사항
6. 임원 및 직원에 관한 사항
7. 이사회에 관한 사항
8. 정관의 변경에 관한 사항
9. 공고에 관한 사항

② 개발센터가 정관을 변경하고자 할 때에는 건설교통부장관의 인가를 받아야 한다.

제76조 (사업) ① 개발센터는 다음 각호의 업무를 행한다.

1. 제주국제자유도시시행계획의 수립 · 집행
2. 제주국제자유도시 개발을 위한 다음 각목의 사업
   가. 토지의 취득 · 개발 · 비축 · 관리 · 공급 및 임대
   나. 과학기술단지 · 투자진흥지구의 조성 · 관리
   다. 국내외 투자유치를 위한 마케팅 및 홍보
   라. 국내외투자가에 대한 상담 · 안내 · 민원사무의 처리 및 대행 등 종합적 지원업무
   마. 그 밖에 도민소득 향상을 위한 지원사업 등 국제자유도시 개발을 위하여 필요한 사항
3. 제주국제자유도시 개발에 소요되는 자금조성을 위한 다음 각목의 수익사업
   가. 지정면세점 운영
   나. 옥외광고사업
   다. 그 밖에 건설교통부장관이 승인한 사업

② 개발센터는 제1항의 규정에 의한 사업을 효율적으로 시행하기 위하여 이사회의 의결을 거쳐 산하에 자회사를 설립하고 그 자본금의 전부 또는 일부를 출자할 수 있다.

제77조 (임원) ① 개발센터에는 이사장 1인, 상근이사 3인을 포함한 7인 이내의 이사와 감사 1인을 둔다.

② 이사장은 이사회의 추천을 받아 건설교통부장관이 임면한다.

③ 감사는 건설교통부장관이 임면한다.
④ 이사는 건설교통부장관의 승인을 얻어 이사장이 임면한다.
⑤ 이사장 및 이사의 임기는 3년으로 하되 연임할 수 있다.
⑥ 감사의 임기는 2년으로 하되 1차에 한하여 연임할 수 있다.
⑦ 임원중 궐원이 있을 때에는 새로 임명하되, 그 임기는 임명된 날부터 기산한다.

제78조 (임원의 직무) ① 이사장은 개발센터를 대표하고 개발센터의 업무를 총괄하며, 경영성과에 대하여 책임을 진다.
② 이사장이 부득이한 사유로 그 직무를 수행할 수 없을 때에는 정관에 정하는 바에 따라 이사 중 1인이 그 직무를 대행한다.
③ 감사는 개발센터의 업무 및 회계를 감사한다.

제79조 (대리인의 선임) 이사장은 정관이 정하는 바에 따라 직원중에서 개발센터의 업무에 관한 재판상 또는 재판외의 모든 행위를 할 수 있는 권한을 가진 대리인을 선임할 수 있다.

제80조 (대표권의 제한) 개발센터의 이익과 이사장의 이익이 상반되는 사항에 대하여는 이사장이 개발센터를 대표하지 못하며, 감사가 개발센터를 대표한다.

제81조 (임원의 결격사유) 다음 각호의 1에 해당하는 자는 개발센터의 임원이 될 수 없다.

1. 미성년자 · 금치산자 또는 한정치산자
2. 파산선고를 받고 복권되지 아니한 자
3. 금고 이상의 실형의 선고를 받고 그 집행이 종료(집행이 종료된 것으로 보는 경우를 포함한다) 되거나 집행이 면제된 날부터 2년이 경과되지 아니한 자
4. 금고 이상의 형의 집행유예선고를 받고 그 유예기간중에 있는 자
5. 법률 또는 법원의 판결에 의하여 자격이 정지 또는 상실된 자

제82조 (이사회) ① 개발센터의 중요사항을 의결하기 위하여 개발센터에 이사회

를 둔다.
② 이사회는 이사장 및 이사로 구성된다.
③ 이사장은 이사회를 소집하고 그 의장이 된다.
④ 이사회는 재적이사 과반수의 출석과 출석이사 과반수의 찬성으로 의결한다.
⑤감사는 이사회에 출석하여 의견을 진술할 수 있다.

제83조 (직원의 임면) 개발센터의 직원은 정관이 정하는 바에 따라 이사장이 임면한다.

제84조 (비밀누설 등의 금지) 개발센터의 임원 또는 직원이나 그 직에 있었던 자는 그 직무상 알게 된 비밀을 누설하거나 도용하여서는 아니된다.

제85조 (유사명칭의 사용금지) 이 법에 의한 개발센터가 아닌 자는 제주국제자유도시개발센터 또는 이와 유사한 명칭을 사용하지 못한다.

제86조 (공무원의 파견요청 등) 개발센터는 그 업무수행을 위하여 필요하다고 인정할 경우에는 대통령령이 정하는 바에 따라 관계행정기관 · 법인 또는 단체에 대하여 국가공무원법 제2조 및 지방공무원법 제2조에 규정된 공무원, 법인 또는 단체의 임 · 직원의 파견을 요청할 수 있다.

제87조 (자금의 조달) ① 개발센터는 제76조의 규정에 의한 업무를 수행하기 위하여 필요한 자금을 다음 각호의 재원으로 조달한다.
1. 정부 및 정부외의 자의 출연금 또는 보조금
2. 채권발행으로 조성한 자금
3. 차입금(외국으로부터 차입한 자금 및 도입한 물자를 포함한다. 이하 같다)
4. 수익사업의 수익금
5. 그 밖의 수입금

제88조 (국 · 공유재산의 대부 등) ① 국가 또는 지방자치단체는 제76조의 규정

에 의한 개발센터의 사업을 효율적으로 수행하기 위하여 필요하다고 인정하는 경우에는 개발센터에 국 · 공유재산을 무상으로 대부하거나 사용 · 수익하게 할 수 있다.

② 개발센터는 제1항의 규정에 의하여 대부받거나 사용 · 수익의 허가를 받은 국 · 공유재산에 건물 그 밖의 영구시설물을 축조할 수 있다.

③ 제1항의 규정에 의하여 무상으로 대부 · 사용 · 수익의 내용 · 조건 및 절차 등은 당해 재산 또는 물품의 관리청과 개발센터와의 계약으로 정한다.

제89조 (옥외광고물 등) 개발센터는 제주국제자유도시개발에 소요되는 자금을 조달하기 위하여 옥외광고물등관리법의 규정에 따라 제주도안에서 옥외광고를 통한 수익사업을 할 수 있다. 다만, 옥외광고물의 종류 · 규격 · 설치장소 등에 관하여는 옥외광고물등관리법의 규정에 불구하고 대통령령으로 정한다.

제90조 (자료제공 요청) ① 개발센터는 사업을 시행함에 있어 필요한 때에는 행정기관, 단체 등에 대하여 자료의 제공을 요청할 수 있다.

② 제1항의 규정에 의한 요청을 받은 행정기관 또는 단체의 장은 특별한 사유가 없는 한 이에 응하여야 한다.

제91조 (예산서 등의 승인) 개발센터는 매 사업연도 개시 1월전에 다음 연도의 사업계획서와 예산서를 작성하여 건설교통부장관의 승인을 얻어야 한다. 이를 변경하고자 하는 때에도 또한 같다.

제92조 (결산보고) 개발센터는 매 사업연도의 세입세출결산보고서에 당해 연도의 사업실적을 첨부하여 다음 연도 2월말까지 건설교통부장관에게 제출하여야 한다.

제93조 (사업연도) 개발센터의 사업연도는 정부의 회계연도에 따른다.

제94조 (회계규정 등) 개발센터는 그 조직 · 예산 등에 관한 사항을 정하여 건설교

통부장관의 승인을 얻어야 한다. 이를 변경하고자 하는 때에도 또한 같다.

제95조 (자금의 차입 등) ① 개발센터는 제76조의 규정에 의한 사업의 수행을 위하여 필요한 경우에는 건설교통부장관의 승인을 얻어 관계법률이 정하는 바에 의하여 자금을 차입(외국으로부터의 자금의 차입 및 물자의 도입을 포함한다. 이하 같다) 할 수 있다.

② 건설교통부장관은 제1항의 규정에 의한 자금의 차입을 승인하고자 하는 경우에는 미리 관계중앙행정기관의 장과 협의하여야 한다.

제96조 (다른 사업에의 출자 등) 개발센터는 제76조의 규정에 의한 사업을 효율적으로 수행하기 위하여 필요한 경우에는 대통령령이 정하는 바에 따라 관련된 사업에 출자하거나 출연할 수 있다.

제97조 (채권의 발행 등) ① 개발센터는 제76조의 규정에 의한 사업의 수행에 필요한 자금의 조달을 위하여 채권을 발행할 수 있다.

② 개발센터는 제1항의 규정에 의한 채권을 발행하고자 하는 경우에는 건설교통부장관의 승인을 얻어야 한다. 이 경우 건설교통부장관은 미리 관계중앙행정기관의 장과 협의하여야 한다.

③ 정부는 개발센터가 발행하는 채권의 원리금의 상환을 보증할 수 있다.

④ 정부는 개발센터가 발행하는 채권의 이자지급에 소요되는 비용의 일부를 보조할 수 있다.

⑤ 채권의 소멸시효는 상환일부터 기산하여 원금은 5년, 이자는 2년으로 완성한다.

⑥ 그 밖에 채권의 발행 등에 관하여 필요한 사항은 대통령령으로 정한다.

제98조 (지도 · 감독) ① 건설교통부장관은 개발센터를 지도 · 감독하며, 필요하다고 인정하는 경우에는 그 업무 · 회계 및 재산에 관한 사항을 보고하게 하거나 소속공무원으로 하여금 장부 · 서류 · 시설 그 밖의 물건을 검사하게 할 수 있다.

② 건설교통부장관은 제1항의 규정에 의한 보고 또는 검사의 결과 위법 또는 부당

한 사실이 있는 때에는 개발센터에 대하여 그 시정을 명할 수 있다.

③ 제1항의 규정에 의하여 검사를 하는 공무원은 그 권한을 표시하는 증표를 지니고 이를 관계인에게 내보여야 한다.

제99조 (잔여재산의 귀속) 개발센터가 해산하는 경우에 잔여재산의 처리에 관하여는 공익법인의설립 · 운영에관한법률의 규정을 준용한다.

제100조 (다른 법률과의 관계) 개발센터의 조직 및 운영 등에 관하여 이 법에 규정한 것을 제외하고는 민법중 재단법인에 관한 규정을 준용한다.

제12장 보칙

제101조 (국회에 대한 보고) 건설교통부장관은 제주국제자유도시 추진에 관한 보고서를 매년 정기국회의 개회 전까지 국회에 제출하여야 한다.

제102조 (국고보조금의 인상지원 등) ① 개발사업중 대통령령이 정하는 사업에 대한 국가의 보조금은 보조금의예산및관리에관한법률 제10조의 규정에 의한 차등보조율과 다른 법률에 의한 보조율에 불구하고 대통령령이 정하는 보조율에 따라 이를 인상지원 할 수 있다.

② 국가는 도로 · 상하수도 · 에너지공급설비 · 정보통신설비 · 용수시설 · 공항 · 항만 · 환경기초시설 등 개발사업과 관련된 공공시설투자와 농 · 임 · 축 · 수산업의 진흥, 농어업인의 소득향상 · 농업 구조조정사업 등을 위한 기반시설투자에 우선적으로 지원하여야 한다.

③ 국가는 제6조의 규정에 의하여 수립된 연도별투자계획에 따라 추진위원회가 결정한 정부지원내용의 효과적인 추진을 위하여 보조금의예산및관리에관한법률이 정하는 바에 따라 국고보조금을 사업별로 포괄 지원할 수 있다.

제103조 (개발센터 등에 대한 출연 등) ① 제주도는 제72조의 규정에 의하여 설립된 개발센터 및 지방공기업법 제49조의 규정에 의한 지방공사에 도의회의 의결을 얻어 개발사업을 추진하기 위한 출연 또는 출자를 할 수 있다.

② 제주도가 제1항의 규정에 의하여 출연 또는 출자하는 경우에는 지방재정법 제82조의 규정에 불구하고 행정재산 또는 보존재산을 출연 또는 출자의 목적으로 할 수 있다.

③ 제2항의 규정에 의하여 출연 또는 출자된 행정재산 또는 보존재산은 대통령령이 정하는 평가방법에 의하여 연 1회 평가한다.

④ 제주도가 제1항의 규정에 의하여 지방공사에 출자하는 경우에는 지방공기업법 제53조 제2항의 규정에 불구하고 지방자치단체 외의 자로 하여금 자본금의 2분의 1 이상을 출자하게 할 수 있으며, 그 출자의 상한선은 도조례로 정한다. 증자의 경우에도 또한 같다.

제104조 (행정절차법의 적용) ① 종합계획을 수립하고자 하는 경우에는 행정절차법의 규정에 의하여 공청회를 개최하여야 한다.

② 도지사는 다음 각호의 1에 해당하는 경우에는 행정절차법이 정하는 바에 따라 주민에게 의견제시의 기회를 주어야 한다.

1. 종합계획을 수립 또는 변경하고자 하는 경우
2. 제8조의 규정에 의하여 광역시설계획을 수립 또는 변경하고자 하는 경우
3. 제27조 내지 제29조 및 제31조의 규정에 의하여 절대 · 상대보전지역, 중산간보전지역 및 중산간지역외 보전지구를 지정 또는 변경하고자 하는 경우
4. 제32조의 규정에 의하여 보존자원을 지정하거나 변경하고자 하는 경우
5. 제33조 제6항의 규정에 의하여 지하수자원특별관리구역을 지정하거나 변경하고자 하는 경우

③ 도지사는 다음 각호의 1에 해당하는 경우에는 행정절차법의 규정에 의하여 청문을 실시하여야 한다.

1. 제32조 제5항의 규정에 의하여 허가 받은 보존자원매매업의 허가를 취소하고자 하는 경우

2. 제33조 제5항의 규정에 의하여 지하수 개발 · 이용의 허가를 취소하고자 하는 경우
3. 제43조의 규정에 의하여 투자진흥지구 지정을 해제하고자 하는 경우
4. 제53조 제8항의 규정에 의하여 휴양펜션업의 등록을 취소하고자 하는 경우
5. 제57조 제1항의 규정에 의하여 지정 받은 향토문화관광지구 지정을 취소하고자 하는 경우
6. 제59조제1항의 규정에 의한 개발사업시행승인을 취소하고자 하는 경우
7. 제62조의 규정에 의하여 지정된 사업시행예정자지정을 취소하고자 하는 경우
8. 제105조 제1항의 규정에 의한 인가 · 승인 · 허가 · 등록 또는 지정을 취소하고자 하 는 경우

제105조 (감독) ① 도지사는 이 법에 의한 사업시행자 또는 사업자가 다음 각호의 1 에 해당하는 경우에는 이 법에 의한 인가 · 승인 · 허가 · 등록 또는 지정을 취소 하거나 그 효력의 정지, 공사의 중지, 건축물 또는 공작물의 개축 · 변경 · 이전 · 철거를 명하거나 그 밖의 필요한 조치를 명할 수 있다.

1. 사위 그밖의 부정한 방법으로 이 법에 의한 인가 · 승인 · 허가 · 등록 또는 지정을 받은 경우
2. 사정의 변경으로 인하여 개발사업의 계속적인 시행이 불가능하거나 현저히 공익을 해할 우려가 있다고 인정되는 경우
3. 이 법 또는 이 법에 의한 명령이나 처분에 위반한 경우

② 도지사는 제1항의 규정에 의한 조치를 명한 경우에는 도조례가 정하는 바에 의하여 이를 공고하여야 한다.

제13장 벌칙

제106조 (벌칙) 다음 각호의 1에 해당하는 자는 3년 이하의 징역이나 금고 또는 1천만원 이하의 벌금에 처한다.

1. 제15조 제1항의 규정에 의한 체류지역확대허가를 받지 아니하고 제주도 밖의 대한민국안의 다른 지역으로 이동한 자
2. 제16조의 규정에 위반한 자

제107조 (벌칙) 다음 각호의 1에 해당하는 자는 2년 이하의 징역 또는 500만원 이하의 벌금에 처한다.

1. 절대보전지역안에서 제27조 제3항의 규정에 위반된 행위를 한 자
2. 상대보전지역안에서 제28조 제2항의 규정에 위반된 행위를 한 자
3. 제30조 제1항(제31조 제2항의 규정에 의하여 적용하는 경우를 포함한다)의 규정에 위반된 행위를 한 자
4. 제32조 제5항의 규정에 위반하여 도지사의 허가를 받지 아니하고 제주도에서 보존자원을 매매하는 것을 업으로 하는 자 또는 보존자원을 제주도 밖의 지역으로 반출한 자
5. 제33조 제1항 또는 제2항의 규정에 의한 지하수개발 · 이용허가나 연장 또는 변경허가를 받지 아니하고 지하수를 개발 · 이용한 자
6. 제34조 제1항의 규정을 위반하여 지하수를 현저하게 오염시킬 수 있는 물질을 동굴 · 함몰지 등 지질구조상 투수성이 양호한 지역으로 방류시키거나 지하로 주입 · 배수 처리한 자
7. 제53조 제1항의 규정에 의한 등록을 받지 아니하고 휴양펜션업을 행한 자
8. 제84조의 규정에 의한 개발센터의 임원 또는 직원이나 그 직에 있었던 자가 그 직무상 알게된 비밀을 누설하거나 도용한 자

제108조 (벌칙) ① 제17조의 규정에 위반한 자는 300만원 이하의 벌금에 처한다.

② 제15조 제5항의 규정에 의하여 체류지역확대허가 여부를 확인하기 위한 출입국관리공무원 또는 권한 있는 공무원의 직무상 정당한 요구를 거부한 자는 100만원 이하의 벌금에 처한다.

제109조 (미수범 등) ① 제106조 제1호 및 제2호의 죄를 범할 목적으로 예비 또는 음모한 자와 미수범은 각각 본죄에 준하여 처벌한다.

② 제1항의 규정에 의한 행위를 교사하거나 방조한 자는 정범에 준하여 처벌한다.

제110조 (양벌규정) 법인의 대표자나 법인 또는 개인의 대리인 · 사용인 그 밖의 종업원이 그 법인 또는 개인의 업무에 관하여 제107조의 규정에 의한 위반행위를 한 때에는 그 행위자를 벌하는 외에 그 법인 또는 개인에 대하여도 제107조의 벌금형을 과한다.

제111조 (과태료) ① 다음 각호의 1에 해당하는 자는 1천만원 이하의 과태료에 처한다.

1. 제32조 제3항의 규정에 의한 도지사의 처분 · 명령 또는 조치를 위반한 자
2. 제34조 제2항 제1호의 규정에 의한 지하수 개발 · 이용시설공사의 감리에 관하여 정한 도조례의 규정을 위반한 자
3. 제40조 제2항의 규정에 의하여 반출 · 반입되는 가축 · 수산물 및 식물에 대한 필요한 조치를 이행하지 아니한 자
4. 제105조 제1항의 규정에 의한 도지사의 처분 또는 명령을 이행하지 아니한 자

② 제50조 제1항의 규정에 의한 생산조정 · 출하조정 · 품질검사에 관하여 필요한 조치를 위반한 자는 5백만원 이하의 과태료에 처한다.

③ 제19조 제1항의 규정에 의한 출입국관리공무원의 장부 또는 자료제출 요구를 거부한 자는 2백만원 이하의 과태료에 처한다.

④ 다음 각호의 1에 해당하는 자는 1백만원 이하의 과태료에 처한다.

1. 제53조 제5항의 규정에 의한 지위승계 신고를 하지 아니하고 영업을 한 자
2. 제53조 제6항의 규정에 위반한 자
3. 제85조의 규정에 위반한 자

⑤ 제1항 내지 제4항의 규정에 의한 과태료는 도조례가 정하는 바에 의하여 도지사가 부과 · 징수한다.

⑥ 제5항의 규정에 의한 과태료처분에 불복이 있는 자는 그 처분의 고지를 받은 날부터 30일 이내에 도지사에게 이의를 제기할 수 있다.

⑦ 제5항의 규정에 의한 과태료처분을 받은 자가 제6항의 규정에 의하여 이의를

제기한 때에는 도지사는 지체없이 관할법원에 그 사실을 통보하여야 하며, 그 통보를 받은 관할법원은 비송사건절차법에 의한 과태료의 재판을 한다.

⑧ 제6항의 규정에 의한 기간 이내에 이의를 제기하지 아니하고 과태료를 납부하지 아니한 때에는 지방세체납처분의 예에 의하여 이를 징수한다.

⑨ 제5항 내지 제8항의 규정에 불구하고 제3항의 규정에 의한 과태료처분 및 부과징수 등의 처리절차에 대하여는 출입국관리법 제100조 제4항의 규정에 따른다.

제112조 (고발 및 통고처분) ① 제5장의 각 규정에 위반한 사건은 사무소장 · 출장소장 또는 외국인보호소장의 고발이 없는 한 공소를 제기할 수 없다.

② 출입국관리공무원외의 수사기관이 제1항의 규정에 해당하는 사건을 입건한 때에는 지체없이 관할사무소장 · 출장소장 또는 외국인보호소장에게 인계하여야 한다.

③ 사무소장 · 출장소장 또는 외국인보호소장은 제1항에 규정된 사건에 대한 조사결과 범죄의 확증을 얻은 때에는 그 이유를 명시한 서면으로 벌금에 상당하는 금액(이하 "범칙금"이라 한다)을 지정한 곳에 납부할 것을 통고할 수 있고, 해당 위반자가 통고받은 대로 범칙금을 납부한 경우에는 동일한 사건으로 다시 처벌받지 아니한다.

④ 사무소장 · 출장소장 또는 외국인보호소장은 조사결과 범죄의 정상이 금고 이상의 형에 처할 것으로 인정될 때에는 즉시 고발하여야 한다.

⑤ 제3항의 규정에 의한 범칙금의 양정기준은 법무부령으로 정한다.

⑥ 법무부장관은 통고처분 대상자의 연령과 환경, 법 위반의 동기와 결과, 범칙금 부담능력 그 밖의 정상을 참작하여 제3항의 규정에 의한 통고처분을 면제할 수 있다.

⑦ 제3항의 규정에 의한 통고처분의 고지 그 밖의 절차는 출입국관리법의 규정을 준용한다.

부칙 〈제6643호, 2002.1.26〉

제1조 (시행일) 이 법은 2002년 4월 1일부터 시행한다. 다만, 부칙 제2조는 공포한 날부터 시행한다.

제2조 (제주국제자유도시개발센터의 설립 준비) ① 제주국제자유도시개발센터의 설립에 관한 사무를 처리하기 위하여 제주국제자유도시개발센터설립위원회(이하 "설립위원회"라 한다)를 설치한다.

② 설립위원회는 건설교통부장관이 위촉하는 7인 이내의 설립위원으로 구성한다.

③ 설립위원회는 개발센터의 정관을 작성하여 건설교통부장관의 인가를 받아야 한다.

④ 설립 당시 개발센터의 이사장은 건설교통부장관이 임명한다.

⑤ 설립위원회는 제3항의 규정에 의한 인가를 받은 때에는 지체없이 개발센터의 설립등기를 한 후 이사장에게 사무를 인계하여야 한다.

제3조 (종합계획에 대한 경과조치) 이 법 시행 당시 종전의 규정에 의한 제주도종합개발계획은 제4조의 개정규정에 의하여 수립된 제주국제자유도시종합계획으로 본다.

제4조 (종합계획심의회에 대한 경과조치) 이 법 시행 당시 종전의 규정에 의한 제주도종합개발계획심의회는 제11조의 개정규정에 의하여 구성된 제주국제자유도시종합계획심의회로 본다.

제5조 (외국대학설립 · 운영에 대한 경과조치) 제22조의 규정에 의한 외국대학설립 · 운영에 대한 특례는 이 법 시행후 6월 이내에 법률로 정한다.

제6조 (폐기물시설 등에 대한 경과조치) 이법 시행 당시 설치된 폐기물처리시설, 폐수처리시설 또는 하수 · 폐수종말처리시설이 속한 지역을 제29조 제2항의 개정

규정에 의하여 도지사가 지하수자원보전지구로 지정한 때에는 그 지정한 날부터 2년 이내에 도조례가 정하는 바에 의하여 침출수 또는 폐수처리시설을 개선하여야 한다.

제7조 (절대 · 상대보전지역에 대한 경과조치) 이 법 시행 당시 종전의 규정에 의하여 지정 · 고시된 중산간보전지역안의 절대보전지역 또는 상대보전지역은 동지역에 대하여 제29조 제1항 및 제4항의 개정규정에 의한 중산간보전지역의 지정 · 고시와 동시에 해제된 것으로 본다.

제8조 (보존자원에 대한 경과조치) 이 법 시행 당시 종전의 규정에 의하여 지정 · 고시된 보존자원은 제32조의 개정규정에 의하여 지정 · 고시된 것으로 본다.

제9조 (환경성 검토에 대한 경과조치) 이 법 시행 당시 종전의 규정에 의하여 도지사와 협의를 한 환경성 검토는 제36조의 개정규정에 의하여 협의를 한 것으로 본다.

제10조 (환경영향평가에 대한 경과조치) ① 이 법 시행 당시 종전의 규정에 의하여 도지사와 협의를 한 환경영향평가는 제37조의 개정규정에 의하여 협의를 한 것으로 본다.

② 이 법 시행 당시 종전의 규정에 의하여 환경영향평가서 초안을 관계행정기관에 제출한 개발사업에 대하여는 제37조 제1항 단서규정을 적용하지 아니한다.

제11조 (휴양펜션업에 대한 경과조치) 이 법 시행 당시 종전의 규정에 의하여 펜션업의 등록 또는 사업계획의 승인을 얻은 경우에는 제53조의 개정규정에 의하여 휴양펜션업의 등록 또는 사업계획의 승인을 얻은 것으로 본다.

제12조 (관광진흥부가금의 부과 · 징수에 대한 경과조치) 이 법 시행 당시 종전의 규정에 의하여 부과된 관광진흥부가금의 부과 · 징수 · 납부에 대하여는 종전의 규정에 의한다.

제13조 (개발사업에 대한 경과조치) 이 법 시행 당시 종전의 규정에 의하여 승인을 얻거나 의견을 들은 개발사업은 제59조의 개정규정에 의하여 승인을 얻거나 의견을 들은 것으로 본다.

제14조 (벌칙 등에 관한 경과조치) 이 법 시행전의 행위에 대한 벌칙과 과태료의 적용에 있어서는 종전의 규정에 의한다.

제15조 (일반적 경과조치) 이 법 시행 당시 종전의 규정에 의한 처분 · 절차 그밖의 행위는 이 법의 규정에 저촉되지 아니하는 한 이 법의 규정에 의하여 행하여진 것으로 본다.

제16조 (다른 법률의 개정) 외국인투자촉진법중 다음과 같이 개정한다. 별표 1의 제주도개발특별법 제11조의 규정에 의한 개발사업의 시행 승인란중 "제주도개발특별법 제11조"를 "제주국제자유도시특별법 제59조"로 한다.

제17조 (다른 법률과의 관계) 이 법 시행 당시 다른 법률에서 제주도개발특별법 또는 그 규정을 인용하고 있는 경우 이 법중 그에 해당하는 규정이 있는 때에는 이 법 또는 이 법의 해당규정을 인용한 것으로 본다.

찾아보기

(ㅎ)

지은이 한석지(韓錫祉 : han727@aheju.ac.kr)

영문학과 정치학을 전공, 건국대학교 대학원 정치학과에서 정치학 박사 학위를 취득했으며 현재 제주대학교 교수로 재직하고 있다. 주요 연구분야는 국제정치와 지방정치(도시정치)이며, 지방정치의 민주화와 지역사회의 거버넌스 등에 관심을 두고 있다.

학내의 연구소장과 교수회장 및 평의회 의장 등을 역임했고, 시민사회단체의 대표와 정책위원장 그리고 정책자문위원, 논설위원, 실무위원, 공익위원 등의 활동을 통해 학문적 연구작업과 사회적 실천활동을 함께 하고 있다. 이번에 출간하는 저서 『지역발전의 지방정치학』도 제주지역의 민주화를 위한 자신의 실천운동 체험을 살려 이론화를 모색하는 연구과정의 하나이다.

주요 논문으로는 "The Resistance of the People and the Government's countermeasures", "Ocean Tolerance and A Model for Island Development", "한국의 지방정치와 지역개발정책에 관한 연구", "제주지역 시민단체의 조직적 역량과 활동 분석", "농촌개발과 지역 거버넌스", "한 · 미 관계의 변화와 지속성에 관한 연구", "중 · 미 국가이익과 데탕트 정책에 관한 연구", "냉전체제의 붕괴와 한반도 평화체제의 모색" 등이 있으며, 번역서로 『미국지방정치론』(*State and Local Politics*)이 있다.

지역발전의 지방정치학
–제주 지방정치와 개발정책–

초판1쇄 / 2008년 12월 27일

지은이 **한석지**
펴낸이 **여국동**
펴낸곳 **도서출판 인간사랑**
인 쇄 **백왕인쇄**
제 본 **은정제책사**

출판등록 1983. 1. 26. / 제일 3호

(411- 815) 경기도 고양시 일산구 백석동 1178-1
TEL (031)901-8144, 907-2003
FAX (031)905-5815
e-mail/igsr@yahoo.co.kr / igsr@naver.com

정가 25,000원

ISBN 978-89-7418-267-0 93350